国家自然科学基金项目

四川大学高等教育教学改革工程（第十一期）原创性教材探索项目

中国创意管理前沿研究系列

China Creative Management Frontier Research Series

# 创意管理学导论

## （第二版）

An Introduction to Creative Management(2nd)

杨永忠 著

经济管理出版社

ECONOMY & MANAGEMENT PUBLISHING HOUSE

**图书在版编目（CIP）数据**

创意管理学导论 / 杨永忠著. -- 2 版. -- 北京：
经济管理出版社，2025. 8. -- ISBN 978-7-5243-0395-4

Ⅰ. F273.1

中国国家版本馆 CIP 数据核字第 2025WE7996 号

组稿编辑：郭丽娟
责任编辑：赵亚荣
责任印制：许　艳
责任校对：王纪慧

出版发行：经济管理出版社
　　　　　（北京市海淀区北蜂窝 8 号中雅大厦 A 座 11 层　100038）
网　　址：www.E-mp.com.cn
电　　话：(010) 51915602
印　　刷：北京晨旭印刷厂
经　　销：新华书店
开　　本：720mm×1000mm/16
印　　张：20
字　　数：392 千字
版　　次：2025 年 8 月第 1 版　　2025 年 8 月第 1 次印刷
书　　号：ISBN 978-7-5243-0395-4
定　　价：88.00 元

# 《中国创意管理前沿研究系列》
# 编委会

# 序　与创意管理携手飞翔

清华大学　雷家骕

创意管理是一个新兴的领域。杨永忠教授的《创意管理学导论（第二版）》就此做出了新的阐释。细读他的这部教材，有种"充满探索之风和清新之气"的感觉。

## （一）

把创意作为管理的客体，把创意管理作为研究的对象，是永忠教授坚持多年的思想和实践。他有几个很鲜明的观点：

第一，认为创意管理是亟待开拓的管理富矿。然而在西方学界，创意这一模糊前端始终处于较为模糊的状态，或者是一种轮廓化的"素描"。直到今天，西方还没有像创新管理一样，形成系统化的创意管理研究领域。

第二，相比西方专注于创新管理，认为中国学者更需要重视创意管理。没有创意的百花齐放和千姿百态，难以在创新的前端孕育出伟大的思想。我们缺乏原始创新的症结，或许正起因于创意的匮乏。

第三，认为创意大师不仅指艺术家，还包括设计大师、文化企业家等。从艺术思维到技术思维，再到商业思维，将艺术性与技术性融合、新奇性与商业性融合，才能形成人类生活、生产所需要的创新。

第四，认为创意管理属于企业管理的范畴。但企业管理学以往对创意管理问题的忽视，导致现有的企业管理理论还不能给予创意管理令人信服的阐释。在艺术更为多样和丰富、技术更为复杂、商业更为深邃的时代，学界有必要就"创意管理"开展更为系统深入的研究。

## （二）

永忠教授为丰富创意管理理论开展了一系列构建性工作。

第一，他提出创意的目的是创造新的意义，创意的本质是人类生生不息的价值。创意管理关注的是创意之价值的发现及其商业转化。这个"以价值为基础的创意管理"思想，已体现在 2018 年他出版的《创意管理学导论》之中。

第二，在多年研究基础上，永忠教授构建了创意管理的五个基础理论模型。

一是基于创意的价值可以归纳为功能价值、符号价值和体验价值三个维度，他构建了创意价值模型（Creative Value Model，CVM）。

二是基于创意管理面临的主要问题是创意之价值的模糊性和不确定性，从价值的不确定到价值的确定是创意之价值的转化过程，他构建了创意价值实现的铜钱模型（Copper Coin Model，CCM）。

三是基于创意之价值的转化涉及四个管理环节（战略重构、体验运营、共鸣营销、人格消费）和三类实施主体（企业家创新、公共激励、社会参与），他提出了以价值共创为基础的创意管理的北斗模型（Big Dipper Model，BDM）。

四是基于价值共创中当代社会参与主体的阶层的广泛性和丰富性，文化的多元性和包容性，他提出了以弯折劳动力曲线为基础的反映中国劳动力划时代变化的泛泛文化阶层（PPCC）。

五是基于创意及其价值实现中的人性约束，他回归到西方人性假设 X 理论、Y 理论，批判性地提出了建构在中国传统文化基础上的 T 人性理论。他认为这是制约中国人创造力发挥的重要因素。

他提出的这些理论内在关联、层层递进，丰富了创意管理的知识体系，对实际工作也很有引导意义。

## （三）

永忠教授是将创意管理作为学问的执着探索者。他因为早年承担"福州市鼓楼区现代服务业规划研究"而首次接触"创意产业"，随之即着迷于"创意管理"研究。特别是 2010 年他加盟四川大学商学院，引发了他对如何将创意管理与相关领域结合研究的思考。围绕"创意"，他的研究重点在"创意管理"，但又不局限于创意管理。他先后涉猎了"创意经济学""创意产业经济学"。

为深化创意管理研究，同时向社会传播他关于创意管理的最新认知，他自 2014 年起组织编写了国内第一套"创意管理前沿研究"系列丛书，推动在四川大学工商管理学科增设了国内第一个创意管理博士培养点；2018 年出版了国内第一本《创意管理学导论》。他先后创办《创意管理评论》学术集刊；发起设立中国创意管理智库联盟，召开首届中国创意管理论坛并推动成为国际创意管理论坛；在中国技术经济学会技术创新创业分会指导下创设国际创意管理专委会。2020 年，他主讲的"创意与创新管理"课程荣获首批国家级社会实践一流课程，并获得高等教育国家级教学成果二等奖。

进入 21 世纪，伴随百年未有之大变局，从微观管理视角聚焦研究创意管理的基本规律和一般方法的创意管理学的发展已成必然。他还引导西北民族大学于 2022 年在工商管理学科自主设立创意管理二级学科硕士培养点。创意管理学不同于文化管理学或艺术管理学，它以创意而非文化为关注对象，研究更关注创意的价值及其商业实现方式。作为一门正在迅速成长、生机勃勃的工商管理新兴学科及交叉科学，我相信，永忠教授主持的创意管理教学及研究必将在学科层面实现进一步突破。

2025 年 6 月 25 日
于清华园

献给

　　我亲爱的家人和真挚的友谊

研究团队

# 前　言

人工智能横空出世，人和人类都必须重新界定。

人类最后的骄傲和标签是创意。

创意和创意管理变得比任何时代都更加重要。

《创意管理学导论（第二版）》力图反映中国创意管理理论与实践的前沿发展。自 2018 年第一版出版以来，该著作深受高校师生与企业管理者的广泛好评，为理解与应用创意管理理论提供了重要参考。

第二版在保留原有理论体系完整性的基础上，进一步强化了两个显著特色：首先，强调创意的商业转化。通过系统剖析创意如何在复杂的市场环境中从概念逐步演变为创新的产品或服务，帮助读者把握从灵感激发到成果落地的关键环节。其次，注重中国本土化特色。基于中国社会文化背景和市场实践的理论成果和本土案例，使理论阐释更加贴近实际。希望这两大特色帮助读者更好地理解创意管理在中国市场中的具体应用，进一步提升理论的实践指导性与可操作性。

在理论框架更新的基础上，第二版还关注了"创意科学"和"创意民主"这两大创意管理新趋势。"创意科学"强调借助人工智能、大数据等新技术，通过数据分析与算法辅助，使创意的生成与评估更加系统化与可预测化。"创意民主"则强调创意生成的广泛性与共享性，通过更多普通人直接参与创意的产生与实现过程，推动创意管理从精英走向大众。这两大趋势拓展了创意管理的研究与实践维度，使其既具备科学性，又更具备普适性与开放性。

第二版共分为八章，立足创意的商业化，围绕"看见看不见的好"这一创意管理命题展开。各章具体内容如下：

第一章"创意管理学的兴起"，围绕创意管理学的起源、理论基础与研究方法展开。首先，通过社会、产业及微观层面的变革，探讨创意管理学产生的背景。随后，梳理文化产业理论、文化经济理论与创意产业理论等主要理论基础。接着，分析创意管理学的学科发展脉络，包括对创意的理解、学科界定、学科发展现状与理论创新空间。最后，介绍创意管理学的研究方法与中国人性假设的"T 理论"，为后续章节的深入探讨提供理论与方法论基础。

第二章"创意的价值：看不见的好"，围绕创意的价值内涵及其评估展开探讨。首先，通过国内外研究综述，分析创意的价值基础，并进行基本评述。接着，提出创意的价值模型，从功能价值、符号价值与体验价值三个维度解析创意价值的多重表现形式。随后，介绍创意的价值评估方法，包括直接评估、间接评估及数字时代的评估演进。最后，以东巴纸灯为案例，进行创意价值的实践分析，探讨其文化与市场价值，并进一步延伸至中华文化"走出去"的创意挑战与价值借鉴。

第三章"创意的商业转化：看见看不见的好"，以价值为基础，探讨创意如何实现从概念到市场的商业转化，揭示创意的商业模式及其内在机理。首先，通过对商业模式的界定，以及对商业模式画布理论及其不足的阐释，分析创意商业化的核心要素与挑战。随后，介绍创意商业转化的铜钱模型，阐释创意如何在价值转化过程中完成各环节的连接与落地。紧接着，通过北斗模型进一步展现铜钱模型的管理策略与实施保障，强调创意商业化中组织运行与管理的系统性。在此基础上，围绕北斗模型的共创主体，分析了文化企业家和泛泛文化阶层。最后，基于创意力测评，观察人格对创意的影响，并反思中国教育改革。

第四章"看见：PGC"。自本章开始，从创意生成方式角度专题讨论创意的商业转化问题。本章围绕专业生产内容（PGC）的创意生成过程展开，重点探讨经典的创意生成模型、文化创意生成过程及评估方法。首先，通过线性与循环的经典创意生成模型，分析创意形成的不同路径及其特点。随后，从文化角度探讨创意生成过程，包括创意的价值分析、文化萃取与符号转化。接着，进一步探讨创意的生成扩展，区分同"意"同"类"与同"意"不同"类"的创意扩展方式。之后，介绍创意生成过程的评估方法，如创意计分卡评分模型，并探讨其有效性与局限。最后，通过中国创意生成案例，分析创意生成与迭代的具体过程，揭示中国文化背景下的创意生成机理。

第五章"看见：UGC"，探讨用户生成内容（UGC）在创意管理中的发生机理及其价值共创机制。首先，从服务主导逻辑和价值共创的四种基本类型出发，阐述 UGC 在文创领域的价值共创理论。随后，分析功能共创与美学共创的作用机理，探讨其如何影响文创产品的溢价支付意愿、过程满意度，并通过专栏探讨数字化场景下人人交互对创意表现的影响。接着，从社会网络视角解析创意生成的动态过程。最后，通过非遗品牌传承与创新案例，展示内外部共同创意在实际管理中的应用与启示。

第六章"看见：AIGC"，探讨 AI 生成内容（AIGC）对创意管理的深刻影响及其应用前景。首先，从 AI 时代的创意内涵出发，分析 AI 创意的底层逻辑、人机创意协作的未来场景及多视角下的 AI 创意形态。随后，介绍 AI 技术及其在创意领域的具体应用场景。接着，围绕生成式 AI 的行业应用，剖析其在广告、出版、设计及 IT 服务等产业中的创意管理变革，并探讨生成式 AI 带来的新商业形态。再次，探讨 AI 时代创意管理面临的挑战，包括真实性、知识产权、算法偏见、艺术家的经济影响及伦理等，为理解 AI 驱动下的创意管理转型提供全面视角。最后，分析了动态环境中 AI 影响内容创作者的自我实现机理。

第七章"看见的力量：创意对消费者行为的影响"，探讨创意如何影响消费者的行为与决策，进一步分析创意在不同商业场景的有效转化。首先，基于美学氛围理论，分析消费者在社交媒体中的行为意愿。随后，通过艺术注入效应，探讨消费者对创意产品的品牌评价，强调艺术元素对产品感知的影响。接着，以价值共创理论为基础，分析创意产品的消费购买意愿，揭示价值共创信号对市场接受度的影响。最后，引入技术接受理论，探讨游戏化元素对用户分享行为的影响，强调技术创新对消费者互动的驱动作用。

第八章"创意管理的商业实践：价值转化与管理创新"，通过 Q 公司城市更新项目价值转化与管理创新案例，展示中国创意管理理论在城市更新项目中的实践应用。首先，通过项目背景介绍与基于铜钱模型的项目价值转化分析，梳理当前项目的价值转化现状及存在的问题与原因。随后，提出基于创意价值模型与铜钱模型的改进方案，以挖掘项目价值主张并优化价值转化路径。接着，基于北斗模型，提出项目实施的创新策略及保障措施，以确保创意价值的有效落地。最后，总结该案例的实践启示，凸显创意管理理论在城市更新项目中的实践价值与指导意义。

《创意管理学导论》作为中国首部创意管理领域的著作，第二版旨在帮助读者在把握创意管理基本理论的基础上，以无畏的勇气将本土实践与理论探索进行原创结合，以开拓的视野探索创意管理的前沿知识与实践技能。著作兼顾理论深度与实践指导性，既可为高校教学提供系统化知识支持，也可作为企业创新管理与创意产业实践的参考。

杨永忠

2025 年 2 月于成都

# INTRODUCTION

Artificial intelligence has emerged, and both people and humans must redefine themselves.

The ultimate pride and label of humanity is creative.

Creative and creative management have become more important than ever before.

*An Introduction to Creative Management* (*Second Edition*) is a seminal textbook reflecting the theoretical and practical development of creative management in China. Since its first edition in 2018, this textbook has received widespread acclaim from university faculty, students, and corporate managers. It serves as a vital reference for understanding and applying creative management theories.

This seconel edition retains the integrity of the original theoretical framework while enhancing two significant features. Firstly, it emphasizes the commercial transformation of creative. By systematically analyzing how creative evolves from concepts into feasible products or services in complex market environments, it helps readers grasp the key stages from inspiration to implementation. Secondly, the textbook focuses on local Chinese characteristics. It incorporates theoretical achievements and case studies rooted in China's sociocultural context and market practices, making the explanations more practical and relevant. These cases help readers understand how creative management is specifically applied in the Chinese market, thereby enhancing the practicality and operability of the theories.

In addition to updating its theoretical framework, the seconel edition addresses two emerging trends in creative management: "Creative Science" and "Creative Democracy". "Creative Science" emphasizes using new technologies such as artificial intelligence (AI) and big data to make the generation and evaluation of creativity more systematic and predictable through data analysis and algorithmic assistance. "Creative Democracy" underscores the inclusivity and shared nature of creativity. By involving more ordinary individuals in the creative process, it facilitates the transition of creative management from an elite-centric to a more community-driven approach. These trends broaden the research and practice dimensions of creative management, making it both scientifically rigorous and widely applicable.

The second edition of the textbook is divided into eight chapters, focusing on the commercialization of creative and revolving around the creative management proposition of "See Good Unseen".

The first chapter introduces the origins, theoretical foundations, and research methods of creative management. It begins with an analysis of social, industrial, and micro-level transformations that led to the emergence of creative management. The chapter then reviews foundational theories, including cultural industry theory, cultural economics, and creative industry theory. Additionally, it discusses the academic trajectory of creative management, including its definition, current status, and potential for theoretical innovation. Lastly, the chapter introduces research methods and the "T-person" hypothesis specific to China, laying a foundation for subsequent discussions.

The second chapter studies first provides an overview of domestic and international research, analyzing the theoretical underpinnings of creative value. It introduces a creative value model that examines functional, symbolic, and experiential dimensions of creativity. Furthermore, it discusses various evaluation methods, including direct and indirect assessments, as well as digital-era advancements. Finally, using Dongba paper lamps as a case study, the chapter delves into the cultural and market value of creativity and extends the discussion to the global promotion of Chinese cultural heritage.

The third chapter discusses the commercial transformation of creative from concept to market on the base of the value, and reveal the business model and underlying mechanisms of creative. It introduces core elements and challenges of creative commercialization using the Business Model Canvas theory and identifies its limitations. The "Copper Coin Model" is then presented to explain the linkage and implementation of value transformation stages. Additionally, the "Big Dipper Model" highlights systematic organizational strategies to support creative commercialization. On this basis, cultural entrepreneurs and the Pan-Pan Cultural Class were analyzed around the co-creators of the Big Dipper Model. Finally, based on the assessment of creative ability, we observe the influence of personality on creativity and reflect on China's education reform.

Starting from Chapter four, we will discuss the issue of commercial transformation of creative. The fourth chapter analyzes the creative process of Professional Generated Content (PGC) through classic models, cultural perspectives, and process evaluation methods. It discusses both linear and circular creative generation models and examines creativity's value, cultural extraction, and symbolic transformation. Additionally, the chapter explores creative expansion methods, distinguishing between "same-category" and "cross - category" approaches. Evaluation tools like the Creative Scorecard are introduced, along with their effectiveness and limitations. Finally, through the case of creative generation in China, the specific process of creative generation and iteration is analyzed, revealing the mechanism of creative generation in the context of Chinese culture.

The fifth chapter explores User - Generated Content (UGC) and its value co - creation mechanisms in creative management. It elaborates on the theory of value co-creation in cultural industries, discussing functional and aesthetic co-creation. The role of digital interaction in enhancing creative expression is also examined. The chapter analyzes how UGC influences premium payment willingness, satisfaction, and engagement. Through the lens of social networks, it examines the dynamic process of creative generation and provides case studies on intangible cultural heritage innovation, showcasing collaborative creativity's practical applications.

The sixth chapter delves into the profound impact of AI - Generated Content (AIGC) on creative management and its future prospects. It begins by analyzing the underlying logic of AI creativity, exploring scenarios of human - machine collaboration and diverse AI creative forms. The chapter then introduces AI applications in creative fields such as advertising, publishing, design, and IT services, detailing their transformative effects. It also addresses challenges posed by AI in creative management, including authenticity, intellectual property, algorithmic bias, economic impacts on artists, and ethical concerns. Finally, the self actualization mechanism of AI influencing content creators in dynamic environments was analyzed.

The seventh chapter examines how creativity influences consumer behavior and decision-making, and further analyze the effective conversion of creative in different business scenarios. Using multiple creative management scenarios, it analyzes topics such as aesthetic atmosphere theory's effect on social media engagement and the "art infusion" effect on brand evaluation. The chapter also explores the impact of cultural co-creation on market acceptance of creative products, as well as the influence of gamification elements on user interaction.

The eighth chapter showcases the application of creative management theories in urban renewal projects through a case study of Q Company. It identifies challenges in value transformation and proposes improvements based on the Creative Value Model and Copper Coin Model. Utilizing the Beidou Model, the chapter offers innovative strategies to ensure effective project implementation. It concludes with key lessons, emphasizing the practical value of creative management theories in urban development.

As China's first systematic textbook in the field of creative management, this revised edition aims to assist readers in original combining local practice with theoretical exploration with fearless courage while grasping the basic theories of creative management, and explore the cutting-edge knowledge and practical skills of creative management with a broadened perspective. It balances theoretical depth and practical guidance, serving as a comprehensive resource for both academic instruction and corporate innovation management in the cultural and creative industries.

**Yongzhong Yang**
**February, 2025, Chengdu**

# 目　录

# Contents

# 第一章　创意管理学的兴起

## 第一节　创意管理学的产生背景

### 一、社会变革

任何新兴学科的出现，都有其广阔而深远的社会背景。创意管理学的兴起，与第二次文艺复兴息息相关。众所周知，第一次文艺复兴出现在 13 世纪末。当时的意大利最早产生了资本主义的萌芽，新兴的资产阶级希望冲破神学的束缚，在复兴古希腊、古罗马文化的名义下发起了人文主义运动。这一运动在意大利各城市兴起后，逐步扩展到西欧各国，16 世纪盛行于欧洲。

第二次文艺复兴则兴起于 20 世纪末，以 1998 年英国政府颁布的《英国创意产业路径文件》为标志。英国曾经是世界上最强大的国家，在即将到来的新千年，为重振雄风面临何去何从的战略抉择。英国政府认为，与美国的技术创新相比，文化是英国具有优势的资源，这一资源有可能通过创意而成为有竞争力的新兴产业，成为国家的竞争优势。《英国创意产业路径文件》颁布后，迅速引起全球的关注，美国、澳大利亚、日本、韩国、中国、印度等国家，纷纷从国家层面制定了创意产业（或版权产业、内容产业、文化产业）的发展战略。短短十余年，创意产业盛行全球。以韩国为例，2000 年韩国创意产业占 GDP 的比重仅为 2%，到 2012 年这一比重接近 10%,[①] 创意产业成为韩国当之无愧的新兴支柱产业。

第一次文艺复兴与第二次文艺复兴均起源于欧洲，但第二次文艺复兴却能够迅速扩展到全球，反映出文化经由创意而产生的影响力，已经远远不止于社会和

---

① "世界主要经济体文化产业发展现状研究" 课题组. 世界主要经济体文化产业发展状况及特点 [EB/OL]. 国家统计局科研所，2014-12-08.

思想层面，更在经济和实践层面深刻地吸引和影响着全人类。

与第一次文艺复兴比较，第二次文艺复兴主要有以下三个方面的发展：①

第一，从以人文精神为中心发展到以人文创造为中心。

相对于中世纪的神学统治，第一次文艺复兴提出了以人为中心而不是以神为中心，肯定了人的价值和尊严，将人的精神从神的束缚里解放出来，诱发了势如破竹的工业革命。

第二次文艺复兴建立在第一次文艺复兴所提出的人文精神基础上，但更加强调人文创造。其原因在于，第一次文艺复兴解放了人的创造力，在带来工业时代物质繁荣的同时，也使得规模化、标准化的生产和产品严重削弱了人文价值和文化力量，文化的语义、符号扩展及文化浓度在以机器大工业为背景的社会和经济生活中受到抑制。到 20 世纪末，随着人的精神需求的日益强烈，体现个性特征和自我情怀的人文创造便焕发出巨大的生存空间和生命力，越来越多的企业和个人开始在人文资源的背景下面向市场创造或合作创造出具有人文力量的产品。

可见，第二次文艺复兴是第一次文艺复兴的深化和发展，是对人性的进一步探索，是在人的创造力解放的基础上，人文创造力的进一步释放，体现了人从物质的单级主导发展到物质和精神的双重主导发展的内在需求。

第二，从艺术大师推动到创意大师推动。

第一次文艺复兴以艺术大师为主要推动者，其中最具代表性的是文艺复兴三杰：但丁、达·芬奇和莎士比亚。但丁被认为是旧时代的最后一位诗人，同时又是新时代的最初一位诗人。达·芬奇被誉为"文艺复兴时期最完美的代表"。莎士比亚被称为文艺复兴时期英国最杰出的戏剧家。他们的作品所蕴含的人文思想和现实情怀，在第一次文艺复兴时期深刻影响和改变了整个欧洲。

反观第二次文艺复兴的推动者，则更加突出表现为创意大师。这些创意大师不仅包括艺术家，更包括设计大师、文化企业家等，如英国创意经济之父霍金斯、苹果之父乔布斯、音乐剧之父韦伯等。创意大师在文化与经济的跨界发展中掌握了创意密码，他们所具有的不完全替代性，存在于消费者的搜寻成本和文化消费资本，以及当下联合消费的生产技术，使得他们对文化和文化产品消费的推动产生出巨大的"滚雪球"效应。

今天，创意大师作为创意领域独特的符号象征，引领着创意产业的发展。从

①　杨永忠. 第二次文艺复兴来临［N/OL］. 社会科学报，http：//www. shekebao. com. cn/shekebao/n440/n444/u1ai11148. html.

艺术大师推动到创意大师推动，从艺术家到文化企业家，① 从艺术思维到创意经济思维，文化与经济的跨界与融合，正深刻影响着全球跳动的文化和经济脉搏。

第三，从以艺术作品为代表发展到以创意商品为代表。

《神曲》《最后的晚餐》《蒙娜丽莎》《哈姆雷特》《罗密欧与朱丽叶》等艺术作品，成为第一次文艺复兴的代表性作品，也成为第一次文艺复兴的标志。

第二次文艺复兴的代表作品，则不仅仅停留在艺术层面，更显著的是将文化与经济融为一体的创意商品。如20世纪末有代表性的音乐剧《猫》，掀起了全球音乐剧演出业的革命，除了艺术的完美，更借助本地化和剧场互动的商业模式，实现了仅仅一部音乐剧就创造了20多亿美元盈利、6500余万名观众的演出纪录。蓬勃发展的迪士尼乐园则将文化注入娱乐，构建了以"娱乐循环"为概念的"轮次收入模式"，实现了票房收入、发行收入、游客收入和特许授权收入的文化和经济多赢。苹果手机则注重产品设计，重新对手机进行了定义，使得手机不仅仅是通话工具，更成为赏心悦目的时尚产品，甚至收藏品。

相较而言，第一次文艺复兴更加突出呈现的是以艺术性和思想性为代表的艺术作品，第二次文艺复兴呈现的则是将艺术性和经济性、新奇性与商业性融为一体的创意商品。这些创意商品在满足人的艺术和新奇需求的同时，也极大地创造了商业财富，推动了经济发展。

综上所述，从以人文精神为中心发展到以人文创造为中心，从艺术大师推动到创意大师推动，从以艺术作品为代表发展到以创意商品为代表，第二次文艺复兴为创意及其商业实现提供了丰厚的土壤，也催生着创意管理。

**二、产业变革**

兴起于20世纪末的第二次文艺复兴，在全球经历了近20年的探索后，正势不可当地进入具有旺盛生命力的成长期。而双轮驱动的经济增长，正是第二次文艺复兴背景下新的全球产业发展模式。

早期的经济增长，建立在土地的基础上，随着专业化分工，劳动力的经济增长作用得到显著提升。进入工业社会，随着劳动力的边际收益递减，资本对劳动的替代得到彰显，资本成为经济增长新的动力。随着工业化的发展与深化，资本的边际收益也呈现出递减态势，与此同时，技术对资本的替代日益明显，技术成为经济增长的主要驱动力。

---

① 文化企业家也可称为创意企业家。文化企业家具有企业家的创新特征，但与一般企业家比较，其鲜明的差异是艺术家的梦想与企业家精神的融合。

进入 21 世纪，革命性的技术创新没有出现，存量的技术所带来的边际收益日益递减，导致各国经济增长出现普遍性停滞。在这一背景下，全球呼唤着新的经济增长方式出现。也恰恰在这一背景下，以英国为代表的创意产业在全球兴起，使得文化资源迅速成为全球经济增长新的要素。文化经济学家 Throsby（2001）提出，资本的概念延伸到艺术和文化领域，出现了新的资本——文化资本。文化资本是一种体现、储存并可以提供文化价值的资产，既包括有形的，如绘画、雕塑、历史建筑、遗址和遗迹等；也包括无形的，如群体共享的思想、习惯、信仰和价值观等。这种资产通过创意与其他投入要素结合后，将有助于生产出更多的产品和服务。

与此同时，国际文化政策领域学者埃文斯（2009）指出，文化资本推动城市创造性的发展，是近 10 年来的一种全球现象，是城市应用新科学和新技术与发展文化创意产业的一种组合选择，是新增长理论、后福特经济和后工业发展背景下的一种城市景观。可见，20 世纪末至今，源于文化并通过创意而形成的文化资本，正在从区域和产业层面形成经济增长新的驱动力，并与技术创新一道构建起双轮驱动的全球产业发展新模式。

今天，这种新的发展模式，已成为区域经济发展和地区再生的识别标志，由此形成的创意产业集聚区在形成路径、演化机理上与其他产业集聚区也具有显著的不同（杨永忠等，2011）。

首先，创意产业集聚区不同于文化产业集聚区。文化产业集聚区在形成过程中主要表现为文化溢出，而创意产业集聚区除了文化溢出外，还呈现更加显著的新奇性和经济性。此外，正如艺术与商业的融合发展所展现的，技术对文化的影响正日益彰显，创意产业集聚区的技术溢出也日趋突出。因此，如果说，文化产业集聚区形成的主要是一种静态的文化景观，那么创意产业集聚区则呈现出富有文化底蕴、充满经济活力、展现现代技术的具有新奇特征的动态景观。对一种静态的文化景观，消费者很容易产生审美疲劳；但一种动态的创意景观，则让人们始终充满好奇与兴趣。这正是创意产业脱胎于文化产业，不同于文化产业，又超越文化产业的魅力所在。[①]

其次，创意产业集聚区不同于传统制造业集聚区。传统制造业集聚区主要表现为经济溢出、技术溢出，而创意产业集聚区除了经济溢出、技术溢出外，还有很重要的文化溢出。消费者可能很少会去参观制造业集聚区，但却会充满兴趣地

---

① 一些国内外研究者将创意产业和文化产业等同使用，这里采用了英国政府 1998 年关于创意产业的开创性理解，强调创意的独特性和创造性。这是当代的创意产业与传统意义上的文化产业的不同之处。

一次次流连于创意产业集聚区，甚至参与合作创造，其行为不仅仅是经济偏好、技术偏好，更是一种文化偏好。消费者在创意产业集聚区获得的不仅有经济效用、技术效用，还有文化效用，即消费者通过参观、参与，也获得了对自身潜在的文化身份的一种追求和认同。因此，创意产业集聚区对社会和国民的发展，均具有制造业集聚区不可替代的重要意义和独特特征，并在国家和地区的空间分布上呈现出与制造业集聚区交相辉映的价值。

最后，创意产业集聚区是文化与经济、技术的有机融合。文化与经济经历了从分离到融合的发展过程，目前正成为引领经济发展的新引擎，并从产品、企业、产业及区域层面推动着与经济的融合发展。而创意产业集聚区正是文化与经济在产品、企业、产业以及区域层面实现融合发展的重要平台。技术与文化的关系也经历了从排斥到吸收的发展过程，目前正成为催生文化发展的重要动力，3D 技术、多媒体技术、软件技术等正在不同的文化领域产生越来越广泛的应用。创意产业集聚区恰恰为文化与技术的融合提供了重要渠道和拓展平台。可见，文化与经济、技术的有机融合，是创意产业重要而独特的产业特征，也是创意产业集聚区重要而独特的空间特征。

综上所述，文化正成为区域和产业新的经济增长要素，文化资本正日益成为经济增长新的驱动力，经济增长正在从工业化时代技术创新主导的单一模式走向技术创新与文化创意共同主导的双轮驱动模式。以上中观层面的产业变革和创意产业作为支柱产业的发展态势，也为创意管理的微观探索与创新提供了激动人心而硕大的产业空间。

### 三、微观变革

兴起于 20 世纪末的第二次文艺复兴，也从微观层面为创意管理的诞生奠定了坚实的基础。或者说，正是微观层面逐步深入的实践和变革，呼唤着创意管理的出现。微观层面的变革，可以概括为人的属性和企业属性的变化（罗丹和杨永忠，2016）。

首先，从人的属性来看，在机器工业的驱动和经济学的影响下，长期以来人通常被理解和塑造为抽象的经济人，极大忽略了人的其他属性，其中最为重要的是崇尚个性、追求美好生活、以文化为基础的文化人属性。我们这里所说的文化人，不是狭义上的文化工作者、艺术工作者，而是每一个普通的个体。在文化人的背景下，人人都是文化人，个个都是艺术家。

作为人的多元属性的文化人属性的凸显，也体现出有限理性下消费日趋不确定的效用多元回归。这是因为经济上越来越多的效用对人们需求的满足渐渐饱和，不断上升的经济效用日趋不确定且边际效用递减，这使得人们可以用文化效用替代和弥补经济效用，从而使个人综合效用实现最大化。

其次，就企业的属性而言，企业不只是生硬的、冰冷的、追求利润最大化的经济主体，更是生动的、温暖的、追求个性和创造美好生活的文化主体。企业与文化结合的意识正日益明显，氛围正日益浓郁，程度正日益上升。举例而言，苹果公司就不单纯只是一家制造企业、一家科技企业，它更是一家创意企业，是文化与科技融合的典范，展现了制造业文化化的必然趋势。而中国具有代表性的两家企业：万达集团在经历了住宅地产、商业地产、文化旅游地产发展后，已经转型着力从内容层面构建文化品牌，期望推动中国创意走向世界；阿里巴巴于 2013 年宣告组建音乐事业部后，2014 年巨资控股在香港上市的文化中国，由此进入数字娱乐的版图，2018 年更是启动"阿里文学星辰奖"，激发具备衍生潜力的网络 IP 脱颖而出。

企业强调文化治理、追求成为创意企业，也凸显出有限理性下生产日趋不确定的价值多元回归。也就是说，在日趋激烈的市场竞争下，产品的经济价值日趋不确定，因此生产者可以增加和丰富产品的多元价值，特别是文化价值，以满足消费者日益凸显的对多元价值的消费需求，从而提高产品生产价值的确定性。

以上的社会变革、产业变革到企业变革、人的变革，呼唤着创意管理，由此构成了创意管理学产生的深厚的时代背景。

# 第二节 创意管理学的理论基础

以上我们主要从时代背景的角度，探讨了创意管理学诞生的土壤。然而任何新的理论，都有一个理论的演进过程。创意管理学的形成，建立在文化产业理论、文化经济理论和创意产业理论的基础上（杨永忠，2016）。

## 一、文化产业理论

文化产业理论研究的开创者是法兰克福学派，源起于霍克海默和阿多诺1947年对"大众文化"的批判。不同于霍克海默和阿多诺的批判态度，同为法兰克福学派的本雅明，则对文化产业持乐观和理性态度，他承认大众文化的积极价值和历史意义，认为艺术品的复制可以把艺术从宗教仪式的古老传统中解放出来，为多数人所共享，给文化带来新的发展空间。其后，社会学家米亚基认为，工业化和新技术引入文化生产，确实导致了商品化趋势，但同时也带来了令人兴奋的新趋势和创新（Miege，1989）。

在大众文化和文化产业的论争中，文化产业研究的内容日益丰富，文化产业理论也日渐成熟。但从其演变历史中不难发现，文化产业理论的理论体系，并非像其他经济学的分支学科，脱胎于传统的经济学，而是源于哲学和社会学。因此，在较长的时间里，文化产业主流的研究学者并非经济学家，而是哲学和社会学家；文化产业的主要研究方法是哲学和社会学方法。时至今日，西方具有代表性的文化产业著作，如赫斯蒙德夫的《文化产业》（2007，中译本），仍是社会学、文化学、传播学与政治经济学方法的鲜明融合。

### 二、文化经济理论

以下我们简要分析作为经济学独立分支学科的文化经济学的形成与发展。

从 20 世纪 40 年代末开始，尽管文化产业从概念到理论在如火如荼地形成与发展，但西方主流经济学家对文化产业现象的关注却是缺失的。20 年后，一场源于"成本困境"的争论，打破了经济学家对文化产业的集体沉默。

鲍莫尔和鲍文 1966 年出版的《表演艺术：经济学困境》一书提出了著名的"成本困境"（Baumol's Cost Disease）问题，即表演艺术的生产力增长落后于全社会的生产力增长，从而导致表演艺术的单位产出成本持续上升。针对表演艺术和其他文化产业领域是否存在"成本困境"，西方经济学家展开了 30 年的争论，而且时至今日仍在进行更广泛的讨论。

在对"成本困境"的争论和讨论中，从现代经济学的视角，以稀缺、偏好、效用、需求、供给等经典的经济学理论为基础，文化经济学得以呈现并逐步发展成为一门独立的经济学分支学科。其中，结合文化本身的特点，通过对文化效用、文化价值、文化资本、文化市场等问题的延伸讨论，形成了文化经济学的独特魅力。

### 三、创意产业理论

创意产业理论的出现时间较短，但发展迅猛。1998 年英国政府出台《英国创意产业路径文件》，首次以官方名义提出、界定和采用"创意产业"而非"文化产业"，彰显了创意在文化产业中的独特价值，由此推动了理论界从文化产业研究、文化经济研究进一步向创意产业研究发展。在创意产业理论的建构中，西方代表性的著作包括凯夫斯的《创意产业经济学》（2000）、霍金斯的《创意经济》（2001）、佛罗里达的《创意阶层的崛起》（2002）等。

受西方的影响，国内学者也纷纷展开创意产业的研究，到 2010 年前后，较有代表性的作品包括厉无畏著的《创意产业导论》（2006）、张京成主编的《中国创意产业发展报告》（2006）、吕学武等主编的《文化创意产业前沿》（2007）、向勇等编著的《中国创意城市》（2008）、杨永忠主编的《创意产业经济学》（2009）、金元浦编著的《文化创意产业概论》（2010）、魏鹏举编著的《文化创意产业导论》（2010）、高长春主编的《时尚与创意经济系列丛书》（2011）等。

得益于国家层面的战略推动，短短十余年，创意产业研究在全球蓬勃发展。这里面的学者，既包括传统的哲学、社会学家，又有大量的文化、传媒学者，也有新进入的经济学者。从国际视野来看，创意产业的理论建构，越来越鲜明地呈现出以文化经济理论为基础（参见中国人民大学出版社出版的《文化创意产业译丛》）、以产业经济学为主要研究范式的发展趋势，研究重点则围绕创意产业的发展战略、产业融合、产业组织、新兴业态和政策设计等方面展开。

由此可见，文化产业理论形成以前，对文化的研究是较为纯粹的哲学和社会学范畴。随着文化产业理论的兴起，文化研究进入了哲学、社会学、政治经济学等多学科混同阶段。文化经济学的崛起，则标志着文化研究拓展到了纯粹的经济学领域。

而随着创意产业的深入发展，人们逐步发现了文化的特殊性：可以重复使用，这种重复使用为文化创意留下了空间；可以再生使用，通过创意，文化可以转变为一种新的资源；可以创造使用，文化通过创意生产或服务可以成为一种新的产品；可以渗透使用，文化通过与其他产业创意融合从而可以提升其他产业的附加值。上述特殊性，集中反映出文化的创造性特征：创意。

以上围绕文化的变化，不再仅仅是一种经济趋势、一种经济现象。随着创意在文化经济中的核心地位的确立，谁来创意、创意什么、为谁创意、怎样创意，成为文化经济、创意产业不可回避的核心微观问题，创意管理应运而生。

# 第三节　创意管理学的学科发展

**一、对创意的理解**

创意是指创造性的想法，涉及新想法和新概念的产生。

对"创意"的早期描述，可以追溯到 1755 年。萨缪尔·约翰逊在他编写的《约翰逊词典》中解释"create"这个词是"从无中形成"，常见的情形是，一个有创意的人会以一种新颖而有趣的方式重新组合既有的观念。19 世纪以来，许多词典都采用了这一定义（Howkins，2001）。

随着不同学科的发展，创意有了各式各样的描述。比如，从艺术学的角度，创意是潜在的普遍性才赋，如孩童的画画、唱歌、写诗；从心理学的角度，创意被视为一个复杂的、多层面的过程，这一过程的结果是新奇的产生。

管理学对创意的一般理解，建立在产品创新的基础上。Koen 等（2001）将产品创新的过程分为三个阶段：模糊前端、新产品开发和商业化阶段。其中，模糊前端是产品创新过程中，在正式的和结构化的新产品开发过程之前的活动。模糊前端又分为五个环节，分别是机会识别、机会分析、创意的产生和丰富、创意的选择以及概念和技术的发展。Koen 对"创意"（Idea）这一通用术语给出了界定，即创意是新产品、新服务或者预想的解决方案的最初萌芽。创新管理学家库珀等进一步提出，创新的前端活动在相当程度上决定着新产品研制能否成功（Cooper 和 Edgett，2007）。他们发现，产品研制的模糊前端产生的 3000 多个创意中，最终能够商业化并取得市场成功的创意仅有 1 个。

进入 21 世纪，随着创意经济（Creative Economy）的兴起，创意越来越多地与文化和文化产业联系起来。如霍金斯（Howkins，2001）提出，创意是个人性、独创性和意义的结合，特别强调必须以一种有意义的方式展现创意。跨界学者比尔顿（Bilton，2006）在文献梳理的基础上提出创意定义依赖的两个标准："创意要求我们做或者想新的东西，或现有元素的重新组合"，这就是创新；与此同时，"新点子还必须有用，或有价值，具有合乎目的的适用性"，这就是价值。所以，"创意"等于"创新"加"价值"。进一步地，从文化的角度，比尔顿认为创意的显著特征是一种"象征性"，创意产业经营的是"象征商品"。

最近十年来，文化创意产业蓬勃发展，并作为新经济和国民经济支柱产业在各国和各个地区推进，创意和文化创意越来越广泛地作为一个概念使用。在创意产业背景下，对创意的理解，从狭义的专业化角度出发，主要指内容创意，是把文化资源转化成设计方案，即通过融入创意者（单个创意者或创意团队）的观念，以设计方案表达某种意义。而在广义的层面，从生产到消费的价值链过程都涵盖了创意，具体包括内容创意、创意生产、创意营销、创意消费等。

不管是广义理解或是狭义界定，都可以看出，创意需要承载一定的文化内涵，具备满足人们精神交流和审美需要的文化功能。因此，文化性是创意的基础。这意味着，在追逐盈利目标的同时，必须时刻牢记自己的"文化"身份。无论商业性的"风筝"飞得多高，创意始终不能脱离文化性这根线。①

**二、作为商品特征的创意**

创意经济时代，创意为魂。人们关注文化产品或文化创意产品，恰恰是为文

---

① 本书中，创意主要侧重文化创意，但创意管理不限于文化创意管理。

化产品或文化创意产品中的创意所吸引、所感动、所着迷、所沉醉。人们购买文化产品或文化创意产品，本质是购买创意，为创意买单，创意已经成为一种商品特征。

现代微观经济学分析商品价格决定时，往往假设同一种商品之间没有差异（如电影和电影之间没有差异），从而将影响价格因素的商品本身的特征排除在商品价格决定之外。而现实的商品世界中，商品特征影响商品价格的现象随处可见。由 Lancaster（1966，1971）提出、汪林海（2008）等发展的新消费者理论，把商品的特征引入商品价格决定理论，从而建立了更加接近现实商品世界的商品特征消费理论。根据新消费者理论，消费者购买和消费产品不是为了产品本身，而是产品内含的某种特征。消费者消费这些商品，实际就是消费这些特征，并通过对这些特征的"投入"而获得效用，其效用水平的高低就依赖这些商品所包含的这些特征的数量和质量。

从商品特征消费理论可见，文化创意产品已经成为特征商品，其核心的商品特征就是创意。文化创意产品消费，实质是创意的特征消费。文化创意产品带给消费者的效用和价值，取决于创意的数量和质量。由此，从管理的角度对创意的研究，而不是对创意产品的研究，成为管理学研究的重要内容。

### 三、学科界定

创意管理是针对创意的管理，是针对创意的管理行为，涵盖创意的价值、创意的生成和创意的商业转化等主要内容。

创意管理学是从微观管理角度系统研究创意管理活动的基本规律和一般方法的一门科学。它是一门正在迅速成长的、充满勃勃生机的工商管理新兴学科和交叉学科，以管理学研究方法为基础，涵盖艺术学、社会学、经济学、计算机科学、制造科学等相关学科方法。其研究目的，是探究在资源约束的条件下，企业如何基于文化资源，通过创意，从商业化角度对文化价值进行发现、挖掘、呈现和延伸，以实现文化价值和经济价值的综合价值最大化。

创意管理学不同于文化管理学或艺术管理学。文化管理学或艺术管理学是以文化或艺术为主要研究对象，主要关注文化或艺术本身面临的管理问题。创意管理学是以文化为基础，以文化创意或创意为主要研究对象，其研究更加关注的是创意的价值及其商业化实现方式，也就是创意的微观管理问题。

作为一门交叉学科，我们可以这样形象地理解：创意是看不见的好，创意管理是看见看不见的好。这意味着，首先，创意是一种好，也正因如此，人类生生不息地追求创意；其次，这种好，常常又是看不见的，甚至看见了也常常说不出它好在哪里。而管理，就是通过某种管理方法或管理模式，让看不见的好被更多的人看见。

### 四、学科发展现状

正如第一次文艺复兴带来了文学、美术等人文学科的发展，第二次文艺复兴在艺术与商业结合下的广阔而深远的创意发展背景，无疑为管理学特别是创意管理的诞生提供了丰厚的土壤，催生着创意管理学的到来。

创意产业先在英国兴起，而后席卷全球，但在微观研究层面，基于管理学进行系统研究和深入分析的创意管理却在起步阶段。目前，涉及创意管理学的研究成果呈现碎片状的特征，其中较有代表性的有：Bilton（2006）著的 *Management and Creativity*（中译本《创意与管理》，向勇译），该书是西方学者从文化经济学、创意产业学转向创意管理研究的重要跨界作品，侧重从组织结构、企业战略角度讨论创意管理问题；Holt 和 Cameron（2010）合著的 *Cultural Strategy*（中译本《文化战略》，汪凯译），该书是文化创意在品牌战略管理方面理论与实践结合的一部优秀著作；此外，Kao（1996）所著的 *Jamming：The Art and Discipline of Business Creativity*，Colbert（2001）所著的 *Marketing Culture and the Arts* 等，也对创意管理的早期发展具有推动意义。

从学科层面来看，以英国为代表，创意管理学已经形成了较为完整的创意产业管理专业的教学和科研体系，研究主要立足于文化传媒学科，具有跨学科的视角。以英国利兹大学创意产业管理专业硕士为例，他们开设的主要课程有艺术管理、文化批判、文化政策、企业咨询、创作、观众体验等[1]，而立足微观管理视角的创意价值评估、创意生成模式、创意商业转化等核心内容则是缺失或不同程度缺乏的，相应更缺乏工商管理的研究方法支撑。

国内对创意管理学的研究正在兴起和发展中。以四川大学创意管理研究所为代表，2010 年，其率先在工商管理新兴学科领域发起了对创意管理学的系统探索[2]，先后在创意管理博士培养点、创意管理学系列教材、创意管理学专业期刊、创意管理专业学术会议方面进行了系统化的建设。

创意管理学试图从微观管理视角，为一个新兴产业梳理与之匹配的微观管理理论体系。作为一门正待系统建构、充满创新可能的新兴学科，创意管理学亟待

---

[1] MA Cultural and Creative Industries [EB/OL].［2016-04-15］. http://www.kcl.ac.uk/artshums/depts/cmci/study/pgt/cci/index.aspx.

[2] 全国率先，川大开设文化创意管理专业 [EB/OL]. http://news.ifeng.com/a/20150129/43046415_0.shtml.

海内外学者特别是管理学者的研究和探索。

### 五、理论创新空间

创意管理学的出现，经历了文化产业理论、文化经济理论、创意产业理论的发展过程。但创意管理学本质是企业管理学范畴，创意管理作为一种新兴的管理现象，其所隐含的创意管理问题，现有的企业管理理论却难以给予充分的解释。

从演变历史来看，企业管理理论经历了古典管理理论、现代管理理论到当代管理理论的发展变化。我们注意到，现有的企业管理理论是以工业时代为背景、以技术创新为取向发展起来的，其主要特点是效率和系统。成本导向的效率恰恰导致手工、民间艺术等生存空间的消失，而讲究集成的系统则抹杀了文化的个性，大批量生产的同质化产品无法体现出创意产品的灵魂性和新颖性。

后工业时代发生了重要变革，从社会的变革到企业的变革、人的变革，在变革中，企业管理的实践和理论面临重构，新当代管理理论有待创造性地建立。①

新当代管理理论面对的一个重要事实是，文化要素成为经济增长新的要素，文化资本成为经济增长新的动力。源于文化并通过创意而形成的文化资本，正在从宏观、中观和微观层面形成经济增长新的驱动力。而随着文化资本成为经济增长新的驱动力，新当代管理理论的一个重要内容就是创意管理学的形成与发展。

专栏

## 诗歌：创意管理的思维训练工具

### Andy Frazee　杨永忠

在《一个全新的思维：为什么右脑将统治未来》一书中，作者丹尼尔·平克提出，一个新的"概念时代"正在取代或已经取代了旧的"信息时代"。也有人将这个"概念时代"称为"创意经济时代"。信息经济的特点是左脑能力，如逻辑和计算。相比之下，创意经济强调右脑能力，这些能力包括想象、直觉和洞察力。这就是"硬技能"和"软技能"的差异。

---

① 新当代管理理论由杨永忠（2018）首先提出，是当代管理理论在第二次文艺复兴背景下新的发展，是当代管理理论建构在文化资本上的一种理论创新。其中，人文创造、人格产品、文化企业家等是新当代管理理论的重要特征。

但实际上，人类大脑更为复杂，左脑和右脑需要相互支持。右脑的创意需要左脑的逻辑思维，否则我们将无法沟通；同样，左脑的逻辑也需要右脑的想象力的扩展。对个人而言，如何实现从"信息时代"向"概念时代"的转换，如何获取这种转换的技术和工具呢？

我们知道，艺术和文学是人类生存的精神家园。这就是为什么商业、科学和政府都需要人文学科的一个重要原因。而其中的诗歌，我认为可以成为个人从"信息时代"向"概念时代"转换的最好的技术和工具。

如果你真的雄心勃勃，就每天读一首诗，慢慢地阅读它。在平日的忙碌和烦躁中，享受阿姆斯特朗所讨论的"出神"（ekstasis）。而这种孤独对创意思维是非常必要的。

对许多人来说，他们不知道如何获得一首诗的实际价值。这种挫折反映的另一面，是探索的喜悦。想象阅读一首诗，就像在异国他乡发现一座新的城市，你不确信将去哪儿，但充满了乐趣。

从信息经济转换到创意经济的进程中，诗歌体现出这一转换的技术工具特征。它包括了三个方面的技术应用：第一方面，对左脑和右脑的整合；第二方面，学习一种新的语言；第三方面，让模糊性和不确定性变得更加舒适。

关于第一方面，右脑的"创造性"和左脑的"逻辑"需要相互转换。这意味着，你可以在它们中间创建新的神经连接，有效地重新布线你的大脑。而读诗和写诗正是这样的连接器。它通过视觉的、抽象的、虚构的方式使图案、逻辑、语言来回移动，集成了你的左、右大脑。这样的连接，将使你的创造性思维和创造性执行更加容易。

我告诉我的学生，当你想成为一名更好的钢琴演奏家，你必须多弹；当你想成为一名更好的篮球运动员，你必须多练；当你想成为一名更好的作家，你必须多写。而当你想提高创造性思维能力，也是如此，多读诗歌将是训练和激发你的神经元的必要步骤。

关于第二方面，纽约派诗人科克曾说过，阅读和写作诗歌，就像是在使用另一种语言。的确，诗的语言，不同于我们每天正常交流的语言。而创造性思维，也正是从我们已经知道的东西以外的接触中获取的。因此，阅读和写作诗歌，可以让你在另一种语言的学习中，领悟和感受创造性的思维与能力。

关于第三方面，英国浪漫主义诗人济慈称这方面的能力为"负能力"，即人们在没有急躁的情况下适应和接受不确定性的能力。容忍模糊性和不确定性是创造性思维的特点。当我们能够面对不确定性时，我们就将确定和已知的东西留在脑后，引领我们到达新奇的彼岸。当我们要真正去"获取"一首诗时，我们就必须采用这种负能力，去容忍它的模糊性，容忍我们自身去理解它的不确定性。这并不意味着一定要找到诗的"答案"，而是让诗歌训练你。创造性思维的训练和获取，需要付出时间和耐心。

诗并不是容易的或简单的文字，而世界也并不是容易或简单的。试想，有关世界的任何东西——职业生涯、家庭生活、社会生活、经济、政治、战争、气候变化，没有一个是明确的。通过读诗，锻炼你的负能力，将是通往我们事业的大门。

因此，诗歌是一门创意管理技术。这种技术包括：对信任自己直觉的学习；想象、评价和连接多个点的看法；模式识别的训练；发展换位思考；重视不连续性；作为一个过程进行理解的 DIKW（数据、信息、知识、智慧）。

当然，我们并不是据此肯定，读诗歌就能成为获诺贝尔奖的科学家，成为硅谷的精英，甚至成为创造性的作家。但我相信，诗歌可以更好地理解、训练和发展我们新奇的思维能力。

（Andy Frazee 是佐治亚理工大学管理学院商务沟通专业教授，他出版的第一本诗集获 Subito 出版社大赛冠军。专栏内容由杨永忠修改整理。）

## 第四节　创意管理学的研究方法

研究方法是在研究的过程中发现新现象或新事物，提出新理论或新观点，揭示事物内在运动规律的工具和手段。从广义上讲，根据不同的维度，研究方法可以有多种分类。根据研究活动的特征或认识层次，可分为经验方法和理论研究；根据研究对象的规模和性质，可分为战略研究方法和战术研究方法；根据研究方法的规则性，可分为常规方法和非常规方法；根据研究方法的普遍程度，可分为一般研究方法和特殊研究方法；根据研究手段的差异，可分为定性研究方法和定量研究方法。以下，我们按照定性研究方法和定量研究方法的分类对创意管理学的研究方法进行介绍。

### 一、定性研究方法

定性研究方法主要依靠研究者丰富的实践经验以及分析能力进行主观分析，推断出事物的性质和发展趋势，适用于一些没有或不具备完整的历史资料和数据的领域。作为一门新兴的学科，创意管理学通常不具备完整的历史资料和数据，特别是在现阶段学术界对创意管理的发展规律和实践方法的研究还处于探索阶段时，会较多地依赖管理者运用其理论知识和经验能力对研究对象进行定性分析。创意管理学的定性研究方法主要包括文献研究法、案例研究法、扎根研究方法、田野调查法、诗歌创意训练法。

（一）文献研究法

文献研究是利用前人劳动成果获取科学认识的重要方法，这种间接的、非介入性调查避免了调查者与被调查者互动过程中可能产生的反应性误差。创意管理学的文献研究法主要指收集、鉴别和整理文化创意管理领域的相关文献，通过对相关文献的研究形成对事实的科学认识的方法，其过程包括提出假设、研究设计、收集文献、整理文献和进行文献综述。

值得注意的是，文献研究的定量化取得快速发展，如学者通过对文献数据信息绘制科学知识图谱以实现学科知识的可视化，借此进行研究理论增长、研究范式转换、学科领域演进以及学科结构辨识等方面的研究（秦晓楠等，2014）。其中，科学知识图谱是以知识域为对象，显示科学知识的发展进程与结构关系的一种图像呈现。

（二）案例研究法

案例研究法始创于美国哈佛大学法学院，并逐渐扩展至医学和商业教育领域。案例研究法是结合市场实际，以典型案例为素材，通过具体分析、解剖，促使人们进入特定的案例情景和案例过程，建立真实的案例感受和寻求解决案例问题的方案。案例研究为类似案例提供了易于理解的解释，且有可能发现被传统统计方法忽视的特殊现象。

20 世纪 80 年代末以来，案例研究的科学性取得重要进展。1989 年，Yin 等阐述了系统化的案例研究方法的基本思想、原则和操作程序，并根据研究目的的差异，将案例研究分为探索性、描述性、解释性三种主要类型，使得案例研究方法可被用于建构理论、提供描述和检测理论。此后，这一研究方法得到了学术界的高度重视，使用 Yin 等提出的案例研究方法在 SMJ 和 AMJ 等管理学期刊上发表的高质量案例研究论文不断增加。2008 年，一篇发表于 SMJ 的论文对 1995～2000 年发表于顶级管理学期刊的案例研究论文进行了系统分析，进一步阐述了将案例研究作为工具，用于生成和测试理论的方法论。[①]

2000 年前后，中国管理学界开始逐步引入案例研究这一研究工具，并从 2005 年以后逐步规范化。从 2007 年开始，国内管理学期刊《管理世界》连续举办"中国企业管理案例论坛"，并连续发表关于案例研究方法、程序和规范性的会议综述（毛基业等，2008；毛基业等，2010；毛基业等，2014；等等），有力地促进了国内案例研究水平的提升。

由于创意管理是一种新兴的管理活动，因此在促使研究者进入特定的创意管理的情景和过程中，案例研究法具有极强的适用性。创意管理的案例研究方案，包括案例研究设计、选择案例、收集资料、分析资料、撰写报告等内容。

（三）扎根研究方法

Glaser 和 Strauss（1967）最早提出了扎根理论（Grounded theory）的研究方法，该方法强调了预测和应用的中心性：一个好的理论方法必须发挥作用，并且应该在预测未来现象的意义上起作用。扎根理论方法是一种概念和理论生成方法，能够处理不同形式的数据（Glase 和 Holton，2004），强调扎根过程忠于原始资料，不带有主观判断。最常用的数据收集方法是深度访谈，还包括对报纸、传记、文本资料的分析等。

创意管理研究鼓励研究者对研究对象进行解释，对创意管理规律进行解释性描述。因此，遵循扎根理论方法的客观性和反复性，通过对数据的收集和分析，可以系统地、科学地完成创意管理研究从文本到理论的构建。

（四）田野调查法

田野调查法由英国功能学派的代表人物马林诺夫斯基奠定，是以人的本性为突出特点的工具、方法。田野调查的目的主要是获取关系、行为、态度等动态、微观层面的资料。田野调查既不是按照预先拟定的理论框架去收集资料，也不是根据调查材料归纳出一般的结论，它的重点是直观社会本身，力图通过记录一个个鲜活的人、事、物以反映调查对象的本质。田野调查的过程是理论与经验两个层面往返交流、相互修正的过程。

在创意管理研究领域，涉及非物质文化遗产（民俗、民族音乐、传统技艺等）的研究，都可以借助田野调查法完成。

（五）诗歌创意训练法

杨永忠教授提出的诗歌创意训练法基于以下理论：第一，创意管理的特征性。创意管理不同于传统管理，创意偏重感性，侧重于右脑思维；管理偏重理

---

[①] 陈睿、杨永忠所著的《互联网创意产品的营运模式》中的"案例研究设计与可靠性"相关章节内容。

性，侧重于左脑思维。创意管理是感性与理性的冲突与融合。优秀的创意管理大师是感性与理性的平衡大师，是左脑和右脑都高度发达的脑力大师。第二，诗歌欣赏的内生性。简单梳理诗歌的发展历史，从抒情诗、朦胧诗到抽象诗，从《当你老了》《远和近》到《荒原》，诗歌越来越"读不懂"了。当我们试图理解诗歌时，一方面需要开动右脑，按传统的诗歌理解去构建其画面；另一方面需要开动左脑，努力去理解其背后的内在逻辑。这种诗歌欣赏背后的感性构建与理性理解，天然地将右脑和左脑结合起来。第二，创意管理与诗歌赏析的一致性。诗歌作为一种艺术形式，通过个体的欣赏与创作，可以训练个体将抽象的概念以形象的构思具体化，将复杂的情感以象征的语言意义化。这种左脑和右脑的碰撞训练，非常有助于提升创意管理的感性思维与理性思维，提升感性与理性冲突与融合的灵活性、流畅性和创新性，极大激发个体的想象力和创造力。

具体而言，诗歌可以训练创意管理的三大思维：第一，创意管理的形象思维。诗歌创作强调形象思维的重要性，通过联想和想象，人们可以从平庸的生活中挣脱出来，去瞭望远方，这是诗歌的魅力所在。在创意管理中，形象思维是不可或缺的，它能够帮助我们透过不同的形象去审视问题，发现新的解决方案。比如，诗歌的审美和艺术感知能力有助于提升产品和服务的形象和吸引力。第二，创意管理的抽象思维。诗歌要求语言的精练和创新，这与创意管理对创意解决方案的简洁和创新要求相吻合。在诗歌创作中，作者需要用最简练的笔墨表现最丰富的内容，这种对语言的精研细磨有助于提升创意管理中的方案提炼和创新能力。第三，创意管理的跨学科思维。诗歌创作涉及文学、艺术、哲学、心理学等多个领域，这种跨学科的思维方式对于创意管理至关重要。它能够帮助管理者在面对复杂问题时，从不同学科的角度寻找灵感和解决方案。

在实施方法上，杨永忠教授提出了"四一诗行"的诗意行走与诗歌生活化方法：每天读一首诗，每周做一次诗歌游戏，每月作一首打油诗，每年写一篇诗意化管理的感想或随笔。通过诗歌欣赏和创作，激发普通大众在创意管理中更好地发挥创新和创造力。基于"四一诗行"，杨永忠进一步提出了创意雁阵模型。

**二、定量研究方法**

定量研究方法是根据统计数据，建立数学模型，并用数学模型计算出分析对象的各项指标及其数值的一种研究方法。定量研究一般是为了得出特定研究对象的总体的统计结果而进行的。与创意管理研究联系最紧密的定量研究方法主要有内容分析法、博弈论方法、计量经济学研究方法、决策科学研究方法、神经科学研究方法、人工智能科学研究方法。

（一）内容分析法

内容分析法最早出现在传播领域，第二次世界大战时期，美国学者 H. D. Lasswell 等承担了"战时通讯研究"这一项目，使内容分析法的实际效果得以显现，且在方法上归纳出了一套模式。到 20 世纪中叶，内容分析法的地位得以确立，J. Naisbitt 将内容分析法系统化。而 Berelson（1952）关于内容分析法的定义在传播界获得了广泛认可。他认为，内容分析法是一种对具有明确特性的传播内容做客观而又系统的量化并加以描述的研究方法。其基本做法是把媒介上的文字、非量化的有交流价值的信息转化为定量的数据，建立有意义的类目分解交流内容，并以此来分析信息的某些特征，目的是弄清或测验文献中本质性的事实和趋势，揭示文献所含有的隐性情报内容，对事物发展进行预测。

近年来，内容分析法已广泛应用于管理学研究的各个方面，包括创意管理领域，是除问卷调查外获取数据做定量分析的又一种重要方法，也有学者认为其是定性和定量相结合的研究方法。①

（二）博弈论方法

博弈论是研究多个个体或组织之间在特定条件制约下的对局中，利用相关方的策略而实施对应策略的方法，是研究具有竞争性质现象的数学理论和方法，主要有合作博弈和非合作博弈、静态博弈和动态博弈、完全信息博弈和不完全信息博弈之分。合作博弈和非合作博弈的区别在于相互发生作用的当事人之间有没有一个具有约束力的协议，如果有，就是合作博弈，否则，就是非合作博弈。静态博弈是指在博弈中，参与人同时选择或虽非同时选择但后行动者并不知道先行动者采取了什么具体行动；动态博弈是指在博弈中，参与人的行动有先后顺序，且后行动者能够观察到先行动者所选择的行动。完全信息博弈是指在博弈过程中，每一位参与人对其他参与人的特征、策略空间及收益函数有准确的信息；不完全信息博弈是指参与人对其他参与人的特征、策略空间及收益函数信息了解不够准确，或者不是对所有参与人的特征、策略空间及收益函数都有准确的信息。

创意管理的每个主体、环节之间，都可能存在博弈，博弈的各个参与者都在一定的约束条件下，基于相互作用的环境条件，依靠所掌握的信息，选择各自的策略和行动，以实现利益最大化和成本最小化。

（三）计量经济学研究方法

计量经济学是以一定的经济理论和统计资料为基础，运用数学、统计学方法

---

① 林明华、杨永忠所著的《创意产品开发模式——以文化创意助推中国创造》中"我国创意产品开发模式实证研究"相关章节的内容。

与电脑技术，以建立经济计量模型为主要手段，定量地分析、研究具有随机性特性的经济变量关系，主要包括理论计量经济学和应用计量经济学。其中，应用计量经济学是在一定的经济理论的指导下，以反映事实的统计数据为依据，用经济计量方法研究经济数学模型的实用化或探索实证经济规律，即根据数据，运用方法对模型进行估计和检验，进而进行结构分析、经济预测、政策评价和理论验证。

尽管目前关于创意管理的实证研究缺乏相关数据，但随着创意管理实践的不断开展和创意管理学科的深入发展，基于相关数据的获取与数据库的完善，计量经济学研究方法作为一种主流的实证研究方法，将广泛运用于创意管理领域，为创意管理研究提供更强有力的支撑（杨永忠和蔡大海，2013）。

（四）决策科学研究方法

决策科学是建立在现代自然科学和社会科学基础上的，致力于研究决策原理、决策程序和决策方法的一门综合性学科。决策科学是现代科学技术在复杂的社会因素中高度发展的结果，是随着人类社会生产实践的发展和科学技术的进步而形成的，标志着决策活动由传统的经验型向现代科学型的转变。美国学者亨利·艾伯斯认为，决策有狭义和广义之分。狭义的决策就是在几种行动方案中做出抉择；而广义的决策还包括做出最后抉择前后必须开展的一系列活动。随着经济社会的飞速发展，非常规突发事件频繁发生，人类所面临的决策问题越来越复杂，涉及的领域也越来越广，多个决策主体交互、利益相关者多元化、各种不确定因素相互交织，决策面临着充满不确定的复杂环境。在面临复杂的决策问题时，需要均衡考察问题的多个方面，这促成了多准则决策（Multiple Criteria Decision Making，MCDM）理论和方法的迅速发展，使多准则决策成为决策科学的重要研究内容。多准则决策是指在多个不能互相替代的准则存在下进行的决策。这类决策问题在日常生活中随处可见，形式多种多样。根据决策对象的不同，多准则决策可以进一步分为多属性决策（Multiple Attribute Decision Making，MADM）和多目标决策（Multiple Objective Decision Making，MODM）。

在创意管理决策阶段，使用多属性决策科学研究方法对各个创意方案的优缺点进行全面评估，通过多目标决策对创意项目的各个目标进行平衡，从而可以更加科学、全面地评估创意管理的各个方案。同时，基于生成式人工智能的决策支持系统，通过对专家知识的学习，直接对方案的属性进行评估，或给出评估方案之间的偏好信息，将进一步促进创意管理的发展。

（五）神经科学研究方法

神经科学（Neuroscience）又称脑科学，是一门综合性科学，其研究对象为大脑的结构和功能。进入21世纪，计算机模拟和神经系统信息处理的快速发展，催生了多个分支学科领域，包括计算神经科学、脑成像学、脑连接学、神经工程学等。具体的研究方法包括功能性磁共振成像（fMRI）、脑电图（EEG）、脑磁图（MEG）、事件相关电位（ERP）等。这些技术和方法的出现，为脑结构和脑功能差异的研究开辟了新的道路。

从创意的生成机理和生物学的角度来看，创意产生于大脑，创意与脑科学有关，与神经科学有关。相关科学研究表明，人类创意的思维方式与表现，与其神经的构造与作用相关。所以，创意其实天生与科学有关，只是我们大多数时候忽略了这一点，更愿意被艺术、被"天才"的炫丽和灵光一现所迷惑。神经科学的研究方法，比如脑成像技术，可以用来比较人们在执行创意任务时的脑区差异。借用神经仪器，可以直接测量创意思维和创意情感，从内部观察人的创意行为，促进我们对大脑与创意行为之间关系的理解。在头脑风暴中，一些人看上去脑洞大开，而另一些人则表现得细致入微，这可能与他们的神经构造有关。所以，从神经科学的角度研究创意，可以为具有不同神经构造的人们提供不同思维方式的训练，为具有相似神经构造的人们提供思维模式的借鉴。未来，神经科学会由于脑机接口技术的突破而带来创意的划时代拓展，进而会对人类创意的神经元和突触活动产生更根本性的认识，从而丰富创意管理的神经领域研究。

（六）人工智能科学研究方法

21世纪初，人工智能技术取得了显著进展，尤其在深度学习领域。2022年，人工智能相关企业加速在算力、算法、大数据等方面角逐，推动了人工智能技术的划时代跃进，人工智能话题被推向人类历史的风口浪尖，开启了生成式人工智能的元年。作为人工智能的重要技术和方法，机器学习使模型在无须明确编程的前提下，通过分析和理解数据进行自我学习、自主决策及持续优化；自然语言处理（NLP）作为计算机科学、人工智能和语言学交叉融合的领域，专注于促进计算机与人类语言的互动，使机器能够理解、解释和生成人类语言，从而消除人机交流的障碍；专家系统成为人工智能领域的一个重要分支，通过致力于模拟人类专家在特定领域内的决策能力，以解决特定领域需要高度专业知识的复杂问题。

借助以上方法，通过生成式人工智能，人工智能已经能够自行生成或人机合作生成各种创意内容。这些创意生成，扩展和增强了人类的创造力，为创意产业从业者提供了巨大的技术支持和划时代的创作工具。在人工智能大模型的助力下，普通大众的创意灵感也将得到极大的激发和拓展，为内容生成和自我实现带来革命性的变革。

综合以上几节的分析，创意管理学正处于快速起步和发展中。创意管理在创意的价值、生成及商业化等方面存在亟待研究的一系列问题。中国悠久的历史中所蕴藏的丰富的可资本化的文化资源，为创意管理学在中国的探索提供了多样的实践素材和广阔的理论创新空间，相信在创意管理的国际学术领域，必定有中国学者的一席之地。

# 第五节　创意管理学的人性假设

同样的教育场景下，同一个班级的学生为什么会产生迥然不同的创意？同样的时代，为什么不同国家的企业家表现出大相径庭的创意能力？除兴趣、知识、技术水平外，人性是对创意产生影响的重要因素。[①]

## 一、中国人性假设的 T 理论

创意管理本质是唤醒普通大众的创意，激发大众的创造力。中国缺乏创造力吗？中国人缺乏创造力吗？答案是否定的。短短 40 年，中国从人均 GDP 仅 156 美元、不到非洲国家的 1/3，发展到人均 GDP 接近 13000 美元的经济大国。毫无疑问，中国不可能没有创造力，中国人也不可能缺乏创造力。

但与此同时，我们惊讶地发现，最近 200 年以来，凡是经济领先的强国，先后诞生了影响世界和改变世界的经济管理思想：两百年前走向经济强大的英国，诞生了斯密的《国富论》、马歇尔的《经济学原理》、凯恩斯的《就业、利息和货币通论》；一百年以来，取代英国而成为经济霸主的美国，在经济学领域诞生了著名的哈佛学派、芝加哥学派，在管理学领域诞生了科学管理理论、行为管理理论，现代管理学之父德鲁克、定位理论之父特劳特、竞争战略之父波特更是被人们熟知。不仅如此，20 世纪 80 年代，一度挑战美国经济霸主地位的日本，在经济迅猛发展的同时也催生了震惊世界的精益管理理论、Z 理论。但非常遗憾的是，到目前为止，我们还没有一个影响世界的中国经济管理理论。

我们发现，我们提出的经济管理理论基本上只是对西方理论的消化、吸收、集成。我们不缺创造力，但我们缺影响世界、改变世界的创造力。一切源于人性假设。

西方提出了著名的人性假设 X 理论和 Y 理论。X 理论认为，大多数人生性都是懒惰的，他们尽可能地逃避工作，为此要形成严格控制的管理方式，以金钱作为激励人们努力工作的主要手段。Y 理论认为，大多数人天生勤奋，能够自我

---

① 杨永忠教授提出人性假设 T 理论：为什么越勤劳越远离富裕，https://www.sohu.com/a/769665045_607727。

约束，勇于承担责任，为此管理者的重要任务是创造一个使人得以发挥才能的工作环境，对人的管理主要是给予其来自工作本身的内在激励，发挥其创造才能（见图1-1）。

X：拒绝工作的人　　　　　　Y：欢呼工作机会的人

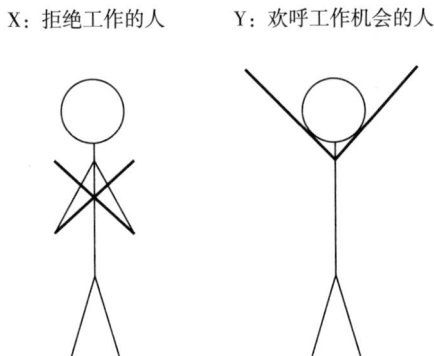

**图1-1　XY理论**

资料来源：麦格雷戈．企业的人性面［M］．北京：中国人民大学出版社，2008.

懒惰或勤奋、恶或善，成为西方关于人性的基本划分。中国人显然不属于X型人，世界已经见证了中国人与生俱来的勤奋。但为什么中国人勤劳但不富有？这一世纪之问，同时又告诉我们，中国人也不属于Y型人，因为Y理论的结果应该是富有。这意味着，西方X理论、Y理论，并非放之四海而皆准。我们必须寻找新的理论解释中国创造力，解释中国人性。这也意味着，简单地照搬X理论或者Y理论，我们可以取得经济的发展，但难以获得影响世界、改变世界的创造力。

创造力，并非勤奋或懒惰的结果。很显然，西方的人性理论忽略了影响创造力的更重要的因子。西方的人性理论，可以在西方乃至西化的日本，取得创造力的辉煌，但这仅仅是基于西方的文化情景。在中国，对创造力的影响，有着比勤奋或懒惰更重要的因子，这些因子包括内向、害羞、胆怯。这些因子导致我们与好奇心、想象力渐行渐远，让我们越勤奋越远离创造力，最终成为伤害我们创造力的利器。然而，只有创造力，才能让一个国家强大；只有创造力，才能让一个民族崛起；只有创造力，才能让人民富有。

改革开放以来，我们遵循西方的人性理论，包括超Y理论，推进勤奋和懒惰的有效管理。我们成功推进了人的发展，但恰恰忽略了创造力的发展。因此，我们必须突破西方的人性假设，突破X理论、Y理论。勤奋或懒惰，本身就不是中国人的问题。我们必须在一个更加广阔的全球视野，重建人性理论。

今天，我们已经走到高质量发展的重要时刻。我们唯有回归自己，才能更好地走出自己。人性假设 T 理论（见图 1-2）认为中国人背负传统枷锁，由此带来了内向、害羞、胆怯。人性假设 T 理论就是要重新找到属于中国人的自信。我们的人性管理，无论家庭、学校还是企业，首要的是克服人们的内向、害羞和胆怯，去掉"T"上的那一横。不能根本反映中国人性特质的 X 理论、Y 理论，伤害的只能是中国人的创造力天性。人性理论绝不仅仅是按勤奋或懒惰划分、按善恶简单区分。人性理论的重新确立，才能让一个真正属于中国人的创造力时代来临。

T：背负传统枷锁的人

图 1-2　人性假设 T 理论

## 二、人性假设 T 理论的实践

中国许多优秀的企业家从小就表现出内向、害羞或胆怯。拼多多创始人黄峥在 2020 年致股东信中写道："我的性格底色是谨慎甚至胆怯的。"360 集团创始人周鸿祎在《颠覆者》自传中描述："初中时想参加航模小组却不敢申请，偷偷捡别人丢弃的零件回家组装。"网易创始人丁磊幼时因家庭成分问题内心异常自卑，初中班主任评价他"总是躲在教室角落，回答问题声音细如蚊蝇"。京东创始人刘强东因家境贫困导致极度自卑，中学老师回忆"他总低头贴着墙根走路，像怕踩死蚂蚁"。

然而，面对性格的弱点，他们并未放弃成长。从相关个人自传及媒体报道中我们看到，一些优秀的企业家随着成长在不断寻找适合自己的人性突破方式。

腾讯创始人马化腾早期被描述为"极度内向的技术宅"，创业初期因性格腼腆不善社交，甚至因紧张在融资路演时"全程背对投资人"。但他通过专注于技术优势弥补沟通短板，用代码代替语言表达，最后成功改变了自己。

小米创始人雷军自称从小"社恐"，中学时期因害羞不敢与同学说话，首次演讲时"紧张到全身发抖"，后来采用自我激励训练法，大学时每天在操场边走路边大声练习演讲。

字节跳动创始人张一鸣自述"天生内向"，大学时因不善社交被同学认为"高冷"，早期创业时被投资人评价"缺乏感染力"。后来，他以理性拆解沟通，提出"沟通是工具而非性格问题"，将社交视为可优化的算法系统，通过社交数据反馈改进交流效率。

新东方创始人俞敏洪自述"大学三年未和女生说过话"，因口音和胆怯被同学嘲笑，后以自嘲实现突破，在《我曾走在崩溃的边缘》中写道："当众出丑越多，脸皮越厚。"

近年来，随着英伟达在人工智能领域的耀世崛起，人们看到了一个从胆怯走向光芒的华人。

黄仁勋，1963 年出生于中国台湾省台南市，1983 年毕业于美国俄勒冈州立大学，2023 年被评为全球 AI 领袖，2024 年成为全球 GPU 主宰者，以 770 亿美元挺进福布斯全球富豪榜榜单前 20。

幼年时期，父亲因工作调动需移居泰国，黄仁勋与哥哥被送到美国亲戚家。因亲戚家境窘困，他与哥哥前往肯塔基州的一所乡村寄宿学校就读。该学校的不良少年众多，他的室友亦浑身刺青。在黄仁勋自述这段经历时，我们看到了他小时候的内向和封闭。但这两年的危险也让他学会独立与适应。之后，在一家名为丹尼的餐馆打工时，他没有选择萎靡与沉沦，而是在痛苦和磨难中褪去害羞和胆怯，成为这家餐馆最好的洗碗工人。

随后，黄仁勋的人生高歌猛进：1993 年创立英伟达公司，着手开发能在个人电脑上实现逼真 3D 图形的芯片；1996 年，建立改变 NVIDIA 的技术标准；1997 年，RIVA 128 上市，由于性能出众、价格实惠，很快受到市场关注；1999 年，发明 GPU，凭借全新的显示芯片理念与技术，NVIDIA 在纳斯达克成功上市；2000 年，收购了昔日的竞争对手 3DFx，确立了 NVIDIA 在显示芯片领域的领导性地位。

黄仁勋表示，他的成功来自适应环境，在适应中不断磨砺和重新塑造了自己的性格。他向世界证明，华人也具有屹立世界的创造力，华人也可以成为全球大师。

### 三、人性假设 T 理论评价

人性假设 T 理论是一个探讨中国人的人性特征及其对创造力影响的学术观点。这一理论试图突破西方传统的 X 理论和 Y 理论的人性框架，强调中国人独特的文化背景和社会特性。以下是对 T 理论四个核心观点的概述和评价：

（1）突破西方人性理论框架。T 理论认为，基于西方文化背景提出的 X 理论和 Y 理论，并没有反映中国人性的基本特征。这体现出了 T 理论对中国特定社会文化环境下人性特征的独特洞察，强调了理论的本土化和文化相对性。

（2）中国人的勤奋与创造力。创造力才是决定人富有与否的根本因素。T 理论提出，中国人的人性特质（T 人性）导致了与好奇心和想象力的疏离，从而影响了创造力的发挥，由此揭示了中国人在追求物质富裕的过程中可能忽视了创造力的培养和发挥，这为理解中国经济发展与创新能力之间的关系提供了新的视角。

（3）解放内心特质。T 理论强调，要释放中国人的创造力，需要解放他们的内心特质，让他们敢于表达自己的想法和创意，而不是仅仅强调勤奋和遵守规则。这对于中国教育、管理和创新实践具有重要的启示，即在追求效率和规范的同时，也要重视个体的创造性和自主性。

（4）文化与人性的关联。T 理论认为，中国人几千年的传统文化导致他们内向、害羞、胆怯，但骨子里却可能充满叛逆。这种分析触及了文化对人性的深刻影响，提示我们在现代管理和发展中需要重视文化因素，以及探索如何通过文化改革来促进个体的全面发展和创造力的提升。

综上所述，人性假设 T 理论为我们理解和提升中国人的创造力提供了新的视角，也为管理实践提供了新的思考方向。T 理论试图为中国的经济管理理论和实践提供更加贴合中国国情的理论基础。这一人性理论的提出，不仅是对传统管理理论的补充，也是对中国社会文化特性的反思和探索。[1]

## 🕮 小　结

从社会变革、产业变革到企业的变革、人的变革，呼唤着创意管理的出现，由此构成了创意管理学产生的深厚的时代背景。

随着创意在文化经济中的核心地位的确立，谁来创意、创意什么、为谁创意、怎样创意成为文化经济、创意产业不可回避的核心微观问题，创意管理应运

---

① 熊文熙对本章研究做出了贡献。

而生。

源于文化并通过创意而形成的文化资本，正在从宏观、中观和微观层面形成经济增长新的驱动力。而随着文化资本成为经济增长新的驱动力，新当代管理理论的一个重要内容就是创意管理学的形成与发展。

创意管理在创意的价值、生成及商业化等方面存在亟待研究的系列问题。中国悠久的历史所蕴藏的丰富的可资本化的文化资源，为创意管理学在中国的探索提供了多样的实践素材和广阔的理论创新空间。

创意管理建立在人性假设基础上。中国人性假设 T 理论试图为中国的创意管理乃至中国管理理论和实践提供更加贴合中国国情的理论基础。这一人性理论的提出，不仅是对传统管理理论的补充，也是对中国社会文化特性的反思和探索。

## 思考与练习

1. 思考创意、创新与创业的关系。

2. 分析创意管理学的理论基础。

3. 谈谈你对"谁来创意、创意什么、为谁创意、怎样创意"的理解。

4. 如何理解创意管理是"看见看不见的好"？

5. 讨论新当代管理与创意管理学的理论创新空间。

6. 你认为创意管理学的研究方法中，哪种方法最适合目前创意管理的研究？

7. 如何理解人性假设 T 理论？举例说明人性假设对创意及创意管理的影响。

8. 讨论拼多多创始人黄峥、360 集团创始人周鸿祎、网易创始人丁磊、京东创始人刘强东突破内向、害羞或胆怯的方式。

9. 《哪吒之魔童闹海》登顶全球动画电影票房榜，请就这一中国创意作品撰写一篇影评。

10. 请从方法论和文献角度，对创意雁阵模型进行评述。

# 第二章　创意的价值：看不见的好

## 第一节　创意的价值基础

价值在不同的语境下有不同的理解，其一般意义是指客体属性和主体的需要之间的相依关系（李醒民，2006），是一个概念体系而非单一的概念。关于文化及其延伸的创意，经济学与文化学对其价值的话语之争由来已久。价值一直是经济学最核心的问题之一，从价值的产生来源、决定因素等发端出了劳动价值理论、效用价值理论、均衡价值理论，并且用数学的方式进行了量化评估。文化学（哲学、美学、社会学、人类学等）语境则一般认为文化价值、创意价值是主观的、社会的，存在于人们的思想观念中，无法用经济学的方法去衡量。但从文化经济学、创意产业经济学的兴起与发展中可以看出，对创意的价值及其评估的认识，正在经济学与文化学从相互独立走向融合的过程中不断丰富和完善（李海舰和王松，2010），而管理学的思想及其体系又为其价值评估与价值创造提供了新的探索空间。

### 一、国外研究

创意价值体系的研究起步和建构于宽泛的文化价值体系基础上。20 世纪末，从经济学视角对创意的价值研究在国外逐步兴起，英国创意经济之父霍金斯（2001）从知识产权的角度认为，创意涉及两个相互补充的价值：无形的知识产权价值和有形载体的价值。哈佛大学著名经济学家凯夫斯（Caves，2000）认为，创意所提供的商品和服务都重叠着文化价值、艺术价值或单纯的娱乐价值，它们为创意的价值研究奠定了基础。

目前，对于创意价值维度的基本划分可以追溯到两种观点。一种观点以澳大利亚著名文化经济学家 Throsby（2001）为代表。他认为，价值是连接文化与经济的基石，是一种社会建构现象，内在的艺术价值或文化价值等绝对价值具有永恒的特点，必须得到重视。在此基础上，创意（文化商品）的价值可以划分为独立存在的经济价值与文化价值。根据其所著的《经济学与文化》一书，文化价值又分为美学价值、精神价值、社会价值、历史价值、象征价值和真实价值六个维度。

其中，美学价值展现了创意的美的特质。这一价值建立在创意的知识合成基础上，表现出美的内涵，能够满足人的愉悦需求，其价值大小受风格、时尚、品位等影响。精神价值反映了创意的信仰诉求。在创意中，这一价值既可以被具有相同信仰的群体或部落的所有人以一种内在的、具有力量的感受所分享，也可以通过交流、开导等方式为群体或部落外的其他人所理解、欣赏或接受，展现出一种独特的文化意蕴，能够满足人的精神需求。社会价值反映了创意的社会关系。在创意中，这一价值表现出个体的人与其他人相互间的一种联系的感知，它增进和丰富了我们对所生活的社会特点的广泛理解，能够满足人的社会交往需求，具有身份识别和地点识别的意义。历史价值蕴含了创意的历史变迁。在创意中，这一价值反映了创意活动或创意作品与历史之间的联系。它既是对过去创意作品创作时候的生活环境的反映，又通过与过去的连续意义而说明了现在，能够满足人的认知和发展（借鉴）需求。象征价值反映了创意的象征意义。在创意中，这一价值反映了创意作品作为一种意味深长的价值宝库和价值传递者而存在，观赏者和消费者可以通过洞察这一作品而提取和获得这 作品所内含的象征意义，从而满足人的自我实现需求，并获得一种效用上的提升。真实价值反映了创意的原创性。这一独一无二而非仿制品的特征，使消费者能够从消费中获得对创意的真实享受，从而产生真实效用。毋庸置疑，作品的真实性与完整性本身就拥有显而易见的价值。

另一种观点建立在以 McCarthy、Snowball 等学者为代表的手段—目的划分基础上。根据 McCarthy（2004）、Snowball（2011）等基于手段和目的的分析，创意价值可以界定为工具性价值和内在价值。其中，工具性价值（或外在价值，或分担价值）指的是对象的价值，包括实物对象和抽象对象，不是终极目的，而是实现终极目的的手段。内在价值（或本质价值）是一种伦理和哲学意义上的财富，是对象的"终极目的"或"因自身缘故而存在"的价值。

在文化政策当中，一直存在工具主义与本质主义的争论（Snowball，2008），工具主义强调的是文化和创意的经济产出，本质主义则强调文化和创意的目的所在。以上两种二元价值的划分，具有内在的一致性。

随着体验经济的兴起，西方学者发现，创意的价值在很大程度上需要通过消费者的体验而实现，人们消费创意就是为了获得情感与精神的体验（Throsby，

2001）。Miranda Boorsma 等（2009）认为，艺术价值产生于作品进入大众文化时人们对它的体验，提出了将客户价值和艺术价值加以平衡的艺术品营销战略理念，强调艺术市场营销应该将艺术体验作为核心客户价值。比尔顿（2006）通过案例研究，梳理了艺术营销的产品导向型、消费者导向型和体验导向型三个模型，认为艺术营销方式正在走向以顾客审美体验为核心的体验营销，消费者将处于权力的中心。可见，消费者的体验价值已越来越凸显。

### 二、国内研究

随着国际文化经济学的兴起，近十年来，国内学者开始较为集中地从文化经济学的角度讨论文化产品或创意产品的价值内涵。李庭新和李书（2005）较早研究了文化产品的价值构成要素，包括主体价值、载体价值和转化价值。厉无畏（2006）提出，文化创意的市场价值由功能价值和观念价值两部分构成，随着人们生活水平的提升，市场价值越来越取决于其观念价值，以满足人民日益增长的精神文化需求。杨永忠（2012）从民族文化的角度提出，文化创意是文化活动转化为文化经济活动的创意和创新过程，文化创意的实质是挖掘和展示民族文化所包含的美学层面的经济价值、精神层面的经济价值、社会层面的经济价值、历史层面的经济价值、象征层面的经济价值和真实层面的经济价值。

受体验经济发展的影响，汤晖和钟洁（2011）运用顾客感知价值理论的三个成熟视角——价值要素、价值权衡及综合价值，对文化产品的消费者感知价值进行了进一步探讨，提到了消费者通过亲自参与而获得一种体验价值。何琦和高长春（2013）从创意经济角度提出，创意具有多维度价值体系、双重产权特征、价值动态与不确定性、价值实现方式多样性特征，并总结出创意产品具有四种价值表现形式，即功能价值、创意价值、体验价值和文化价值。向勇（2014）认为，随着技术的发展，文化产品的价值实现形式不断拓展，由此将文化产品的价值分为三种形式，分别是膜拜价值、展示价值和体验价值。

在文化数字化发展背景下，对文化产品或创意产品的价值分析不断拓展，尤其对创意的体验在不断延伸。江哲丰和彭祝斌（2021）从加密数字艺术监管角度提出，数字艺术品深受 NFT 技术的影响，在经济和文化价值之外，衍生出身份价值、社交价值、效应价值等多种价值形态。许洁和秦璟文（2022）从 NFT 出版物的价值生产机制出发，提出创意产品的价值包括内容价值、技术价值、社交价值、市场价值、法律价值。陈羽洁（2024）基于创意产业价值网络的价值创造机理研究，从价值网络角度构建了创意产品价值创造机理评价指标。

以上国内的相关研究，已呈现出从文化产品向创意产品、从传统创意产品向数字创意产品的演变，创意的独特价值已引起越来越多的学者关注和重视。

### 三、研究评述

随着创意经济的崛起，创意的价值而不仅仅是文化的价值，已越来越凸显。针对创意的特征，构建独立的创意价值体系已越来越有必要。同时，现有的研究关于创意的美学价值、象征价值等文化价值特征的讨论已得到广泛认同，而对需要通过体验才能进一步感知并不断增长的体验需求的价值还认识不足。或可以理解为，现有的较为成熟的创意二元价值划分（如经济价值和文化价值），主要是一种静态的考察，为创意的价值认识提供了一个基本框架；而随着创意经济和技术的不断发展，创意所具有的动态的体验特征越来越明显，也越来越丰富，因此，在动态视角下，如何认识创意的体验价值，体验价值与其他价值的关系如何，有待进一步深入研究。

## 第二节 创意的价值模型

创意是创造新的意义，创意的核心是价值，创意管理关注的正是创意的价值发现及其商业转化。这 以价值为基础的研究体系，体现在《创意管理学导论》（杨永忠，2018）这一国内最早的研究著作设计中，也构成了中国创意管理理论在有关创意管理的国际研究中的最大特色和研究分野，由此形成了中国学者在创意管理领域的本土表达和国际对话空间。

遵循创意的价值规律和创意产业的发展趋势，在梳理、吸收国内外相关研究成果的基础上，本书从创意的物质载体、符号载体、精神载体三个价值承载体角度，将创意所具有的各种价值要素归纳为功能价值、符号价值、体验价值三个维度。不同类型的创意，其三维价值的构成是不同的，如文具的价值构成中功能价值相对更加突出，而电影的体验价值则占主要比重。

根据马斯洛的需求层次理论，这些价值从不同层次上满足了人们的需求。其中，功能价值是创意的实用表达，主要满足人们在衣食住行等日常生理、生活方面的功能需求，为创意的符号价值与体验价值的实现提供载体或基础；符号价值构成了创意的情感表达，代表着创意的社会连接，主要满足人们对于归属、尊重等社会层面的需求；体验价值构成了创意的自我表达，反映了人们亲身参与的独特感受，满足了人们自我实现的潜在需求，体现了创意在当代的价值发展。由此，构成了创意的价值模型（Creative Value Model，CVM），具体如图2-1所示。

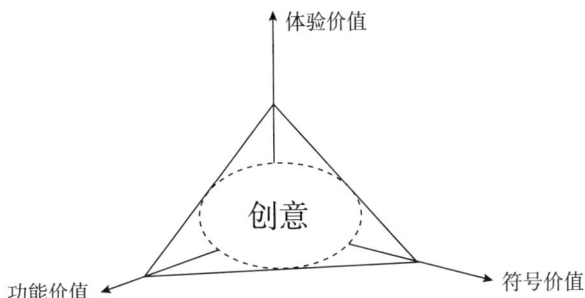

图 2-1 创意价值模型（CVM）

## 一、创意的功能价值

对普通商品而言，功能价值是指产品拥有期望的功能特征，或者其产品质量、技术参数等功能发挥符合期望，亦称作工具价值、实用价值、实际价值、材料价值等，主要包含三方面因素：一是正确的特征、属性或特性；二是合理的表现；三是合理的产出与结果（Woodruff，1997；Smith 和 Colgate，2007）。对一般商品而言，功能价值是其主要价值，商品存在的目的就是满足人们物质层面的功能性需求。

但创意的功能价值相对于普通商品还有其特殊性。Snowball（2008）认为，创意的功能价值是相对于其内在价值而言的，是指有助于创意目的实现的载体价值及其"副产物"。按照 Snowball 的理解，一场文化博览会的内在价值，即目的所在，也许是展示各个地区的艺术文化和鼓励本土与区域外甚至国际开展文化产业方面的合作，通过吸引和告知消费者以促进更多更好质量的创意产生；其"副作用"可能包括为举办这次博览会而改善基础设施所产生的新的投资、到此地并进行参观的游客带来的食宿消费，以及为提供这些服务所创造的工作机会等，这些被视作功能价值。

创意虽然强调创造一种新的意义，但并非像艺术一样仅仅强调具有纯粹意义的产品或服务。在创意经济时代，创意要被人们所接受，先要以满足人们某种实用性需求的形式而出现，即意义总是存在于某种对应的功能之上的。据此，创意的功能价值可以理解为：创意具有的与产品存在目的联系且能够满足人们实用性需求的功能特征或属性。如博物馆展出的功能价值，就包含了它是真实存在的且具有供人游憩、开展科学研究等的良好设施与环境，并因此吸引游客而产生经济收入、带动就业、拉动投资与基础设施建设等。一般地，创意的实际用途越广，其具有的功能价值也就越大。

### 二、创意的符号价值

对符号的关注发端于欧洲中世纪，符号学作为独立的学科或领域也有一百多年的历史，但迄今尚未形成对"符号"和"符号学"的统一明确的定义。索绪尔（1982）将符号学定义为"一门研究社会生活中符号生命的科学"。我国符号学学者赵毅衡（2011）将符号定义为："符号是携带意义的感知：意义必须用符号才能表达，符号的用途是表达意义。反过来说：没有意义可以不用符号表达，也没有不表达意义的符号。"符号学的发展过程可以概括为三个阶段：第一阶段为 20 世纪上半叶，是各种符号学模式的奠定和解释阶段，其中索绪尔的语言学模式率先成熟为一个完整的体系；第二阶段为 20 世纪六七十年代，符号学作为一个理论正式"起飞"，并成为人文社科规模宏大的总方法论，索绪尔的语言学模式发展壮大并成为主流思想；第三阶段从 20 世纪 70 年代中期一直延续至今，符号学进入多模式阶段，皮尔斯的开放模式取代了索绪尔的语言学模式成为主流，同时符号学开始与其他学派结合，并广泛应用于具体领域。

符号进入经济学领域产生于凡勃伦的炫耀性消费（Veblen，1912），即人们购买商品的目的不仅仅在于获得物质满足与享受，更在于获得社会归属、尊重等心理上的一种满足，消费行为象征着人们的影响力或社会地位。近代法国社会学家鲍德里亚（Bourdieu，1984，1986）提出了符号商品的概念，描述的是一种产品的价值不在于物质财产或无形品质，而在于构思、形象、情感等象征意义。鲍德里亚针对当代资本主义消费社会的现状，借鉴符号学立场提出了进一步的批判，认为对符号代码的操纵是当代经济的一个重要特征，并创立了"符号政治经济学"。他在形式哲学语境下发展了符号价值学说，并对当代资本主义消费社会进行了深入剖析，认为消费者的需求瞄准的"不是物，而是价值。需求的满足首先具有附着这些价值的意义"，并宣称"消费的主体，是符号的秩序"，即消费者在选择消费商品的过程中，所追求的并非商品物理意义上的使用价值，而是商品所包含的能够为消费者带来声望和表现其个性、特征、社会地位以及权力等的带有一定象征性的意义，即鲍德里亚所指的"符号价值"（胡娜，2008）。

随着基于象征和意义的消费成为当代消费的一个典型特征，我国越来越多的学者开始从经济学视角关注和讨论"符号消费"或"符号经济"。胡娜（2008）、张一兵（2014）等认为，符号经济可以被描述为一种以符号为基础的经济，具体地说，就是产品具有了超越物质性的使用价值，通过对这种超物质价值的生产、交换、分配和消费，产品的符号效用得到实现，进而满足人的各种意义需求的经济活动。黄悦（2013）认为，符号经济是消费社会发展到一定阶段的现象，与信息社会、文化社会等概念不同的是，它不是从经济现象出发描述的，而是消费主体、消费行为和消费对象的一个整合性的概念，包括对消费社会经济运行规则的一种概括，揭示了当代经济活动的象征性特征。

从创意的生产过程看，符号价值其实是创作者以一定的方式将其意图意义（创意）储存在特定形式的产品中，而创意的消费过程则是消费者"解码"的过程。赫斯蒙德夫（2007）用"符号创意"一词来代替艺术，用"符号创作者"来代替艺术家，认为创意产业致力于创造和流通的产品是"文本"（各种类型创意的集合名词），符号创作者正是制作文本的主要劳动者。从这个意义上，创意产业就是以经营符号产品为主的活动（Connor，2000）。

相较于一般物质产品，创意通过符号的建构来获得价值存在的方式，使创意更加突出地展现了价值作为社会建构的本质（陈庆德，2007）。不同于广义符号经济中所泛指的满足人们主观效用的社会建构的象征与意义，在创意经济时代，创意的符号价值还包含了与特定文化形式有关的客观知识与信息，对个人具有教育作用，对社会而言是文化资本。

关于符号价值的衡量，王坤（2008）提出，从客体分析上看，知识产权是对特定符号的支配权；从哲学分析上看，知识产权是符号世界中的财产权。谭玥（2009）认为，作品、发明和商标作为知识产权的权利对象，不仅外观形态上表现为符号组合，而且本质上与符号的非物质性、整体性和任意性特征吻合，知识产权对象的共性是符号性。由此，创意的符号价值开发，可以理解为是通过知识产权的开发或者"一意多用"的衍生开发实现的。其中，知识产权的界定是关键，其由创意的符号性所决定。从这个意义上，创意所具有的独创性符号，是创意的代表，在客观上至少存在潜在的知识产权形式，也说明符号价值并非纯粹的主观效用。

可见，创意的符号价值产生于它与特定文化类别的符号系统所确定的符号目标的关系，是在社会交换关系中建构起来的，是基于特定文化资本、制度资本产生的，反映了消费者与创意相连接或联系的社会意义，主要满足人们对于归属、尊重等社会层面的心理需求。按照 Throsby（2001）对于文化价值的维度界定，创意的符号价值可以包括符号的美学价值、符号的精神价值、符号的社会价值、符号的历史价值、符号的象征价值和符号的真实价值。

### 三、创意的体验价值

体验的思想由来已久，在经济上的最初运用却是指搜寻商品的一种实验方法。根据 Nelson（1970）的观点，在市场上搜寻商品却不拥有关于消费这些商品将获得的收益的完全信息的消费者，有两种选择去搜寻这些信息：或者去搜寻有关期望收益的可用外部信号，或者通过体验这些商品而获得它们自己内在的信息。20世纪90年代，由于体验在产品营销中的作用，体验开始吸引经济学家的注意力。经济学者认为，体验伴随着每一次的消费行为，通过提供纯粹的体验可以构成一个有利可图的新的商业领域。Pine 和 Gilmore（1999）最先提出"体验经济"概念，认为体验是基于服务的第四种经济提供物，并依据四种境界划分了体验商品，即娱乐的、教育的、审美的和逃避现实的体验商品。Andersson 等（2006）归纳了体验商品的特征：无形性、不可分割性、异质性和易逝性。Hutter 等（2006）认为，体验商品是包含促使其使用者获得新精神体验的信息的商品，指出了体验商品的价值来源：体验商品主要为满足使用者对其的直接精神效应而非使用效应的需求，产品的价值增值主要在于其作者的创意，而不是在此过程中使用的媒介是什么。

尽管体验具有价值属性为人们所普遍认可，但目前仍难以形成对"体验价值"较为统一的定义。学者们从不同的侧面对其进行的定义概括起来有三个层面：第一，认知层面，认为体验价值是消费者通过体验获得的认知，这种认知可能会导致其行为的变化。这方面的研究，主要集中在创意的消费体验上。如 Murry 和 Dacin（1996）将认知作为影响因素，考察了电视观众对于播放内容的理解与其情绪之间的关系。Lee 和 Thorson（2009）研究了个人网站与商业网站如何通过强化浏览者的认知来提升他们浏览网页时的正面情感。Bianchi（2008）从心理学实验中总结出创意产生美学体验或文化价值的心理刺激，包括变化、新奇与自我更新。第二，情感层面，以 Holbrook、Csikszentmihalyi 等为代表，认为体验价值是消费者在对产品或服务的体验中所产生的情感反应。Holbrook（1996）认为，消费体验是对幻想、情感和快乐的追求。Csikszentmihalyi（1997）提出了心流体验，即消费者专注于产品创造的情境中获得的情绪，是顾客对外界消费环境刺激所产生的感觉，通常来源于对消费过程的亲身参与，随不同消费者个体及消费阶段而变化。第三，精神层面，即体验价值是消费者获得的精神力量。Carbone 和 Haechel（1994）指出，消费者的目标不单是获得功能性的或象征性的价值，更重要的是获得一种内在的力量或内在的认同。Jones（1999）研究发现，消费者与家人、朋友一起购物，不仅仅是为了追求一种快乐或放松，更重要的是建立一种精神认同。杨永忠等（2012）以创意产业集聚区为例，认为消费者通过体验获得的不仅是经济效用、技术效用，还获得了文化效用，即消费者通过参观、参与，也获得了对自身潜在的文化身份的一种追求和认同。

就普通商品而言，体验价值更多是指顾客从消费中获得的认知满足或从服务中获得的情感反应，而创意的体验价值更多的是情感满足和精神满足，是精神层面的认同。创意所承载的意义需要通过体验传递给消费者，因此，其价值实现在很大程度上是通过消费者的自我体验而实现的。就马斯洛以自我实现为导向的高层次需求而言，体验价值构成了创意的自我表达，反映了人们亲身参与的独特的自我感受，满足了人们自我实现的成长需求和身份需求，体现了创意在当代的价值发展。

# 第三节　创意的价值评估

从文化产品价值的特殊性及价值评估的不同逻辑出发，国内外学者借鉴经济学、管理学、艺术学等工具，构建出适合文化产品价值评估的方法，并对方法的应用开展了较为深入的探讨。本节关于创意的价值评估，建立在文化产品价值评估及其方法的基础上，是对文化产品价值评估的进一步发展，更加突出和彰显了创意的内在价值，特别是具有精神性的体验价值。基于文化产品价值评估方法，根据价值评估结果的表现形式，创意的价值评估方法大致可以分为两类，即直接评估方法与间接评估方法。

## 一、直接评估方法

直接评估方法就是通过收集有关创意价值的数据，根据创意的价值特点，设计科学的方法对创意的价值（或某些价值）进行直接测度，最终结果为具有一定价值量纲的具体数值。梳理目前的研究成果发现，创意价值的直接评估方法按价值实现的手段可以分为两大类：一类是市场导向的价值评估方法，另一类则是非市场导向的价值评估方法。前者是指能够在现实市场中进行交易而获得价值实现的价值评估方法，后者则是指无法通过现实市场交易而只能在假设的市场条件下获得价值实现的价值评估方法。

（一）市场导向的价值评估方法

随着市场经济的不断发展，创意（依托物品与服务）越来越多地参与到市场中，其经济属性越来越为人们所发现，其价值也在市场交换中被全部或部分地实现。随着知识经济的到来，经济学家们发现创意具有知识产权的资产属性，能够以著作权、版权、专利权等私有权利进行价值衡量。因此，借鉴现代价值评估方法，将创意视为一种无形资产，可以采用现代资产评估方法对创意进行价值评估。

目前国内外普遍采用的用于创意价值评估的市场导向方法有市场法、成本法和收益法三种体系。市场法以替代原则为根据，以比较和类比为基本思路，采用市场上与被评估资产具有相同或类似效用资产的近期交易市场价格，再通过可比较因素的调整后得到被评估资产价格。成本法也称作重置成本法，是在现实条件下重新购置或建造一个全新状态的评估对象，所需的全部成本减去评估对象的实体性陈旧贬值、功能性陈旧贬值和经济性陈旧贬值后的差额，以其作为评估对象现实价值的一种评估方法。收益法也称收益能力法，是将被评估的资产在未来的现金收益用适当的折现率折算成现值，以确定其评估的价值的方法。

针对无形资产的价值评估，成本法更适合一般资产，其在创意领域的应用逐步弱化，而收益法则成为主要方法。如 Throsby 和 Zednik（2014）采用收益法对绘画作品的价值进行了实证评估，杨忠直等（1997）对版权价值评估的成本法和收益法的模型设计进行了研究，李曼（2012）探讨了收益法在电影作品价值评估中的应用。此外，实物期权法等新兴的评估方法也开始应用于创意价值评估的实践，如何琦（2015）采用实物期权法对电影版权的知识产权价值进行了评估。

（二）非市场导向的价值评估方法

非市场导向的价值评估方法又可以分为定性与定量两大类。定性评估大多是在文化语境下对创意在美学、历史、哲学等范畴上的地位、意义、贡献等进行评判，很难在量上予以确认。借鉴经济学、管理学、统计学等其他学科的研究方法与手段，学者们在非市场导向条件下研究出了一系列对创意价值进行量化分析的工具，并开始在实践中尝试应用。基于 Snowball（2008）梳理的文化价值的定量评估方法，创意的非市场导向的价值评估方法主要包括经济影响研究法、条件价值法、旅行费用法、特征价格模型、选择实验法等。

1. 经济影响研究法

经济影响研究法（Economic Impact Studies，EIS）适用于各类创意的价值评估，尤其适用于那些能够吸引大量外来游客的文化活动或事件，如博览会、交响乐会、节庆、博物馆、电影院，甚至是一些非营利的文化机构等。经济影响模型的理论渊源可追溯到 20 世纪 30 年代列昂惕夫和凯恩斯的研究。国际上有代表性的研究如 Snowball（2005）梳理了艺术的经济影响，并通过案例测度了一个艺术节活动的直接经济影响与间接经济影响；Seaman（2011）总结出一项文化资产具有三种经济影响价值，包括消费价值、长期影响价值和短期支出价值，并在回顾传统经济影响模型（EIM）的基础上进行了改进，建立了复杂的经济影响模型（SEIM）。国内学者借鉴经济影响模型重点对文化旅游的经济效应展开了研究，如卞显红（2005）利用经济影响乘数的方法对 2008 年北京奥运会旅游经济影响进行了评价，陈昕（2013）探讨了北京市旅游经济的直接经济效应、服务创汇效应、就业促进效应和产业关联效应。

2. 条件价值法

条件价值法（Contingent Valuation Methodology，CVM）利用效用最大化原理，通过构造假象市场，直接调查或询问人们对事物的支付意愿（Willingness to Pay，WTP），或者对某事物遭到损害的接受赔偿意愿（Willingness to Accept，WTA），以推算出该项事物的价值。Arrow 和 Slow 对 CVM 进行了深入研究，将其认定为自然资源价值评估的标准方法并推荐了标准的评估框架。近年来，CVM 不断发展，开始应用于评估创意，如博物馆、图书馆、剧院、电视节目、历史纪念碑、世界文化遗产等，并成为目前文化经济学领域应用最为广泛的价值评估方法。如 Ana 等（2004）利用 CVM 和半参数方法对西班牙巴利亚多利德国家雕塑博物馆的雕塑进行了价值评估，Thompson（2002）介绍了 CVM 在艺术品价值评估中的应用。

CVM 在 20 世纪 80 年代开始引入我国，2000 年后呈加速发展趋势，广泛应用于生态环境、公共项目（如气象服务）等公共品价值评估领域。CVM 应用于创意价值评估的研究目前主要集中在旅游资源价值评估方面。许丽忠等（2007）运用条件价值法对武夷山景区旅游资源非使用价值进行评估，并通过检验认为评估结果是可靠的。周春波和林璧属（2013）结合太姥山景区的实地问卷调查，在计量模型的比较研究基础上应用多方案条件价值法（MPCVM）评估了景区旅游资源各要素的游憩价值。

3. 旅行费用法

旅行费用法（Travel Cost Method，TCM）是一种基于消费者选择理论的旅游资源非市场价值评估方法，许多涉及公共物品和公共福利的领域内都有应用。在 TCM 的发展历程中，曾先后出现了分区旅行费用模型（Zonal Travel Cost Model，ZTCM）、个人旅行费用模型（Individual Travel Cost Model，ITCM）、引力旅行费用模型（GravityTravel Cost Model，GTCM）、享乐旅行费用模型（Hedonic Travel Cost Model，HTCM）、随机效用模型（Random Utility Model，RUM）、旅行费用区间分析（Travel Cost Interval Analysis，TCIA）6 种 TCM 模型。在具体的应用中，Poor 和 Smith（2004）使用分区旅行费用模型对圣玛丽历史名城进行了评估，Bedate 等（2004）利用 TCM 估计了西班牙卡斯蒂利亚—莱昂地区的两大教堂、音乐事件和一个博物馆的消费者剩余，Melstrom（2013）利用 TCM 对美国南北战争遗址的价值进行了评估。

国内学者也大量应用此方法进行旅游资源、文化遗产等的价值评估。靳乐山

（1999）利用 TCM 评估了圆明园遗址公园的环境服务价值，探讨了旅行费用法在我国的适用性。谢双玉等（2008）对旅行费用区间分析与分区旅行费用模型进行了比较。但 TCM 也存在显著的缺点，董雪旺等（2011）通过梳理 TCM 的研究和应用情况，发现其是一种基于市场实际观测资料的显示偏好法，尽管被认为比其他评估技术更加可信，然而在实际应用中，TCM 使用的旅行费用数据是由研究者根据统计调查的数据构建和转换的，构建和转换的过程中存在着一定的主观随意性，在理论上和实践中会引起争议。

4. 特征价格模型

特征价格模型（Hedonic Price Model，HPM）的核心思想是，消费者愿意为一件商品支付的价格取决于他从商品的各种属性（特征）中获得的效用水平，即商品的价格由商品的各种特征所提供的效用决定。它是处理异质性产品各种特征与价格之间关系时被广泛使用的一种方法，在创意价值评估领域也有较为广泛的应用。Anderson（1974）以作品出售的年份、作品尺寸、创作年代、创作作品时艺术家的年龄、作品出售时艺术家是否在世以及出售的场所为自变量，对成交价格的对数进行回归，最终发现影响价格的显著变量是作品出售的年份、作品尺寸和作者的名声。Throsby 和 Zednik（2014）运用特征价格模型对绘画作品的价值进行了评估。

国内的应用研究开始较晚，目前的研究主要集中在两个方面，一是特征价格模型方面的研究，二是特征价格指数编制方面的研究，在创意价值评估领域的应用还甚少。其中，陆霄虹和郑奇（2015）对吴冠中的绘画作品拍卖情况进行了分析，建立了包括成交价格、画作的尺寸、成交时间、著录次数、拍卖行、种类、创作时期等在内的特征价格模型。周思达和杨胜刚（2014）以特征价格模型为理论基础对中国画尺寸与拍卖价格的关系进行了分析，发现尺寸对价格具有显著影响，并发现赝品的存在的确会削弱尺寸因素的解释作用，知名度越高的画家，其作品的真伪因素对价格的影响越大。

5. 选择实验法

选择实验法（Choice Experiments，CE）又称结合分析（Conjoint Analysis），其理论来自要素价值理论和随机效用理论，核心是以消费者在一系列通过虚拟市场模拟出的物品或服务的属性水平组合中选择出的效用最大化方案来评估物品或服务的价值。相对于条件价值法，选择实验法的突出优点是能够对创意的各个属性的价值进行评估。近年来，CE 方法也广泛应用于创意的价值评估研究中，包括：对文化活动的研究，如 Snowball 和 Willis（2006）对南非国际艺术节的价值研究；对文化遗产的研究，如 Alberini 等（2003）对圣安妮广场的价值研究，Tuan 和 Navrud（2007）同时利用支付意愿（WTP）和选择实验法探讨了世界遗产越南美山遗址的价值；对历史遗址的研究，如 Apostolakis 和 Jaffry（2005）对克里特岛的古希腊遗址的价值研究，Bille 等（2006）对丹麦的石器时代遗址的价值研究；以及对文化机构的研究，如 Mazzanti（2003）对博物馆的价值研究。国内应用 CE 方法的研究还很少，翟国梁和张世秋（2007）分析了 CE 的理论思想，并最早运用 CE 方法对中国退耕还林工程进行了评估。近年来，CE 方法也开始被应用于创意产品的价值研究中，如张凌云（2009）探讨了 CE 方法在济南灵岩寺文化遗址景区开发管理中的应用。

以上方法的运用，也呈现出集成使用的趋势，如 Alberini 等（2003）在他们对遗迹价值的研究中合并了旅行费用法和条件价值法，发现这两种方法纯粹是互补的。尽管上述方法从科学的理论出发，并试图通过模型、数据及操作的完善不断提高其对创意价值评估的准确性，但正如 Snowball（2008）指出的一样，任何一种评估方法都仅能获取部分文化价值，一种完全量化的评估方法几乎是不可能的。

**二、间接评估方法**

除直接评估方法外，学者们还研发出了间接评估方法。所谓间接评估方法，就是指不给出某件创意具体的价值量，而是给出一个参考值，如价格指数。这方面的研究与应用主要集中在艺术品领域。艺术品具有的丰富历史和交易数据，使得艺术品价值研究成为创意研究中最为深入的领域，学者们发明了艺术品价格指数来评估艺术品的价值。目前在理论和实践中衡量艺术品价格指数的方法主要有三种：平均价格法、重复交易法和特征价格法。

1. 平均价格法

平均价格法可以大体上反映出艺术品市场的价格趋势，最大特点是简单和直观。以书画作品为例，平均价格通常指作品成交价格/成交作品的面积（元/平尺）。平均价格法的缺点很明显，艺术品的历史性、文化性、审美性、学术性等是艺术品价格的基础，而用"成交价格/成交作品的面积"无法较好地反映出艺术品的特质。平均价格法也没有考虑到艺术品之间的差异，即使是同一位艺术家，在不同的环境、情绪和时间（青年、中年和老年阶段）下，其作品的质量也存在着较大的差异，因此采用平均价格法计算出来的艺术品指数容易造成较大的偏误。目前国际公认的 ASI 指数（the Art Sales Index）就是采用艺术品每场拍卖的平均价格计算出来的。国内最受认可的雅昌艺术指数（AAMI）也是采用加权平均价格法计算的，此外，中艺指数（AMI）也是以成交艺术品尺寸作为权数的加权平均价格计算的。

2. 重复交易法

重复交易法通过跟踪同一件艺术品重复多次的交易价格构建艺术品指数，可以较好地解决艺术品的异质性问题，使得价格变化和收益率可以比较。然而，这种方法也有一些问题。首先，能够参与拍卖的作品只是艺术品中的优秀作品，重复交易法要求一幅作品至少销售两次，这样会损失大量只有一次拍卖记录的数据。如果以此来估算整个艺术品市场的综合指数，其代表性必然受到质疑。其次，在艺术品市场全球化的趋势下，艺术品拍卖的地点、汇率和时间等都在变化，长期跟踪一幅作品并准确地描述出来有难度。世界最受公认的梅摩艺术品指数（Mei Moses All Art Index）就是以苏富比和佳士得的重复拍卖交易数据来计算回报率和编制指数，直观地反映艺术品历史交易情况与价格走势。

3. 特征价格法

特征价格法是基于特征价格思想编制指数的一种方法，它可以较为全面地考虑影响艺术品价格的各种因素，如艺术品的尺寸、艺术家是否在世、拍卖地点等，并与宏观环境结合起来。但此方法也存在一些缺陷，研究者在艺术品数据的可得性和特征选择上的不同偏好会影响指数结果，容易造成设定偏误的问题。法国 Artprice 网站在 2008 年创办的一个艺术品市场信心指数（AMCI）就是按此原理，通过对全球 130 万艺术交易人在不同地区的 24 小时不间断调查，以其中最后 1000 个参与者的答案为依据而周密计算出来的。该指数同时考量了艺术品市场的政治、地理、社会、文化以及经济状况等因素。

此外，在实务界还常常使用艺术品代表作法来评估艺术品价值。这种方法是在艺术品市场上找到能够体现某类型作品基本价值的代表作品进行评估，以此为基础计算指数，从本质上讲，这种方法也是一种平均价格法。这种方法假设艺术品的价格与时间无关，相对比较直观，计算也相对简便，适用于不同类型的艺术品市场。该方法在一定程度上反映了市场价格的变化，但由于选择的代表作品具有随意性和主观性，因此其稳定性和可靠性也受到质疑。

由上可见，间接评估方法的数据来源于直接的市场交易数据或一手调查数据，通过价格指数等可以较为直观地反映创意的价值，有效地弥补了直接价值评估方法在使用中的复杂性，在实际应用中较为广泛。但由于数据可获得性与可靠性等的局限，其使用还主要限于艺术品等个别范围。

**三、价值评估在数字时代的发展**

近年来，伴随数字化和区块链技术的发展，数字艺术呈现出多重价值形态。基于区块链形成的非同质化代币（Non-Fungible Token，NFT）迅速发展。NFT

具有独特性和不可替代性，基于 NFT 的艺术作品在拍卖行和交易平台不断刷新当代艺术品的成交价格（张艺璇和向勇，2023）。

2021 年 3 月，艺术家 Beeple 创作的 NFT 作品 *Everydays：The First 5000 Days*（以下简称《前 5000 天》）在佳士得拍卖行以 6900 万美元价格成交。这一价格刷新了 NFT 艺术作品的拍卖纪录。该作品是如何卖出如此天价的？作为一种特殊的经济产品，其价值评估过程值得深入探讨。

《前 5000 天》作为具有独一无二的特征和数据标识的 NFT 艺术作品，难以采用常规的成本法、重复交易法等方法进行价值评估，而市场法和收益法则在拍卖过程中得到了体现。此前一些知名艺术家的 NFT 作品在市场上的高价成交，以及佳士得拍卖行作为专业的艺术品交易平台，其过往艺术品拍卖的成交数据为《前 5000 天》的市场定位提供了依据。而竞拍者可能会预期作品在未来的市场中继续升值，通过转售或长期持有获得收益，或考虑到作品在 NFT 市场中的稀缺性和独特性，以及其在艺术史上的地位和影响力，从而预期其在未来能够吸引更多的关注和交易进而带来经济收益。对作品未来收益的预期在很大程度上影响了作品的最终成交价格。

参考特征价格法也可以发现，消费者愿意为一件商品支付的价格取决于他从商品的各种特征中获得的效用水平，艺术作品出售的年份、尺寸、拍卖地点、作者的名声和宏观环境都会显著影响作品价格。《前 5000 天》能售出如此高价，受到了其拍卖环境的影响，佳士得作为全球知名的拍卖行，其权威性和专业性为《前 5000 天》的高价成交提供了保障。而 Beeple 长期坚持创作，积累了大量的崇拜者和关注者，其作品的艺术风格和创新性也得到了市场的认可。他耗时 13 年创作而成的巨型拼贴画，因创作过程的长期性和作品的独特性在市场上具有稀缺性和不可复制性。此外，NFT 技术的应用为《前 5000 天》提供了所有权和真实性保障，使作品在数字艺术市场中具有独特的地位，NFT 市场的热度和投资者对 NFT 的追捧也影响了作品的价格。这些异质性特征是影响价格的重要因素，竞拍者认识到作品的独特性，认为其具有较高的符号价值和体验价值，能够从中获得他所期望的效用，从而愿意支付高价购买。

综上所述，《前 5000 天》的拍卖是多种价值评估共同作用的结果，其价格呈现为以 NFT 为特征，受到 NFT 作品市场环境、作者知名度、独特性、技术特性与拍卖平台等多个因素的影响，最终形成一个市场认可的价格。近年来，从 NFT 到 RWA（Real World Assets）的代币转化，体现了价值评估在数字时代的新发展。

**四、方法简评**

由于创意价值的多重属性、成本结构的特殊性，同时囿于数据与方法局限，现有的研究体系尽管提供了多种价值评估方法、工具，但这些研究都是从某一种或某一类属性出发，忽视了创意内存价值的多个维度及多个维度之间的相互影响。因此，创意价值评估体系的全面分析与构建还有待深入探讨。

同时，创意类型众多，市场发育程度不同，能够提供丰富数据的研究更不多，尽管目前的研究在现有的认知范围内借鉴多学科的工具提出了创意价值评估的方法与工具，但是这些方法与工具在创意特点、类型的适用性等方面的考量还有待深入，在系统梳理、比较的基础上亟待完善、整合和创新。

**专栏**

## 创意的社会网络定价

### Jason Potts

创意产业不同于农业、制造业，其核心关注的问题，不是生产的投入、产出，不是消费本身，也不是竞争的市场结构，而是市场的协调特征。

其原因是，创意产业具有显著的复杂性和社会性。在创意产业领域，当价格与质量和期望效用相比，对消费者而言不再重要，并且新奇和复杂性导致质量不确定时，消费者为了节约搜寻成本而采用其他代理人先前的选择和投资，不管是自然形成的还是事先设计好的，社会网络市场就形成了。

因此，在创意产业市场，复杂的社会网络就像价格信号一样，起着重要的协调作用。对消费者而言，创意产品，如艺术产品、文化产品，由于其新奇特征，相对于其他产品，将表现出更大的不确定性和信息不对称性。因此，消费者的选择不仅仅取决于传统的消费需求理论，更取决于复杂社会系统中其他个体消费者的消费选择。生产者的行为也受到同样的影响。

基于社会网络市场，创意产业可以理解为：在生产和消费的社会网络市场，对新奇观念进行采纳的代理人和代理机构的结合。它有四个方面的突出特征：

第一，一个创意社会网络不仅仅代表一个群体，如家庭、朋友、同事，这些当然是广泛的社会网络和重要的社会网络，更重要的是指群体进行有关新奇方面的决策时的社会网络信息反馈，它是一种网状的新奇经济系统。

第二，社会网络不一定是很规则的联系。它包括了轴心，弱的联系、强的联系，近的联系、远的联系，在空间上是一种复杂的拓扑分布。这种复杂性，并不一定意味着整个创意系统本身的不可理喻。实际上，网络和复杂理论的一个重要发现是，从结构表现和动态特征上看似不同的网络，实际上有着许多相似的地方。

第三，社会网络市场在微观演化中不同于新古典经济学的产品"黑箱"。它表现为新奇的理念从出现、采纳到保留的过程，对这一过程的转换认识涉及经济科学、社会科学、行为科学，以及人种学、文化学、媒介学、技术学等。

第四，创意社会网络市场并不是与我们熟悉的社会和经济系统分离的，比如与市场、企业、联盟或制度的分离。实际上，它是整个社会和经济系统的动态组成部分。但在经济系统发展的一些层面，创意社会网络扮演了更加显著的角色，并成为经济系统的新的发展动力。这就是创意产业不同于其他产业的特征，不能仅仅用生产和消费进行界定的原因。

通过社会网络特征来界定创意产业，从逻辑上也意味着其他产业和市场相对缺少社会网络特征。

第一，对农业、矿产等第一产业，社会网络一般影响不大。这是因为，目前决定这一产业发展的，主要是物质的投入和技术的水平。而物质的投入在该产业是持续和稳定的，而技术和市场也是比较成熟的。因此，对这一产业的生产、消费和创新而言，社会网络的需求和作用被弱化。

第二，社会网络对制造业的意义也不大。因为根据波特的观点，制造业的成功来自稳定的价格和稳定的技术的矩阵组合，通过规模化的组织、资源，创造出所需要的商品。对这一转变过程中的效率而言，社会网络的作用很小，更多的是通过供给方面的竞争和需求方面的财富效应所驱动，这也是为产业组织原理所揭示的。当然，我们并不否认如威廉姆斯所揭示的社会网络在制造业的创新扩散中的作用。相应地，我们强调社会网络不是界定这一产业的主要因素。反过来而言，创意产业不是关于技术成熟的产业，而是新的技术在不断演化中的产业，特别是关于人力沟通、知识分享和文化探索的产业。

第三，这一界定也不包括那些应用复杂知识的非常熟练的服务性专业。尽管它们也有社会网络的服务，但主要是通过广告和营销服务完成，缺乏新的知识。创意产业是服务业，特别地，是对知识增长的服务，对社会和文化相联系中的经济演化的服务。

基于以上分析，在创意产业的社会网络市场，各主体拥有的社会资本（如由知识与经验构成的声望、资历等）决定其在网络中的位置，各参与主体通过社会网络市场实现了创意的价值溢出，即社会建构的价值，这正是创意产品价值的本质所在。

（节选自：Jason Potts 所著 *Creative Industries and Economics Evolution*。该著作获国际熊彼特学术研究奖。）

# 第四节　价值测度：东巴纸灯的价值评估

## 一、东巴纸灯

东巴纸灯是采用东巴纸制作的创意产品①。东巴纸创制于唐朝，距今已有1200多年历史，因其主要用于书写东巴经文典籍，故称东巴纸。其由云南丽江纳西族创制，以天然树皮为原料，手工精心加工而成。生产工艺流程包括采集原料、晒料、浸泡、蒸煮、漂洗、打浆、抄纸、晒纸、矸纸等工序。东巴纸厚实、耐磨、较光滑、呈象牙色，经抄写后由于长时间在烧有火的房屋里翻用而被烟熏的缘故，会变成古铜色，呈古色古香的样子。由于采用纳西族地区特有的高山野生稀有植物丽江荛花制作，而荛花有微毒，因此东巴纸具有抗虫、抗蛀的特性，保存时间可达八百年至千年，也因此纳西族民间有东巴纸纸寿千年的说法，有人类手工造纸"活化石"之称。2006年，东巴纸入选第一批国家级非物质文化遗产名录。

随着文化创意产业的发展，以东巴纸为主要材料的手工艺品东巴纸灯越来越受到消费者的喜欢（见图2-2）。通过调研，我们发现东巴纸灯的创意目的主要有以下几点：第一，传承民间文化。东巴纸灯是中国民间文化的重要组成部分，设计东巴纸灯可以帮助传承和推广这种文化。第二，展现地域特色。东巴纸灯是特定地域文化的重要代表，它可以展现该地区的风情和特色。第三，促进旅游业发展。作为旅游产品，东巴纸灯可以为旅游业带来高附加值和更多收益。

---

① 案例资料根据东巴纸灯相关介绍和实地调研资料整理，相关介绍来自：东巴纸，https://www.tesegu.com/techan/44179.html；邂逅千年非遗——东巴纸，https://www.jianshu.com/p/e701491b06c4。

**图 2-2　东巴纸灯**

资料来源：https：//mbd. baidu. com/newspage/data/dtlandingsuper？ nid＝dt_4620547687719440572。

在整理东巴纸灯的相关资料时，一位游客在小红书上的留言给我们留下了深刻印象：

"今晚收拾房间，突然翻到了几年前去云南的时候购买的一个特别的灯具，之所以特别是因为灯具是一种名为东巴纸的材料做的。

当时听纳西人讲东巴文化，了解他们造纸的过程，觉得他们的坚持让我敬佩。毕竟随着时代的发展，身在城市的我们习惯了更新换代，忘记了某些东西最原始的方式。

不知是不是随着年岁的洗礼，越来越喜欢那些有历史文化支撑的东西，最本真的东西，最自然的东西。"

**二、东巴纸灯的价值分析**

东巴纸灯是典型的文化遗产创意产品。根据本书建立的三层次价值模型，东巴纸灯同时具有功能价值、符号价值与体验价值：①东巴纸灯的功能价值主要是指文化遗产转化为文化遗产创意产品从而满足人们功能性需求的价值，即采用东巴纸制作工艺制作出来的东巴纸灯作为具有实用功能的手工艺品，能够满足人们照明、馈赠礼品、装修装饰等的需求。②东巴纸灯的符号价值是指直观表达东巴纸这一特殊符号的美学价值，代表东巴纸这一传统文化和地域文化的象征价值，见证纳西族源远流长发展的历史价值，以及消费者购买东巴纸灯所获得的"文化人"印象的社会价值等。③东巴纸灯的体验价值主要是指消费者在使用东巴纸灯过程中获得的心理感受，以及对东巴纸灯的人格欣赏和精神认同等。

可以看到，东巴纸具有典型的文化资本特征，从其价值存量来说，本身具有较高的文化价值，但经济价值相对不明显；但是东巴纸通过东巴纸灯的创意性开发而产生了持续的流量，从价值流量来说，是在特定市场条件下产生的经济价值。进一步地，在现在的市场条件下，东巴纸灯通过创意而产生的市场价值的主要形式包括：①物质载体价值，即采用东巴纸制作技艺制作出来的手工艺品（东巴纸灯）所产生的经济价值，主要是由东巴纸灯的功能价值转化而来；②商标价值，包括商标、品牌等无形资产带来的经济价值，主要是由东巴纸灯的符号价值转化而来；③服务价值，即东巴纸灯通过展览、家居等形式所产生的经济价值，主要是由体验价值转化而来。由此，东巴纸灯创意的价值体系如图2-3所示。由于东巴纸灯的独特性，特别是体验价值的不确定性，采用传统的市场导向的创意价值评估方法比如成本法、收益法，很难对创意的价值进行准确评估，而文化创意产业的发展带来了消费者对体验价值的推崇和追求，因此需要采用更合理的价值测度方法。而非市场导向的条件价值方法，为体验价值更加突出的创意价值测度提供了可能。

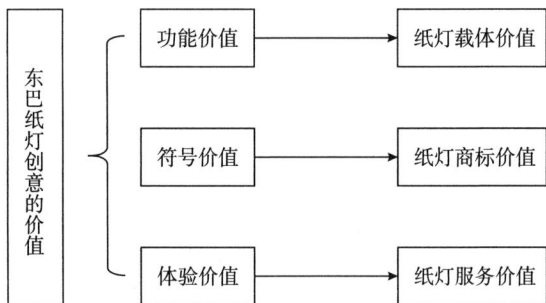

图 2-3　东巴纸灯创意的价值体系

### 三、东巴纸灯创意的价值评估

（一）价值评估设计思路

在综合分析东巴纸灯的多重价值后，我们根据条件价值评估法的评估原理，按照消费者对东巴纸灯的三种价值（功能价值、符号价值和体验价值）的付费意愿，设计了调查问卷。具体而言，我们先构造了一个假象市场，从一位旅游消费者来到云南的角度，对购买东巴纸灯所愿意支付的价格进行了提问。三种不同的价值对应三个问题。

针对符号价值购买意愿，我们设计的基本问题是："假如您来到美丽的云南丽江，游览了当地纳西族的有关景点，美丽的景色与善良的人们令您心情愉悦。在旅途的最后您参观东巴纸博物馆，了解了东巴造纸的工艺与历史，而后走进了博物馆的文创纪念店。店里有一盏东巴纸灯吸引了您的注意，它是一盏用东巴纸做成的书形纸灯，书灯打开时里面的黄色灯光隐隐约约从东巴纸中透出，显得隐约而高雅，在众多文创纪念品中熠熠生辉。您计划将它买回家作为此次纳西族之旅的纪念品，基于此目的，您愿意为其支付多少元？"

针对功能价值购买意愿，我们设计的基本问题是："假如您改变了主意，计划将其作为一盏照明用的灯具（夜灯或者餐桌照明），您愿意为其付出多少钱呢？"

针对体验价值购买意愿，我们设计的基本问题是："您最后计划将其作为一件艺术品放在家中欣赏，您愿意为其付出多少钱呢？"

考虑到性别、年龄、学历、家庭年收入对东巴纸灯的价值倾向的差异，我们在问卷中加入了对消费者身份的确认。同时，考虑到已有的关于东巴纸灯的知识是否影响价值判断，我们还增加了"是否听说过东巴纸的介绍？"这一问题，以增加研究的有效性。

（二）调查问卷基本信息

调研数据通过问卷星发放，共回收 342 份问卷，排除有明显异常值的样本问卷 38 份，获得 304 份有效样本数据。由表 2-1 可以发现，从性别来看，66.12%的参与受访者为女性，33.88%的参与受访者为男性，参与东巴纸创意价值评估的受访者以女性居多；从年龄来看，7.90%的参与受访者在 18 岁及以下，75.66%的参与受访者年龄位于 19~30 岁，13.82%的参与受访者年龄处于 31~45 岁，2.62%的参与受访者年龄在 45 岁以上，参与本次调研的受访者大多数是处于 19~30 岁的青年群体；从学历来看，19.41%的参与受访者学历在专科及以下，51.32%的参与受访者为本科学历，23.68%的参与受访者为硕士学历，5.59%的参与受访者为博士学历，参与调查的本科学历受访者较多，学历分布合理；从家庭年收入来看，20.40%的参与受访者家庭年收入在 5 万元以下，33.88%的参与受访者年收入在 5 万~10 万元，35.20%的参与受访者家庭年收入在 10 万~30 万元，10.52%的参与受访者家庭年收入在 30 万元及以上，参与受访者的家庭年收入分布较为平均；关于是否听说过东巴纸的相关介绍，80.92%的参与受访者表示未听说过，19.08%的参与受访者表示听说过，大部分参与受访者之前没有听说过东巴纸的有关介绍。

表 2-1　东巴纸灯受访者基本信息分布

| 变量 | 分类 | 人数 | 百分比（%） |
|---|---|---|---|
| 性别 | 男 | 103 | 33.88 |
| | 女 | 201 | 66.12 |
| 年龄 | 0~18 岁 | 24 | 7.90 |
| | 19~30 岁 | 230 | 75.66 |
| | 31~45 岁 | 42 | 13.82 |
| | 45 岁以上 | 8 | 2.62 |
| 学历 | 专科及以下 | 59 | 19.41 |
| | 本科 | 156 | 51.32 |
| | 硕士 | 72 | 23.68 |
| | 博士 | 17 | 5.59 |
| 家庭年收入 | 5 万元以下 | 62 | 20.40 |
| | 5 万~10 万元 | 103 | 33.88 |
| | 10 万~30 万元 | 107 | 35.20 |
| | 30 万元及以上 | 32 | 10.52 |
| 是否听说过东巴纸的相关介绍 | 是 | 58 | 19.08 |
| | 否 | 246 | 80.92 |

（三）问卷变量描述性统计分析

问卷变量的描述性统计分析如表 2-2 所示。通过对功能价值、符号价值、体验价值三个变量的样本数据进行分析，得到各个变量的均值、极大值、极小值、标准差、偏度和峰度等主要数据指标，以了解本次收获的研究数据整体情况以及数据是否适合进行进一步分析。从表 2-2 可以看出，各变量数据的偏度绝对值<2，峰度绝对值<5，说明所收集样本的波动较小，离散程度较低，数据分布合理，符合研究的数据要求。

表 2-2　变量的描述性统计

| 变量 | 均值 | 极大值 | 极小值 | 标准差 | 偏度 | 峰度 |
|---|---|---|---|---|---|---|
| 功能价值 | 76.20 | 360 | 5 | 55.39 | 1.66 | 3.41 |

续表

| 变量 | 均值 | 极大值 | 极小值 | 标准差 | 偏度 | 峰度 |
|---|---|---|---|---|---|---|
| 符号价值 | 81.22 | 300 | 10 | 56.56 | 1.32 | 1.57 |
| 体验价值 | 125.23 | 500 | 5 | 99.65 | 1.76 | 3.82 |

（四）创意价值的评估结果

根据调查数据分析测算，东巴纸灯功能价值平均为 76.20 元，符号价值平均为 81.22 元，体验价值平均为 125.23 元，总价值为 282.65 元。其中，体验价值约占到商品总价值的 44.31%，符号价值约占总价值 28.74%，功能价值约占总价值的 26.95%。

根据数据结果，按照消费者愿意支付价格的高低，体验价值最高，符号价值次之，功能价值位于最后。体验价值在总价值中的占比明显高于符号价值和功能价值在总价值中的占比，这也反映了文化创意产品的特殊属性。

最后，为了验证问卷测评结果的合理性，我们到淘宝、京东搜索了同款东巴纸灯的实际价格。本问卷测评出的东巴纸灯价格与其实际价格接近，由此说明问卷的价值测度具有较高的应用性。

（五）引入控制变量的结果讨论

对性别变量进行独立样本 T 检验，结果显示 $M_{男} = 287.88$，$M_{女} = 279.94$，$F(1, 302) = 0.004$，$p = 0.710 > 0.05$，说明"男"组和"女"组的两组数据没有显著性差异，即性别对价值估计没有显著影响。

以年龄为自变量进行单因素方差分析，结果显示 $M_{0~18岁} = 220.71$，$M_{19~30岁} = 278.12$，$M_{31~45岁} = 322.38$，$M_{45岁以上} = 389.38$，总价值估计因为年龄不同而呈现显著差异，$F(1, 300) = 2.779$，$p = 0.041 < 0.05$，即年龄对价值估计有显著影响。具体来看，年龄为"0~18 岁"组的价值估计数据与年龄在"31~45 岁"组（$p = 0.024 < 0.05$）和"45 岁以上"组（$p = 0.019 < 0.05$）的价值估计数据呈现出显著差异。

以学历为自变量进行单因素方差分析，结果显示 $M_{专科及以下} = 239.80$，$M_{本科} = 284.20$，$M_{硕士} = 311.24$，$M_{博士} = 295.77$，总价值估计没有因为学历不同而呈现显著差异，$F(1, 300) = 1.847$，$p = 0.139 > 0.05$，即学历对价值估计没有显著影响。

以家庭年收入为自变量进行单因素方差分析，结果显示 $M_{5万元以下} = 242.32$，$M_{5万~10万元} = 263.48$，$M_{10万~30万元} = 310.98$，$M_{30万元及以上} = 327.59$，总价值估计因为家庭年收入不同而呈现显著差异，$F(1, 300) = 3.173$，$p = 0.025 < 0.05$，即家庭

年收入对价值估计具有显著影响。具体来看，家庭年收入在"5万元以下"组的价值估计数据与家庭年收入在"10万~30万元"组（p=0.014<0.05）和"30万元及以上"组（p=0.025<0.05）的价值估计数据呈现显著差异；家庭年收入在"5万~10万元"组与家庭年收入在"10万~30万元"组的价值估计数据呈现微弱差异（p=0.049<0.05）。

对是否听说过东巴纸相关介绍的题项进行独立样本 T 检验，结果显示 $M_{是}$ = 286.04，$M_{否}$ = 281.83，F（1，302）= 0.258，p = 0.870>0.05，说明"听说过"和"未听说过"的组别数据没有显著性差异，即"是否听说过东巴纸的相关介绍"对价值估计没有显著影响。

综上所述，关于东巴纸灯创意价值的测评发现，年龄因素和家庭年收入因素对东巴纸灯的价值估计具有一定影响，未发现性别、学历以及是否听说过东巴纸灯相关介绍三个因素对东巴纸灯的价值估计具有影响。

# 第五节　价值启示：文化"走出去"的创意密码

## 一、西方文化"走进来"的经验与启示

1998 年英国政府颁布《英国创意产业路径文件》，首次以官方名义提出、界定和采用"创意产业"而非"文化产业"，彰显了创意在文化产业中的独特价值。近 20 年来，由创意带来的文化产业变革正在全球逐渐展开、发展和深化，也推动着文化更加蓬勃地跨国家和跨地域地扩散和渗透。今天，当我们从价值的视角去重新审视以美国为代表的西方文化是如何走进国门时，可以观察到更多的隐藏在西方文化"走进来"的背后的创意密码。①

（一）空间密码

我们注意到，最近 20 年西方文化"走进来"，越来越突出地呈现一种很鲜明的空间方式。这种创意空间，既包括巨型的、大中型的，如十几万平方米、几十万平方米，典型的像迪士尼，巨大而恢宏；也有几千平方米、千余平方米甚至几百平方米的小微创意空间，如星巴克，精致而深厚，其吸引力毫不逊色。像星巴克式的小微创意空间，在高楼林立、土地资源越来越稀缺的城市，更会成为未来文化"走进来"的一种主流的空间选择。这些大小不一、星罗棋布的空间，以

---

① 本节参考杨永忠在中宣部"文化走出去四川调研座谈会"上的发言，2016 年。

互补、多元的方式，将西方文化彰显得与中华文化相得益彰。

空间为什么能够成为文化"走进来"的越来越重要的方式？隐藏在这背后的密码，刻画了最近20年以来创意经济驱动下的"人"的回归。

工业社会经济发展的典型景观是离乡背井，人们为了生活四处奔波，从乡村到城市，从内地到沿海，从国内到国外，一切围绕产业转。但创意社会的空间景观恰恰相反，随着人们的文化意识和文化属性的复苏和觉醒，在满足物欲的基本条件后，人们对文化的追求逐渐上升为第一追求，而文化的属性恰恰是非产业性，文化是属地的、属域的。一定是在某个空间才能够找到某种文化。由此，创意社会的空间景观是人的回归，回归故里、回归温暖、回归感动。这里的"故里"，不一定是某个人的家乡，或者一个人的出生地，而更是一个人的文化身份的回归。他可以是中国人，也可以是外国人，只要他内心感受到世界某个角落唤醒了他潜藏已久的文化意识和文化身份，就可能回到这个属于他的"精神故里"。

因此，西方文化"走进来"，选择以空间的方式呈现，在空间提供的文化体验中，让人们找到了自己内在的文化身份，满足了人们文化身份的消费，让人们获得了家一般的温暖和感动。这种空间系列，将文化的价值进行更加丰富和深入的表现，从而产生出巨大的吸引力，成为文化"走进来"的重要平台。

（二）功能密码

创意经济时代，西方文化"走进来"并非文化的简单呈现或直接呈现，更多的是借助某种功能性产品，在满足人们功能性需求的同时，将文化润物细无声地渗透进来。

比较典型的例子是耐克。最初人们消费的是耐克的鞋，但在一次一次消费后，人们越来越深刻地发现，真正消费的是"人人都能成功的梦想"。由此，一个企业借助某种功能性物品，经由创意的力量，将某种主题文化注入，最后达成了"卖文化"的终极诉求。

功能为什么能够成为文化"走进来"的重要方式？隐藏在这背后的密码，恰恰体现的是创意的开发理念。在创意经济时代，好的创意一定是文化性与商业性的有机结合；好的创意产品，一定不只是卖功能，更重要的是卖文化。因此，借助商业性，创意产品在满足人们功能需求的同时，也将某种内含的文化和文化价值有机地进行融合和表达，从而满足人们的文化诉求。

可见，西方文化以功能的方式推广文化，在满足人们基本的功能需求基础上，更满足了人们高层次的文化需求。这种基于功能的文化"走进来"，将文化的价值借助更加直观、具象和贴近生活的表达方式，产生巨大的市场需求，成为文化"走进来"的又一重要平台。

（三）大师密码

西方文化的"走进来"，伴随着一个又一个大师。在创意经济时代，这些引领文化"走进来"的大师，可以统称为创意大师。创意大师不仅包括艺术家，更包括设计师、文化企业家等，如英国"创意经济之父"霍金斯、"苹果之父"乔布斯、"音乐剧之父"韦伯等。

大师为什么能够成为文化"走进来"的重要方式？隐藏在这背后的密码，恰恰是创意大师的独特魅力。文化领域和文化产业崇尚名人、崇拜名人，创意者特别是创意大师恰恰是这个时代最耀眼的超级名人。国际文化经济学的研究告诉我们，超级名人所具有的不完全替代性、消费者的搜寻成本和文化消费资本，以及当下联合消费的生产技术，使得创意大师对文化和文化产品的市场引领和消费推动会产生巨大的"滚雪球"效应。

可见，西方文化以大师的方式"走进来"，可以将文化的价值更加生动和人格化地演绎，由此产生巨大的吸引力，成为文化"走进来"的重要平台。

**二、中华文化"走出去"面临的创意挑战**

创意是文化的灵魂，创意在重塑中华文化的同时，也面临中华文化"走出去"的挑战：从空间层面看，西方文化的空间式进入，运作主体大多是民间看不见的手，这恰恰是我们所欠缺的。从功能层面而言，借助功能的文化走山，关键是创意的灵魂诉求；我们不缺功能，中国制造蜚声世界，我们最缺的恰恰是内藏于物的最具灵魂性的人文创造力。就大师而言，我们不缺艺术家、设计师，却缺乏对艺术家、设计师价值的充分认可和社会尊崇；缺乏具有国际视野、能够连接世界的艺术家、设计师，由此也制约了中华文化在国际舞台直抒胸臆。

但是，也应该看到，中华文化"走出去"正迎来蓬勃的发展机遇。大众创业、万众创新，恰恰为创意的释放和创意的价值带来了巨大的生长空间，为创意大师的出现和走出提供了越来越丰厚的土壤。从中国制造到中国创造，也呼唤着中国企业以文化创意探索中国创造的新模式。更加开放的全球和互联网的渗透，使得文化的世界正变得越来越"平"，世界也呼唤着更多的人文创造，中华灿烂的文化、多民族的融合及其山水般的空间表达，必将为全世界的人们带来更多的创意享受。

**三、中华文化"走出去"的创意借鉴**

在创意经济时代，基于以上对西方文化"走进来"的理解，提出以下中华文化"走出去"的创意思考。

（一）创意空间的走出

以中华文化为依托，以政府、企业等多种力量及其合作，通过巨型、大中型、小微型的创意空间建设，打造中华文化"走出去"的系列空间。目前，已经取得初步成效的是孔子学院，但民间的力量介入尚存在巨大的缺口。

适应创意经济的深入发展，"走出去"的创意空间，在其运营管理上，要由消费者被动式全面转向消费者体验式，并进一步发展到消费者合作创造式。工业经济时代，消费者最典型的行为特征是被动式消费，消费者在生产者提供的产品中进行被动选择。在这种场景下，消费者是缺乏个性主张的，是压抑、窒息和痛苦的。进入创意经济时代，随着消费者的文化身份复活，消费者激发了体验主张，通过体验而获得了文化的自觉。但仅仅体验仍是不够的，本质上没有改变被动式消费。由此，一种合作创造式的消费需求更加强烈地生长和怒放出来。消费者更加渴望通过多种方式、多种途径，与空间的生产者一道合作创造，通过空间的合作创造而生产更加符合自身文化身份的产品。由此，对消费者来说，空间就不再仅仅是产品，而是身份和标签，是内心背后的文化深居和精神故里，是居于斯、活于斯的灵魂。其对合作创造的内在需求，虽隐蔽但正在不断生长，需要文化创意空间的开发者和管理者关注并在流程上引入，在开发的早期、初期、中期等各个阶段引入合作创造的运营，提供合作创意的空间和途径，实现消费者与开发者的文化融合。

（二）创意功能的走出

互联网的发展，使网络渗透到全球，国家之间、地区之间文化的信息不对称正在递减，文化的世界变得越来越"平"。在这一趋势下，一个地方文化的原始呈现，或是简单的复制，带给其他地方消费者的文化的边际效用越来越低，越来越"平"。创意经济时代的消费者不仅仅希望消费人文艺术、人文作品，如艺术品、原生态手工，更渴望消费人文创造，即符合当下价值的文化创意、创新产品。以创意创新的方式，通过功能与创意的有机结合，将会给文化"走出去"和海外的文化产业市场拓展带来更多新奇、更多惊喜，以及更大的可持续发展的空间。

由此，中华文化要"走出去"，就应该大力鼓励有文化使命感的本土企业借助满足当地消费者的功能性需求这一基础，在发挥中国制造的功能支撑作用的同时，在创意产品开发中有机注入中华文化、自信表达中国创意。通过功能上的中国制造与文化上的中国创意的有机融合，可以更好实现中华文化借助功能的创意性走出。

在文化与功能的融合走出中，应大力鼓励企业与科技结合，借助科技更好地实现文化与功能的融合。如众所周知的苹果公司的产品，以高技术为支撑，通过产品的创意设计和人文情怀的完美注入，重新对手机、手表进行了定义，使得手机等产品在海外市场的推广中，不仅仅是通话工具，更成为赏心悦目的时尚产品、创意产品，成为文化和身份的表达。

借助功能的文化"走出去"，载体的人文创造是其灵魂。目前中国制造的走出，更多的是载体本身，恰恰最缺乏的就是最具灵魂性的人文创造的注入。

（三）创意大师的走出

人文创造解决了文化"走出去"的灵魂问题，那么就人文创造者而言，谁来推广、谁来传播，也就是谁最适合带着文化"走出去"？

毋庸置疑，文化领域和文化产业有其自身的规律，特别是以 1998 年为时间点的"第二次文艺复兴"的兴起，更是彰显了创意大师作为文化"走出去"的推广者的独特魅力。

创意大师崇尚和追求的是文化价值与经济价值的双重价值的最大化，他们创造的产品，经由文化创意，实现了文化与经济的结合，在经济价值得以彰显的同时，也借助商业模式的创造，让文化走进生活，让文化走出国门，让文化价值与经济价值一同绽放。

因此，在中华文化和文化产业的走出中，要大力鼓励创意名人、创意大师在文化"走出去"中承担民间文化大使的使命。他们人格化的魅力和自身对所在艺术和创意领域的独特造诣与孜孜不倦的追求，成为一个艺术门类或一个创意领域的符号象征。他们在文化领域和文化市场潜藏的"滚雪球"效应，将是中华文化"走出去"的最好的形象代言人和推广大使。①

## 📚 小　结

从文化经济学、创意产业经济学的兴起与发展中可以发现，对创意的价值及其评估的认识，正在经济学与文化学从相互独立走向融合的过程中不断丰富和完善，而管理学的思想及其体系又为其价值评估与价值创造提供了新的探索空间。

本书将创意所具有的各种价值要素归纳为功能价值、符号价值、体验价值三个维度。其中，功能价值是创意的物质基础，满足的是人们在衣食住行等日常生活方面的实用性功能需求，为创意的符号价值与体验价值的实现提供载体；符号价值构成了创意的社会基础，代表了创意的社会连接，满足的是人们对于归属、尊重等社会层面的需求；体验价值体现了创意在当代的价值发展，满足的是人们

---

① 鲍学东、颜问雨对本章研究做出了贡献。

对于自我实现等精神层面的需求。

创意的价值评估分为直接评估方法和间接评估方法。直接评估方法包括市场导向的价值评估方法，如市场法、成本法和收益法，以及非市场导向的价值评估方法，如经济影响研究法、条件价值评估法等。间接评估方法包括平均价格法、重复交易法和特征价格法。此外，数字时代特别是 NFT 技术的发展，对创意的价值评估产生了积极影响。

东巴纸灯的案例，展示了如何运用价值评估方法评估创意的价值。东巴纸灯作为文化遗产创意产品，具有功能价值、符号价值和体验价值。通过问卷调查，可以发现不同因素对东巴纸灯创意价值估计的影响，特别是体验价值在总价值中占比最高，这一结论体现了创意产品的特殊性。

本章揭示了创意的价值构成和测度方法，为数字时代创意价值的构成分析和价值组合测度提供了基础。

## 思考与练习

1. 尝试用新消费理论，从商品特征的角度对创意及创意的价值进行分析。

2. 如何理解创意的价值？比较创意的价值与创意产品的价值。

3. 比较和分析创意的功能价值、符号价值、体验价值。

4. 分别采用创意价值的直接评估方法和间接评估方法对某一具体的创意价值进行测度。

5. NFT 作品是如何影响创意的价值构成的？

6. 从价值构成的角度分析如何将常见的商品转变为创意产品。

7. 讨论社会网络是如何影响创意的定价的。

8. 利用创意价值模型分析某创意项目的价值主张。

# 第三章 创意的商业转化：
# 看见看不见的好

## 第一节 商业转化的核心

### 一、商业模式的界定

创意是看不见的好，这种看不见的好要想被看见，就需要借助管理，即通过创意的商业转化，让看不见的好被看见。而商业转化的核心，正是商业模式。

随着商业环境的变化，商业模式相关理论逐渐发展为企业战略的核心组成部分。通俗来讲，商业模式是指公司用来赚取利润的方式和方法。由于不同学者对商业模式有不同的研究侧重点，从不同角度出发存在不同的认识，因此目前学术界对商业模式没有统一的定义，但是研究者都普遍认同"价值"是商业模式的核心。表3-1是学术界对商业模式的不同描述。

表3-1 商业模式的定义

| 定义来源 | 定义描述 |
| --- | --- |
| Timmers，1998 | 商业模式是产品、服务和信息流的体系结构，包括各种业务参与者及其角色的描述、潜在利益的描述、收入来源的描述 |
| Amit 和 Zott，2001 | 商业模式是指为利用商业机会创造价值而设计的交易的内容、结构和治理 |
| Chesbrough 和 Rosenbloom，2002 | 商业模式是将技术潜力实现为经济价值的启发式逻辑 |
| Magretta，2002 | 商业模式回答了德鲁克的古老问题：谁是顾客？顾客看重什么？它也回答了每个经理必须问的基本问题：我们如何在这个行业赚钱？我们以合适的成本为客户创造价值背后的经济逻辑是什么 |
| Morris，Schindehutte 和 Allen，2005 | 商业模式是一系列有关战略、结构与经济领域中的相关决策变量如何被用于创造持续竞争优势的描述 |

续表

| 定义来源 | 定义描述 |
| --- | --- |
| Johnson，Christensen 和 Kagermann，2008 | 商业模式由相互关联的要素组成并被用于创造和传递价值 |
| Casadesus-Masanell 和 Ricart，2010 | 商业模式是公司已实现的战略的一种反映 |
| Zott 和 Amit，2010 | 商业模式是一个相互依赖的活动系统，它超越了焦点企业，跨越了其边界 |
| Osterwalder 和 Pigneur，2010 | 商业模式描述了企业如何创造价值、传递价值和获取价值的基本原理 |

资料来源：胡保亮和同帅（2021）。

总体上看，商业模式相关理论包括价值定位、价值创造、价值传递和价值获取四个方面的内容。其中，价值定位是指为用户提供何种价值，价值创造是指如何创造出价值，价值传递是指如何将价值传递给用户，价值获取是指如何获得收益（Snihur 和 Zott，2020）。

## 二、商业模式画布理论

商业模式中，最具代表性的是画布理论。商业模式画布理论由亚历山大·奥斯特瓦尔德（Alexander Osterwalder）和伊夫·皮尼厄（Yves Pigneur）于2010年提出，为我们理解和构建商业模式提供了一个简洁的视觉框架。

商业模式画布分为九个构成要素，每个要素代表了企业运作的一个关键部分。其中，价值主张是指企业解决客户问题和满足客户需求的核心主张；客户细分是企业所服务的一个或多个客户分类群体，它描绘了企业希望服务或接触的人群或组织；客户关系是指企业为达到其经营目标，主动与客户建立起的某种联系；渠道通路是指企业通过什么方式找到目标用户，通过什么样的渠道最有效地将产品传递给用户；重要伙伴是指企业通过合作，将部分活动外包给其他伙伴，或从其他伙伴企业获得部分资源；关键业务是指为实现供给和交付所需完成的关键业务活动；核心资源是指为实现其他元素的供给和交付而必需的资源；成本结构取决于经济模式中的各项元素；收入来源是指将价值主张成功地提供给客户，是企业获取利润的途径。

商业模式画布理论从其包含的九个要素涵盖的商业的四个主要方面——价值主张方面、客户界面方面、基础设施方面、生存能力方面（见图3-1），描述了企业如何定位价值、创造价值、传递价值和获取价值，使得商业模式的研究重心由概念界定进一步走向了内在要素的归纳和模型的建构。

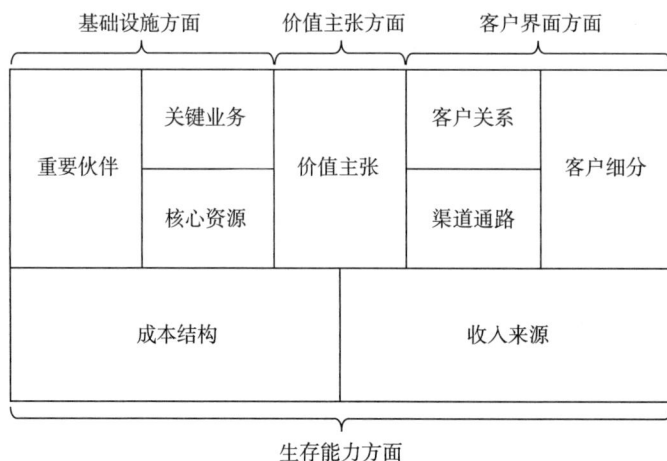

图 3-1　商业模式画布

### 三、商业模式创新及其存在的不足

商业模式是组织创造、传递和获取价值的根本途径，代表了企业如何在不断演变的市场中识别和抓住机遇，建立并维护其竞争优势。一个有效的商业模式能够清晰地界定企业如何通过其产品或服务满足市场需求，以及如何从中实现盈利。随着经济、技术、社会等外部环境的持续变化，企业面临的挑战和机遇也在不断演变。因此，仅仅依靠产品和技术创新已不足以保持企业的市场领先地位。商业模式创新成为企业战略规划中不可或缺的一部分，它要求企业重新思考和设计其价值创造、传递和捕获的方式。

商业模式创新的思想，可以追溯到熊彼特（Joseph Schumpeter）在 1912 年提出的新的企业组织形式。然而，商业模式并没有成为一个明确的概念而得到广泛的关注和接受。直到 20 世纪 90 年代，随着互联网经济的兴起，一大批新兴互联网企业应运而生，改变了传统商业竞争环境与规则，给传统企业带来了巨大的影响，商业模式创新才开始受到广泛的关注和研究。

早期对商业模式创新的关注集中在新技术。Timmers（1998）、Amit 和 Zott（2001）等早期研究者认为，以互联网技术为代表的新技术是商业模式创新的主要动力。对商业模式研究产生较大影响的 Amit 和 Zott（2001）采用案例研究方法对美国和欧洲 59 家互联网企业的商业模式进行了问卷调查和统计分析，结果发现效率、互补性、锁定性和新颖性是互联网企业价值创造的来源，因而也是企业改进其商业模式的方向。之后，价值链成为商业模式创新的关注点。Magretta

（2002）认为，新的商业模式就是隐藏在所有商业活动下一般价值链上的变量，价值链由两个部分组成：一部分包括所有与生产有关的活动，例如设计、购买原材料、制造等环节；另一部分包括所有与销售有关的活动，例如寻找并接触顾客、交易、分销渠道和售后服务等环节。进而，Magretta 得出结论：一个新的商业模式或者起始于一个产品的创新，或者起始于一项流程的创新。

项国鹏和周鹏杰（2011）基于国外文献提出，商业模式创新可以从商业模式创新动力、商业模式创新过程和商业模式创新阻力三个方面进行框架构建。然而，回应到创意管理，我们发现现有的商业模式创新及其相关理论存在以下三点不足：

其一，就商业模式创新的动力而言，现有商业模式创新相关研究主要关注的是科学创新、技术创新。而我们通常关注的创意管理与文化创新密切相关。而文化作为动力，如何引发创意管理的商业模式创新，则缺乏明确相关的针对性揭示。

其二，就商业模式创新的过程而言，创意管理不仅关注经济价值的转化，还重视文化价值的实现。而文化价值是比经济价值更加具有不确定性的价值，是比经济价值更加难以评价的价值，由此也极大地增加了创意价值转化路径的复杂程度和实施的难度。因此，对于创意管理的商业模式创新过程，也需要进一步的解释。

其三，就商业模式创新的阻力而言，创意管理在理念认知、组织结构、资源配置、外部环境等方面也存在不同，由此也引发了创意管理商业模式创新的差异。

因此，随着创意经济的迅猛发展，基于创意管理而探讨创意商业转化的商业模式，就不仅仅有存在的必要，而且非常迫切。

## 第二节　铜钱模型

### 一、铜钱模型概述

创意的核心是价值，创意管理面临的主要问题就是价值的不确定性。从价值的不确定性到价值的确定性，就是创意价值的转化过程，也是创意价值从创作者到消费者的让渡过程，更是价值的创造过程。

这个过程包括四个环节：首先是创意的价值认定，它是生产者和创作者的主观价值定位；其次是创意的价值认知，从生产者和创作者转向消费者，需要通过消费者的体验去实现认知转化；再次是创意的价值认同，它是消费者从价值认知走向价值认同，通过消费者的价值共鸣实现认同；最后是创意的价值认购，它是消费者在价值认同基础上的身份实现和人格追求。这四个转化环节，可以采用图 3-2 所示的铜钱模型（Copper Coin Model，CCM）表述。铜钱模型，外圆内方，既代表中国式的管理哲学，也是中国式的文化表达。就价值创造而言，铜钱模型的本质是针对创意价值的商业模式建构。

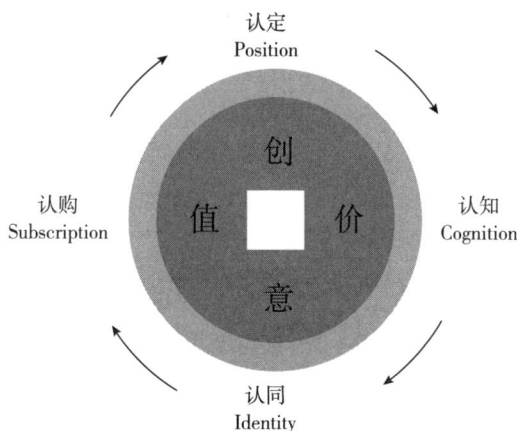

**图 3-2　创意商业转化的铜钱模型（CCM）**

### 二、铜钱模型的价值转化

铜钱模型把价值转化的主要过程分为四个阶段：价值认定、价值认知、价值认同、价值认购。

第一个阶段是创意的价值认定（见图 3-3），包含价值主张、功能设计和标准确立三个部分。生产者和创作者通过自身的创意与判断，为创意赋予初始的价值。这一步包含了创意转化过程中最基础部分——价值主张的确定，与一般商业模式中所提出的价值主张相呼应。在价值主张确立的基础上，接下来是进行相关的功能设计，再进一步根据具体的功能确立实施标准。通过功能设计和标准确立能够进一步彰显价值主张。比如，成都文创空间崇德里提出的价值主张是"一个城市的回家路"，三大功能为谈茶、吃过、驻下，而建设标准则是传统与现代结合、审美与功能结合。价值认定是整个创意价值实现过程的起点，决定了后续进行价值转化的基调。

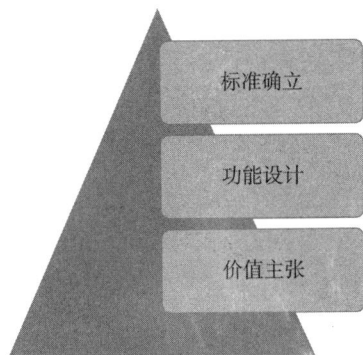

图 3-3 价值认定

第二个阶段是创意的价值认知（见图 3-4），包含内生体验、类比体验和关联体验三个部分。内生体验主要是指产品自身价值的内在体验。类比体验主要是指借助文化、艺术等相关类比活动而带来的对该产品价值的体验认知，可以进一步加深消费者对于该价值的理解。关联体验主要是指借助久负盛名的品牌或者项目进行关联活动而带来的认知价值的提升。由于创意具有模糊性和不确定性，是生产者和创作者的主观意识，因此创意的价值需要消费者借助体验这一过程来实现认知转化。例如，野兽派花店推出的镇馆之作——《莫奈花园》，与著名印象派画家莫奈的《睡莲》形成关联，让消费者体验其自由、奔放的独特价值。在这一阶段，创意开始由内部向外传播，通过多元化的体验形式，使消费者逐渐认知并理解创意中的价值。

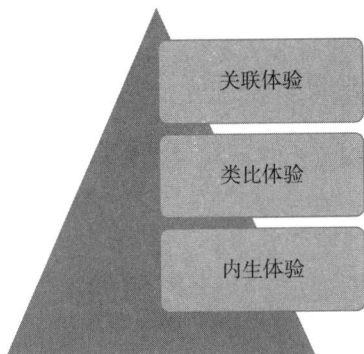

图 3-4 价值认知

第三个阶段是创意的价值认同（见图 3-5），包含产品使命、地方责任和国家发展三个部分。产品使命主要是指产品所承载、包含的历史使命。地方责任主要是指企业在地方发展中所担当的责任。国家发展主要是指企业与国家发展层面的相关联系，彰显企业与国家同步发展的决心和勇气。消费者在价值认知的基础上，通过产品使命、地方责任和国家发展联系，经由内心的价值共鸣走向更深层的价值认同。这意味着，消费者不仅要从理念层面认知"看不见的好"，还要从内心认同"你的好"，实现"看不见的好"从认知走向认同。例如，泸州老窖 1573 推出的"让世界品味中国"这一广告语，将产品使命与地方、国家发展紧密联系起来，在消费者心中引发强烈共鸣。这一阶段不仅是消费者对创意价值的认可，更是对创意所表达的理念、情感和文化的共鸣与接受。

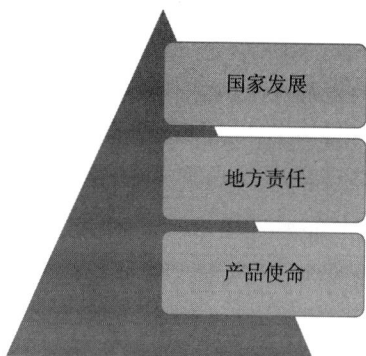

**图 3-5　价值认同**

第四个阶段是创意的价值认购（见图 3-6），包含体现原创、彰显人格以及成为榜样。由新消费者理论进一步延伸的新当代管理理论（杨永忠，2018）认为，产品的本质是"特征"，是产品背后的人格。也就是说，消费者最终的购买，是功能背后的"特征"购买、意义购买、人格购买。在经历了前面的价值认定、价值认知和价值认同之后，产品通过体现原创、彰显人格以及成为榜样，完成从产品到人格的转化。这时候，产品从功能转化为人格，产品就是人格。消费者基于产品的人格转化，进行以身份实现、自我实现为导向的消费决策，最终完成了创意的价值认购和溢价支付。这是消费者在自身的身份和人格追求基础上，对创意的最终认可和消费，创意的价值在这一阶段完成人格升华、精神转化和榜样象征。这也是创意价值转化和创意产品的最高级形式。例如，坐落在川西的建川博物馆，吸引人们远道而来、络绎不绝，消费者消费的不仅仅是其中的藏品，更是藏品背后讲述的创建者——樊建川的人生故事。

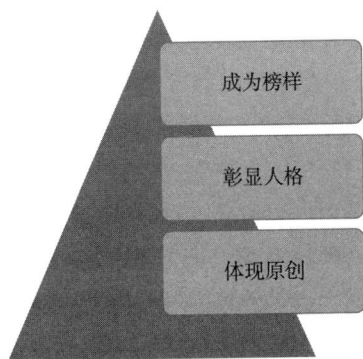

**图 3-6 价值认购**

基于此，创意价值的转化过程可以采用铜钱模型中的价值认定、价值认知、价值认同、价值认购四个转化步骤进行表述，以此形成以创意价值商业转化为核心的分析框架。

# 第三节 北斗模型

## 一、创意的组织特征

铜钱模型本质上是创意企业的商业模式，是创意企业的战略管理设计。这一战略设计，需要在战术或职能层面结合创意的组织特征进行管理策略的具体实施。

### （一）组织的特殊性

管理都是在组织中开展的，组织是对完成特定使命的人们的系统性安排（罗宾斯，1997）。广义上说，组织是指由诸多要素按照一定方式相互联系起来的系统；狭义上说，组织是指人们为实现一定的目标相互协作而成的集体。创意连接着业已存在的文化环境，相比传统的农产品、工业产品，具有更加错综复杂的组织关系。对创意的组织问题，由于其新兴性和复杂性，在组织的认知上从广义的角度去把握，特别是从诸多要素及其相互联系的特征上去把握，可以更好地认识创意。

　　基于组织的要素、方式及其相互联系，我们发现，创意的组织呈现出以下特殊性：①

　　第一，产品的新奇特征。创意本质是生产者和消费者适应新奇观念的市场，因此，新奇是文化成为文化创意的重要标志，是文化产生经济效益的核心引擎，是创意产业形成的重要动力。对创意而言，不管其与历史、社会以何种方式融合，与经济、技术以何种方式结合，最后以何种形态出现，其本质上都体现出新奇的特性。而缺少新奇特征的创意，必然会导致创意组织的衰落与枯竭。

　　第二，生产的合作创造特征。创意是文化和经济的合作演化，因此单纯的文化创作或纯粹的经济行为，都不能完整表达创意的实质，或导致文化缺乏经济活力，或导致经济失去文化依托。基于此，创意的生产过程相比一般产品的生产过程，更强调文化从业者与生产经营者的合作创造。通过合作创造，实现创意的美学价值、精神价值、社会价值、历史价值、象征价值和真实价值的经济转换，推进创意成为一个稳定的、具备自进化能力的高层次的文化与经济融合的新奇组织系统。

　　第三，消费的文化身份特征。消费者对创意的新奇进行消费，表面上是一种针对文化的消费活动。但就其消费偏好而言，反映了消费者的文化品位，从而本质上体现出消费者对自身潜在的文化身份的一种认同和追求。这种身份的认同和追求，不同于一般意义的高档产品消费。在高档产品消费中，尽管消费者也体现出一种身份，但主要是基于经济身份，具有炫耀性。而文化身份，是消费者对自身精神活动的一种追求，具有较强的隐蔽性。这一对文化身份的消费，是一种比炫耀性消费层次更高的消费，是在工业文明基础上发展出来的一种更高层次的文明，由此也昭示了组织的使命。

　　第四，价格的社会网络特征。新奇性使得创意对消费者而言，具有更大程度的信息不对称，其定价表现出更大的不确定性。但同时，创意的社会特质使得创意的价格确定可以借助更加显著的社会网络实现。也就是说，面对不确定的创意及其产品，消费者的选择不仅仅取决于传统的市场价格，更取决于复杂的社会系统中其他个体消费者的消费行为，从而使得组织具有社会网络特征。

　　第五，空间的体验特征。创意的新奇特征，要求通过一定的体验完成；消费的身份特征，也要依赖个体行为与其他个体行为的相互体验实现。因此，创意的组织空间，不仅仅是一般产品的生产、销售空间，更应是适应创意的产品特征、考虑消费的文化身份、满足个体消费者互动需求的体验性空间。通过体验性空

---

　　① 创意组织的特殊性，也被理解为产品的新奇特征、生产的合作创造特征、消费的文化身份特征、价格的社会网络特征、空间的体验特征，即创意管理的五个基本特征，相关论述参见杨永忠（2013）。

间，可以更好地实现消费者与产品、消费者与生产者、消费者之间的关系互动和相互认同，促进创意组织的发展和繁荣。

（二）组织的运行

后福特经济的一种发展景观，就是以文化和创造力作为经济发展的工具，更密切地联合其文化遗产，更重视民族和当地文化，以文化为基础推动产品创造和区域再生。基于此，创意的组织运行体现出"旧瓶装新酒"的融合思路。

第一，文化与经济的融合。在创意的实施和发展中，应充分考虑各地方的文化特征，这是创意的基础，也是创意的差异性所在。也就是说，必须重视不同文化的传统价值，包括美学价值、精神价值、社会价值、历史价值、象征价值和真实价值，通过对文化的传统价值进行充分挖掘、整理、提炼，以使创意具有鲜明的、独特的文化特征。与此同时，创意虽然根植于文化，但更重要的是一种经济活动，要求实现财富的增长。因此，必须按经济规律进行创意的组织，通过文化与经济的结合运行，让传统文化的美学价值、精神价值、社会价值、历史价值、象征价值和真实价值焕发出新奇特征和经济活力，从而激发消费者的文化体验需求，满足消费者的文化身份主张，使文化实现合理和充分的经济表达。

第二，文化与技术的融合。创意以文化为基础，但本质是一种创造性经济和知识型经济，因此创意的组织运行过程也是文化和新技术应用的一种组合选择。一方面，传统的文化，要合理和充分实现其经济表达，满足现代社会更高层次的文明追求，将越来越依赖现代技术手段，通过信息处理、物质转化、空间整合，使其美学价值、精神价值、社会价值、历史价值、象征价值和真实价值得以充分和有机反映，使其新奇特征得以凸显，使其经济表达得到完整和准确呈现。另一方面，虽然新技术是文化产业向创意产业转型和发展的重要工具，但在具体的组织实践中，不同的创意却应该根据其文化资源的禀赋情况，选择不同的、适宜的技术实现机制。如主要依托劳动力资源的创意产品，可以选择劳动与技术充分结合的技术实现机制；而重点依托资本资源的创意产品，则可以选择资本与技术的有机结合。

第三，文化与社会的融合。组织的文化身份特征、社会网络特征和空间体验特征，决定了创意离不开社会活动，离不开消费者与消费者间的社会交往、消费者与生产者间的社会交往、消费者与各种中介组织间的社会交往。特别地，作为消费者的文化身份呈现，创意本身也有一个唤醒、激发和培养的过程，而社会参与将是极其重要的实现途径。因此，在创意的组织发展中，建立消费者之间的联系机制、消费者与生产者间的联系机制、消费者与中介组织间的联系机制，将降低创意市场各种主体的社会进入壁垒，促进文化与社会的充分融合，有利于创意的深入推进。

第四，文化与空间的融合。从国际建设的成功经验来看，基于前文化设施、前工业设施的创意再生计划，由于更能结合城市规划和多利益相关者，从而有着更大的可行性。因此，创意空间应充分考虑原文化设施、废弃的工业厂房，通过这些文化的延续性载体，借助政府的空间发展机制和经济政策引导，促进旧的空间有机注入和展现现代文化创意元素，实现文化与地区废旧空间的混合再生。也就是说，通过创意的组织运行，使地区的文化空间转变为创意空间，使地区的废旧空间再生出新奇空间，实现地区空间的财富增长效应。

第五，文化与组织的融合。这里的组织是一种狭义的存在。文化的创意过程，也是文化、艺术、遗产的知识连续、知识合成和知识创造的过程。为此，在文化向文化创意的转化中，必须建立文化知识的建设性和创新性的组织连接机制，使组织内的文化专家、设计师、技术人员、生产者、营销经理、融资部门人员、文化企业家等相关人员之间建立广泛而紧密的联系，形成富有创造性的组织网络。这一内部网络，将对创意的资源开发、生产流程、技术配置、市场发展等问题充满兴趣，并能够通过互动和合作，有效促进上述问题的解决。

## 二、北斗模型概述

结合创意的组织特征，以铜钱模型为基础，我们进一步提出了创意管理的北斗模型（Big Dipper Model，BDM），见图3-7。北斗模型展现了铜钱模型即创意商业转化的管理策略和实施保障。

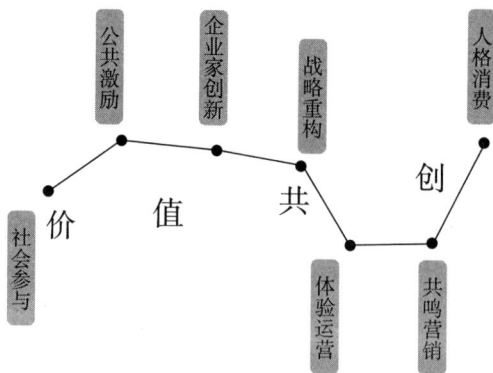

图3-7　创意管理北斗模型（BDM）

该模型基于创意价值的不确定性和外部性，描述了创意管理的主体关系，主张以价值共创为核心，通过企业家创新、公共激励和社会参与三个实施主体的合作创造，实现创意价值的有效转化。

模型将创意价值转化的四个环节对应企业战略重构、体验运营、共鸣营销和人格消费四个管理环节，并通过三个实施主体，连接成北斗七星，为创意的商业实现提供管理指导和实践指引。这一模型最早于 2018 年第二届中国创意管理论坛上提出，在建川博物馆、许燎源现代设计艺术博物馆、竹艺村、天津嘉氏堂、熊猫桌游等创意实践和创意转化中表现出良好的检验效果。

### 三、管理策略

创意价值的战略重构是指企业家作为创意的主体，首先要基于确立的新的价值主张，重构创意的战略。战略重构对应铜钱模型的价值认定。这一环节需要企业家深刻理解市场需求，挖掘创意的独特优势，制定长期发展战略，为后续价值转化的实施过程奠定坚实基础。

体验运营是指在创意价值的战略初步确定后，企业需要通过具体的运营方式进一步促进消费者的体验感受。这一环节对应铜钱模型的价值认知。体验运营注重通过具体的体验实践和互动，提升消费者的体验感受。管理上强调通过多种方法和手段设计提升用户的创意体验，使消费者对创意的价值产生更深的认知和兴趣。

共鸣营销是指企业在营销环节所发挥的重要作用，通过具体的营销方式进一步激发消费者强烈的共鸣，增强创意与消费者之间的情感连接。这一阶段对应铜钱模型的价值认同。该阶段旨在强化通过深入人心的营销手段，使消费者从内心深处对创意的价值产生强烈认同。

最终，创意价值在消费者的身份认同和人格追求中得以实现，即人格消费。这一阶段对应铜钱模型的价值认购。在经历了前述的认知体验和获得情感的共鸣后，要求创意企业基于消费者个人价值观和不同社会身份，对创意产品或服务进行人格化消费服务，从而完成创意价值的最终转化和溢价支付。

### 四、实施保障

创意从产生到商业转化，涉及文化、技术、经济、社会等多个领域，既加剧了创意价值的不确定性，也增加了创意价值从不确定到确定的转化难度。但也由此揭示出，创意价值成功的商业转化，必须要各个领域、各个实施主体的价值共创与紧密协作。

从前述关于创意组织的特征分析，特别是组织的合作创造特征和社会网络特征，我们不难发现，创意价值的商业转化涉及企业、政府和社会三个方面主体的实施保障。首先是企业主体，必须充分发挥创意企业的转化力量，特别是企业家的创新精神。但由于创意的公共性、外部性、不完全信息及由此引发的市场失灵，也意味着需要政府的必要支持，这就涉及政府的公共激励。此外，作为市场失灵和政府失灵的重要补充，社会组织的参与也十分重要。社会组织，包括非营利组织、行业协会及科研院所等，它们在创意的激发和扩散中扮演着不可忽视的重要作用。

因此，以价值共创为核心，企业家创新、公共激励和社会参与三个主体的合作创造，是实现创意价值有效转化的必由之路。

# 第四节　文化企业家

北斗模型中，企业家精神对实现创意的商业转化尤为重要。文化企业家是企业家精神的新的发展。本节主要讨论创意商业化中的领导者和灵魂——文化企业家。在界定文化企业家之后，进一步探讨文化企业家的特征，随后讨论文化企业家所扮演的角色，最后探讨文化企业家的决策行为。

## 一、文化企业家的概念

随着创意产业的兴起，文化企业家作为企业家群体中的特殊人群逐渐进入研究人员的视野。文化企业家是一个尚未明晰且不易被理解的新兴概念。[1]

由于文化企业家要设法应付过度供给、不确定需求以及社会给定的评价标准等状况（Foster 等，2011），因此，Ellmeier（2003）认为文化企业家"一般来说，是一个掌握了多种技能、适应性强、能屈能伸且特立独行的人；他们工作地点不固定，会随时去其他有艺术、音乐或媒体领域的地方工作"。这表明，文化企业家是创意产品的创造者，他们从事工作的地点并不局限于固定地点，他们的工作动力更多地来自对这一行业的热爱。

Mokyr（2013）认为，文化企业家是认识焦点的创造者，这种焦点是由人们的众多看法整合而成的。他认为，文化企业家具有劝说别人放弃现有观点和说服别人接受其看法的能力。这表明，文化企业家一般具有敏锐的社会观察力以及较强的创新能力，是新奇事物的创造者，能够开辟新的市场。但 Mokyr 对文化企业家的界定并没有突出文化企业家与一般企业家的不同之处。

---

① 林明华，杨永忠. 创意产品开发模式：以文化创意助推中国创造［M］. 经济管理出版社，2014：81-84.

Scott（2000）则指出，文化企业家是一群由大多数年轻人组成的社会群体，他们的主要生活目标是能够在艺术圈里立足，这些人有一个共同点，即他们在生产文化产品的同时还在文化领域或非文化领域做一些其他有偿工作，原因在于这些工作所获得的收入能够保证他们从事艺术生产。他进一步指出，文化企业家同时具备以下三个特征：首先，这些人创造了新的文化产品，如歌曲、唱片以及录像和演出等；其次，作为一个"新口味制造商"（Bourdieu，1984），他们倾向于获得生产人们认同和符合社会发展轨迹的文化产品的机会；最后，他们是企业家，受其劳动力市场地位的影响，即使在没有大量经济资本的情况下仍不得不找到各种创新方式来生产文化产品。Scott 显然注意到了文化企业家与一般企业家的不同之处，并明确指出了文化企业家既是艺术产品的创造者，同时也是艺术产品生产的组织管理者。换句话说，文化企业家既是艺术家，也是企业家，为两者的复合体。

全球文化创业中心（Global Center for Cultural Entrepreneurship，GCCE，2012）对文化企业家的定义具有代表性。[1] 他们将文化企业家理解为文化变迁的代理人，他们创新性的解决方案带来了经济上可持续的文化企业，为文化产品和服务的生产者和消费者都创造了文化价值并提高了社会生活水平。文化企业家通过组织和配置文化资本、金融资本、社会资本和人力资本，使文化与经济实现快乐的结合，在获得个人收益的同时，有力地推进文化产业发展和国民收入增加。

我国学者罗贵权（2012）认为，文化企业家是指"具有创新精神并从事创造性文化产业活动的企业经营者"。他认为，文化企业家与工业企业家的不同点在于：一是关注的产品性质和用途不同，前者提供的产品是满足人们精神方面的需要，后者提供的产品是满足人们物质方面的需要；二是对员工素质要求不同，前者要求员工要有良好的专业文化素质，后者则关注员工的劳动熟练程度和专业技术水平；三是对企业效益的要求不同，前者将努力做到经济效益和社会效益相统一，后者则始终以经济效益为其经营管理目标。借鉴 Throsby 的艺术家决策模型，杨永忠和蔡大海（2013）研究后指出，文化企业家同时受到文化价值和经济价值的激励，两种价值的激励效果受到文化企业家自身价值偏好的调节，这种偏好与收入水平、收入多样性、文化经验、声誉、目标市场和行为观念等因素有关。

**二、文化企业家的特征**

除具有一般企业家的特征外，GCCE 等进一步认为，文化企业家还具有以下

---

① 全球文化创业中心关于"文化企业家"的观点参见其网站：http：//www.creativestartups.org。

重要特征:①

其一，在战略层面重构经济模型。创意经济的发展，说明商业与文化并不一定是相互排斥的。就创意中心而言，创意阶层集聚在这里，完成和销售他们的作品，会拉动周边的商业发展。这样的中心也会给附近的客户带来享受，从而吸引更多的商业，由此一种混合使用的区域的利益关系就形成了。这与传统意义上严格分区的文化与商业区是完全不同的。

其二，谙习法律。许多人对推动城市功能的转变和创造一个鲜明的创意中心感到非常激动，却不知道怎样去做。实际上，学习与商业地产和商业地区有关的法律，是将激动转变为可行动的计划的一大步。这种学习，将使得人们从地方人口、经济和文化的审视中，引导、创造出核心的概念，从而支持创意组织叙述这一独特的混合使用的创意空间发展计划。最终，这成为商业投资战略发展的一个跳板。

其三，专注文化与发展缺失的空间。红光电子管厂曾经是成都地区的产业标志，但是文旅集团预见了未来的发展，将它接手下来，作为了数字音乐和艺术项目活动和传播的城市中心空间。现在，不仅仅是这一空间得到发展，周边的商业区域也以一种相互受益的方式发展，从附近的艺术家和他们的工作室中受益。因此，需要寻找类似的、有待发展的缺失空间。

其四，与他人合作，将创意作为一种实实在在的资产。在文化企业家眼中，观点和创意是个人和公司发展的一种资产。将智力的资本握在手中，与投资商和发展商合伙，形成一个稳定的合作计划，然后伴随着经济发展，不断扩张文化与艺术的景象，并保持一个清晰的预见。

GCCE进一步归纳了文化企业家的三重身份:

其一，以战略家的身份建立关键性的新的愿景。文化企业家必须深深潜入以文化为基础、不断磨炼领导能力、敢于决策、了解产品使用者的文化关联中，以持续降低生产成本，不断增加商业发展机会。

其二，以改革者的身份创造出新的可能性。作为文化企业家，必须一直关注视野所能够达到的范围，判断创新的可能性。为此，文化企业家必须随时有一种精神，并充满兴趣去探索与研究人员、学术机构、慈善组织和文化机构合作的机会，以增加创新的可能。

其三，以催化剂的身份促使事情发生。文化企业家应以一种艺术、教育与技术收敛的方式，为组织提供战略创新的计划。为此，需要使用一种研究性的、系统性的和整合性的思维，以提前预见文化与经济发展的趋势，进而创造问题的解

---

① 参考杨永忠主编的《创意成都》第86-88页。

决思路，加速计划的实施。

在以上研究基础上，杨永忠（2013）进一步认为，文化企业家是艺术家的梦想与企业家冒险的创新结合，具有以下四个方面的结合特征：[①]

其一，文化行为与经济行为结合。文化企业家具有文化与经济结合的战略理念，并致力于经济上可持续的文化企业发展，因此，他们熟悉和热爱文化，充满梦想地去寻求和实现文化与商业经济的充分结合。在他们身上，既有文化专家的身影，也有企业家的身份。

其二，学习行为与创新行为结合。从文化转换为经济，是一种创造性的转变。要完成这一转变，文化企业家必须具有强烈的求知欲望，通过对文化知识和文化变迁、技术知识和技术变迁、管理知识和管理变迁等的持续学习和不懈关注，以创新性地获取将文化转换为经济的解决思路。

其三，组织行为与合作行为结合。由于创意的价值分布在文化、经济、技术、社会等多个环节，因此在创意的经济活动中，文化企业家既要对存量的文化、金融、技术、社会、人力等资源进行有机的组织，又要积极探索与文化机构、经济组织、科研机构、社会组织的增量合作，拓展和丰富新的文化资本、金融资本、技术资本、社会资本和人力资本。

其四，自利行为与他利行为结合。创意产业在组织上表现的社会网络性、在空间上表现的混合再生性，决定了企业家在创意经济活动中的财富获取必然建立在自利与他利有机结合的基础上。对文化企业家而言，在实现生产者财富的同时增加消费者的价值，在增加新的就业机会的同时保留城市或社区旧的空间情结，在经济得到发展的同时促进文化繁荣，将是符合文化创意产业特征、具备激励兼容效应的可持续的行为选择。

### 三、文化企业家的激励

（一）激励因素和偏好

1. 多维的激励因素

长期以来，企业家被视为追求经济利益最大化的决策者。但现代的企业家研究在承认企业家必然受经济利益激励的同时，也认识到企业家的行为动机可能是复杂、多元的，开始关注非经济激励的影响，包括建立"个人王国"的热情、对胜利的追求、创造的喜悦、对事业的忠诚和责任感、获得社会承认和影响力等。

对于文化企业家来说，经济因素和上述非经济因素显然影响其行为决策。一

---

① 本小节改编于杨永忠的《民族文化创意的经济分析》，载《青海社会科学》2013 年第 1 期。

方面，创意产品作为一种体验商品，必须满足市场偏好才能产生经济价值，因此为了维持个人和企业的生存与发展，文化企业家必须考虑市场偏好进而获得足够的经济利润。另一方面，包括成就感、事业忠诚、社会影响力等一般的非经济因素也发挥着激励作用。但值得注意的是，创意产业的独有特点和人文影响，使得某些与文化和创意生产本身相关的因素也影响着文化企业家，比如文化价值。为了从事创意产业，文化企业家必须具有一定的文化鉴赏力和一个所谓"文化圈"的稳定的社会网络（Velthuis，2005）。有学者通过案例研究表明，历史上的文化企业家通常也是创意产品的爱好者或是曾经的艺术家，出于个人审美和维护自己声誉的原因，他们在生产中常常追求产品的文化价值，即要求创意产品在审美的、精神的、社会的、历史的、象征的、真实的等多个维度上能满足某些标准，这些标准可能来自外部环境中的文化准则或文化企业家内在的鉴赏尺度。

2. 对不同激励的偏好

尽管多种因素可能同时激励文化企业家的行为，但对于不同的文化企业家，这些激励因素发挥的作用的重要性是不同的。如果简单地只考虑经济价值和文化价值两种因素，那么对两者的权衡取舍，可以反映出文化企业家基本的激励偏好。具体地说，对于某一个创意产品的创作开发，是一味适应市场口味而创作完全通俗化甚至千篇一律的作品，还是坚持自身艺术追求而甘冒市场反响平平的风险，这或多或少地取决于文化企业家自身的偏好。这种偏好可能是变化的，许多因素比如企业性质、企业盈利水平、目标市场的不同，都影响着文化企业家的偏好。

文化企业家的行为激励，可能是为了追求多维度偏好（经济的、文化的）的联合最大化，因此尽管有些创意企业甚至整个行业利润率并不高，仍然有人愿意继续工作。其他维度的偏好回报，一定程度上弥补了经济偏好的不足。

3. "工作偏好"的特点

对经济价值和文化价值的同时追求使得文化企业家呈现出与一般企业家不同的特点。一个明显的特点就是所谓的"工作偏好"，分配给文化工作的时间受到维持生活需要的收入的约束，但与传统的劳动力经济学不同，它不受休闲时间损失的约束——这就是 Throsby（2001）的"工作偏好"模型。简单地说，对于一般劳动力，单位时间工资收入的提高可能促使其减少工作时间去增加休闲和娱乐。而对于文化企业家，因为创意性的工作本身就能带来对追求文化价值的满足，而单位时间经济收入的提高使他更容易实现经济价值的目标，进而将更多的时间放在创意性的工作上（Bryant 和 Throsby，2006）。

（二）文化企业家的激励区间

和其他企业家一样，文化企业家为了企业生存发展和对利益相关者（比如股东）负责，必须要保证创意能实现一定的经济收入。因此，一般艺术家可以只追求创意的文化价值或艺术价值，而完全不考虑消费市场是否接受，但文化企业家的激励中必须要考虑创意的经济价值约束。[①]

具体地说，作为创意阶层的一类重要的特殊群体，文化企业家的价值最大化问题为一个线性规划问题：

$$MaxU = (1-\lambda) V_e + \lambda V_c \qquad\qquad (3-1)$$

s. t. $V_e \geq L$, $V_c \geq 0$, $0 \leq \lambda \leq 1$

其中，U 为文化企业家的目标函数，$V_e$ 为创意的经济价值，$V_c$ 为创意的文化价值，L（L>0）为维持文化企业生存的必要的经济价值约束。$\lambda$ 为文化价值偏好，$\lambda$ 越大，文化企业家对文化价值的偏好越大。

首先，由目标函数式（3-1）可得：

$$V_e = -\frac{\lambda V_c}{1-\lambda} + \frac{U}{1-\lambda} \qquad\qquad (3-2)$$

由于 $-\dfrac{\lambda}{1-\lambda} \leq 0$，从图 3-8 中可见，目标函数 U 的曲线斜率小于或等于 0，即目标函数 U 是一条向右下方倾斜的直线。

其次，引入曲线 S，代表创意的经济价值 $V_e$ 和文化价值 $V_c$ 的可能组合，如图 3-8 所示，其变化特征反映了创意的文化价值和经济价值的内在关系（Bryant 和 Throsby，2006）：随着文化价值的增加，创意的经济价值首先呈现增加趋势，当文化价值达到临界值 $V_c$（k）后，经济价值达到最大值；随后，随着文化价值的增加，创意的经济价值将不断下降，直到为零。

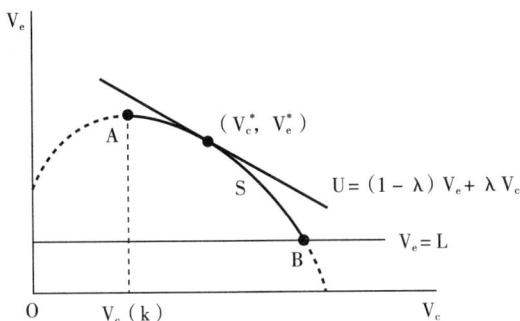

图 3-8　文化企业家的激励示意图

---

① 相关内容参见杨永忠和蔡大海的《文化企业家的文化价值偏好：决策模型与影响因素》，发表于《财经问题研究》2013 年第 12 期。

理性的文化企业家在一定的经济约束下，通过调整创意的要素投入安排，使曲线 S 与目标函数线 U 相切，即切点（$V_c^*$，$V_e^*$），使创意具有适度的经济价值和文化价值，以达到 U 的最大化。

考虑到必须满足 $V_e \geq L$，因此文化企业家的激励区间（曲线 S 与直线 U 的切点）为图中 AB 区间。其中，A 点（$\lambda = 0$）代表文化企业家追求经济利益最大化的情况；B 点代表在满足最小经济约束时追求文化价值最大化的情况。由此可以看出，文化价值偏好 $\lambda$ 越大，企业家越倾向于追求较高的文化价值和较低的经济价值（越靠近 B 点）；$\lambda$ 越小，企业家越倾向于追求较低的文化价值和较高的经济价值（越靠近 A 点）。

### 四、作为过滤器的文化企业家

观察绝大部分文化产业链，可以看到明显的两极：一极是类似艺术家的内容生产人员，他们"无中生有"地创作出新奇的文化内容；另一极是普通的消费者，他们购买并享受创意产品和服务的好处。在这个过程中，通过将市场作为媒介，艺术变成了商品。在这个转化的过程中，文化企业家的作用显得非常关键，同时承担代理人和看门人的角色。[①]

就代理人角色而言，文化企业家是消费者偏好的代理人，即他们天生就必须站在消费者的角度去审视创意产品。这和一般的艺术家有很大不同，大部分艺术家或文化创作者往往考虑自己的想法而不太会考虑消费者对自己产品的看法。这些创作者显然忽略了其作品若不符合消费者意愿则不会被购买这一事实。因此，文化企业家必须考虑市场对创意的接受度，要求创作者应根据市场偏好对其文化创意进行相应的调整。

就看门人角色而言，在实际的生产中，文化创意往往是超额供给的，电影剧本、艺术表演、小说手稿等各种可能商业化的文化创作，源源不断地呈现在文化企业家面前。因此，文化企业家需要从中挑选出能够用于生产的文化创意并做出提供给消费者哪些文化产品和服务的决策。这个选择的结果依赖于文化企业家的目标，比如看重经济利益的目标可能导致急功近利的庸俗文化生产。具有很大市场势力的文化企业家甚至会试图将消费者的偏好锁定在某一特定产品类型，以获取垄断租金（Cameron，1995）。

可见，文化企业家在文化创意提供者和消费者之间起到过滤器或媒介的作用，他们有能力去影响创作者的产出。比如，倘若出版商认为大多数女性读者喜

---

① 参考杨永忠编著的《现代文化经济学》，清华大学出版社，2022 年。

欢以幸福结尾的爱情故事，他们会委托创作者创作这些故事而不出版其他伟大的文学精品或具有社会意义的作品，并因此使女性类型的作品经久不衰。虽然利润最大化仍然是创意企业的重要目标，但这种目标也可能受到文化企业家迎合特定的艺术和文化标准或获得艺术成功的渴望影响而相应调整。

由此，文化企业家活动从创新的视角，存在以下有成效和无成效的区别：

创意生产的特点使得产品和生产模式的创新变得至关重要，但文化企业家的活动并非都与创新相关，这种创新也并非都有利于经济效率。

观察文化企业家的活动，可以将其大致分为有效率的和无效率的。一方面，他们探索市场偏好的变化，发掘新的创意人才，通过复杂的合同方式组织资本、技术、文化资源等各种投入，发展新的文化消费方式。这种有效率的活动，可以促进创意产业的模式创新，降低文化消费成本，给创意劳动者提供更多机会。另一方面，他们也可能积极投身于各种寻租活动，比如控制评论以锁定市场偏好，在创意劳动力市场上利用巨大势力来"剥削"普通艺术家。这种无效率的活动，可能导致市场偏好的单一化、文化资源的浪费和文化多样性的减少。

在一定的价值偏好的情况下，文化企业家在有效率和无效率活动之间的分配取决于两种活动的经济回报规则。比如，在内容创新能获得有效的版权保护从而获取较大经济回报的市场中，文化企业家就更倾向于产品不断创新改良的活动；而在不受监管的垄断定价行为能带来巨大回报的市场中，文化企业家就更喜欢通过独占销售渠道等行为来扩张自己的市场势力。不能忽视的是，文化企业家对不同活动的分配，可以极大地影响整个产业的创新和效率进步，以及新技术的传播程度。

# 第五节　泛泛文化阶层

社会参与是北斗模型价值共创的重要构成。世界面临百年未有之大变局，中国正在经历深刻的社会变迁，一个新的社会阶层正在中国形成。在西方创意阶层理论（佛罗里达，2002）基础上，杨永忠（2021）创造性提出的泛泛文化阶层，进一步解释了创意产业蓬勃发展和创意管理兴起背后的深刻的社会变迁。

## 一、泛泛文化阶层简述

泛泛文化阶层（Pan-Pan Culture Class，PPCC）作为新兴的文化阶层，第一个"泛"，代表了文化的多元性和包容性；第二个"泛"，代表了阶层的广泛性和丰富性。泛泛文化阶层已经不是过去狭义的文化人、艺术家组成的文化阶层，他可能是新农民，可能是新工人，也可能是一位可爱的邻居老太太。

泛泛文化阶层有三个主要特点：第一是有闲，并且追求休闲；第二是有味，并且追求品位；第三是有为，不仅仅停留在想法层面，而是"说走就走"。这一新兴的文化阶层，是世界面临百年未有之大变局，中国正在经历深刻的社会变迁背景下形成的新的社会阶层，体现了中国人民对美好生活的向往。

### 二、泛泛文化阶层的画像

在行为表现上，泛泛文化阶层追求更精致的生活、更优雅的品位、更美感的商品、更个性的追求，并且更富于创造性。泛泛文化阶层的画像是一条弯折的劳动力曲线（见图3-9），意味着随着收入的增加，越来越多的人愿意选择更多的时间用于闲暇，追求品位。这条弯折的劳动力曲线，是传统劳动力曲线的华丽转身。泛泛文化阶层也代表了弯折的劳动力曲线在中国已经普遍存在。

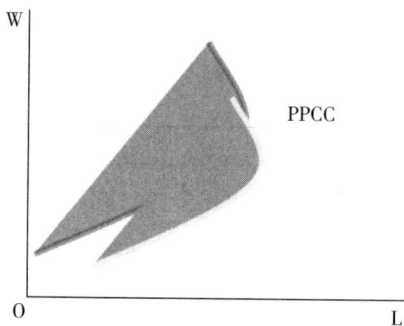

图3-9　泛泛文化阶层画像（PPCC）

### 三、三个没有天花板的需求

泛泛文化阶层产生了三个没有天花板的需求：一个是新奇消费，一个是美学消费，一个是本我消费。这三大消费，本质是身份消费，为创意管理的创新发展提供了广阔的空间。

第一是新奇消费。追求新奇，追求新鲜，成为这个时代的表达。大家都知道抖音，知道字节跳动，但我们从来没想到，传统意义上需要政府补贴、社会支持的文化企业，尤其是一家来自中国的文化企业，不到十年时间竟然成为全球最大的独角兽。这样一家企业，一年毛利润1300多亿元，每天进账的资金超过6.5

亿元。这个恐怖的数据告诉我们，今天的文化产业的确大有可为。但它凭什么取得了惊人的成功？正是由于提供了新奇！消费者每天为什么刷抖音？就是希望看到稀奇的东西。但稀奇的东西是怎么生产出来的？恰恰是它建立了一套独特算法和深度学习机制，这个机制使得它在全世界范围里成为生产新奇的最优秀的代表。

第二是美学消费。我们都追求美，都欣赏美，美既是多元的，又可能是深刻的。消费者对美的追求不是一年一天，而是每时每刻都存在。李子柒平台粉丝总数超过 1 亿（微博粉丝 2756 万，抖音粉丝超过 5494 万，快手粉丝 1029 万，B 站粉丝 729 万）；李佳琦平台粉丝总数超过 9000 万，超过整个德国的人口数。这些数据的背后，反映的正是美学消费。李子柒、李佳琦生产的正是美，李子柒已经成为面向全球的中国东方生活美学代言人。

第三是本我消费。在今天这个时代，人们更愿意回归内心、回归自然，去寻找内心的自我，去寻找内心那份快乐。这种源于内心快乐的本我消费，也是没有天花板的。最近五年来，乡村旅游、郊外旅游异常火爆，正是源于本我消费力量的驱动。

**四、泛泛文化阶层帝国**

泛泛文化阶层是消费者，但他们仅仅是消费者吗？他们更像是消费的创造者。泛泛文化阶层是与企业协调生产的合作创造者。泛泛文化阶层也投资和拥有自己独特的文化资本，从而成就自己差异化的人生。从这个意义而言，泛泛文化阶层是他们自己的具有很强个人印记的文化帝国的建造者。

# 第六节　创意力的人格洞察

## 一、问题提出

创意力，或创意能力，是创意者进行创造性思维的能力。2020 年获批的国家级社会实践一流课程"创意与创新管理"，自 2013 年在四川大学开设，在促进大学生创意力培养方面，取得了一系列创造性成果：2016 年杨永忠教授带领四川大学本科生代表队完成的 Uto 文化乐活创业项目，荣获第二届全国文化创意创业大赛总决赛最高奖，项目成为四川大学江安校区创业明星；2018 年学生参与的"杨莉艺术涂鸦活动"，丰富了非遗发展社区氛围，推动西河漆器产业集聚；2019 年学生通过社会实践课程积极参与罗江、崇州等地方扶贫和传统文化的复兴活动，相关创意成果获地方文创大赛三等奖；2020年学生在"角马青年旅舍创意实践"活动中基于创意的组织模型，对旅舍的价值提升提出的改进建议被旅舍采纳，促进了创业企业的发展。但面对本科教育教学改革和高等教育高质量发展要求，课程在创意力提升方面，也暴露出两个亟待解决的基本问题：第一，如何建立一个可量化的创意力评估标准，对学生的创意力水平在课程前后进行评估与跟踪，观察课程教学对大学生创意力培养的定量影响。第二，在此基础上，如何围绕课程教学，开展学生个性化的创意力培养，进一步探索差异化的人才成长方式。

**二、基本思路**

创造力是创意的基础，也构成了创意力的基础。本书以创造力理论为指导，借鉴创造力测量方法，应用于"创意与创新管理"课程的教学改革。通过开展大学生创意力量化评估与比较，构建以创意力为基础的大学生个性化成长模式，探索国家级一流课程获批后的深化建设。

基本设想是：在"创意与创新管理"课程初期，以创造性人格量表（CPS）为方法基础，结合托兰斯创造性思维测验和创造性成就量表相关方法，对选课学生开展创意力初步测试。针对初步测试结果，分析大学生的创意力分布情况，提出大学生的差异化的创意力培养模式，进而通过"创意与创新管理"课程教与学互动，提升大学生的创意水平。在课程结束后，再次进行创意力测试，通过前后创意力测量结果比较，分析大学生创意力的变化与发展，并反思"创意与创新管理"课程的下一步改革。

具体而言，"创意与创新管理"2023春季课程列为四川大学公选课，以小班化实践性为特色，共有18位同学选修。其中，来自社会科学院系的有10位（商学院、经济学院等）、来自工学院系的有5位（机械制造、轻工科学、高分子材料等）、来自医药院系的有1位（华西药学院）、来自人文院系的有1位（艺术学院）、来自理学院系的有1位（物理学院）。课程开设时间共11周32学时，其中70%的课程结合社会实践进行教学。

创意力测试借鉴创造性人格量表（CPS），包括独立性、自我信任、敏感性、好奇心与原创性5个分量表共15个题项，要求每一位学生根据每一个题项所描写的情形，在与自己情况符合程度上的相应数字上打"√"（1完全不符合；2比较不符合；3不确定；4比较符合；5完全符合）。

**三、创意力测评**

课程开始，通过问卷星，进行了创意力的初次测评。

实际测评以 5 分为满分，按百分制进行了换算，全班创意力平均为 72 分，最高分 92 分，最低分 59 分。其中，低于 60 分 2 人，占比 11.1%；60～75 分 8 人，占比 44.4%；75～90 分 7 人，占比 38.9%；90 分以上 1 人，占比 5.6%。创意力平均水平未达到良好（低于 75 分），低于 75 分的占比 55.6%。

以独立性而言，全班独立性平均为 72 分，最高分 87 分，最低分 47 分。独立性平均水平未达到良好（低于 75 分），低于 75 分的占比 61.1%。

以自我信任而言，全班自我信任平均为 68 分，最高分 93 分，最低分 27 分。自我信任平均水平未达到良好（低于 75 分），低于 75 分的占比 66.6%。

以敏感性而言，全班敏感性平均为 76 分，最高分 93 分，最低分 60 分。敏感性平均水平达到良好（高于 75 分），低于 75 分的占比 50.0%。

以好奇心而言，全班好奇心平均为 77 分，最高分 100 分，最低分 53 分。好奇心平均水平达到良好（高于 75 分），低于 75 分的占比 44.5%。

以原创性而言，全班原创性平均为 72 分，最高分 93 分，最低分 53 分。原创性平均水平未达到良好（低于 75 分），低于 75 分的占比 61.1%。

比较 5 个细分量表，独立性、自我信任、原创性的平均水平均未达到良好，分别为 72 分、68 分、72 分，其中自我信任最低，平均分为 68 分；自我信任低于 75 分的占比也最高，达到 66.6%。总体来看，在创意力的五个维度中，敏感性、好奇心保持了较好的水平，自我信任是最大的制约瓶颈，同时，独立性和原创性也需要引起重视。

**四、针对性调整**

根据创意力的初步测评结果，我们对社会实践课程进行了针对性调整，更加强化对影响创意力的主要因素进行调整，为此，提出了"1+2+2"的创意力提升模式。

"1"即针对测评发现的全班创意力的最大瓶颈，以自我信任为基础，撬动整个教学的创意力发展。在自我信任方面，我们采取了以下措施：

一是鼓励学生大胆说出自己的想法。我们设计了一个 1 分钟创意表达的活动——"我的创意"，让同学们独立思考 5 分钟，然后每个同学走上讲台，在 1 分钟内大声说出自己的创意，并对同学们说："创意无所谓对错，许多伟大的创意在最初时都备受质疑。所以，要相信自己。"在 1 分钟内，许多同学从最初的胆怯、慌张到最后的镇定、眼里流露的光。对每一位同学的创意想法，我们都从不同角度给予了充分的鼓励，并引出可以进一步思考的空间。

二是鼓励学生大胆与企业家对话。作为社会实践课程，70% 以上的课程安排在社会实践环节，走出教室到企业现场进行教学。但这种社会实践，不是简单地到企业走马观花，而是要发现问题，用创意创新理论提出解决问题的思路和策略。这就要求学生必须创造性地实践，在企业现场，敢于提问题，敢于与企业家交流。我们对同学们说："不要胆怯，更不要害羞，你所想到的问题，也许正是企业家忽略掉的。其实，企业家们也非常渴望了解你们这些'00 后'的想法。"我们举出一些过往的社会实践课堂例子，比如角马青年旅舍创意实践中的互动和反馈，让同学们看到自身潜藏的价值。在老师们的鼓励下，熊猫桌游价值共创社会实践课堂上，全班同学实地调研熊猫桌游经营情况，与熊猫桌游负责人张鸿交流企业创意与管理情况，最后结合企业现状，独立提出熊猫桌游价值共创方案。张鸿现场对方案进行点评，表示同学们所提出的建设性方案为企业管理提供了很好的启示，并对同学们的创意表示了感谢。

第一个"2"即针对测评发现的较弱的独立性和原创性两个维度，进行针对性的训练。无论在学校课堂，还是在校外现场，我们均加大了学生独立思考的安排，要求这种思考具有原创性，至少在个人层面（P 层面）具有原创性。比如"基于 AIGC 的创意生成作业"，我们要求学生在校外合作导师指导下进行 ChatGPT、MJ 等 AIGC 创意生成工具的学习，初步掌握 ChatGPT、MJ 等 AIGC 创意生成工具的使用后，应用这些工具独立完成一份在内容上具有创新性的作业。而在最后的期末考试环节，我们又把自我信任与独立性和原创性进行了融合，其中一道考试题目是：结合实地调研了解的情况，为熊猫桌游提供一份创意与创新方面的诊断报告。我们对这道题的参考答案是："熊猫桌游是成都最大的桌游企业，通过现场实践，每个人都看到了一个不一样的熊猫桌游。答案具有开放性，要求学生结合自身的观察进行分析和诊断。"

第二个"2"是针对测评中表现较好的好奇心、敏感性，在教学中进行相应安排，以使好奇心、敏感性得到进一步的提升。比如，在"崇德里创意生成过程"社会实践环节，我们首先让同学们想："自己的家乡有没有破旧的街道或乡村？如果让你来创意管理，你会怎么做？"首先激发同学们对问题的敏感性。在初步的交流后，我们再进一步提出："在成都，有一个叫崇德里的地方，就是在破旧的街道上打造出来的一张'名片'。"由此，激发出同学们的好奇心。再实地去调研崇德里，要求现场重点向崇德里管理人员访谈崇德里的创意过程，充分了解崇德里的创意特征、价值构成。

在"创意与创新管理"课堂，这种"1+2+2"的创意力提升教学模式，由于具有前期测评的针对性，因此教学可以有的放矢，教学管理可以有效控制。

**五、初步效果与特别观察**

在课程结束的 11 周，我们继续通过问卷星，进行了创意力的对比性测评。测评控制了回答时间，有意识地将 15 个问题打乱了顺序，以减小初次测评的影响。

仍然按百分制进行了换算，全班创意力平均为 77 分，最高分 91 分，最低分 64 分。创意力平均水平达到良好（高于 75 分），高于初次测评 5 分，提升 6.9%。

就独立性而言，全班独立性平均为 77 分，高于初次测评 5 分，提升 6.9%。就自我信任而言，全班自我信任平均为 72 分，高于初次测评 4 分，提升 5.9%。就敏感性而言，全班敏感性平均为 76 分，与初次测评 76 分持平。就好奇心而言，全班好奇心平均为 85 分，高于初次测评 8 分，提升 10.4%。就原创性而言，全班原创性平均为 74 分，高于初次测评 2 分，提升 2.7%。

比较第二次测度的 5 个细分量表，自我信任、原创性的平均水平仍未达到良好，分别为 72 分、74 分，但均高于第一次测度水平，特别是自我信任有明显提高。好奇心、独立性、敏感性的平均水平分别是 85 分、77 分、76 分，达到良好，特别是好奇心、独立性有明显提高。好奇心的提高可能与课程教学中有关创意与创新的内容有关，独立性可能与课程作业的训练和教学理念强化有关。

我们特别注意到第一次测度得分最低的两位同学，一位来自社会科学院系，一位来自工学院系。在第一次测度中，来自社会科学院系的女生在独立性、自我信任、敏感性、好奇心、原创性五个维度，得分分别是 73 分、47 分、60 分、60 分、53 分，第二次测度分别是 67 分、67 分、80 分、86 分、67 分，自我信任和原创性都有了明显提高，综合得分从 59 分提高到 73 分。该同学在熊猫桌游价值共创社会实践课堂表现特别突出，其创意改进方案被企业家和任课老师一致评为最高分，还特别给予了《创意管理评论》期刊奖励。另一位来自工学院系的男生在第一次测度中，独立性、自我信任、敏感性、好奇心、原创性五个维度，得分分别是 47 分、27 分、87 分、73 分、60 分，第二次测度分别是 67 分、27 分、87 分、87 分、60 分，其创意力总体水平有所提高，综合得分从 59 分提高到 64 分，特别是独立性提升明显，提高了 20 分，但自我信任没有得到提升，准确的原因有待进一步分析。但在第二次测评关于对本门课程建议的反馈中，该生表示"我个人无法将理论知识的认识与实践很轻松地结合起来理解"，以及第一次测评中关于个人爱好所提出的"想一想，没什么特别的东西"，可能反映出一些与个体差异有关的因素带来的影响。

## 六、创意力启示

就课程实践的过程与结果而言，均取得了初步成效，也提供了以下启示与建议：

第一，关注创意背后的人格特质。人格是人性这一普遍特征基础上的个体反映，从人格角度考察创意，也是人性层面的洞察。独立性、自我信任、敏感性、好奇心等既是人格量表，也是人性观察。创意力中暴露出的自我信任的最大短板，既揭示了我国青年一代在创意力上的人格不足，也暴露出中国人性对创意的影响，由此也为中国人性假设 T 理论提供了观察和反思。

第二，量化的教学评估应该成为创意教学管理的重要手段。所有的本科课程抽离具体的专业，本质都是激发学生创意、提升学生的创造力。在大数据、信息化乃至人工智能的技术背景下，实施量化的创意教学管理应该变得越来越重要，也越来越容易实现。这种测评尽管在小班范围的信度、效度方面有待考量，但仍然能够提供有效的教学信息。

第三，因材施教虽是老生常谈，但的确非常重要。每一次课程都面对不同的学生，学生个体的差异性不可避免地存在。因此，教学老师了解所开课程的学生情况，应该是非常重要的。从因材施教到因材创意，既是中国传统文化的人性主张，也是当下中国教育的核心和改革方向。①

## 专栏

### 案例观察：创意的人格化

在探讨了创意商业转化的核心理论框架和管理模型之后，接下来我们将通过案例观察创意如何在实践中实现人格化，从而进一步理解创意价值的商业转化过程。以下由樊建川讲述的建川博物馆创建和发展历程的故事，将让我们看到创意如何在文化传承与商业模式创新中实现创意价值的人格转化与升华②。

**一、樊建川的创意收藏**

每个人都有记忆，记忆有美好的，也有痛苦的。但是，当我们站在生命的门槛回首审视过往的时候，会发现，无论是美好的记忆，还是痛苦的记忆，都是我们生命中珍贵的经历。一个民族也是如此。

中华民族几千年的灿烂文明，为我们今人留下了无数珍贵的记忆和财

---

① 本节选自杨永忠所著论文《以大学生创造力为导向的教学模式创新》，刊载于《创意管理评论》第 9 卷。

② 参考杨永忠主编的《创意管理评论》第 3 卷，2018 年由经济管理出版社出版。本文来源于樊建川先生 2018 年 1 月 5 日晚在四川大学创意管理全球公益大讲堂中的演讲记录，经王廷智整理校对。

富。牢记历史，能够从过去的成功中总结经验，从失败中吸取教训，这是一个民族具备朝气和底蕴的特征，也是一个民族能够不断发展与延续的保障。如何保护和传承历史，如何更直观、更深刻地为当代人发掘和展现历史，是我们每一代人都面临的重大课题。我非常有幸能够参与到当代的这一课题中。

我叫樊建川，主要是一个收藏家，一个博物馆的创建者和运营者，我们的博物馆叫作建川博物馆。

建川博物馆现有约 1000 万件文物，场馆现在主要集中在成都大邑县安仁镇的建川博物馆聚落，正因为我们的努力，大邑现在已经被定位和打造为中国著名的博物馆小镇。当前我们的博物馆聚落占地 500 亩，建筑面积 10 余万平方米，拥有国家一级文物 404 件（套）。

我希望通过自己的努力，能够为当代的历史课题给出自己的一部分答案，为我们的民族发掘出那些尘封的记忆，并将之留给后人。

**二、创意的开端：伴随时代的脉络成长**

我是 1957 年生人，祖籍山西兴县，出生在四川宜宾。可以说，每一代人都是伴随着时代成长的，而在我看来，我们这代人的成长经历更是具备着鲜明的时代特征。

说到收藏，其实在我很小的时候就已经开始了。1966 年，我才 9 岁，因为父亲需要，而他本人由于各种原因不方便自己收集报纸，我就开始给父亲收集各类报纸。这也成了我收藏习惯和兴趣的开端。

长大后，我响应毛主席的号召，下乡当了知青。再后来，我又去当了兵。在部队，通过坚持和努力，我考入了军校。毕业后被分配进了重庆第三军医大学当思政老师，教授政治经济学。因为受军校体制限制，我没法晋升，所以就离开学校，进入政府行政系统。我在政府行政系统的一路奋斗就不多说了，在我离开政府行政系统之前，曾做到了宜宾市副市长，后来由于种种原因，带着夫人和女儿，以及家里全部的 1 万多元存款，到成都创业。

**三、创意之路：只做第一，不做一流**

感谢时代，在那个我国经济野蛮生长的年代，我抓住了机会，进入房地产行业。一路走来，通过自己的坚持和同事们的努力，我们的房地产企业曾经做到过四川前十强。而我在这里想要说的是，在"5·12 大地震"期间，我们公司开发的房子一栋都没有垮，一寸都没有裂，因为我们从不优化设计，也就是从不拉伸钢筋等来节约建设成本。

取得了商业上的成功，并没有让我停下心中的那份不安分。在其他人眼中，我应该知足常乐、享受生活的时候，我却开始了我人生中最重要的一次折腾——做民营博物馆。

大家都知道，博物馆这个行业，在很长时间里都被大家认为是不会挣钱的。我在做出这一决定之初，受到了身边几乎所有亲朋好友的质疑，他们都不认为我能够成功。但是我仍然坚持做了起来，而且我依然坚持"只做第一，不做一流"的人生理念，想要打造中国第一的博物馆。

做民营博物馆，虽然是我的人生理想，但我也并不是盲目地去做。我的理念就是，不会去做某个领域一流的博物馆，因为一流太容易被模仿，也太容易流于滥觞。我只想做这个领域第一的博物馆，做有门槛的、别人不能轻易去超越的博物馆。只有这样，才可能会有人去看，也才能够保证你的博物馆具有长时间的吸引力和竞争力。比如你办一个蝴蝶博物馆、办一个长江奇石博物馆，门槛太低，是完全经不起竞争的，也吸引不了观众。

因此，我做的馆都是一些有门槛的馆。比如我们现在已建成的四大系列展馆，包括抗战系列馆、红色年代馆、民俗系列馆、地震纪念馆，这些都是有门槛的馆，不是谁想做就能做起来的，而且这些场馆本身的历史价值和教育意义，都可以保证它的长期性。

另外，为了建设抗战博物馆，为了寻找当年美军援华的飞机，我们曾在中印边境，靠近"麦克马洪线"处，海拔5000多米的雪山上，雇用当地藏族民众架桥开路，寻找失事的飞机残骸。当时，我花了400多万元人民币，历时5年时间，意外发现了28块美军飞行员的遗骸。这件事引起了中美双方国家领导人的高度重视，在中国外交部和四川省政府的组织和见证下，我亲手将这28块援华美军飞行员的遗骸转交给了美国政府特使。

再后来，我还寻找到了很多其他相关的文物以及飞机残骸。通过我所找到的飞机以及相关的文物和材料，建立了抗战系列馆之飞虎奇兵馆。也正是因为这些事，我后来被美国布莱恩特大学授予了荣誉博士学位，和美国前总统老布什成为同学。当年，获得布莱恩特大学名誉博士提名的有2个人，除了我，另一个就是美国前总统乔治·布什先生。另外值得一提的是，宋美龄女士在1942年曾获得该校荣誉博士学位，也算是我的师姐。后来，宋美龄女士当年被该校授予荣誉博士的学籍档案和证书，也被布莱恩特大学赠予了樊建川博物馆，现在就保存在我们博物馆里。

奋斗的故事，虽然细节各有不同，但大致的经历都是一样的，都是伴随着困难与艰辛，同时也伴随着快乐和喜悦。到现在为止，我可以骄傲地说，我把博物馆这个很难赚钱的事情做到赚钱了，而且我们的净利润还很不错。这一点我是很自豪的，因为作为博物馆，尤其是民营博物馆，如果不能够做到自给自足，或者说不能做到盈利，是不可能持久的。既然我们做博物馆是为了传承历史，那就必须做好。

我们博物馆的运营主体公司叫作四川安仁建川文化产业开发有限公司，2003 年公司投资建设经营目前国内民间资本投入最多、建设规模和展览面积最大、收藏内容最丰富的民间博物馆——建川博物馆聚落，开创了文博事业民企投资的新模式和文化产业的新领域，成为全国文化产业的一面旗帜。建川博物馆已开放抗战、民俗、红色年代、抗震救灾、红军长征等主题 28 座场馆，获得了全国爱国主义教育基地、国家 AAAA 级旅游景区、全国文化产业示范基地、全国光彩事业重点项目、全国先进社会组织、亚洲十大民间杰出博物馆、艾里缇斯奖—中国最佳文博旅游博物馆、2015 年全国最具创新力博物馆等荣誉称号。自 2005 年 8 月 15 日开放以来，博物馆累计接待观众 1100 余万人次，成为传播先进文化，弘扬抗战精神、抗震救灾精神、红军长征精神，以及传承民族文化的重要场所和一张亮丽的文化名片。

可以说，目前我们在国内的民营博物馆的收藏与运营方面，都初步实现了我们只做第一的设想。而对于博物馆的未来，我们仍在路上。

### 四、创意的永恒：建设可传承千年的博物馆

《庄子》曾经感慨："吾生也有涯"。我也曾经常思考，如何将我们有限的生命，活出永恒的意义。而如今我已到耳顺之年，终于明白，将我的博物馆经营成为能够传承千年的博物馆，将我所专注的历史开发和传承下去，我也将不虚此生。

我所有的收藏都已经被我捐献给了国家。我已经立好了遗嘱，在我死后，我所有的收藏都将归成都市所有，而且已经将我的遗嘱做了公证。同时，为了推进国内的相关博物馆建设，我已经无偿地捐献出了 2000 多件文物，比如为了支持宜宾李庄博物馆的建设，我就无偿地捐献了 1700 多件文物。

> 我曾在都江堰，看着这已经流传了长达两千多年的历史遗迹畅想，如果我们的博物馆也能够做到这样常存于世，才不枉费我们的这份努力和坚持，才不辜负我这一生。
>
> 我希望能够通过自己的努力和坚持，尽可能多地、尽可能直观地将历史发掘和呈现给世人。
>
> 我希望，能够为民族留下记忆。[①]

## 📖 小　结

创意需通过商业转化来显现其价值，而商业模式正是这一转化的核心。商业模式虽无统一定义，但普遍认为"价值"是其核心要素。商业模式相关理论涵盖了价值定位、价值创造、价值传递和价值获取四个方面。

铜钱模型以价值为基础，代表了创意转化的商业模式，将创意价值的转化分为四个阶段：价值认定、价值认知、价值认同和价值认购。价值认定是生产者的主观定位，价值认知通过消费者体验实现，价值认同基于消费者内心共鸣，价值认购则是消费者基于人格追求的最终认可。该模型体现了以中国本土文化为基础的中国管理创新。

北斗模型基于铜钱模型提出，主张以价值共创为核心，通过企业家创新、公共激励和社会参与的合作创造，实现创意价值的有效转化。模型将创意价值转化的四个环节对应企业战略重构、体验运营、共鸣营销和人格消费四个管理环节，并通过三个实施主体连接成北斗七星。

文化企业家和泛泛文化阶层是北斗模型的进一步延伸，反映了当代企业家创新和社会参与在创意商业转化中的作用和特点。之后，本章借助建川博物馆案例，展示了创意如何在实践中实现人格化。

本章揭示了创意的商业转化模式和实现路径，展示了创意在实践中的人格转化，为中国管理创新提供了参考。

## 📖 思考与练习

1. 商业模式的核心要素是什么？
2. 如何理解铜钱模型是商业模式的中国本土表达？

---

① 张晋宇对本章研究做出了贡献。

3. 如何理解产品就是人格？

4. 北斗模型中的三个主体及其作用是什么？

5. 比较中西文化企业家的差异。

6. 泛泛文化阶层为什么在中国崛起？

7. 辨析创意力与创造力的关系。

8. 利用铜钱模型分析建川博物馆创意的人格转化，讨论对 T 人性假设的启示。

# 第四章 看见：PGC

## 第一节 经典的创意生成模型

创意的内容生成经历了四个发展阶段。早期的创意生成，一般认为只有天才才能创意，由天才生产内容（Genius Generated Content，GGC），即创意天才时代。工业革命带来了大规模制造，由此带来了大量产品和同质化竞争，广告应运而生，以广告为代表的专业生产内容（Professional Generated Content，PGC）迅猛发展，即创意专业时代。互联网的发展，推进了创意的扁平化，用户作为非专业的内容创作者，基于自身的兴趣、经验、想法和创造力主动创作、发布和分享各种形式的文字、图片、视频、音频，用户生产内容（User Generated Content，UGC）来临，即创意大众时代。2022 年，随着 ChatGPT 3.5 问世，人工智能创意涌现，人工智能生产内容（Artificial Intelligence Generated Content，AIGC）以人类前所未有的发展横空出世，人类进入创意 AI 时代（见图4-1）。

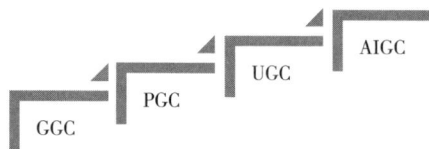

**图4-1 创意生成方式**

其中，PGC 是传统的创意生成的基本方式。这种创意主要由具备专业知识、技能和经验的专业人士或团队创作生产。由于专业生产者通常在特定领域拥有深厚的背景和资质，因此 PGC 模式的内容往往在准确性、深度和专业性方面表现出色，能够满足用户对于高品质、具有权威性和可信度的内容的需求。本章探讨PGC 的创意生成机制。

PGC 的创意生成过程首先表现为线性特征，即创意的产生是一个线性的、非循环的过程，从信息收集、灵感激发到初步概念的形成，每个步骤都依次发生；其次，创意的产生也表现出循环特征，即创意的产生是一个动态的、循环的过程，不同阶段之间存在着反复迭代、修正和完善的循环往复。这种循环过程使得创意能够不断地得到改进和优化，从而达到更高的创造性和创新性。

## 一、创意生成模型概述

（一）Wallas 四阶段模型

英国心理学家 Wallas 于 1926 年提出了关于创造性解决问题的理论框架。该理论包括以下四个阶段：

（1）准备期。在明确问题特征及创造目的基础上，积累解决问题的相关知识与技能。

（2）酝酿期。根据解决问题的需要，将思维活动的重点从意识层面转到潜意识层面，等待有价值的想法自然酝酿成熟而产生出来。

（3）豁朗期。经过潜伏性的酝酿期之后，具有创造性的新观念可能无意中受到偶然事件的触发而突然出现，表现为灵感、直觉和顿悟。

（4）验证期。通过实践活动，对豁朗期提出的新思想、新观念给予评价、检验或修正。如在验证阶段发现错误后，可能会出现阶段的反复。

Wallas 提出的这一模型可以理解为创意生成的基础模型，其对于创意生成过程的思维解释，在全球范围内具有重要影响力。自 Wallas 四阶段模型以后，创意生成的创造力过程研究逐渐受到了心理学界的更多关注。

（二）构思评估周期模型

Basadur 等于 1982 年将创意生成分为发现问题、解决问题、实施解决方案三个阶段（见图 4-2），且构思和评价在每个阶段都有不同程度的循环参与。该模型具有以下四个特征：

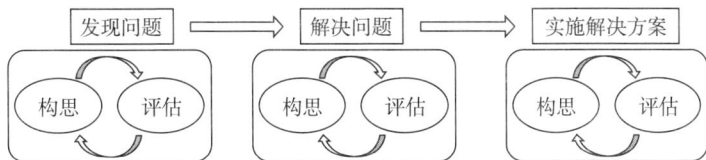

图 4-2　构思评估周期模型

（1）三阶段结构。模型将问题解决过程明确地划分为三个阶段，有助于人们系统性地理解和执行问题解决的每一步。

（2）强调构思和评估。在每个阶段中，模型都强调了构思和评估的重要性，构思阶段是为了产生新的想法和解决方案，而评估阶段则是对这些想法和方案进行筛选和评估，以确保其有效性和可行性。

（3）连续性和迭代性。虽然模型被划分为三个阶段，但这并不意味着每个阶段都是独立的，各个阶段相互联系和相互依赖，形成了一个连续和迭代的过程。

（4）聚焦于问题解决。整个模型都是围绕问题解决展开的，每个阶段都有明确的目标和行动指南，旨在最终找到并实施有效的解决方案。

该模型为理解和执行创意问题解决过程提供了一个有用的框架，它强调了构思和评估的重要性，有助于人们产生新的想法并筛选出最佳的解决方案，同时，模型的连续性和迭代性也使得问题解决过程更加系统化和高效化。然而，它可能过于简化了实际的问题解决过程。另外，模型并没有详细说明如何在每个阶段中执行具体的任务或使用哪些具体的工具和方法，需要用户根据自己的经验和知识来填补空白。

（三）门径管理流程模型

门径管理系统（Stage-Gate System，SGS）是由罗勃特·G. 库珀（Robert G. Cooper）于 20 世纪 80 年代创立的一种新产品开发流程管理技术。这一技术被广泛应用于美国、欧洲、日本的企业中，用于指导新产品开发，并被视为新产品发展过程中的基础程序和产品创新的过程管理工具。典型门径管理模型如图 4-3 所示。门径管理流程在创意立项阶段对创意生成进行了描述，主要由发现、阶段（Stage）和入口（Gate）组成。创意立项阶段完成后，转入创意的样品开发和测试。

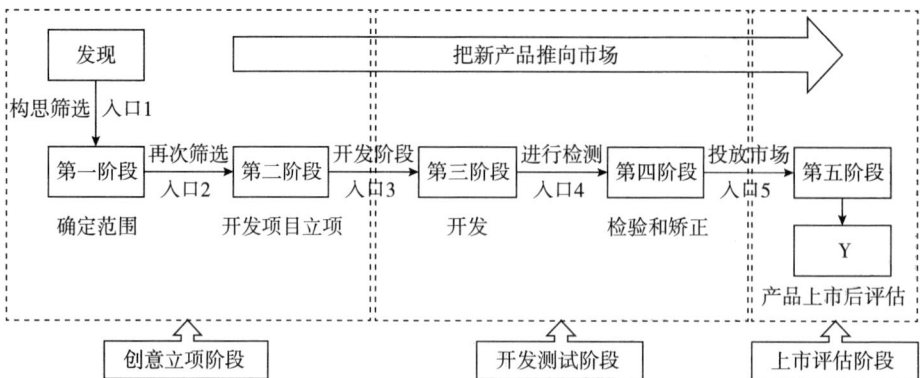

图 4-3　典型门径管理模型

（四）Koen 新概念开发模型

2002 年，Koen 等人提出了新概念开发模型（New Concept Development, NCD），将模糊前端分为 5 个要素：机会识别、机会分析、创意产生和完善、创意选择以及概念定义，并着重强调它们没有先后之分，而且有些会重复发生，如图 4-4 所示。

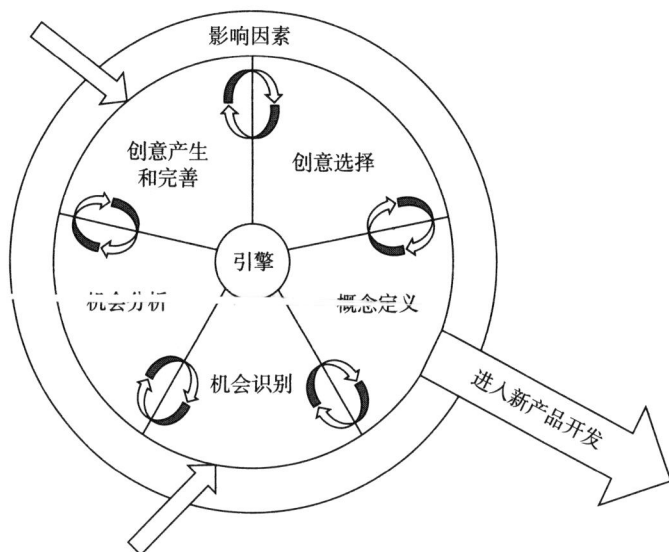

**图 4-4 新概念开发模型**

（五）斯坦福设计思维模型

斯坦福大学设计学院于 21 世纪初提出了设计思维模型（见图 4-5），认为设计思维一共分为 5 个步骤，引导人们以"人的需求"为中心，通过团队合作解决问题。具体如下：同理心（Empathy），收集对象的真实需求；定义（Define），分析收集到的各种需求，提炼要解决的问题；头脑风暴（Ideate），打开脑洞，创意点子越多越好；原型制作（Phototype），把脑子中的想法动手制作出来；测试（Test），优化解决方案。

该模型指出，设计思维是一种从发散到收敛的思维过程，也是一种非线性循环工作流程。其不仅在支持项目式学习或者以问题式为导向的学习方面具有独特的价值，而且还可以广泛应用于商业、工程、产品开发等多个领域，其目的是帮助团队和个人提升创意能力和解决问题的能力。

图 4-5　斯坦福设计思维模型

（六）概念设计心理迭代模型

Chusilp 和 Jin 于 2006 年在研究中提出了心理迭代模型，指出了更为复杂和详细的创意思维路径，包含问题分析、元素生成、概念组合和方案评估四个阶段（见图 4-6）。同时，模型内部还包含三个全局循环：问题重定义回路（PR）、思想刺激回路（IS）和内容重组回路（CR）。每个阶段内部也存在局部循环，只有达到期望状态才会进入下一阶段。该模型具有以下四个特征：

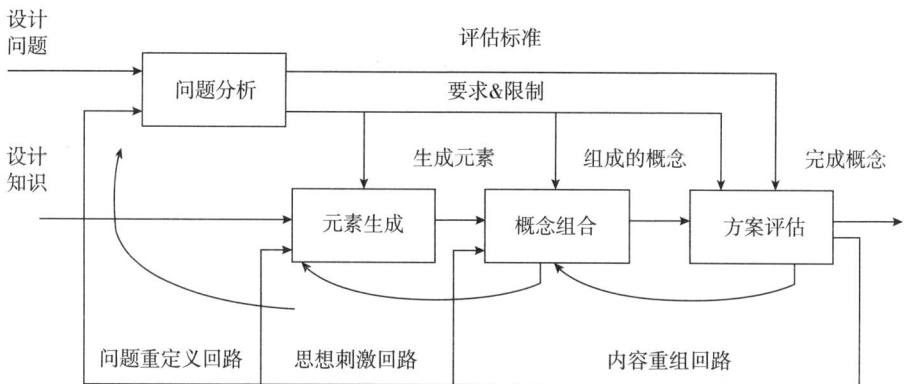

图 4-6　概念设计心理迭代模型

（1）系统性的流程。模型从问题分析开始，经过评估标准、生成元素、组成的概念，直到完成概念设计，形成了一个完整的闭环系统。

（2）重视评估与迭代。在生成元素和组成的概念的过程中，模型强调了评估的重要性，并且包含了问题重定义和思路刺激的迭代循环。

（3）识别与合成机制。在设计过程中，使用了识别和子标识符来识别和标记不同的设计元素，并通过设计机制来整合这些元素，形成一个完整的概念。

（4）重定义和再利用。模型中的重定义循环和重组循环体现了设计的灵活性和可调整性，以及资源的有效利用。

该模型为概念设计提供了一个结构清晰、逻辑严密的框架，有助于设计师系统地思考和规划整个设计过程。它强调了评估与迭代的重要性，使得设计能够不断优化和完善。通过识别与合成机制，模型能够将不同的设计元素整合成一个有机的整体，提高了设计的整体性和一致性。然而，该模型理论上的流程和步骤可能过于细化，实践可能难以完全复现。因此，模型的适用性可能受到任务特征和个人思维习惯的限制。

（七）创意生成双路径模型

De Dreu 等学者于 2008 年提出了创意生成双路径模型（见图 4-7），该模型将创意生成划分为积极和消极两个方向，其中积极方向包含认知灵活性，而消极方向则包括认知持久性。此外，该模型还强调了动机以及工作记忆容量在创意生成过程中的重要性。该模型具有以下特征：

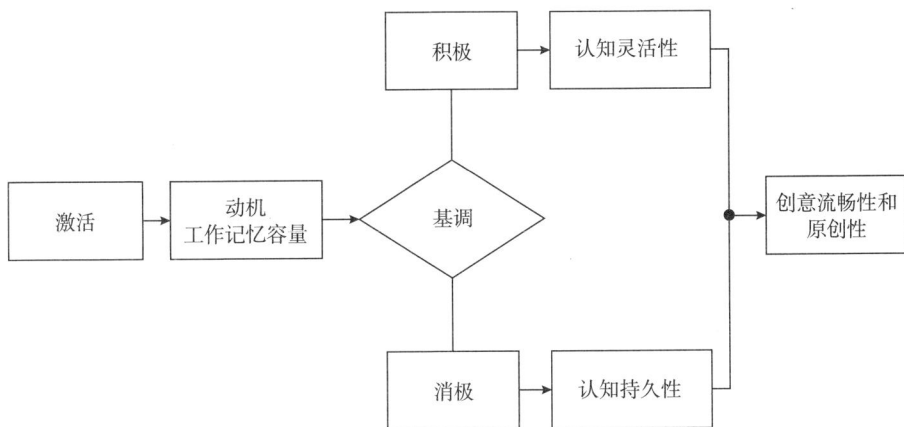

图 4-7　创意生成双路径模型

（1）认知灵活性。表明在创意生成过程中，开放的心态和接受新想法的能力是很重要的。

（2）认知持久性。作为模型的重要组成部分，强调了在面对困难和挑战时持续努力的重要性。

（3）双路径模型。模型考虑了创意生成的不同路径或方面，通过区分认知的积极和消极方面，揭示了创意生成的多维性和复杂性。

模型提供了一个全面的框架，用于理解创意生成的形成和发展过程。但是该模型没有充分考虑到个体差异、环境因素和其他潜在变量的影响。此外，模型中的一些元素（如基调）的定义和解释不够清晰。

（八）元认知双过程模型

Thompson 于 2009 年提出了元认知双过程模型（见图4-8），该模型展示了创意生成的元认知推理框架，分为启发式过程（Heuristic Processes）、元认知过程（Metacognitive Processes）和分析过程（Analytic Processes）。启发式反应是由知觉或认知输入自动提示的，这些反应构成了后续判断和决策的基础。该模型具有以下四个显著特征：

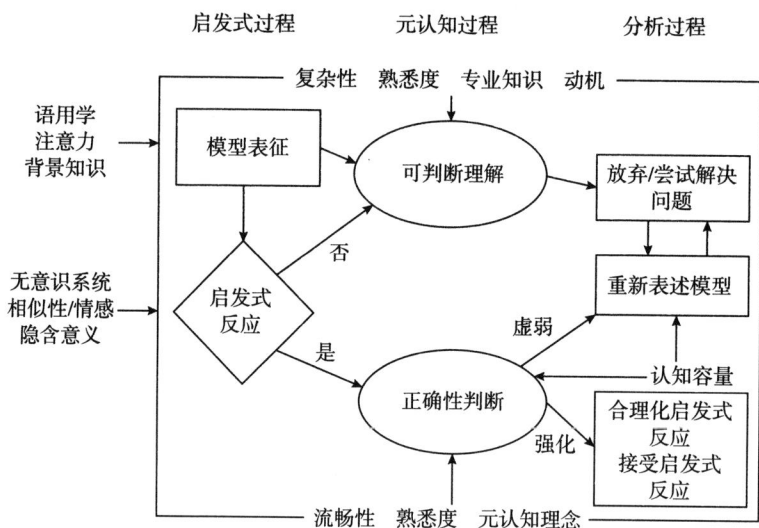

**图 4-8　元认知双过程模型**

（1）综合性。模型整合了启发式、元认知和分析三种不同层次的推理过程，全面描述了人在面对问题时的思维路径。

（2）动态反馈。模型体现了一个动态的反馈机制，判断和感觉的变化可以引导个体不断调整和改进其解决方案。

（3）考虑多种因素。在模型的不同阶段，考虑了多种影响因素，如复杂性、熟悉度、动机、认知能力等，这使得模型具有较强的现实解释力。

（4）实际应用性。该模型可以应用于教育、决策制定、问题解决等多个领域，帮助人们理解和优化自己的思维过程。

元认知双过程模型通过整合启发式、元认知和分析过程，提供了一种全面的方法来理解和优化创意生成的过程。尽管其复杂性和主观性可能带来一定挑战，但其综合性和实际应用潜力使其在多个领域具有重要价值。

（九）FORTH 创新地图模型

Gijs Van Wulfen 于 2011 年提出了 FORTH 创新地图模型（见图 4-9）。模型认为，一个良好的新产品创意将有助于企业获得更好的市场表现，从而获得竞争优势，强调研究重心从具体的产品开发层面提升到产品价值层面。

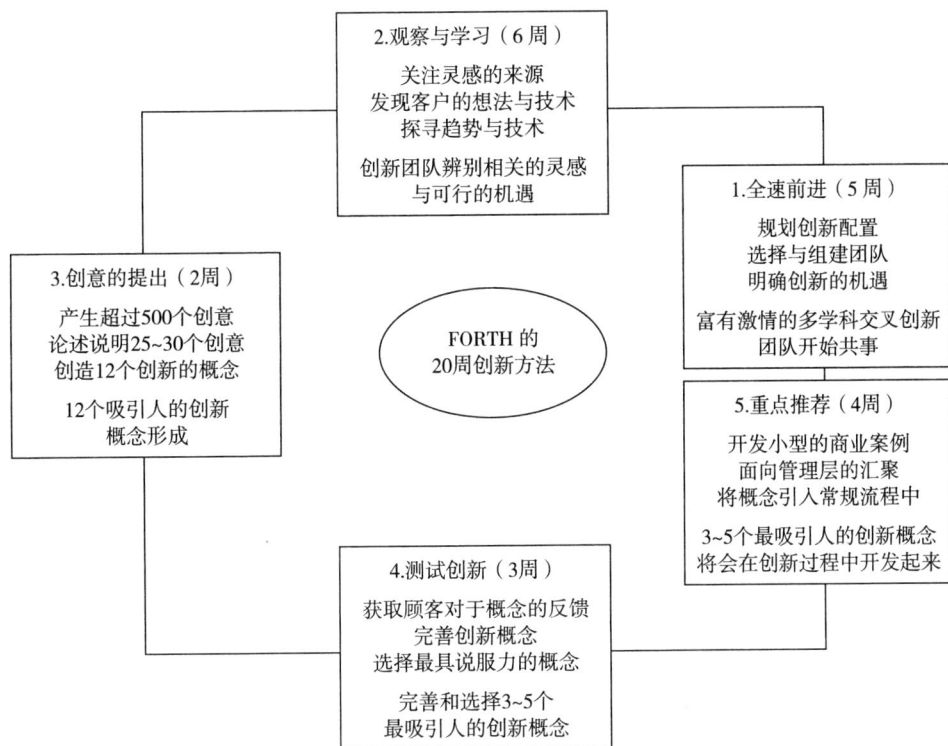

**图 4-9　FORTH 创新地图模型**

资料来源：G Van Wulfen. Creating Innovative Products and Services：The FORTH Innovation Method［M］. Burlington，VT：Gower Pub.，2011.

（十）IDEO 创新设计思维模型

创新公司 IDEO 于 2011 年提出了设计思维模型（见图 4-10），该模型主要包含五个阶段：第一阶段是发现，即通过一定的技术手段和方法深入了解所面对的学习挑战，通常包括理解挑战、探索准备以及收集想法三个方面。第二阶段是解释，即将所收集的信息建构为自己解决挑战的知识，包括故事分享、意义寻找以及框架设计三个方面。第三阶段是设想，即依据对相关挑战信息的解释，采用快速想象的方法，收集新奇的观点和想法，为应对挑战提供可能的解决方案。该阶段包括观点收集和观点优化两个方面。第四阶段是实验，本阶段需要思考的主要问题是如何实践方案，包括制作原型和获取反馈两个方面。第五阶段是改进，是基于前四个阶段获得的信息，并在此基础上不断完善每一个学习阶段。该创意生成模型具有以下五个特征：

| 1 发现 | 2 解释 | 3 设想 | 4 实验 | 5 改进 |
|---|---|---|---|---|
| 我面临一个挑战 我该如何了解它？ | 我了解了相关信息 我该如何解释它？ | 我找到了解决机会 我该如何做？ | 我有了解决方法 我该如何实现？ | 我尝试了新的东西 我该如何改进？ |
| 步骤 1-1 理解挑战 1-2 探索准备 1-3 收集想法 | 2-1 故事分享 2-2 意义寻找 2-3 框架设计 | 3-1 观点收集 3-2 观点优化 | 4-1 制作原型 4-2 获取反馈 | 5-1 反思学习 5-2 继续前进 |

**图 4-10 IDEO 创新设计思维模型**

（1）以解决真实情境中劣构、复杂、真实的问题为出发点，为解决问题提供了一种操作流程或方法。

（2）关注人工制品（模型）制作，强调将所获得的知识、经验、信息通过可视化（实物）的形式展示出来。

（3）设计过程反复迭代，通过多次反馈、修正不断完善人工制品，实现知识反复应用和强化。

（4）倡导小组间的合作、公开分享以及多种技术工具的应用。

（5）有利于学习者高级思维能力的发展，包括协作能力、问题解决能力和创造创新能力等。

IDEO 设计思维模型结构清晰，强调用户需求和反馈的重要性，能够有效促进创意和解决复杂问题。然而，实施过程中需要团队具备较高的协作和沟通能力，并且需要一定的资源支持，通过不断迭代和改进，模型可以帮助团队设计出更符合用户需求和市场期望的解决方案。

（十一）Prime 六阶段模型

Prime Group 在 2016 年将创意产生从问题的三大阶段划分为问题映射、问题识别、问题形成、提出创意、改进创意和解决问题六个小阶段（见图 4-11）。一

个问题的产生很大程度上在于如何构建和表述这个问题。该模型具有以下四个
特征：

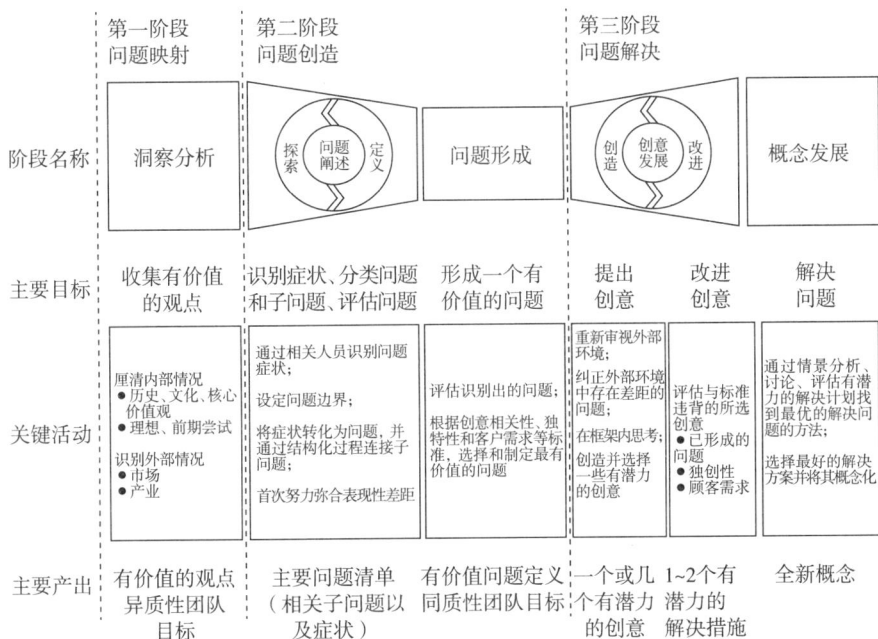

图 4-11　Prime 六阶段模型

（1）结构清晰。模型分为六个主要步骤，每个步骤都包含详细的活动和目标，使得用户能够系统化地理解和应用。

（2）全面性。从问题的初步识别到最终的解决方案，全过程覆盖了所有必要的步骤和考虑因素。

（3）强调团队协作。通过多样化团队的参与和异质团队目标的设置，促进了跨学科的合作和创新。

（4）灵活性。允许根据外部环境和客户需求的变化调整和优化解决方案。

该模型为企业如何提高新兴的激进想法和概念的新颖性和成功率提供了理论启示和建议，通过结构化和系统化的步骤，提供了一种全面的方法识别、创造和解决问题，尤其适用于需要详细分析和创新解决方案的复杂项目。然而，模型的复杂性和对资源的要求可能在实际应用中带来一定挑战，因此需要根据具体情况进行灵活调整。

（十二）西门子四阶段模型

西门子创意小组在 2020 年将创意生成阶段分为发现、解释、构思和实施四个阶段（见图 4-12），且创造性忍耐贯穿整个创意过程。该模型提出了一种动态的能力——"创造性忍耐"，认为耐心为产品平台引入了新功能。该模型具有以下三个特征：

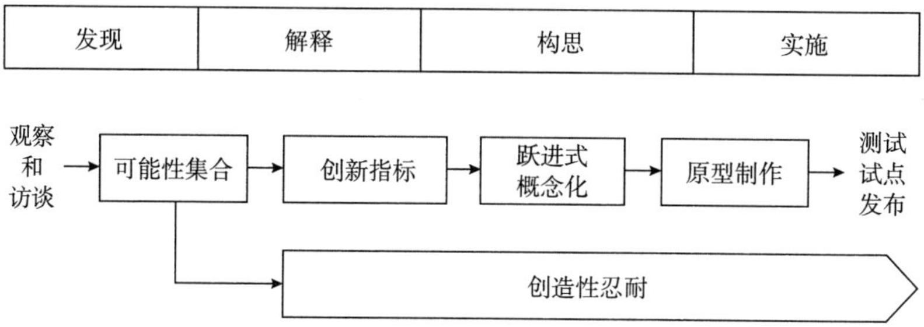

**图 4-12 西门子四阶段模型**

（1）系统性和结构性。模型分为明确的四个阶段，每个阶段都有具体的目标和活动，提供了一个系统化的方法来管理创意和问题解决。

（2）灵活性和适应性。该模型可以适用于各种规模和类型的项目，灵活性较强，可以根据具体情况进行调整。

（3）强调反馈和持续改进。通过评估阶段的反馈和改进，模型促进了持续学习和优化，提高了长期的创新能力。

西门子四阶段模型提供了一种系统化的方法来指导创意和解决问题，通过明确的阶段和活动，有助于确保项目的成功实施和持续改进。

（十三）创意钻石模型

Peter Childs 等于 2020 年提出了创意钻石模型（见图 4-13），该模型是一个提示哪些生成工具可能会有所帮助的指南。菱形框架中可以设置用于不同创造性任务的创意工具或方法，以激发额外的想法来增强创造力，并且在一个发散和收敛的循环中不断完善想法。该模型具有以下四个特征：

（1）全面性。该模型全面涵盖了从收敛性思考到发散性思考的整个过程，展示了两种思考方式的区别和联系，有助于人们理解并应用这两种思考模式。

（2）实用性。模型中的每个思考阶段都对应着具体的思考方法和工具，为人们在具体项目中的应用提供了清晰的指导。同时，不同项目阶段对应的思考卡也为项目的顺利进行提供了有力支持。

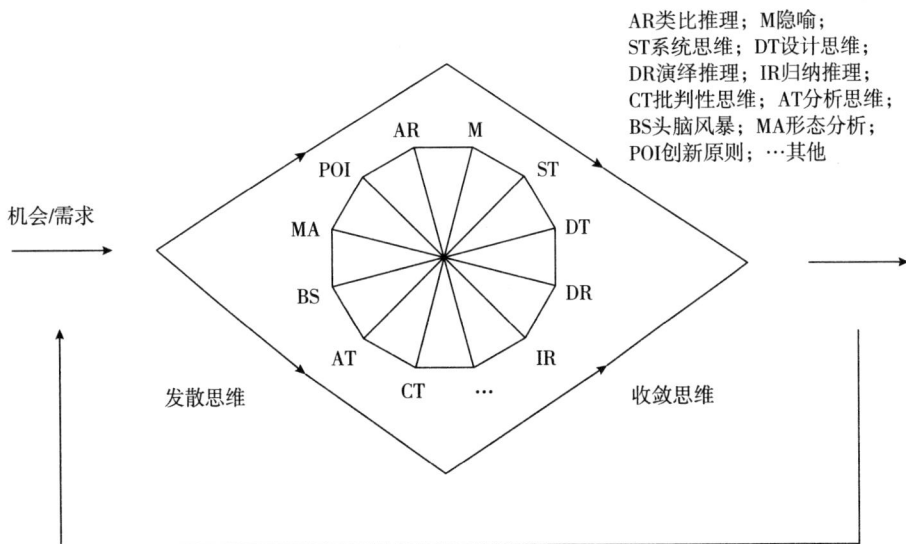

图 4-13　钻石模型

（3）可视化。通过图形化的方式展示思考过程和工具，使得模型更加直观易懂，有助于人们快速掌握并应用。

（4）灵活性。虽然模型展示了从输入到输出的完整思考流程，但它并不要求必须按照固定顺序进行思考，人们可以根据项目需要和个人习惯灵活调整思考流程和方法。

## 二、创意生成模型评价

基于研究背景和上述文献，尽管现有的创意生成模型为如何提高新兴的激进想法和概念的新颖性提供了理论启示，也通过结构化和系统化的步骤提供了一些识别、创造和解决问题的全面方法，但仍然存在以下几点局限：

（1）创意目标的局限。尽管部分学者已经提出了针对创意生成的过程模型，但这些研究仍然主要聚焦于满足消费者需求。这种导向在商业环境中具有重要意义，但它难以从根本上指导创意者生成真正颠覆性和原始性的创意。此类模型往往强调在现有市场需求框架内进行创新，但可能导致创意同质化，难以突破市场竞争的困境。为了实现真正意义上的突破，需要跳出传统需求导向的框架，探索全新的思维方式和创意生成路径。

（2）商业转化的忽视。当前许多研究致力于帮助创意者生成新颖的想法，但对创意难以实现商业转化的问题并未给予足够的重视。创意的潜在商业价值塑造是一个复杂且关键的过程，涉及市场需求分析、商业模式设计、资源整合等多方面内容。如果忽视这一点，即使具备高度的创新性，也可能难以实现商业成功。因此，创意生成模型应当更加关注创意的商业可行性，提供系统的方法和工具，以帮助创意者评估和提升创意的商业潜力，确保创意能够有效转化为市场认可的产品或服务。

（3）模型的简洁性与实际复杂性的矛盾。多数学者提出的创意生成模型通常较为简洁且线性，难以充分呈现实际创意生成过程中复杂多变的情况。这些模型虽然易于理解和操作，但往往隐含了创意思维流畅性的观点，忽视了创意发展过程中可能遇到的种种挑战和曲折。实际上，创意思维的发展过程充满了复杂性和非线性。因此，关于创意生成路径的研究仍然存在较大的争议和探索空间。未来的研究应更加注重模型的现实性，考虑到创意生成过程中的多种可能性和不确定性，提供更加动态和灵活的理论框架。

综上所述，当前关于创意生成的研究在多方面仍有改进和深入的空间。首先，需要跳出以满足消费者需求为导向的创意生成框架，探索更加颠覆性和原始性的创意生成路径。其次，必须更加重视创意的商业转化问题，帮助创意者从一开始就考虑创意的商业可行性。最后，应当认识到创意生成过程的复杂性，发展更加符合实际的模型来指导创意生成。通过这些改进和深入研究，创意生成的理论和实践将能够更好地应对现实中的挑战，推动创新和发展。

# 第二节　基于文化的创意生成过程

从文化创意的角度而言，创意的生成是指创意阶层将文化资源转化成可以用语言或符号描述的内容。在创意的生成中，文化元素应该通过形式性融入、符号化融入、意蕴化融入和多元化融入而使内容的文化价值与经济价值的综合价值实现最优。

## 一、创意的生成过程

创意的生成体现为一个具体的过程，即在文化资源的基础上，基于自身的文化观念，创意阶层通过创造性活动并结合目标消费者需求，最终把文化资源转化成能满足消费者效用的具有双重价值的创意产品。具体而言，在文化资源调研的基础上，创意的决策过程依次经过价值分析、文化萃取、符号转化，最终运用已确定的文化资源实现创意商业化（林明华和杨永忠，2014），如图 4-14 所示。

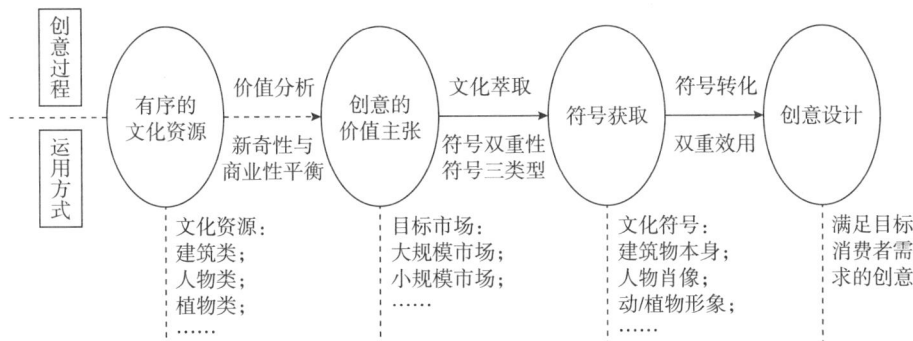

图 4-14　创意的生成过程

## 二、文化资源

文化资源的调研，是将无序的文化资源转化为有序的文化资源，充分发挥文化资源的内在价值。对创意生成而言，文化资源具有以下三个方面的重要意义。

（一）文化资本

资本可分为四类：物质资本、技术资本、人力资本以及文化资本。物质资本是自经济学诞生起就开始被谈论的资本，如厂房、机器设备等。随着技术的日益发展，技术资本逐渐得到企业的认可。人力资本是 20 世纪后半叶由 Gary Becker 等确认的资本，它是从业者体现的一种技能和经验。文化资本①（Cultural Capital）不同于上述三类资本，它是指某种包含、储存或者产生文化价值的资产，而且与它是否有经济价值无关。

文化资本是文化资源转化而成的一种特殊的资产，它是企业组织生产的第四类资本，可以分为以下类型：

第一，有形文化资本和无形文化资本。从存在形式看，文化资本可划分为有形文化资本和无形文化资本。有形文化资本表现为艺术品和文物的形式，如绘画与雕塑，以及历史建筑、遗址和遗迹等。无形文化资本包括艺术品，如音乐、文学；也包括价值观、信念等构成一个群体的文化存量，不论这个群体是民族、地域、宗教、政治、伦理还是其他意义上的。无形的文化资本存在于支持人类活动

---

① Throsby 从经济学角度界定了文化资本，事实上文化资本的研究起源于法国社会学家 Bourdieu，他在 *The Forms of Capital*（1986）一文中从社会学角度首次完整地提出文化资本理论。详见 Bourdieu P. The Forms of Capital［A］// J. Richardson（Ed.）. Handbook of Theory and Research for the Sociology of Education. Westport，CT：Greenwood Press，1986：241-258。

的文化网络与文化关系中，存在于文化生态系统、文化多样性等各种现象中。

第二，存量文化资本和流量文化资本。有形和无形文化资本可以作为一个国家、地区、城市或者个体经济机构所持有的一种资本存量而存在。这种存量能在一个给定时点，决定一项资产的经济和文化价值。在一个给定时间段内，资本存量增加和减少的净效应，表明了在此期间文化资本可从经济和文化方面衡量的净投资，并决定这项存量在下一期期初的公开价值。任何持有的文化资本存量都随时间产生资本服务流量，并直接进入最终消费，或者结合其他投入而产生更多的文化商品与服务。比如，被一个艺术博物馆作为资本项目持有的艺术品服务能结合材料、人力和其他投入而产生博物馆游客的消费经历；另外，这些艺术品能通过它们的影响激发到此参观的艺术家创作更多作品，进而引致进一步的资本形成（Throsby，2001）。

结合相关学者的研究，文化资本具有可转化性、损耗性、多样性以及可持续性等基本特性（Throsby，2011；林明华和杨永忠，2014）。

（1）可转化性。文化资本本质上是一种可资本化的文化资源。创意企业拥有某种文化资本，其原因在于该文化企业认同该文化资源并且具备利用这种文化资源的能力，否则其仅仅是企业的文化资源。因此，随着时间的推移，创意企业若认同更多的文化资源，并且具备利用这些文化资源的能力，那么企业可投入的文化资本将更多；反之亦然。因此，文化资本一个显著的特征是可转化性，即文化资源可以转化成企业的文化资本。

（2）损耗性。像其他形式的资产一样，有形文化资本会随着开发利用或时间流逝而产生物理损耗，企业需要对它们进行维护或翻新，以维持其固有的文化价值。无形的文化资本有所不同，它不会因为不断开发利用而产生物理损耗。相反地，它会因为长期得不到利用而消减，或者由于错误的利用方式扭曲了其原有的含义而受到损害，比如得不到传承的少数民族艺术，或者对经典文学作品的简单化和"庸俗化"解读。

（3）多样性。文化资本的多样性与自然资本中的生物多样性之间具有相似之处。如同某些尚未被深刻认识的自然物种一样，某些文化资本也可能具有尚未被认识的经济和文化价值，其损失可能会导致经济成本或机会的丧失。企业应该采取谨慎性原则以保护文化资本的多样性，即对于那些可能导致文化资本不可逆转的决策（比如一座历史建筑的拆除），应该从严格风险规避的角度极为谨慎地对待。

（4）可持续性。文化资本与自然资本的另一个共通之处就在于两者都具有长久存在的属性而需要持续的管理，即可持续性。文化资本可持续管理的主要原则包括：物质福利与非物质福利，指文化资源的使用、文化商品和服务的生产与消费带给个体和社会的有形和无形利益；代际公平，指福利、效用和资源在代与代之间分配的公平性；代内公平，指属于不同社会阶层、收入群体、地域类别的当代人均有权公平地获取文化资源和相关收益。文化资本的可持续性，根本上在于维持已有的文化生态系统并承认它们相互依赖。如果漠视文化资本，将会置文化生态系统于危险境地，甚至会导致文化生态系统崩溃，造成社会福利与经济产出的损失。

（二）竞争优势

理查德·鲁姆特（1984）提出隔离机制，用来指限制其他企业通过资源创造性活动复制或削弱企业竞争优势的经济因素[①]。隔离机制如同行业进入壁垒一样，进入壁垒可以阻止进入者进入该行业并夺走在位企业的利润，而隔离机制可以保护企业不因其他企业的竞争而损失其从竞争优势中所获取的额外利润。

隔离机制取决于企业可持续的竞争优势。企业为了获得高于行业平均利润率的盈利能力，必须具备竞争优势。如果在竞争对手或新进入者效仿或削弱企业的竞争优势情况下，企业仍能保持这种优势，那么这种竞争优势就具有了可持续性。[②] 其中，异质性资源是在企业成长过程中积累的、有价值的、难复制的资源，是企业持续竞争优势的源泉。[③]

异质性资源建立在资源的独特性和非流动性基础上。资源的独特不单指资源本身的独特性，还包括创造价值的资源独特，如出色的员工。另外，资源具有非流动性，比如企业通过积累经验而获得的工艺、声望等就难以流动，从而形成了企业的专用性资产。资源的异质性为企业保持竞争优势筑起了一道防火墙，如图4-15所示。

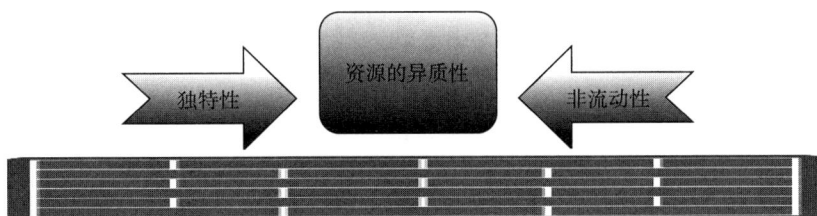

**图4-15　企业的隔离机制**

---

① Rumelt R. P. Towards a Strategic Theory of the Firm ［A］// Lamb R （Ed.）. Competitive Strategic Management, Englewood Cliffs, NJ, Prentice-Hall, 1984：556-570.

② Barney J. Firm Resources and Sustained Competitive Advantage ［J］. Journal of Management, 1991 （17）：99-120.

③ 李梅英，吴应宇. 企业可持续竞争能力的基础——异质性 ［J］. 东南大学学报（哲学社会科学版），2006 （11）：52.

文化资源具有异质性的资源特征。首先，文化资源具有独特性。每一种文化资源的再继承和再延续必定依托其前期的文化精髓、文化氛围、民族特色、地域特色，所以每一种文化资源本身就具有独特性，甚至一些文化资源还拥有稀缺性。其次，创意企业在独立组织生产过程中，文化资源在企业内部的内容创意、生产制造、营销策划每一环节流动、消化和沉淀，成为企业的独特禀赋，从而具有了非流动性。所以，文化资源的独特性和企业生产过程中文化资源沉淀的非流动性共同作用，形成文化资源的异质性，构建起与其他企业间的隔离机制。这种隔离机制更容易形成企业的生产特色与经营特色，能更直接地通过差异化获取独具特色的核心竞争优势，从而成为企业持续竞争优势的保障。

（三）高附加值

工业时代的微笑曲线（见图4-16）告诉我们，企业的高附加值有两个来源：一是企业通过创新、研发，提升企业技术层次，通过创新获取高附加值；二是提升营运能力、加强品牌管理，通过营销提升附加值。但在创意经济时代，微笑曲线暴露出其天生的不足，即忽略了文化价值所带来的高附加值。

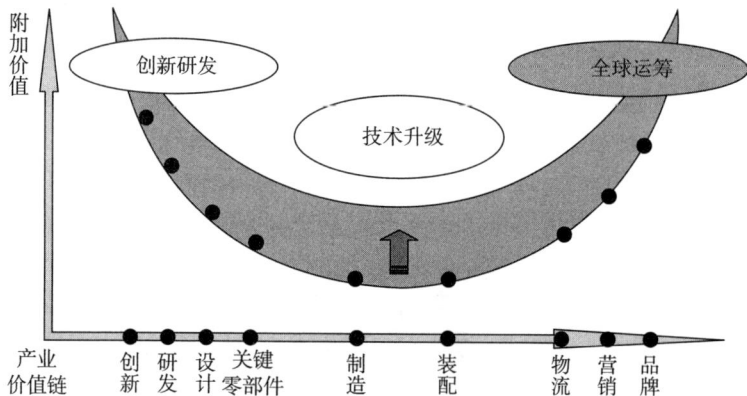

图4-16　工业时代的微笑曲线

对创意企业来说，产品附加值的一个最重要来源是文化价值。所以，当创意企业认为文化资源有利可图时，就会将文化资源当作核心资源利用，并在创新、研发、设计、生产、营销等各环节充分与文化资源的利用与开发结合起来，生产出具有高文化价值的产品，以文化价值提升产品的综合价值，以文化价值实现产品的高附加价值。

因此，在传统微笑曲线的最左端，文化资源所对应形成的文化资本将是位于创新研发更前端的环节，是创意企业通过创意提升产品附加值的核心驱动力，而且这种文化资本常常具有垄断性，如图4-17所示。

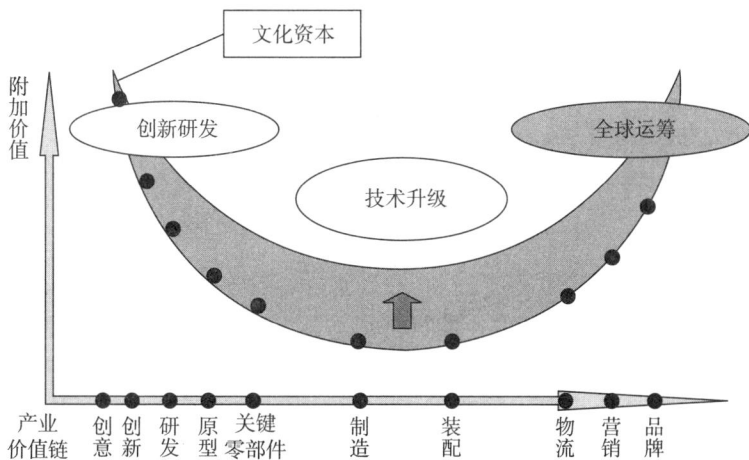

图4-17　创意经济时代的微笑曲线

中国白酒第一坊"水井坊"即是很好的例证。"水井坊"酒起源于元朝，历经明清，一直延续至今，是我国迄今为止最具历史与民族独创性的酒坊，也是中国白酒的源头。1998年，四川全兴股份有限公司在曲酒生产车间改造厂房时发现了地下埋藏的古代酿酒的"水井坊"遗迹，该公司利用"水井坊"遗迹这一文化资源，成立水井坊公司，研发了一系列水井坊白酒，如典藏、梅兰竹菊、公元十三水井坊，并成功上市，实现文化效益与经济效益的双赢。这种额外的收益是"水井坊"遗迹的自然垄断所带来的文化资本，是其他白酒企业无法企及和利用的。

**三、价值分析**

结合前述对创意的理解，基于文化资源的创意生成体现为新奇性和商业性的有机结合，以及文化价值和经济价值的有机融合。

新奇性代表的是文化价值，即文化的创意与创造性发展。根据1994年Boden提出的观点，新奇性有两个层次：P创意和H创意。P创意是对某个具体的创意者而言从没有出现过的创意，但这个创意别人也许已经有了，是较低层次的创意；而H创意则是在历史上从来没有的创意，代表了整个人类的新奇性，是高层次的创意。从P创意到H创意，新奇性呈现出由低到高的变化。

　　商业性代表了经济价值，即创意必须是市场导向的。按照 Bourdieu（1993）提出过的文化市场分类，创意产品的市场包括存在大量观众的以市场需求为导向的大规模市场和由同类文化专家、评论家和发烧友等数量有限的专业人士构成的预约为导向的小规模市场。前一种市场中，创意阶层的任务更多的是满足追求新奇但又缺乏耐心和深刻文化理解能力的尝鲜型的消费者。后一种市场中，创意阶层则受到了苛刻的要求，必须使自己的产品富有新意、艺术美感或历史感。

　　以新奇性和商业性为基础，在对创意价值，包括功能价值、符号价值、体验价值进行具体分析后，最终将完成创意的价值主张。价值主张旨在阐明对客户来说最重要的价值，是对客户真实需求的深入描述，以此形成企业与消费者的强烈共鸣，并向市场和客户传达其独特价值和竞争优势。因此，创意的价值主张就是将目标消费者的价值偏好特别是文化价值偏好，通过创意得以有机呈现。基于新奇性、商业性，可以建立创意的基本价值主张模型，如图 4-18 所示。即创意的价值主张，是具体的创意价值在新奇性和商业性上的某种组合表达，是创意企业在约束条件下的新奇性和商业性之间的一种平衡。

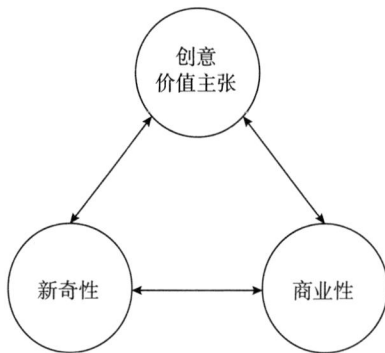

**图 4-18　创意的价值主张模型**

　　具体而言，不同的创意企业，必须结合自己的发展基础、目标市场和未来的发展目标，选择适合的价值主张。并且，这一价值主张可能随着企业发展而适时进行调整。比如，对于传统的手工企业，其产业化面临的创意价值主张可能在商业性方面更加凸显；而传统的制造企业，在文化化的过程中，突出新奇性的创意价值主张则更加紧迫。随着企业不断地发展，更高水平的新奇性和更高水平的商业性，则是企业创意不断追求的目标，是企业创意更高层次的价值主张，也是创意企业核心竞争力得以提升的表现。

如图 4-19 所示，受新奇性和商业性差异的影响，创意的价值主张可以体现出不同的组合方式，满足差异化的市场需求，从而形成四种典型的创意类型：双低创意型，即创意的商业性与新奇性都较低；低商高奇型，即创意具有较高的新奇性，但其商业程度不高；高商低奇型，即创意具有很强的商业性，但新奇价值不高；双高创意型，即创意既具有较高的商业价值，又具有较高的新奇价值，即"既叫好又叫座"。总之，所有的创意价值主张都可以在这个图中找到自己的分布。

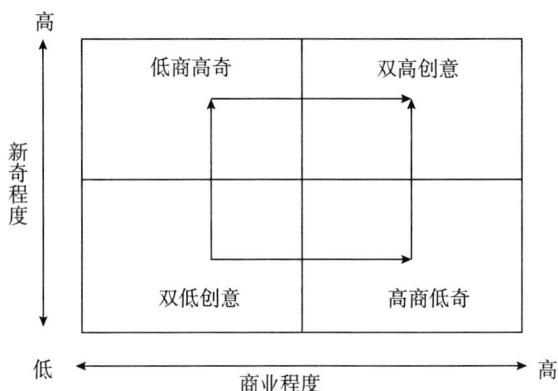

**图 4-19　创意的价值主张组合**

## 四、文化萃取

文化萃取就是创意人员在创意价值主张的基础上，将具体的有序的文化资源进行符号化，把这些文化资源转化成可用于内容创意的各类文化符号的过程。这些文化符号包含图像性符号、指示性符号和象征性符号。

根据瑞士语言学家索绪尔的观点，符号由能指和所指构成。能指是物体呈现出的符号形式，如文字、声音等，是可辨识的、可感知的刺激或刺激物；而所指是隐藏在符号背后的意义，是诠释者心中对于符号意义的把握。美国符号学家皮尔斯按符号能指和所指的双重关系，进一步把符号分成三种类型：①图像性符号，即符号能指和所指具有共同的性质，两者在形象上具有相似性，如照片和人；②指示性符号，即符号能指和所代表的事物之间存在一种"必然实质"的因果逻辑关系，如烟与火、风帆与风；③象征性符号，即符号能指和所代表的事物之间存在约定关系，如数字"9"在中国传统文化、佛教文化以及凯尔特文化中都是吉祥的数字，是"最强有力"和"阳"的象征（胡飞和杨瑞，2003）。

显然，创意阶层在这一过程中要具备较高的文化素养以及较强的抽象能力，才能够提炼出足够多的、富有文化意义的各类文化符号。

在操作层面，文化萃取时首先是对有序文化资源进行认真解读，了解内涵；其次根据"符号"的相关理论，从中提取出典型的文化符号。由于人类已经拥有了一定程度的语言体系和符号体系，创造语言和符号总是在已有的语言和符号中进行。这是一套社会共同遵守的行为规范，也是人们交流的平台，因此文化符号的提取也遵循这一套交流系统，人们需要按照一定的规范进行文化符号提取。

## 五、符号转化

### （一）符号转化概述

符号的转化过程是创意人员将消费者需求融入文化萃取出来的文化符号的过程，以满足消费者的双重效用（经济效用和文化效用）。具体而言，各类符号是创意阶层创造双重价值的新奇内容的材料，利用这些创作材料，创意阶层通过界定和分析问题（例如，消费者需求是什么），探索可能利用到的符号以及灵感来源，然后通过大脑潜意识的工作或有意识的思维，将零散的众多符号拼图组合成新奇的东西，进而对这种新奇东西进行分析，判断它是否解决了最初设定的市场问题。根据数学家 Poincaré（1982）的创意观点，符号转化成新奇内容的创意过程是无法预测的非线性过程。

### （二）符号转化步骤

1. 了解目标消费者群体的消费习惯、价值观等特性

为了生成符合消费者需求的双重价值的内容创意，创意人员在进行创作过程中应考虑目标消费者群体的文化背景，原因在于群体的文化会影响群体中个体的思考方式和行为方式，无疑也将影响目标消费者的消费偏好。创意人员应了解目标消费者群体的消费习惯、价值观等文化特性，特别是消费者群体独有的文化特性，如颜色禁忌等，如此才有可能创造出符合目标消费者文化观念的内容创意。

创意人员了解目标消费者群体文化的渠道多种多样，归纳起来有两种渠道：一是原始资料收集，主要通过问卷调查、座谈会、德尔菲法、现场观察等获取目标消费者的信息；二是二手资料收集，主要是通过互联网收集信息，在图书馆查阅资料，向专业机构如当地统计部门、专业咨询公司等购买相关资料。需要注意的是，不管是原始资料还是二手资料，创意人员都必须识别信息的可靠性程度以及适用范围，对于二手资料更要注意信息的时效性。

2. 进一步对文化资源和符号进行解读

实际上，符号的转化是符号设计者将获取的符号加上对消费者文化背景的理

解，最终形成创意文本传递给消费者，如图 4-20 所示。

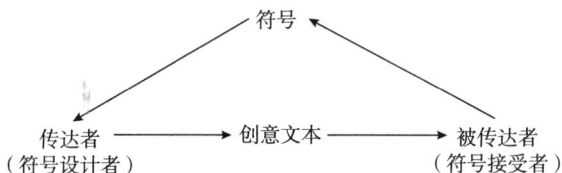

**图 4-20 创意的解读**

要满足上述要求，就需要创意人员的创造性投入，进一步对文化资源以及文化符号进行解读。在现实中，创意人员有可能具有丰富的想象力以及不断涌现的创作灵感，然而受限于自身文化修养水准，其在创意之前往往对即将开发的文化理解不深或者理解较为片面，甚至认为内容创意就是简单地复制这些传统文化符号，如人物形象、建筑物等。其结果必然是内容创意的物化形式——创意产品，仅仅具有文化的外壳，没有文化的灵魂，文化所蕴藏的社会价值、精神价值以及历史价值等文化价值并没有真正体现，从而带来创意产品的同质化，创意企业的市场势力昙花一现，难以持久。

3. 完成创意设计

符号的转化，最终要实现消费者的文化偏好与萃取到的文化符号内涵的有机结合，生成具有文化价值和经济价值双重价值的创意设计。这一创意设计，也是文化性和功能性的有机结合，既有新奇性，也有商业性。

**专栏**

## 一个城市的回家路①

### 一、人生没想到的第一件事——开餐馆

我的人生有三件事是我自己都没想到的：一是没想到自己会开餐馆。

我在香港的 27 年中，有 17 年是开餐馆当餐馆老板，另外 10 年是香港唯一的职业艺术家。我的运气一直都很不错，我艺术上的成功离不开一个

① 本文源于王亥先生于 2014 年 12 月 4 日晚在四川大学全球文化企业家讲坛的演讲记录，经四川大学创意管理研究所李光敏整理校对。

重要的原因——香港回归。香港回归让内地成为香港文化元素的中心部分，以此为背景的艺术作品在香港也卖得不错。我在香港的第一个月就挣了3万元，之后将香港以前没去过的地方都玩了一遍，所有地方都喝了一次下午茶，选择高档酒店住一晚。此后便开始觉得，当有了钱以后，自己也就成了香港人，但文化之间的差异仍然存在，例如去买报纸，跟报刊老板说要买《民报》，老板会误听为"买面包"。

我的太太也是成都人，我们私下都是用成都话交流，因此去香港后我们仍完整保留了成都的方言与口味，她也很喜欢做川菜。每次从成都回香港我们都会带花椒、辣椒、折耳根之类的地方特色产品，特别喜欢吃折耳根。由于朋友们对川菜很好奇，便相邀到我家吃正宗川菜，于是家里兴起了一种开"川菜party"的文化氛围，由我太太主厨，因为她是四川音乐学院毕业，吃完饭后还会给大家唱歌助兴，由此也形成了一种小众的川菜文化圈。

后来，朋友开的酒吧经营遇到困难，应朋友的邀请，我将"川菜party"搬到他的酒吧，每周在酒吧做一次川菜。两张桌子，20个人的座位，由我太太决定菜谱并负责做菜，我负责收费（200元港币/人）。我以为将"川菜party"搬到酒吧，我就只负责收钱，还可以坐下吃。"川菜party"第一次的20位顾客全是朋友圈的人，第二周朋友圈的客人只有一桌，第三个周末的两桌客人则全是陌生人。然后我突然发现，我再也无法坐下吃东西了，因为这个川菜再也不属于我。一个月以后，"川菜party"未来一年的桌席全被提前预订。由于生意火爆，我就跟我太太说："你想不想数钱？想数钱我们就周五也开。"于是，"川菜party"的开放时间由周六逐渐增加到周五、周四也开放。

菜品的咸、淡、酸、辣等口味全根据我太太的口味来决定。我就跟她说："你吃多咸客人就吃多咸，你吃多辣他们就吃多辣，你吃多酸客人就吃多酸。"在我这里，任何客人都没法在这个餐馆要到一碟醋，要吃醋就回家吃去。由于这种"反餐馆"的理念，我也将餐馆命名为"作者餐馆"（源于"作者电影"这一概念）。因此，媒体将我的餐馆称作"私房菜"。

由于生意日渐火爆，我后来将"川菜party"搬出酒吧，并在中环选择了两栋楼之间的一个偏间，两边全是下水道管子。我觉得这些管子很好看，特别喜欢这些管子，并对它们进行重新装修和设计，但餐馆的顾客数量仍旧只能容纳 20 人。由于其地方特色的饮食文化和独具匠心的餐馆设计，该餐馆进入香港的名人巷（该餐馆也因此上过《时代周刊》），香港 1/3 的名人都来过这家餐馆。

餐馆的第二次选址我选在香港摆花街和荷李活道的十字路口。这个位置非常难找，有客人到了门口都还要找半天，但因此也让顾客印象深刻。我要做的餐馆就是要让人印象深刻、一辈子都无法忘记。餐馆生意火爆，我也就成了餐馆的"超级 waiter"，我一走进餐馆就会不自觉地立正，客人一说买单就会稍息，有人从身边走过就会立马笑脸，而"sorry""thank you""please"常常挂在嘴边，而且这个服务员一当就是 15 年。

我们是全香港唯一需要顾客提前领牌排队预订的餐馆，并且只经营晚餐。餐馆一年有两个月假期：圣诞节+元旦节、春节、复活节、暑假都会有半个月假期，星期天不确定性地放假（若本周营业 6 天，下周就营业 5 天）。这些特色的地方菜肴、餐馆选址和设计、特色的销售方式与休假制度，最终形成一种名声和轰动效应。在出售餐馆时，我也获得较好的经济效益。其间也有许多上市公司来考察，要我将私房菜馆做成连锁店，试图借用"两个艺术家开的餐馆"这一概念来进行宣传和炒作，我就跟他们说"我们两口子只想做我们自己想做的事"，我们是将开私房菜馆当成自己的一种兴趣爱好。

而且，你看人家英国或是意大利的餐馆，很多都采用传代的方式经营家族餐馆，后辈接班后，餐馆老板会在父辈的基础上继续踏实经营、勤恳劳作。例如，我们去法国的三星米其林餐厅吃饭，该店的老板是第五代传人，他会和每一位去餐厅就餐的客人问好，并询问菜品、口味是否满意，是否有需要改进的地方，我也将这种氛围概括为"小餐馆文化"。1997～1998 年，我开的私房菜馆所践行的这种"小餐馆文化"刚好填补了香港餐饮业"小餐馆文化"的空白。因为香港当时的小餐馆多数是只卖面或只卖烧肉的单品小吃店，并非真正意义上的餐馆。相较之下，我们私房菜馆的菜品是由四道前菜、八个主菜、一个小吃和甜品所构成的丰富菜式，自然而然让其成为真正意义上的"小餐馆"。所以在成都崇德里的私房菜馆的设计过程中，更多是借鉴香港私房菜馆的经验和模式。

**二、人生没想到的第二件事——做设计**

让我自己没想到会做的另一件事是做设计。由于我在香港的经济条件还算可以，我也喜欢逛名牌店、买家具，有收藏的爱好。6年前，有房地产开发公司老板找到我做设计顾问，帮助他们进行别墅设计与开发。

起因来自我是这家房地产开发公司老板太太的形象顾问，主要负责帮其采购衣服（兴趣驱使）。在采购衣服的过程中，我会和这位太太一块儿聊天喝下午茶，并分享自己的一些心得体会，或是对某些新事物、经营业态的认知。香港是房地产发达之地，我先后买卖过6次房，而且每次买房后都会按照自己的风格和喜好进行装修（我尤其喜欢买家具），正因为这样，每个买我房子的人都觉得我的房子很特别。所以这位太太便向自己的老公推荐了我去做别墅设计与开发的顾问。

接下这个方案后，在公司内部，我、策划团队、营销团队、设计团队、管理方等举行了座谈会。我在香港十年的从艺期间，因擅长画女士肖像，先后进出过许多别墅画肖像，而且我也喜欢去琢磨这些人的房子、装修及其生活方式。因此，凭借以往所接触到的别墅经验，我就跟他们说："关于别墅设计与开发，除了住别墅的老总，参与座谈会的其他人都是住套二、套三的外行人士，大家只是凭借自己住套二、套三的生活经验，单纯将空间扩大到别墅。例如，偌大的厨房只有三个炉头，若是别墅主人想在家中请客，都很难办到。"这样，我在设计中获得了话语权和主导地位。

在过去的设计生涯中，我一直坚持在项目设计过程中要有绝对的话语权和主导地位，经济收入可以相对打折扣（不挣钱也无所谓）。自己无法主导的项目，坚决不做。例如，成都老南门南城记老板找到我帮他进行策划，我就跟他说我只有一个要求：从餐馆取名到所有的VI、平面、空间改造和设计由我全权做主，而我个人的设计费可以减半。我甚至还笑他最好消失两个月，但必须给自己200万元经费独立支配，以采购灯具、器皿、家具，进行店铺设计与改造，等我设计改造完后他再出现。

我自己设计的独具特色的一家餐馆——"活动餐馆"如下所述：该餐馆位于一楼，4米多高，600多平方米，水泥墙面。所有墙体四五厘米厚，1.5米宽，3米高，墙体上面是轨道，所有墙体可灵活移动并任意组合成空间（婚宴空间、二人就餐空间等）。而轨道尽头设计有仓库，20分钟可将所有墙体推到仓库，让该餐馆消失不见。此外，我还邀请了10个朋友在墙上写了10个关于他们那一代人对食物的记忆，10个故事也可任意组合，以此来增加餐馆的文化底蕴。

### 三、人生没想到的第三件事——做运营

成都印象的老板杜总很注重文化（宽坐、转转会、小场合都是杜总旗下的品牌，成都印象还培养了一个专业的川剧班子），认为我经营的私房菜馆很有创意，而且具有国际视野。三年前听说我要退休回成都便主动联系我，并相邀回成都后见面。我虽然在香港生活的27年日子过得不错，但与当地的人没有共同的文化经历，而有共同文化经历的固定朋友圈都在成都，因此退休后想回到成都。而此时成都的餐饮业正面临着一个拐点：如何把独具成都地方特色的文化餐饮与国际化发展的视野相结合。

我与杜总见面后聊了两个多小时，也聊得很开心，交谈中就"自己若要做餐馆该如何做"表达了我的看法。杜总强烈建议我去考察崇德里，实地观察后我觉得崇德里是东大街商圈未来发展的中心位置，可作为东大街商业经济发展的一个示范榜样。因为毗邻东大街的国际财富中心，所以崇德里被定位为"既是成都的，又是国际的"。

在对崇德里进行重新规划之前，政府及各类相关人士聚在一块儿进行"头脑风暴"，得出锦江区的东大街商圈已形成，围绕东大街商圈，采用"以点带面"的方式对附近旧的建筑集群进行改造，提升经济效益。

崇德里的重新设计被划分为"谈茶，吃过，驻下"三个项目（这三个词来自地道的成都方言），寓意是当你在崇德里喝过、吃过、睡过后，你本人就和崇德里有关系了。在每个项目下面，都设计了一个异体字：谈茶是一坐客，吃过是36餐客，驻下是12住客。

1号房原是很小的一个四合院，现今被设计成茶社，与"谈茶"相对应，意在恢复"盖碗茶"本意。我离开成都之前的盖碗茶是要大口大口喝茶，实际喝什么茶叶并不重要（盖碗茶茶叶多为三级花茶），而现在在成都很难再找到盖碗茶。正因为这样，盖碗茶的茶具也很难找到，反而被功夫茶的茶具取而代之。我自己设计盖碗茶茶具，再配以三花（指三级花茶）。而在崇德里茶社，谈茶比喝茶更重要，所以我称其为"talk tea"。我们也有和国际品牌商合作，精心设计茶社的桌凳，旨在打造一种精英文化圈。

2号房与"驻下"相对应，由门对门的一楼两户构成。房间的布置从一楼到三楼依次为套一、套二、套三，一次性可容纳12位住客。"驻下"由8个世界著名设计师设计的产品、5个著名品牌构成其文化内容与文化

设施，我希望通过引进国外的设计文化，展现国际化的生活方式，来带动服务形态和生活方式的转变。

3号庭院与"吃过"相对应，一次性可容纳36位食客。哪些桌子坐两人、哪些坐三人、哪个地方放包，这些细节地方我都进行了精心设计，让顾客觉得只有这样坐才舒服。因此，到此处就餐的食客，要按照所设计的餐馆格局和坐式来安排座位。我自己无法要求食客穿何种衣服入内就餐，但我可以要求他们按照我设计的格局和坐式。如果有客人在餐馆随意乱坐或大声讲话，会影响其他食客就餐，破坏所有客人对该餐馆的好感。

这家餐馆的资金投入、后期运营都完全参照香港私房菜馆的经营理念与模式。但菜馆内，啤酒、白酒被绝对禁止，要饮酒就只能喝气泡酒、香槟、红葡萄酒、白葡萄酒。这种成都私房菜配西式酒的方式，也体现了中西合璧的国际化理念。若饮白酒、啤酒，按照中国人的饮酒方式最后就会演变成"你找我敬酒，我又用酒回敬你，最后变成大家一起干"的局面。而在36个食客这一顾客数量有限的大背景下，我们用"反餐饮"的逆向方式，通过就餐时间、氛围、格局、菜品、酒类等多种方式来挑选餐厅的客人，实行一种顾客与餐厅双选的新型模式。我们讲究的是定时定量，餐馆内部采用"打平伙（AA制）"的方式提供菜品，每桌的菜肴都是相同的。不管有钱无钱，到我们餐馆的客人所享用的菜肴均相同，我觉得这是对个性餐馆文化、小餐馆文化的贯彻实施。在"吃过"这个项目中，我们也与顶级的整体厨房公司Bulthaup合作，引进其价值700万元的整体厨房设备与国际化接轨（该套设备是一套开放、朴实、工业化的厨房设备，厨师除做饭之外，也可坐在厨房吃饭，整体感觉像西方的一个超级大客厅）。餐馆里的餐具、硬件设施看起来很简单、朴实，但都出自国外各大品牌之手，又很工业化，价格昂贵，体现一种"朴实化的精细""低调的奢华"理念。

我们崇德里的"吃过"项目，吃和看各占一半，用一半的时间来了解崇德里"吃过"背后的文化底蕴，用另一半的时间来体验20世纪80年代成都地方菜的特色。而我们希望未来在另一个"太古里"的项目，能把对文化、设计的价值体验提高到70%，把顾客对吃本身的关注降低到30%，让顾客更多地去体验何为设计感和设计文化、何为就餐方式和服务方式，用餐饮背后的文化底蕴为顾客塑造难忘的就餐经历。

在崇德里改造过程中，我特别尊重用时间堆积起来的崇德里的时间的痕迹，还特意找来对胶片相机很热衷的成都城市记者做摄影师，对崇德里的历史以照片的形式展现。

城市的现代化脚步常常会让人感到陌生，所以在重新规划崇德里的过程中，希望能保留崇德里往昔的记忆，承载人们童年、少年、青年成长的印记。"一个城市的回家路"作为崇德里的品牌定位，强调的就是一种历史性与现代性、文化性与功能性相结合的精神。

# 第三节　创意的生成扩展

创意的生成扩展分为两种：一种是同"意"同"类"的生成扩展，另一种是同"意"不同"类"的生成扩展（林明华和杨永忠，2014）。以下是对两种路径的具体分析。

## 一、同"意"同"类"的生成扩展

其指的是基于同一个意思或内容而进行的属于同一种类型的创意开发。实践中，如果创意为创意企业带来了利润，创意企业有时往往会以这一内容创意为基础，再次创作进而衍生出与原内容创意密切相关的属于同类型的新的内容创意。

常见的衍生模式可以归纳为两种：一是递进式衍生，即后一内容创意与前一内容创意高度相关，两者之间存在前因后果，特别是其核心元素不会改变。如图4-21所示，创意企业最先以内容创意 1 为基础成功开发了创意产品 1，由于受到广大消费者喜爱获得了巨大利润，创意企业以内容创意 1 为基础提炼出一个主题，然后围绕主题进一步延伸，在内容创意 1 的基础上创造出新的内容创意 2，由此获得创意产品 2；由于创意产品 2 同样获得了市场认可，围绕主题再做进一步延伸，在内容创意 2 的基础上创造新的内容创意 3，由此获得创意产品 3；由于创意产品 3 同样获得了市场认可，继续围绕主题再做进一步延伸，在内容创意 3 的基础上创造新的内容创意 4，由此获得创意产品 4；依次类推，开发出一系列的彼此之间高度相关的同类型的新创意产品。例如，有些好莱坞电影由于深得众多影迷喜爱，这些电影往往会有续集，这些续集在内容或意义上与最先的电影存在高度关联，在类型上都属于"电影"这一产品。

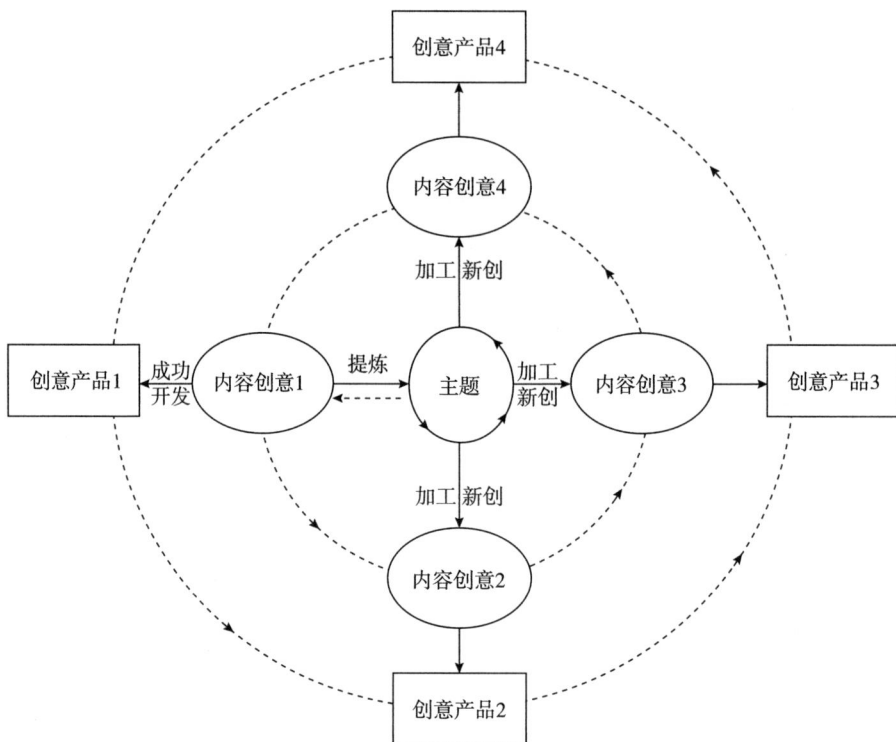

图 4-21　递进式创意开发路径示意

　　二是平行式衍生，即新的内容创意与原内容创意相关，但两者之间不存在前因后果，只是从不同方面或视角诠释内容创意的核心意义，其核心元素仍旧不变。如图 4-22 所示，创意企业依托生产技术将内容创意 1 转化成创意产品 1，获得了消费者的认可，即成功开发了创意产品 1；由于存在着巨大的市场空间，创意企业对内容创意 1 进行提炼，总结归纳出创意产品之所以成功的关键，是内容创意 1 向消费者表达的主题以及其所依附的核心元素，如人物形象。然后，从不同方面对这一主题进行创新性的加工，生成与内容创意 1 没有递进关系的内容创意 2、内容创意 3、内容创意 4 等，以这些内容创意为基础，分别生产制造创意产品 2、创意产品 3、创意产品 4 等。例如，国内热播的动画片《喜羊羊和灰太狼》系列，就是从内容上没有前后关联的不同侧面表达同一个主题：在羊与狼的斗争过程中，展现小羊们的团结友爱、机智勇敢与积极乐观。

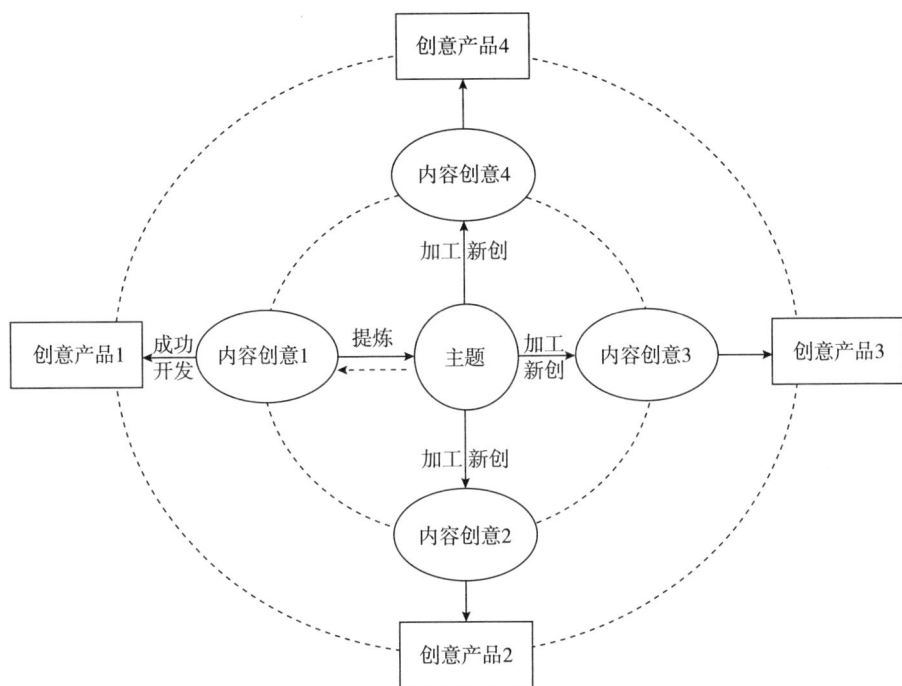

图4-22　平行式创意开发路径示意

## 二、同"意"不同"类"的生成扩展

同"意"不同"类"的创意决策路径，是指创意企业以同一种内容创意为中心进而开发出不同类型的新创意。例如，《时间都去哪了》这首歌被做成了很多种不同类型的产品，包括磁带、CD、MV等，都是同样的内容，但是属于不同的产品类型。当今的多样化和个性化需求以及技术多样性，为同"意"不同"类"的创意决策路径奠定了基础，具体而言：

一方面，多样化需求和个性化需求奠定了市场基础。随着人们收入水平的提高，消费需求日益呈现多样化和个性化的趋势。消费者希望企业能够开发出与他们能够产生共鸣的富有特色的个性产品，甚至希望企业按照消费者自身的要求为他们单独提供产品。有关数据表明，仅从我国而言，居民创意产品消费的缺口2013年估计已达到3.66万亿元（周易，2014）。可以预见，随着人们收入水平的进一步提高，创意产品结构性缺口也必将进一步增大。这一庞大的消费需求结构，为这种创意决策路径奠定了市场基础。

另一方面，技术多样性奠定了生产基础。技术创新层出不穷，特别是进入

21 世纪以来，多媒体技术、信息通信技术、计算机技术以及现代制造技术获得快速发展，这些技术被广泛应用于各个领域并取得了巨大的成功。技术多样性为内容创意转化成不同类型的创意提供了技术支撑，从而拓展了创意的类型。例如，小说家虚构的故事通过印刷技术以纸质图书的形式出现；利用计算机技术可以制作成 AR、VR 产品；等等。

# 第四节　创意生成的过程评估

在创意生成的过程中，如何有效识别和评估创意的潜力与风险，是创意生成管理的重要内容，也是提升创意效率的重要环节。

## 一、创意生成评估的有效方法

在创意开发过程中，最薄弱的一个方面是如何选择有效的创意项目，以及进行相应的资源分配。全球最优秀的创新公司都拥有卓越的项目选择和组合管理方法，以确保新创意得到公平、客观和有效的听证和决策（库珀和埃迪特，2017）。本节重点探讨创意项目的决策方法。与已知的成熟项目决策对比，新的创意项目决策更具挑战性，因为创意阶段所知信息相对较少，存在较多的未知数和不确定性。

建立一个可靠的创意发布流程是决策的基础。门径系统是当前全球一流的产品创新流程，可用于指导企业选择创意，推动创意进入开发并最终上市。门径系统将创意过程分解成一系列独立的不连续阶段，清楚地划分角色和任务，帮助缩小候选项目的范围，直至选出最佳创意。

门径系统如何发挥创意筛选的作用呢？实际上，门径系统的运作机制更像是一个漏斗，在每个入口缩小候选项目的范围。这些入口是该过程中的过关/淘汰决策点，也可视为创意质量控制点。企业必须在入口处严格地审查创意项目，及时搁置或淘汰欠佳创意，同时逐渐增加对过关创意的投入，使有限资源集中在高价值创意上。创意评估的早期入口应该是相对温和的，主要是定性标准，较少涉及财务等定量因素；随着项目的逐渐发展，入口的标准会变得越发严格。

创意评估（或者说创意立项阶段）主要涉及门径流程的入口 1 和入口 2。其中最有效的门径工具是计分卡方法和预期商业价值（ECV）方法。

计分卡方法的具体实施涉及评分模型的开发。在评分模型中，有一系列的定性评价标准作为门径决策点。这些公认的标准可以将高利润、高成功率的创意与较差创意区分开来。在门径会议上，守门员（一般是决策者/管理层）根据计分卡的标准对创意进行评分，并计算所有标准的评分之和（包括加权和未加权的分数），即创意的吸引力指数。守门员可以根据所展示的评分进行有重点的讨论，解决分歧，达成过关或淘汰的一致决策。

ECV 方法适用于在入口 2 节点评估早期创意的经济价值，而且往往是在数据有限并且不确定性强的情况下。ECV 方法克服了传统金融工具（如 NPV 或投资回收期）忽略风险和不确定性的弱点，通过分析创意的多种潜在结果及其发生概率，有效地应对不确定性。该方法主要依赖决策树的手段。更进一步地，企业在ECV 的基础上引入有限资源的约束，得到生产率指数（ECV/开发成本），据此对创意项目进行优先级排序。ECV 尤其适用于具有很多未知数的高风险创意项目，但对财务数据和概率估计的准确性要求较高。

与 ECV 方法相比，计分卡易于使用和理解，还有助于对战略、竞争、技术等多目标进行管理，同时也能够对创意进行优先排序，更具有实际操作性。所以，下面我们将重点介绍三种计分卡评分模型以供参考（库珀和埃迪特，2017）。

### 二、创意计分卡评分模型示例

（一）Minus-Zero-Plus 创意评分模型

Minus-Zero-Plus 是一个较为新颖的评分模型，由西门子的一家仪器公司开发，可用于新创意的筛选门径。该模型包括八个筛选标准，这些标准都是基于文献研究而精心开发和测试的，能够有效确定新创意最重要的因素。八个标准如下：

（1）战略一致性：提议的项目是否与企业的战略和前景一致。

（2）技术可行性：产品的生产和制造没有明显的阻碍因素。

（3）竞争原理：有进行该项目的有力原因（它是必要的防御性或战略性的产品，或者该产品至少有一项竞争优势，它是独特的、优质的产品……）。

（4）市场吸引力：目前或潜在的市场广阔并且正在增长中，产品需求很大。

（5）可持续的竞争优势：该产品有一项受保护的优势，或者竞争对手不易进入该市场。

（6）协同性：该项目利用了企业的市场、技术、制造等方面的核心竞争力或优势。

（7）商业上的吸引力：有潜在的利润或经济上的影响力，企业可以从中盈利。

（8）阻碍因素：在这一时刻，没有明显的阻碍因素或潜在的搅局者。

管理层根据上述八个标准评分项目，采用"减、零、加"进行评分。"减（-）"表示明确的否定并自动淘汰；"零（0）"表示中性或不确定；"加（+）"表示非常有希望。一个创意必须有三个或以上的加号才能进入下一阶段，否则会被淘汰或暂存在企业的创意库中。评分汇总后，企业可对创意进行优先级排名。

（二）Hoechst-Celanese 创意评分模型

Hoechst-Celanese 是一家由德国化学公司 Hoechst A. G. 与美国的 Celanese 合并而成的公司，成立于 1987 年，主要从事特种和大宗化学品以及制药产品的生产和销售。该公司构建了针对先进技术项目的创意评分模型，并花费几年的时间进行完善。该模型主要包含以下五个因素：

（1）企业战略的一致性：该项目及技术与企业的战略一致程度，反映战略上的重要性。

（2）战略杠杆：企业可以利用多少技术（多大程度、多么广泛、多长时间)？

（3）技术上成功的可能性：项目是否可以完成？企业是否拥有相应的资源和能力。

（4）商业上成功的可能性：市场吸引力、竞争强度、外部因素、将其商业化的能力和资源。

（5）奖励：关于机会大小、时间和回报的估计问题。

管理层根据 0~10 的标准对创意进行评分，得到的分数总和就是创意的吸引力指数。该模型最适用于大型的、涵盖先进技术的创意项目。

（三）SG Navigator 创意评分模型

SG Navigator 是新加坡本土保险公司 Singlife 旗下的综合投资平台，致力于将前沿技术与量身定制服务相结合，为客户提供创新的投资解决方案。SG Navigator 模型主张将创意评分的最佳要素集合起来。其一，该评分模型必须使用有效的、已被验证过的标准。其二，模型必须方便用户使用，易于使用和理解。其三，所提出的问题必须清晰明确，具有实际操作性。其四，所需要的信息必须契合决策的相关背景，具有可执行性。该模型包含以下六个因素：

（1）战略性：产品是否符合企业战略？产品对企业战略有多重要？

（2）产品优势：产品是否独特、优质，并且区别于其他产品？有吸引人的价值定位吗？

（3）市场吸引力：市场规模、增长和竞争强度。

（4）可利用的竞争力：项目是否基于企业在营销、运营和技术方面的优势？

（5）技术可行性：技术差距程度有多大？产品的开发有多复杂？企业以往操作过类似的技术项目吗？

（6）回报与风险：企业能从中获利吗？有什么风险？有多大把握？

上述六个因素的分数会以加权的方式汇总，从而得到"机会大小"和"企业杠杆"两个维度。两个维度的计算方式如下：

机会大小=权重1×产品优势+权重2×市场吸引力+权重3×回报与风险

企业杠杆=权重4×战略性+权重5×可利用的竞争力+权重6×技术可行性

以机会大小为纵轴、企业杠杆为横轴，气泡大小由所需投资决定，最后多个创意项目的情况将被绘制于一个气泡图上（见图4-23）。随后借用波士顿分析法对每个创意项目进行归类和比较分析。若创意的某一因素得分较低（无论在其他方面是否获得高分），它会被自动淘汰。

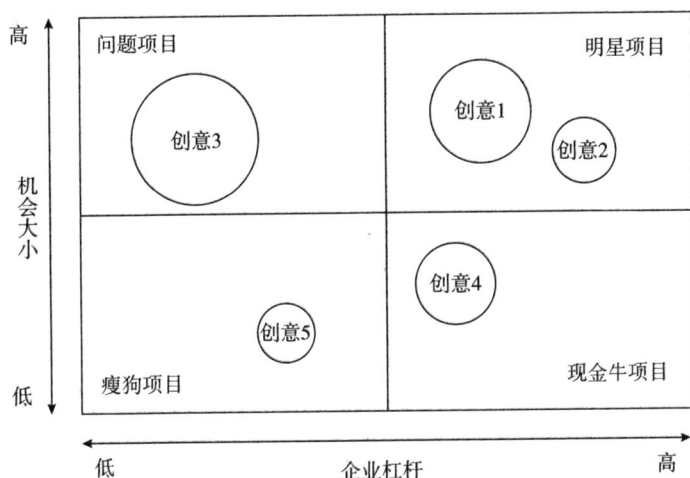

**图4-23　SG Navigator 模型气泡图**

### 三、创意计分卡方法及评分模型的评价

（一）计分卡方法评价

1. 计分卡的优势

从方法本身来看，该方法的主要优点在于它的简易性，易于使用和理解；同时，能够清晰地对战略、竞争、技术、财务等多目标进行管理，容易看出创意的长板和短板所在。此外，计分卡可以得出创意项目的评分，并对创意进行排名，

确定优先排序。

从团队的角度看，计分卡方法是一个使高级管理层充分参与决策过程的建设性方式。该方法潜在要求高级管理层在门径会议前对创意项目有长期的、足够的了解和准备，并参与启发性讨论。这一优势可以大幅降低项目前后期决策的不一致性。事实也证明，在诸多先进企业中，计分卡方法十分受高级管理层的欢迎。

2. 计分卡的劣势

计分卡方法最大的挑战在于实施评分、讨论和决策的流程可能需要较多时间。对此，任命一个有经验和技巧的会议主持人有助于控场和把握节奏。同时，门径会议也要辅以适当的电子设备以提高展示和评分的效率。

其次，评分具有主观性。尽管如此，企业可以通过仔细选择标准和维度，使用清晰、可靠的描述，鼓励团队用事实回答问题，以最大限度地削弱主观性。

最后，开发一个精准有效的评分模型是十分困难的，常见措辞不当、问题过多、无法回答、未被验证等问题。因此，在必要的情况下，企业需要邀请计分卡的专家进行设计，并在团队内贯彻了解过关或淘汰的标准。

（二）评分模型的评价

表 4-1 所示是对三种创意计分卡模型优势和劣势的具体说明和比较[①]。

表 4-1　示例评分模型的优劣势对比

| 模型 | 优势 | 劣势 |
| --- | --- | --- |
| Minus-Zero-Plus 模型 | 评分简单；<br>每个问题都有文献支撑，可靠性强；<br>易于发现闪光点 | 评分笼统，极端情况下难以区分优先级；<br>容易忽略短板 |
| Hoechst-Celanese 模型 | 已被企业广泛验证；<br>适用于大型的、涵盖先进技术的创意 | 不同标准没有赋予相应的权重，较为均势，可能漏掉某些机会 |
| SG Navigator 模型 | 可视性强；<br>过关创意几乎无短板，下限较高 | 直接抹杀了高分但有短板的创意，可能会错失某些机会 |

① 评价的内容参考库珀和埃迪特（2017）的相关研究。

# 第五节  创意生成个案：中国创意生成的管窥

创意经济是一个以创意资源为基础，联结技术、文化、艺术等多要素而形成的一个能够产生经济价值的复杂系统（金元浦，2019），也是国家大力发展的融合型前沿经济形态。Howkins（2001）认为，创造性想法从头脑向市场进行迁移至关重要，因为创意本身并不具备经济价值，只有被塑造成适销对路的成形产品后才能实现商业价值。然而，创意经济当前在中国的发展尚不成熟，存在诸多现实困境。其一，创意行为的市场转化能力非常有限，尤其体现在创意劳动力的投入与可得到的商业化产出严重脱节。其二，许多所谓的"创意产品/生态"是同质化的重灾区，未能结合中国特色形成有效的文化符号扩张。其三，许多创意者仍然相信"创意诞生于天赋者灵光一现"，而没有意识到合理地管理创意思维更有助于提高创造力并带来意想不到的创意成果。

从理论层面来看，创新成果的诞生源于创意的产生，但现有研究对创意难以转化为创新甚至进一步商业化的解释仍然存在许多不足。其一，多数学者并未将创意的生成与阐释、倡导及实施等其他阶段进行明确区分和深度挖掘，以至于对创意的具体生成过程研究尚不充分。其二，创意生成的相关研究成果碎片化，常见单一地研究影响创意生成的某种因素，然而创意思维才是决定创意生成的关键因素，针对创意思维的系统研究才是迫切需要的。

特别地，基于中国独特的文化背景和社会特性，探索具有中国本土基因的创意思维路径更有助于激发创造力并推动创意经济的发展。以往管理学界对于创意的研究多基于西方样本。然而，中国人内向、害羞、胆怯、叛逆等人性特质与西方人外向、冒险的特质截然不同，一味地吸收集成西方理论必将导致水土不服。因此，杨永忠教授创造性地提出"人性假设T理论"。该理论突破了西方传统的X、Y理论框架，强调中国人的人性特质（T人性）导致了与好奇心和想象力的疏离，唯有挣脱压在头顶的沉重枷锁，才能实现创造力的"井喷"。

为解决上述创意生成面临的现实和理论问题，我们以物感派艺术家许燎源为案例进行研究，以发掘具有中国基因的创意生成特征，并构建兼顾新奇性和商业性的创意生成模型。

## 一、研究设计

### （一）案例选择

我们从商业性和新奇性的角度对中国创意行业的优秀代表进行了基本的了解

与比较，最终将许燎源确定为我们的研究个案。第一，许燎源广泛涉猎产品包装设计、雕塑、家具、陶艺、地标建筑等多个领域，展现出一种不受边界限制而自由游走于整个生活世界的创造能力。这种无边界的创意能力也许能为突破 T 人性枷锁提供借鉴。第二，许燎源所提出的"物感主义"造物理念使其作品极具感染力，符合中国人对"意"的追求，也使其作品富有个人特色而不沦于同质化，能为创意新奇性带来启发。第三，艺术性与商业性的融合是其作品的突出特色。早期，其酒类包装设计直接和间接创造的经济价值高达数十亿元，后期作品更是强烈地体现了他"让艺术走进生活"的创意主张，通过商品的介质将美的体验从纯粹的艺术观赏延伸至生活实用。

（二）研究方法与数据收集分析

本研究采用个案研究法，并使用扎根理论编码技术进行数据处理，逐级归纳并开发全新的模型，并就案例本身进行多层次分析。案例分析由四川大学创意管理研究所郭颖芝负责。

案例的数据收集与分析阶段起止时间为 2023 年 5 月至 12 月。采用半结构化访谈的方法，对受访对象许燎源进行 3 次深度访谈，并整理出访谈逐字稿约 2.4 万字。将上述一手资料与新闻报道、文章、个人简介等二手资料整合，得到研究数据约 3.8 万字。最后，使用 NVivo 14 对研究数据进行三级数据编码。

研究团队对所有数据进行了编码及反复比较，并认为目前得到的"目标市场分析、概念构思期、创意发展期、调研式试水、物感主义、快速评估"六个理论性代码已经为创意生成过程和想法迭代的触发机理提供了足够的信息，且类属与类属之间的关系能够被清晰地区分。故所构建的理论已实现相对饱和。

**二、案例发现一：创意生成模型**

我们根据数据编码结果构建了创意生成模型，如图 4-24 所示。

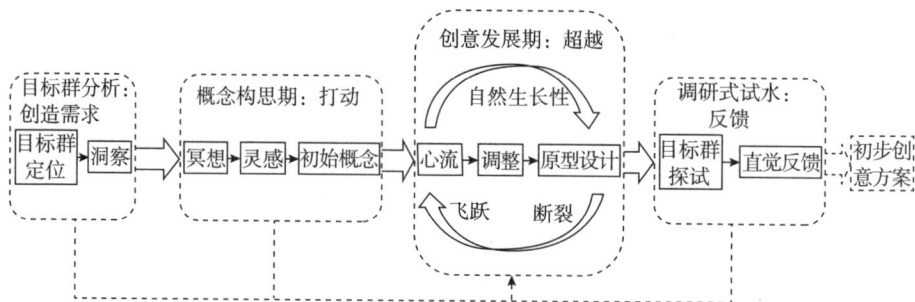

**图 4-24　创意生成模型**

（一）目标群分析

目标群分析是我们所构建的创意生成模型的起始阶段。许燎源认为，对目标群进行分析的目的在于先一步洞察他们本质的渴望而创造新的需求，反过来使这部分消费者意识到自己的需求被具象化甚至被超越。这个阶段具体可被细化为"目标群定位"和"洞察"两个步骤。

1. 目标群定位

目标群定位涉及市场细分和目标市场选择。许燎源关于市场细分变量的见解是根据多年从业经验总结出来的理解。他重点考虑消费者的社会经济特征，将"经济""文化""渠道"作为细分市场的区分基础。

以消费者的经济基础为主，新颖独特的创意产品作为公认的高附加值产品，其成本的不透明使其销售保持相对较高的利润率。他认为，创意产品的消费层级很明显，所以在早期必须确定目标群的经济基础。

消费者的文化基础决定了消费者兴趣的基本取向，当累积到一定的美学高度，就会达到一个段位。所以对消费者的文化基础进行区分，实际是对他们的美学欣赏水平进行辨别，从而有目的地对创意内涵进行通俗化、外显化或是抽象化处理。

消费者的渠道基础实际反映的是消费者的圈层、社会地位和人际关系网络，这影响了创意将以何种形式进行流转和销售。例如，由他进行包装设计的"水井坊世纪典藏"就是限量发行兼具收藏品意义的作品，而他设计的"舍得酒"则面向大众市场。不同渠道基础的目标群对创意产品的诉求具有很大的差异，进而影响创意构思。

2. 洞察

创意者以一种比较轻松和意想不到的方式获得对新想法或解决方案的理解，这种现象在学术界被称为洞察（Kounios 和 Beeman，2009）。许燎源对洞察有三点独到的理解：

第一，数据无法洞见未来。他认为事物无时无刻不处于变化之中，但数据只能在既已发生事情的基础上对未来趋势做出判断，存在一定的滞后性，且无法预测"爆点"和"引爆"的时机。也有学者同样认为洞察力通常不是来自大量的数据，因为这些数据衡量我们已经拥有的东西（Liedtka 和 Ogilvie，2019）。

第二，洞察生命本质的渴望。许燎源认为，在强调科学与数据的今天，唯有对人本身的研究能够超越 AI、大数据所生成的概念。但是人最深层次的渴望是十分隐蔽的。所以他认为自己真正的商业秘密正是对消费者本质渴望的敏锐感知和捕捉能力。

第三，透过多个偏见以洞见本质。他认为从事物的任何一个方面切入研究都属于偏见，但偏见最终汇聚成洞见。即当创意者能够从多个角度观察消费者的内心世界时，多个偏见会逐渐拼凑和描绘出其全貌，使创意者能够站在宏观的高度洞见消费者内心最深层的本质渴望。

（二）概念构思期

概念构思期是我们所构建的创意生成模型的第二个阶段，在此阶段，想法萌芽并逐步发展形成初始概念。许燎源认为，未来消费的本质是一种能够达到生命感动、人生感动的生命完成。因此，创意概念的构想是以打动消费者为目标的有意识阶段。具体来说，许燎源通过"冥想"和"灵感"将洞察所得到的萌芽想法逐步发展为初始概念。

1. 冥想

许燎源从传统的视角将冥想理解为一个放空与沉思的行为，也是整个概念构思阶段的启动步骤。冥想的前提条件是把日常纷扰抛之脑后，让心变得空灵，达到一种无我的状态。

通过对研究数据的编码分析以及观察，我们认为许燎源更习惯于从正念冥想转向专注冥想。正念冥想意指在身体放松和精神放空的前提下，细致地感受此时此刻，对任何感知都保持好奇心并全部接受，形成畅通无阻的知觉流。他利用泡茶、散步等行为使自己以舒服、放松的状态进入自我与外界环境的交互中。此时，他始终在洞察的背景信息下进行思考，但并没有将注意力固定到特定的事物或任务上。随后，当脑海中的信息逐渐被有逻辑地整合起来并清晰地指向某个事物或任务时，许燎源就进入了注意力高度集中的专注冥想状态。此时，许燎源从发散的思维活动中逐渐摸索到清晰的方向，并集中思考该创作方向是否能够触动消费者的本质需求，又将以何种形式或概念打动消费者等高层次问题。

2. 灵感

许燎源认为灵感并不全然是通常所谓的无意识直觉顿悟，而更偏向于感性与理性共同涌现的结果。内隐知识在前期不断地涌动与交织，当创意者对想法的有意识思考累积到一定程度时，感觉会冒出来，此时可谓灵感涌现。其主张灵感是"涌现"而非"闪现"的，并强调灵感的涌现并非纯粹是无意识或感觉冲击的瞬时产物。相反，它是在大量有意识的思考后，在创意者丰厚的知识和经验积累的基础上得到的，是感性与理性共同作用的结果。而且，从冥想达到灵感这种激励状态的过程也是创造力自然渐进并被激发至局部峰值的过程，其所耗费的时间往往难以预测。

3. 初始概念

对许燎源来说，初始概念是一种原始朦胧的感觉。在此阶段，他根据之前对消费者本质渴望的洞察，寻找到直观打动消费者的具体实现路径。这个早期概念可能还涉及他对商业价值塑造的见解。比如，是仅仅对产品包装进行大刀阔斧的创意性整改，还是为产品赋予全新的内涵及精神符号？又或是创造一个未有之新物？另外，针对不同的目标市场，他还对作品的艺术性和功能性的权衡进行了构想。正如他所提到的，有些作品强调实用性，而有些则更偏重于艺术感。初始概念涵盖了他对表达方式、内涵、艺术与功能权衡等高层次价值的思考，进而据此将模糊的概念发展和完善为清晰的创意。

（三）创意发展期

对许燎源来说，创意发展期是将初始的模糊概念逐步具象化和清晰化的阶段。该阶段的目标是实现超越。他认为消费者的认知是有限的，但是通过重新打开产品的理解方式、阅读方式和观看方式，就能颠覆他们的认知维度，使其深深地触动和思考。在此阶段中，具体的设计元素随着心流被自然地发酵并输出为草图。随后，他根据生活实践的客观要求对草图进行合理的调整，最后得到原型设计。

1. 心流

当全身心完全投入于手头上的工作时，创意者以一种高度专注的状态执行任务并享受过程，以至于对时间流逝、成果不确定性、压力、身体状态等外在事物的感知都消失了（Dietrich，2007）。这是心流体验的典型现象。

对许燎源而言，心流的状态也是绘制草图的阶段。随着概念的发酵和运思的开始，低层次的设计元素在他与物的交互中（物感主义）随心流而自然地生长。物感主义作为内隐经验驱动了这个过程的流动。在物感主义的驱动下，最能打动人心的实现路径是会伴随感觉而自然浮现和生长的。随后，他据此对色彩、材料、风格、线条、功能等多方面进行颠覆式的设计与整合。这个过程以感性思维为主导，所有具体元素的输出都是在感觉中自然地启发和流出。

2. 调整

调整的步骤不仅能体现许燎源"让艺术走进生活"的主张，也是他试图与目标市场建立有效沟通的步骤。许燎源的作品一直兼具实用和美学价值，强调消费者的临场感，通过提供独特的生命体验而达到打动消费者的目的。此主张也许能为部分创意难以商业化的现象提供解释，因为远离生活实践的造物不具备推广和商业化的潜质。

在具体的操作中，创意者需将创意作品设想到真实的生活场景中，并在同理心的作用下从消费者的角度对创意进行推理、推敲和修改。

在调整中，艺术风格及大体的创意元素将得到保留；其余关乎实际使用体验的部分将会被理性地修改，以使消费者能够更顺畅地与物进行沟通，感受物感的力量。

3. 原型设计

原型设计是创意发展的实际产出。具体来说，原型设计涉及快速且低成本地将想法可视化，可以考虑采用修改后的手稿、低保真或高保真模型，或使用软件绘制仿真图等方式进行呈现。根据原型设计，许燎源可以基本确定当前的创意是否充分表达了自己的创作理念、是否具有打动消费者的冲击力、是否有被商业化的潜质等问题。

4. 自然生长性

自然生长性是创意发展期最为突出的特性。他认为创作是在感觉状态下让艺术不断生长的过程，在动态中生长、突破、调整。自然生长性还允许随时生长出新的东西，甚至想法突变。且更为重要的是，创意生长的过程不应被意识框架过分控制。这可能为中国创意者挣脱"T"人性枷锁提供一种新的理论见解。

许燎源这样说道："你主题性太强了，是统治、控制。而人在物我两忘的时候往往能出现非常牛的东西。也就是说主题不是刻意的存在，而是自然生长，不控制，自然地生长出来了。"

5. 断裂与飞跃

在以往的研究中，中断有多种情形，例如主动中断、被迫中断、有计划的放松、意想不到的休息等。在断裂实现飞跃的过程中，许燎源实际是在主动摆脱僵局，寻求新的认知刺激，更新认知结构，以诱导创造力，提升创意质量。

他并不会纠结是否陷入僵局，也不会沉溺于被卡住的感觉或高度的挫败感，而是果断地舍弃当前行不通的道路。也就是说，断裂是瞬间发生的，这可能与后面提到的快速评估有关。在断裂之后，许燎源进入空白的状态，有时候甚至不想，处于一种很空的状态。而且，在断裂到飞跃的过渡期中，他并不会给自己时间压力。创意是在半无聊中产生的，而不是紧张，松弛感有助于更好发挥创造力。飞跃的契机也是自然而然遇到的，体现在认知的重构，是与以往截然不同的想法。

（四）调研式试水

"试水"是带有中国色彩的词语，意指试探（这里我们沿用被访者的本土概念）。调研式试水是最后一个阶段，该阶段的主要目标是获得反馈。带有调研和推销性质的"试水"成为许燎源独特的获取信息反馈的方式。

1. 目标群探试

实际上，将原型设计投放到目标群体中试探他们的反应以获取反馈的做法在商界并不罕见。例如，许多美妆品牌会将新产品的小样通过快闪活动、附赠等形式进行分发，从而在小范围的消费群体中建立口碑和获取反馈。还有一些奢侈品牌会提前邀请高级会员参加内部沙龙以抢先体验产品，甚至有机会直接向负责人反馈意见。

与上述现象有所不同的是，许燎源更倾向于将原型设计投放至商人群体中进行探试。商人群体主要包括经销商、产业链合作企业、有一定经济基础或有影响力的潜在客户等。与普通消费者不同的是，他们对创意产出的可行性以及商业化前景会更有经验和见解。许燎源将探试的重点放在商人群体上，一方面可以借助商人对产品的丰富经验以及对市场的敏锐嗅觉来获取反馈，另一方面还有可能直接为创意争取到投资，增加创意落地的可能性。

2. 直觉反馈

通过向部分目标群和商人群体展示原型设计，许燎源重视他们出于直觉的反馈信息。商人对市场，尤其是其销售区域内的市场，有着敏锐的直觉和丰富的经验。尽管由数据驱动的决策工具也可能提供基于当地信息的决策，但正如我们在前面所讨论的，许燎源不认为数据能真正反映未来消费的本质。基于商人群体的敏锐直觉，许燎源做出完成交付、重新构思概念或改变较低层次创意元素等决策。

**三、案例发现二：创意迭代及触发机理**

在我们所提出的创意生成模型中，迭代主要发生于创意发展期（断裂与飞跃）和调研式试水（直觉反馈）期间。其中，直觉反馈根据评价结果对前序活动进行修改，是以商人的直觉为判断依据，而非理性的综合判断。本研究主要讨论断裂与飞跃中的迭代机理。

断裂与飞跃实际上是由基于经验的快速评估所触发的想法迭代。对许燎源来说，创意讲求聚焦，而非筛选。也就是说，早期的想法构思与发展每次都只围绕一个想法进行，如果此想法被即时拒绝，创意者就会进入想法断裂的状态，等待下一次的想法飞跃。

那么，许燎源否定想法的依据是什么呢？通过访谈，我们认为其快速评估的机理可总结为"识别重复""以深厚的积累为参照""考察信息传递有效性"三个方面。

第一，识别重复。对重复的识别是许燎源是否触发迭代最首要的依据。先前已经提到，他认为瓶颈就是重复。在创意发展期，许燎源始终无意识地保留对想法新奇性的警觉，当察觉到目前想法无法突破自己之前的创意时，他会果断地否定该想法。许燎源将拒绝重复视为艺术创意的基础要求，以往研究也支持了这种主动离开舒适区的态度（Brown 和 Katz，2011）。这种识别重复、主动离开舒适区的态度，能够从根本上使创意避免同质化，也是迭代是否被触发最首要的依据。

第二，以深厚的积累为参照。许燎源会不自觉地以伟大的、沉淀已久的全球艺术作为参照物，将其视为坐标和山峰。这种参照依托个人深厚的积累，实际也是一种内隐的知识与能力，由直觉与经验所主导。具体而言，当创意者发展想法时，他潜意识地将当前想法与个人所积累的优秀创意或作品进行比照；当自我感觉当前想法的质量与参照对象差距较大时，想法被即时拒绝，即为断裂。

第三，考察信息传递有效性。在创意发展的后期，尤其在调整阶段，许燎源考虑的是如何在同类中显现出创意的品质，以及如何高效地传播这一信息。在创意前端考虑信息传递问题，与打动目标群以及创意后期的传播推广息息相关，也是创意实现商业转化的重要保障。他提出，不同种类产品所表达的信息不同，其所传递的信息本身就是递进的，且可能涉及深度阅读过程。我们的创意所表达的信息是否能被消费者准确接收？信息传递的层次是否合理？是否能直观打动消费者？有效沟通要找到准确语言，而在创意早期考察信息传递有效性大多依赖创意者的经验判断。

### 四、案例总结和管理启示

（一）案例总结

针对创意生成难以兼顾新奇性和商业性的两难问题，以及学术界对创意思维管理的关注匮乏，我们根据许燎源的个案构建了具有中国基因的创意生成模型。案例总结如下：第一，创意生成模型可大致分为目标市场分析、概念构想期、创意发展期和调研式试水四个阶段。第二，就许燎源的个案而言，创意迭代由基于经验的快速评估所触发。第三，物感主义极具中国特色，可能是消费者与创意产品之间直接进行"意"的沟通的有效纽带，也是平衡创意商业性和新奇性的有效手段。第四，本案例所观察到的自然生长思维特性，可能为中国创意者挣脱"T"人性枷锁提供一种新的理论见解。

（二）管理启示

对创意者而言，首先，要善于观察并总结自己的思维规律，尤其是来自某次成功经历的经验。将思维规律提炼为可重复使用的工具或知识，不仅有助于创意者更快地进入下一段创作，还有可能帮助识别以往失败的具体原因，从而有针对性地避开或是完善思维薄弱点。此外，也可参考诸如许燎源等中国优秀创意者的思维模型，吸收他人经验转化为自己可用的参考工具。其次，创意者在构思与创作时应兼顾商业性与差异性，不能因过分迎合市场而失去对新奇性的追求，也不应过度追求新奇性而与市场和生活脱节。最后，也许是最重要的一点，创意者应解放自我，打开思维，才能在高度意义化造物的当今培养敏锐的感受力，从而洞悉并超越消费者需求，最后创造直达他们生命本质渴望的未来之物。

对创意组织而言，对创意的忍耐与等待是必要的。从许燎源的个案中可以看到，一个创意的生成要经历创意者的洞察与自我沉淀，以及可能出现的循环断裂与飞跃，其中，中断或迭代的时间更是无法预知。除想法本身之外，组织可能还要等待材料、技术等要素的革命。现实中许多例子已经说明愿意花费时间等待创意生成往往是成功的重要前提。例如，著名导演卡梅隆为更好地呈现《阿凡达》而花费十年等待技术的成熟与想法的完善。尽管并不是所有创意的生成都需花费大量时间，但创意组织理应做好长时间等待好创意的准备。

对教育院校而言，可以考虑往学科或专业融合的方向进行发展与改革。培养创意人才是实现创新的必要前提，然而我国当前的教育输出已经呈现同质化。艺术本身是没有边界、没有门类概念的，雕塑、绘画、设计等领域本身就可打破原有边界而融为一体。以往所谓的艺术跨界创意其实都同属一个"界"，都是界内的创造力显现，只是媒介选取的不同。我们认为创造力教育不应设有任何边界，院校教育可以考虑往更大学科或专业融合的方向进行发展与改革，以培养出无边界的创意人才。[①]

## 📚 小　结

本章详细介绍了多种创意生成模型，并分析了各自的特点与局限性。创意生成一方面表现出线性的、非循环的过程，每个步骤都依次发生；另一方面，创意生成也反映出动态的、循环的过程，不同阶段之间存在着反复迭代、修正和完善的循环往复。

基于文化的创意生成过程强调了文化元素在创意中的重要性。创意阶层基于自身的文化观念，把文化资源转化成满足消费者效用的、具有文化价值和经济价值的创意产品。具体而言，创意的决策依次经过价值分析、文化萃取和符号转化过程。

创意的生成扩展分为同"意"同"类"和同"意"不同"类"两种主要类型。同"意"同"类"的生成扩展指的是基于同一个意思或内容而进行的属于

---

① 郭颖芝、熊文熙、林明华对本章研究做出了贡献。

同一种类型的创意开发，常见递进式衍生和平行式衍生两种衍生模式。同"意"不同"类"的生成扩展是指创意企业以同一种内容创意为中心进而开发出不同类型的新创意。

创意生成的过程评估涉及有效识别和评估创意的潜力与风险。门径系统是有效发挥创意筛选作用的流程，在创意评估中，最有效的门径工具是计分卡方法和预期商业价值（ECV）方法。本章详细介绍了 Minus – Zero – Plus、Hoechst – Celanese 和 SG Navigator 评分模型。

本章的个案研究构建了具有中国基因的创意生成模型，该模型分为目标群分析、概念构思期、创意发展期和调研式试水四个阶段。创意迭代由基于经验的快速评估所触发。本案例所观察到的自然生长思维特性，或可为中国创意者挣脱"T"人性枷锁提供一种新的理论见解。

本章揭示了 PGC（专业生产内容）的创意生成机制，为创意生成从经典模型到本土表达提供了指引和启示。

## 📚 思考与练习

1. 回忆曾体验过的一次创意消费经历，简述当时的创意感受，以及这种创意感受如何影响你对创意产品的看法或购买意愿。

2. 观察自己的创意思维模式属于哪一种类型，并作简要评价。

3. 以某一具体的文化创意产品为例，详细分析其创意的文化价值，以及文化萃取和符号转化的具体应用。

4. 结合具体案例，分析技术多样性如何影响创意的生成扩展路径。

5. 尝试提出一个大学校园的创意项目，并使用一种评分模型进行创意评估。

6. 以书店或咖啡店为例，探讨企业如何针对泛泛文化阶层调整创意策略以获得竞争优势。

7. 结合案例材料讨论许燎源创意生成个案中的人性特征及其对中国 T 人性假设突破的启示。

8. 基于诗歌创意训练法，在"四一诗行"基础上，尝试独立创作一首诗歌。

# 第五章 看见：UGC

## 第一节 价值共创理论

### 一、服务主导逻辑

传统观点中，消费者和生产者在价值的创造和消费上被视为对立角度，即先由生产者创造价值，再传递给消费者，由消费者将价值消耗，双方在价值形成和消耗的链条上相互独立，消费者表现为纯粹的消耗者。服务主导逻辑的提出，标志着价值创造从传统思路转向价值"共同创造"的逻辑。从服务主导逻辑出发，价值不再由企业单独创造，而是由企业与消费者，以及利益相关者共同创造（Vargo，2004）。经不断发展完善后，服务主导逻辑提供了十个基本命题，为价值共创理论研究提供了重要理论依据，如表5-1所示。

表 5-1　服务主导逻辑的十个基本命题

| 基本命题 | 命题内容 |
| --- | --- |
| 1 | 服务是一切经济交易的根本基础 |
| 2 | 间接交易掩盖了交易的根本基础 |
| 3 | 商品是提供服务的分销机制 |
| 4 | 操纵性资源是竞争优势的根本来源 |
| 5 | 所有经济都是服务经济 |
| 6 | 顾客是价值的共同创造者 |
| 7 | 企业并不能传递价值，而只能提出价值主张 |
| 8 | 服务中心观必然是顾客导向和关系性的 |

续表

| 基本命题 | 命题内容 |
|---|---|
| 9 | 所有经济活动和社会活动的参与者都是资源整合者 |
| 10 | 价值总是由受益者独特地用现象学的方法来决定 |

### 二、价值共创的四种基本类型

按照价值创造过程中主导主体的不同，价值共创的实现路径可以分为以下四种不同的形式：

第一种是企业主导的共创。企业通过数字化技术、品牌塑造和商业模式创新，有效主导共创过程（Shankaranarayana 等，2025）。汽车产业链上下游企业之间，经常会为了提升供应链生产效率，以核心企业为主导共同开发新材料、新产品、新工艺或者新的商业模式。

第二种是消费者主导的共创。这种模式强调消费者能够根据自身价值偏好，在消费过程中对企业提供的产品进行价值再创造。其重点在于以消费者为主导，通过其需求、反馈和参与共同创造价值（Ranjan 和 Upadhyay，2025）。消费者主导的价值创造理论认为，产品或服务的最终使用价值的实现，实际上是由消费者决定的，消费者借助企业提供的平台或以企业提供的产品和服务为工具，整合自身资源，尤其是知识、技能、创造力等操纵型资源，最终实现特定场景下的产品或服务的使用价值（Heinonen 等，2010）。因此，消费者在价值创造的整个过程中起主导作用。相应地，企业营销的焦点就不应只关注顾客如何参与到企业的价值创造中，而是应努力参与到顾客的生活中去，把顾客置于中心位置。

第三种是多方价值共创。由各利益相关方（如消费者、企业、政府）共同参与，通过互动协同创造价值（Zhu 等，2025）。在这种共创模式下，相关方可以基于与生产者的互动和合作，介入产品和服务的整个投资决策、融资、设计、生产、消费、传播等过程中；生产者的价值创造系统变得更为开放，由企业提出价值主张并提供对象性资源，相关方则提供自身相关的资源。通过多方的互动和合作，共同实现整个价值创造过程（Vargo，2004；Prahalad 和 Ramaswarny，2004）。

第四种是技术主导的共创。在数字化背景下，数字平台通过技术赋能（人工智能、虚拟现实、开放空间等），调动用户、开发者等多方主体参与，形成开放的价值共创生态系统。例如，短视频平台中，平台提供技术支持，创作者和观众共同创造内容和价值。需要注意的是，虽然是技术主导，但这种类型的共创模式一般是依托于平台型企业，在"价值共创、资源共享、理念共通"等多层次路径下实现最终的共创（冯蛟等，2022）。

### 三、价值共创的发展

价值共创理论丰富并完善了传统的价值创造理论，使人们更多地从消费者的角度研究价值的产生，驱动企业从外部要素特别是消费者角度考虑自身的战略选择（Prahalad 和 Ramaswamy，2003）。

随着互联网技术的发展，旧的共创突破了传统共创领域在时间和空间的约束，使得参与群体更广泛、价值交换更便捷，从而发展出许多新兴价值共创形式。尤其是伴随着 Web2.0 兴起，以提倡个性化为主要特点的 UGC（用户生成内容）得到蓬勃发展。

UGC 一般指由普通用户而非企业或专业创作者生成的内容，通常在网络平台上分享和传播。这些内容包括文本、图片、视频、音频、评论和社交媒体帖子等形式。其核心特点是普通用户通过自身的创意、观点或体验直接参与内容的创建和传播，而不是被动地消费企业或专业机构提供的信息。UGC 可以通过信息再包装，使得健康信息更适合特定目标群体，从而提升信息传播的效率（Okuonghae 和 Igbinovia，2025）。在广告领域，UGC 作为一种低成本、高影响力的内容形式，可以增强用户参与度（Madawala 等，2024）；又因为用户自发创作的形式，通过展示真实用户的体验和观点，提升了广告的可信度和传播效果（Zheng 等，2025）。

### 四、UGC 在文创领域的价值共创

数字时代的发展使得 UGC 成为价值共创的重要表现形式，UGC 的灵活性使其能够适应多样化的应用场景，涵盖 C 端用户和 B 端用户的不同需求。在消费者主导的价值创造中，C 端用户作为核心创作者，直接基于个人的体验、知识和创意参与内容生产，符合顾客主导逻辑；在企业和技术主导的价值创造中，B 端企业通过与内容创作者的广告合作，可以实现广告价值与品牌曝光的双赢。特别地，在文化创意领域，由于文创产品的生产过程具有合作性和消费者参与的特征（Bilton，2006；杨永忠，2018），UGC 通过用户的创意表达和参与，可以推动创意产业的多方价值实现。

当消费者参与到创意产品的 UGC 创作过程中时，可以带来多方面的收益和满足（Atakan 等，2014）。例如，数字化虚拟旅游中应用数字技术的 UGC，可以加强参与者之间的互动，增强参与者的满足感，促进其共同创造价值（Wu 等，

2024）。当用户在非遗平台上分享照片和评论，进行 UGC 有关行为时，不仅能为这些文化遗产注入丰富的用户视角，还能通过社群协作推动遗产叙事的多样化，让这种用户驱动的内容生产行为为文创领域带来新的活力（Vigolo 和 Negri，2015）。

UGC 会有效增加文创领域的消费上瘾现象。文创产品存在消费资本积累和消费上瘾现象（杨永忠，2009），在 UGC 中，表现为消费者发布的对文创产品更深刻的解读和更具创意的表达。持续的 UGC 互动，会强化消费者对文化创意产品的兴趣和需求，形成一种"上瘾效应"，促使消费者不断参与和贡献更多的内容，增加消费者对创意产品的黏性，也持续推动了知识、资本积累和价值共创的循环。游戏领域的 UGC 是一个很好的例子，游戏厂家可以让玩家以互动创作的方式，直接参与到游戏设计与叙事中（Liu 等，2024），在增加玩家满意度的同时，改进游戏产品的设计，以推出更好的游戏体验，从而让玩家更加"上瘾"。

可见，UGC 是文化创意领域价值共创的重要形式，可以有效激发消费者对特定文化产品的兴趣和忠诚度。值得注意的是，伴随着 UGC 的蓬勃发展，UGC 作为低门槛的创作与分享形式，虽然丰富了文化内容，但也存在一定风险，比如 UGC 带来的负面风评、版权问题等（Zhuliang，2024）。供给者虽然能通过 UGC 建立双向互动的桥梁，但也要注意在实践中找到平衡点。

总体而言，价值共创理论自提出后得到了广泛的认同和快速发展，并在传统服务业和制造业领域形成了丰富的研究成果。伴随着经济的进一步发展，尤其是创意经济的繁荣，UGC 越来越成为创意领域价值共创中的重要一环。UGC 领导下的价值共创作为一条能有效实现企业与消费者双方互动，进而有效提升双方价值收获的路径，为创意管理留下了值得探索的广阔空间。在未来的创意管理中，深入挖掘 UGC 的潜力，将是实现更高层次价值共创的重要路径。

## 第二节　功能共创与美学共创的作用机理

在前一节中，我们探讨了 UGC 在文创领域价值共创中的应用，重点强调了用户通过创作内容直接参与价值创造的能力，而价值共创不仅包括功能共创，还包括美学共创。

### 一、功能共创与美学共创

共创能够同时有利于企业方和消费者，通过消费者参与新产品开发过程，企业能获得创新性的增强、忠诚度、更高的品牌依赖度、更高的支付意愿、消费者对产品的有利评价。具有较宽产品范畴的企业，常常将共创作为获得竞争优势的战略工具。例如，消费者能自己组装家具零部件（宜家），设计自己的运动鞋（NIKE），混合自己喜欢的谷物（My Muesli），创造个性化的巧克力棒（Chocomize），定制自己的山地自行车（Zinn Cycles），或者在餐厅里自己做饭（Nakato）。丰富的互动不仅让消费者能够根据自身需求实现个性化设计，还帮助企业通过 UGC 收集用户反馈，提高产品的功能和设计感。

在上述共创过程中，消费者能从多样化的选项中根据自身偏好进行选择，很多情况下，这些选项同时包括了功能和美学。产品的功能特质是指帮助消费者实现特定目标或者解决特定问题的特征（比如实现山地自行车的速度最大化）；产品的美学特质则是指创造产品外观的特征（比如山地自行车的形象元素）。沿着这种分析思路，消费者价值共创可以分为功能共创和美学共创（Schnurr，2017）。与功能共创相比，美学共创更注重用户对产品外观设计的参与，而 UGC 在这两个过程中为用户提供既具有优化功能，又具有用户审美的途径，使消费者能够通过创意表达融入更好的产品开发中。

### 二、文创产品的共创程度与溢价支付意愿

溢价支付意愿通常用于比较消费者对特定品牌相对于其他品牌的支付意愿高低（Aaker，1996），在本节中，特指消费者对共创产品相对于一般标准产品的溢价支付意愿。不难发现，消费者的溢价支付意愿与共创程度息息相关。具体而言，影响消费者溢价支付意愿的一个核心因素是感知价值（Netemeyer 等，2004）。消费者价值感知又来自产品特性与消费者偏好的匹配程度，如果消费者与企业之间能进行良好的沟通，那么通过让消费者参与产品的创造过程能够更好地实现这种匹配，从而提升消费者的价值感知（Franke 等，2009）；进一步地，消费者参与产品的制作过程能提升其对产品的溢价支付意愿（Franke 等，2010；Norten 和 Mochon，2012）。消费者参与共创的程度越高，消费者能获得的价值就越大，进而溢价支付意愿也会越高（Dellaert 和 Stremersch，2005）。

就文创产品而言，由于其消费往往呈现消费上瘾的特点，上瘾现象本质是消费的边际效用递增效应，即通过对文化产品的消费、学习以及互动，消费者可以积累消费资本（Adler，1985；Becker，1988），欣赏能力也随着消费资本的积累而提升，从而获得对文化产品消费的更高效用和感知价值。由于共创过程中企业能更积极地与消费者实现互动，为消费者提供相关的信息和互补性资源（吴瑶等，2017），而企业对于消费者的这类支持又会进一步提升消费者与企业的共创

程度（Grissemann 和 Stokburger-Sauer，2012），因此可以预见，参与文化创意产品的共创能帮助消费者获得消费资本的更快提升，进而获得更高的感知价值和溢价支付意愿。

通过对消费者共创做出的功能和美学属性划分（Schnurr，2017），不难提出以下推断：消费者参与功能共创程度正向影响文创产品的溢价支付意愿；消费者参与美学共创程度正向影响文创产品的溢价支付意愿。

### 三、过程满意度的中介作用

当对共同创造产品的过程为正面评价时，消费者会认为自主设计的产品相比标准化产品更有价值（Franke 和 Schreier，2010）；而消费者如果对自身共同创造的过程表现感到满意，也愿意支付更多（Grissemann 和 Stokburger-Sauer，2012）。要让消费者对自身参与创作的产品产生更大支付意愿，必须使消费者在参与过程中感到成就感（Norton 和 Mochon，2012）。基于体验经济的理论，消费者会在过程中寻求一种积极的情绪，过程本身将越来越成为价值的来源，并使消费者愿意为之付出高于一般产品或服务的价格（Pine 和 Gilmore，1998）。这些价值或情感的获得，总是在与供给者或其他消费者互动的过程中实现。文创产品本身就具有一种过程体验性，由此我们推测，文化产品共创过程的满意会正向影响消费者对该产品的溢价支付意愿。

对于共创过程满意度的来源，消费者可以参与的程度是影响其对参与过程态度的重要驱动因素（Dellaert 和 Stremersch，2005），共创的程度会正向影响消费者对共创过程的满意度（Grissemann 和 Stokburger-Sauer，2012）。在此基础上，美学共创程度和功能共创程度都会正向影响共创过程的满意度（Schnurr 和 Scholl-Grissemann，2015）。

沿着这种解释，对文创产品而言，我们认为消费者的共创程度将会正向影响共创过程的满意度。一方面，更高程度的共创意味着消费者需要和文创企业方进行更多的互动，这利于文创企业为消费者提供更好的支持，能影响消费者接下来的表现，帮助他们获得胜任感，从而提升对过程的满意度（Grissemann 和 Stokburger-Sauer，2012）；另一方面，更高的互动程度能够帮助消费者降低文创产品生产和价值感知的复杂性，提升消费者最终获得的产品效用，而这两者都是影响消费者对过程态度的重要因素（Dellaert 和 Stremersch，2005）。从另一角度说，消费者的需求越来越异质化，对个性化定制的需要随之增加，如果不能提供足够多的产品特性，让消费者参与选择（代表了共创的程度），很可能对消费者价值造成负面影响（Franke 等，2009），导致其对过程的评价下降。

基于上述对功能共创和美学共创的划分，可以发现：消费者功能共创程度对文创产品的溢价支付意愿的影响受过程满意度的中介作用，消费者美学共创程度对文创产品的溢价支付意愿的影响受过程满意度的中介作用。

### 四、涉入度的调节作用

从消费者学习视角来讲，消费者参与共创过程并在其中发生与企业的交互，这种交互能帮助提升消费者对自身偏好的认知，而对自身需要和偏好具有详细认知的消费者比缺乏这种洞察的消费者更享受共创过程（Franke 和 Hader，2014）。这一观点与"高涉入度的消费者对产品会更加关心，并执行更多的信息搜寻、传递和价值确认等活动"（Richins 和 Bloch，1986）的观点一致。在企业支持下，随着互动程度的加深，高涉入度消费者可能获得更多对自身偏好的认识，进而影响其对共创过程的感知。相比低涉入度消费者，高涉入度消费者能从产品的定制过程中获得更多的价值（Franke 等，2009）。

涉入度对共创过程的这种影响也符合共创过程中消费者产品知识作用的研究。消费者要成功地参与共创过程，往往可能需要掌握必要的知识技能（Hoyer 等，2010）。产品知识对共创程度与过程满意度的关系起着正向调节作用（Schnurr，2017），相比低涉入度消费者，高涉入度消费者对产品相关信息的关注以及学习往往更加主动，这有利于其在与企业共创情况下更多地增加产品知识。沿着该思路，可以预期涉入度的增加能帮助消费者提升过程满意度。

对于文创产品，高涉入度消费者对价值共创可能具有更高偏好。不难理解，消费者参与价值共创的一个重要动机就是创造出更加匹配自身偏好的产品（Franke，2009）。而文创产品很多时候兼有审美和自我表达（self-expressive）价值，这种自我表达属性往往更容易唤起消费者的涉入度（Michaelidou 和 Dibb，2006）。同时，对文创产品的消费又具有很强个性化和异质化特征，消费者并不能轻易就找到匹配自身价值或审美偏好的产品。当无法通过定制实现这种偏好匹配后，消费者，尤其是较难获得满意的高涉入度消费者（Baker 和 Lutz，2000），就可能更倾向于采取直接参与创造的方式创造出满意的产品（Franke 等，2009）。另外，由于在共创过程中存在学习效应（Franke 和 Hader，2014），对文创产品相关信息和知识更敏感的高涉入消费者就有可能在互动过程中更多积累消费资本，进而更多提升消费行为的边际效用（Becker 和 Murphy，1988；Adler，1985）。

考虑到前述涉入度的影响和过程满意度的中介作用，可以得出以下推断：过程满意度对文创产品功能属性共创程度与溢价支付意愿关系的中介作用受消费者涉入度的正向调节；共创过程满意度对文创产品美学属性共创程度与溢价支付意愿关系的中介作用受消费者涉入度的正向调节。

### 五、价值共创模型及其实践意义

基于上面的分析，最终提出消费者价值共创的理论模型，如图5-1所示。

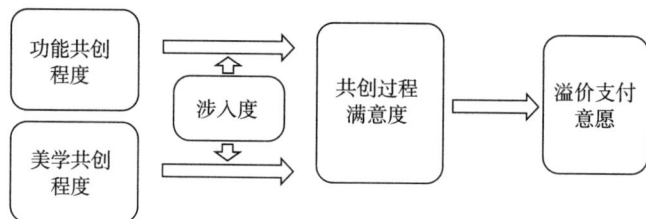

**图5-1 消费者价值共创的理论模型**

以理论模型为基础，对文创企业的价值共创管理活动提出以下建议：

1. 文创企业应该更多创造消费者参与的机会

理论层面，服务主导逻辑的崛起，让越来越多的企业明白，消费者将越来越处于价值创造的核心层面。消费者参与的程度、规模和质量将会很大意义上决定消费价值的产出水平，进而影响企业可能获得的回报水平；实践层面，由于科学技术的持续发展、教育水平的不断提高，整个社会的劳动效率不断提升，在社会层面积累了大量的消费者认知盈余（舍基，2012）。具备盈余的消费者凭借着自身在专业知识、财务水平、时间精力等方面的优势，一方面在主业以外大量参与对社会、社区等的贡献活动，形成专业性志愿者；另一方面则由于其既是消费者又是生产者，相关专业知识和盈余时间的存在支撑其越来越多、越来越主动地介入企业的价值生产活动中。

比如其中有一类消费者，其通过线上或线下的公共空间发表自身专业看法，甚至因此逐渐积累起个人影响力而成为意见领袖。这类具有丰富产品知识或消费经验的消费者又被称为"专家型消费者"（Professional Consumers），越来越多的企业意识到与这类消费者合作必不可少。

对于文化创意产品，由于其天然具有买卖双方信息不对称的特质，以及一般消费者具有一个消费资本的逐步积累过程，要取得消费者对自身供给的信任或提升消费者对供给的支付意愿，就有必要与这类意见领袖们合作，实现"背书"效果。以电影为例，正因为电影产品的消费是过程性的，消费者在事前不可能完整地把握电影质量好坏或对自身需求的满足程度，电影的制作和营销往往就要尽可能地发挥演员、导演以及电影评论员等意见领袖们的影响力，以保持电影产品对消费者的吸引力。甚至在事后，大量消费者还需要通过意见领袖们对电影的详细点评，才能进一步把握电影作品的丰富内涵，提升其对电影作品的满意度，形成"二刷""三刷"等复购行为。

另外，文创产品的消费和选择具有强烈的个性化特征，由文创工作者创造出来的产品要完成价值回收，必须获得目标对象的情感认同、美学认同、身份认同，而这类认同结果越来越难以靠单方面的宣发工作来实现，需要让消费者更深度地介入产品的创造、生产、传播等环节以实现消费者对产品的深度认同。仍然以电影为例，之前成为票房黑马的《大圣归来》既缺乏 IP 流量演员和导演，又缺乏宣发资金，本身并不具备成功商业电影往往具备的大手笔、大制作特征。但其很早就开始利用社交媒体与消费者互动，尤其是将电影制作的台前幕后、酸甜苦辣悉数道来，让消费者对电影的创造形成感同身受的体验，从而感受到电影制作中创作团队的呕心沥血，更被创作者对梦想的执着、对英雄主义的信念所感染，引发了网络媒体上的广泛讨论和关注，并形成一批自愿为电影做宣传、推荐的"自来水"，为电影后来的大获成功取到了决定性作用。

2. 文创企业应该确保消费者对共创过程的体验是愉快的

伴随着体验经济的形成，消费者越来越关心在消费过程中或者在与供应商互动过程中能形成良好、愉快的经历感受。对于消费者而言，其消费价值的来源已远远不同于一般意义上的功能产品。由于功能性产品本质上是为帮助消费者解决某种问题或实现某种目标而存在，因而对功能性产品价值的评估必然集中到其品质的稳定性、使用的便利性以及问题解决的程度等，并能形成相对清晰和公共的评估标准。而以体验性产品为主的体验经济，其消费价值的核心来源却是消费的过程。如迪士尼乐园和华侨城欢乐谷这类旅游产品，产品的生产和消费都在一定的过程中同步实现，消费者不可能带走任何实际"产品"，因而其最终产品的好坏完全取决于消费者在消费过程中满意与否，而最终消费者对产品的评价也就取决于这种满意水平的实现程度。

除此之外，由于现代社交媒体具有将口碑快速放大的效力，消费者满意与否、评价好坏，都可能得到快速传播，进而造就较大范围的口碑形象，最终影响到企业的兴衰存亡。因此，致力于长期稳定发展的企业，无不将消费者的满意水平作为最重要的战略考量。

针对文创企业而言，一方面，文创产品是一种精神性产品，消费者需要在对产品的消费过程中获得共鸣、愉悦、认同等正面情绪，而这种正面情绪也正是文创类产品的核心价值来源。正如前述研究显示，单单提升消费者在文创产品生产活动中的参与程度并不必然能带来消费者价值的提升，这也正是因为如果共创过程不能产生情感上的正面情绪，该共创过程也就失去了对消费者的核心吸引力。以"汉秀"为例，作为万达集团进入文旅产业的拳头产品，曾以与迪士尼乐园比肩为目标，资金投入巨大、科技含量十足，却最终潦倒收场，其中一个重要原因就是缺乏迪士尼乐园多年来通过迪士尼系列电影、动漫、电视剧等故事和形象与目标游客所形成的牢固的情感联系。迪士尼游客在乐园中可以与曾经最喜欢的卡通形象在现实里互动、嬉戏，这带来的消费过程的情感共鸣与身份认同是单纯追求炫目科技效果的体验产品所无法比拟的。

另一方面，由于信息不对称，消费者选择参与文创企业的共创行为将会面临一定的机会成本和效用风险；并且由于精神性需求非常的个性化，这种特征在为文创企业带来细分市场机会的同时，又导致该细分市场潜力的局限，最终可能导致市场分布较为分散。如果参与的过程让消费者产生了不满情绪，除失去该消费者导致的直接损失外，还可能面临难以找到新的目标消费者所带来的间接损失。

因此，文创企业采取消费者共创策略应注意过程中消费者满意的实现，其中尤其是要注意与情感共鸣、身份认同、审美愉悦相关方面的情绪体验。这也契合了文创产品消费者能够参与美学属性共创的程度越深，过程满意度越高，且这种正向效用在精神需求越来越突出的今天会大于功能属性的共创活动。这可以通过在过程中提供场景支持、保持互动、树立仪式感以及帮助建立消费者社区等方式实现。

3. 文创企业应该注意消费者的涉入度管理

研究显示，不同涉入度水平的消费者在文创产品共创活动中的反应是有差异的。涉入度越高的消费者，对产品的信息需求更加全面，掌握的产品知识和消费经验也比一般消费者更有优势，有可能在局部范围内成为意见领袖。一旦其产生不满，就可能传播出对企业的不利信息，可能造成的负面影响远大于一般消费者。从产品创新的角度讲，高涉入度消费者类似于"焦点小组"，可以作为确认产品需求的核心客户群，并凭借其经验和知识为企业提供丰富帮助。因此，该类消费者需要企业给予更多的支持和关注。

对于涉入度一般的消费者而言，如果文创企业能够在审美、身份、自我表达方面通过沟通、传播和产品体验等手段提升消费者的涉入度，那么该类消费者在拥有更高参与程度和更多可选择项目后，就可能产生更高的支付意愿。并且，高涉入度消费者对产品的关心程度更高，一旦在个性化、情感认同、身份认同等方面获得满意，往往意味着更换供给者的转化成本会更高，因而更有利于文创企业维持消费者忠诚度或建立竞争壁垒。

---

专栏

# 数字化场景下人人交互如何影响创意表现

杨　木　韩春佳

## 一、概述

当用户参与企业的创新过程时，有助于提高创新的成功概率。数字技术的发展为客户参与式创新提供了一种经济、高效的方法。依靠数字技术，企业和普通客户的沟通成本显著降低，大量客户得以通过数字平台参与企业的创新过程。企业通过数字平台，借力众包的方式，广泛从客户群中获取关于产品、服务和流程的创意和创新。这种群策群力的客户参与式创新通常以两种形式在互联网上展开——竞赛模式和社区模式。竞赛模式往往针对某一特定问题展开，在限定的日期内面向广大客户全面征集解决方案或创意方案，采用评比的方式对优胜方案予以物质奖励。社区模式不同于竞赛模式，以在线社区的形式运营，客户可在社区内分享一切有关企业产品和服务的想法和建议，没有具体主题限制，也没有具体时间限制。这种社区通常被称为在线用户创新社区（Online User Innovation Community，OUIC），以广泛征集来自用户的创意和创新。

OUIC 作为吸纳用户参与创新的重要媒介，已被国际企业广泛使用。数据显示，标准普尔 500 指数（S&P 500）企业中，超过 80% 的高科技企业早已建立自己的 OUIC 并借此获益。业内知名的成功 OUIC 案例，如戴尔公司的 IdeaStorm 和星巴克的 MyStarbucksIdea，这两个在线社区分别于 2007 年和 2008 年就已推出运营。其中，戴尔通过 IdeaStorm 收集了 23000 多个创意。两家企业均声称各自有数百个来自 OUIC 的创意已被采纳并运用到自己的产品和服务中。

OUIC 的独到之处在于提供了一个允许用户之间、用户与企业之间交流沟通的平台。组织管理的相关研究和实践经验通常告诉我们，人与人之间的有效沟通与交流是实现组织效率的必要环节。在创新领域，高效而广泛的交流也被认为是激发创新能力和结果所必不可少的。但是，这一被广泛认同的关系是否真实存在？以及，在数字化场景下，用户间的沟通交流究竟如何影响创意创新的产出和表现？这一系列问题仍有待基于真实数据的检验与研究。

我们通过收集 Microsoft 在线用户创新社区的数据，获取了平台上 5468 名用户的长期交互行为数据以及 11985 个创意创新结果，通过对这一大样本数据的分析，调查研究了 OUIC 上用户交互频次和交互主题的多样性对创意创新产生的数量和质量上的影响。

## 二、理论假设

OUIC 作为一种在线社群，其组织模式表现出极大的用户自组织形态。OUIC 本身没有传统组织的层级结构，成员往往以自愿为前提融入组织，拥有绝对的自主权来选择在线互动的内容和主题。在网络社区中，用户通过发帖分享信息，围绕信息分享进行同伴互动，从而构建出用户之间的社交关系（Figallo，1998）。这类社交关系的构建和发展往往表现出极大的自发性和自生性，从本质上有别于传统组织的社交生态。

对传统组织的研究通常认为，个体之间的互动和思想交流，有利于思想产生过程中对多样化知识的检索。社交行为可触发创新者对他人创新创意结果的持续关注，进而促使创新者自身创意成果的出色表现。然而，鉴于 OUIC 与传统组织的区别，针对传统组织的已有认知可能并不适用于 OUIC 这一新型社群。因此，用户的在线交互行为如何影响其创意表现，仍是有待回答的重要问题。

（一）互动频次与创意表现

用户在线社区一直是用户展示产品相关知识和解决问题能力的重要场所。持续的用户交互被认为有利于强化批判性思维，产生有价值的知识，进而为用户带来更多"创造灵感"。因而，比较合理的假设是，用户的在线交互有助于推动其更好的创新表现。

然而，基于注意力基础观（Attention-based View），注意力是一种稀缺资源。处理信息会耗费个人大量精力，挤占可分配的注意力，从而影响创新者实际可用于创作的时间和精力。因此，过度高频的用户互动可能会为个人创意表现带来负面影响。据此，我们提出假设：

$H_1$：用户互动的频次与其创意产生的数量之间存在倒"U"形关系。

用户互动可能是把双刃剑，但用户间持续性的沟通交流可能是打磨自身创意、提高创意质量的有效方法。用户交互有利于创新者更好地了解产品本身以及产品相关的技术，持续性地对他人创新创意成果的关注带给创新者高屋建瓴的创造机会，使其更容易提出高品质的创意成果。因此，我们提出假设：

H$_2$：用户交互频次与其被采纳创意数量之间存在正相关关系。

（二）跨界交互与创意表现

OUIC 作为在线社区通常包含多个版块。每个版块可能涉及不同类型的产品知识，包括产品技术、产品市场以及产品使用等各类相关知识。不同定位下的每个版块如同各具特色的"思想空间"，为用户提供了接触到不同知识的独特机会。参与不同版块内的交互活动，使用户得以跨越不同类别的知识界限，吸收更广泛的且具特色的知识内容。这种跨越版块的交互可能带给用户更多创意灵感，激发其更好的创意表现。因此，我们提出假设：

H$_3$：用户跨界交互的广度与其创意产生的数量之间存在正相关关系。

汲取跨界知识可能激发灵感，带来更多创意。但高品质的创新创意可能更多地根生于扎实的专业性，依赖创新者在细分专业领域的深耕与挖掘。知识的跨界会打开新的领域，激发创意灵感，但同时也会带来新旧知识以及跨界信息的连接难度。知识连接的困难可能会影响创意成果的最终品质。OUIC 通常涉及数以万计的用户内容，包括各类建议、想法以及评论。阅读这些用户生成内容，从而获得有效信息并参与互动讨论，会耗费创新者大量的时间和精力。由于仅有少量用户创意能够最终获得企业肯定并采纳，创新者从 OUIC 处获取的大量知识和信息并不具备很高的价值属性，需要依靠较高的专业性和较大的精力投入完成对价值信息的甄别工作。对于跨界的知识获取来讲，由于创新者缺乏相关领域的专业性，跨界完成价值信息的甄别无疑会变得更加困难重重。大量投入的跨界互动可能非但不会带来价值信息用以支撑高品质创意的产生，相反，跨界互动所触发的精力衰减可能会损耗已有的品质创意的生产效率，带来被采纳创意结果的减少。因此，我们提出假设：

H$_4$：用户跨界交互的广度与其被采纳创意数量之间存在负相关关系。

三、检验与结论

为了检验以上假设，从 Microsoft Idea 平台收集大规模用户行为数据进行实证研究。该研究的数据来源于微软针对 Power Business Intelligence（PowerBI）设计的用户互动平台。PowerBI 平台于 2014 年 9 月收到第一个创意。为了稳定围绕新创意的互动，抓取 2014 年 9 月至 2018 年 6 月发布的所有创意的数据。在数据收集期间，平台共收到 11985 个想法，其中 559 个想法已经实施，实现率为 6.0%。由于匿名用户贡献的想法数据无法相互区分，我们删除匿名用户发布的想法，允许在个人层面进行研究。用户想法数变为 9243，涉及用户 5469 人。所有这些用户的评论数量为 30940 条。

结果表明，个人的沟通交流行为对其创新创意结果表现的影响确实比广泛被接受的相关认知更为复杂。具体来讲，用户的在线交互频次与高质量创意的产生数量（被采纳的创意数量）正相关，但与总体创意产生数量呈倒"U"形关系；广泛的跨界交互会刺激更多创意的产生，但同时会损害创意的质量，导致被采纳的创意数量的减少。

本结论对创新创意领域的产业实践具有实际的指导意义。首先，结论肯定了用户间的交流互动对创新创意产出的积极影响。作为在线创新平台的组织者，企业应该关注如何通过平台的机制设计来更好地鼓励平台上用户间的交流互动。例如，电子游戏中广泛应用的虚拟货币、虚拟奖章等奖励设置可以被借鉴并采纳到 OUIC 的机制中，以更好地激发用户对互动交流的参与热情。

其次，结论也告诫产业实践者，缺乏引导和控制的用户互动可能会损害用户的创新创意表现。过于频繁的用户互动会影响创新者可投入的创新精力，导致创新创意的产出下降；而过于广泛的跨界互动会损害用户针对特定领域和话题的专业性聚焦，进而影响高品质创新创意成果的产出。针对 Microsoft 这类对专业技术知识依存度较高的数字创新平台来讲，组织者应鼓励和引导用户专注于特定领域，开展深度的同行互动，以促进优质创意的大量产生。

本专栏关注数字场景下用户交互和创意产出的关系研究，未来的研究可以以此为基石，持续深挖和扩展对于数字平台上用户的创新创意行为的研究。具体而言，接下来的研究可以进一步挖掘用户交互对创意产出的影响机理，揭示用户交互激发创意产生的实现路径。另外，除用户交互，其他用户行为和因素也可能存在对用户创意产出的实际影响。例如，在线交流所透露出的情绪、讨论组的交流氛围等，都可能直接或间接地影响用户的在线创新创意的参与热情和具体表现。未来研究可扩展思考维度，讨论和检验其他可能影响在线创新创意表现的对象和因素。

（摘录整理自杨木和韩春佳所发表的论文 *Stimulating innovation：Managing peer interaction for idea generation on digital innovation platforms*。）

# 第三节  创意的社会网络生成

UGC 作为一种由用户创造并传播的内容形式，连接着 B 端与 C 端，在创意生成的过程中起着桥梁作用。从企业视角来看，UGC 为品牌构建着以用户为核心的创意生态网络；从消费者视角来看，UGC 通过用户之间的互动构筑以兴趣和创意为纽带的社区网络。这种多向互动不仅重塑了创意价值链的生成机制，也深化着社会网络理论在数字化背景下的应用。本节我们将扩展创意生成的价值共创主体，进一步探讨创意的社会网络生成机制。

## 一、创意的社会网络分析

社会网络理论表明，任何企业和个体都嵌入在社会网络之中。企业处于一个由合作伙伴、竞争对手、顾客、政府机构等外部相关组织构成的互为影响、相互作用的网络环境之中（Johanson，1988）。而企业社会网络由企业内部社会网络和企业外部社会网络构成（邵景波等，2012）。其中，企业外部社会网络是指企业嵌入在与顾客、竞争对手、合作伙伴等的外部关系中而形成的社会网络；企业内部社会网络是由企业内部各类成员（个人、团队或部门）构成的社会网络。

沿用这种研究思路，创意的社会网络是由创意企业组织内部各类成员、消费者、合作伙伴、竞争对手、政府机构以及社区居民等构成的复杂社会网络，并进一步把创意社会网络区分为创意企业内部社会网络和创意企业外部社会网络（林明华和杨永忠，2014），如图 5-2 所示。

### 1. 创意企业内部社会网络

创意企业内部社会网络是指企业内部各类成员（个人、部门或团队）相互之间为获得各自利益或企业整体利益进行重复博弈而形成的一种复杂的社会关系。根据创意价值链所涉及的部门，进一步把创意企业内部的成员分解为内容创意部门、生产制造部门、市场推广部门以及为创意产品开发提供辅助支持的其他部门（如人事部门、财务部门等），如图 5-3 所示。

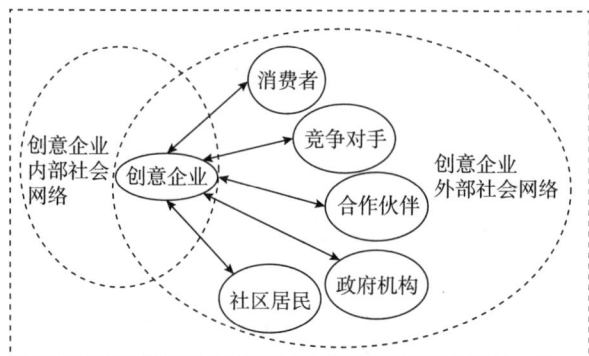

图 5-2　创意企业社会网络示意

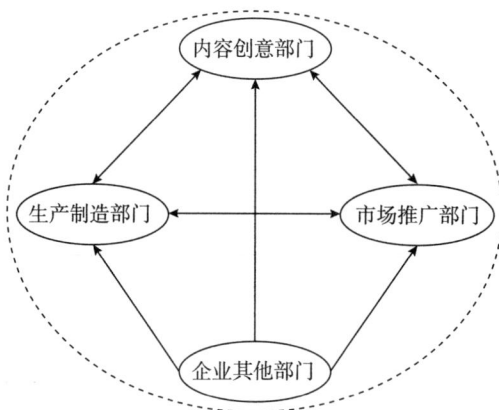

图 5-3　创意企业内部社会网络

　　创意企业内部社会网络各个个体之间的关系如下：市场推广部门和内容创意部门之间是一种双向互动关系。市场推广部门通过营销平台直接接触消费者，与消费者形成价值共创关系进而获得消费者需求信息，之后通过企业内部社会网络及时把这一需求信息传递到内容创意部门。内容创意部门也可以主动与营销部门沟通获取市场需求信息。内容创意部门与生产制造部门也是一种双向关系。内容创意部门把具有潜在市场的内容创意转交由生产制造部门制造出创意产品，同时生产制造部门根据技术水平、生产工艺和生产能力情况，将生产可行性及修改、完善建议反馈到内容创意部门，通过这种互动最终生产出符合要求的创意产品。生产制造部门与市场推广部门也是一种双向关系。由生产制造部门生产的创意产品交由市场推广部门从而为实现创意产品的价值做准备，同时市场推广部门将市场信息反馈给生产制造部门，从而改进或调整生产工艺、生产设备等。相对而言，其他部门如人事部门、财务部门与内容创意部门、生产制造部门以及市场推广部门的单向关系更突出，主要为上述部门相关事务的实现提供支持和保障。例如，内容创意部门基于公司发展的需要招聘新成员，需要通过人事部门协助完成。

创意企业内部社会网络分布在创意企业内部各个部门，通过正式和非正式关系，渗透在创意企业的一切活动之中。创意企业内部社会网络像一张无形的网，将创意企业内部各个部门和成员联结在一起，从而为创意企业产品开发提供便利和支持。

随着创意企业内部社会网络的形成和发展，创意企业内部社会资本也随之产生并逐渐增加。这种依附于企业内部社会网络的社会资本，如成员间的默契、认同、信任等，构成了创意企业最重要的资源。有研究表明，企业内部社会资本有助于促进企业内部各部门之间信息资源的交流，进而有力地提高各部门对信息资源的利用和整合能力，最终促进企业价值创造（Tsai 和 Ghoshal，1998）。因此，创意企业内部社会网络将直接决定创意企业开发新产品的能力。

2. 创意企业外部社会网络

创意企业外部社会网络是由消费者、竞争对手、合作伙伴、政府机构、社会居民等个体构成的社会网络，创意企业嵌入这一外部社会网络之中，并与这些网络成员形成复杂的关系。创意企业外部社会网络是创意企业赖以生存的环境，并且在一定程度上决定创意企业发展的可持续性（见图5-4）。

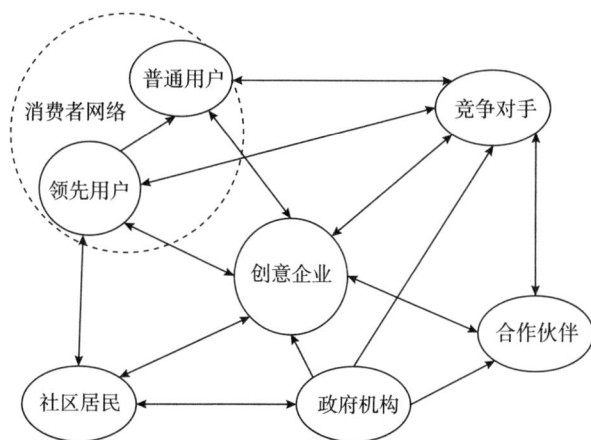

图5-4  创意企业外部社会网络示意

（1）创意企业与消费者网络。计算机和互联网技术的发展为价值共创提供了极大的便利。一方面，创意企业除利用传统信息交流平台外，还可以通过所搭建的网络信息共享平台主动吸引消费者参与价值共创，从而强化消费者与产品开发者之间的关联，进而提高企业新产品的开发效率；另一方面，网络的便利性也使得更多的消费者主动和创意企业共创价值，进而实现自身的价值。然而，大批消费者卷入企业新产品开发对企业而言是一把"双刃剑"。一方面，大量消费者卷入企业新产品开发，可以使企业更便捷、更准确地了解消费者需求，减少挖掘消费者需求的成本，并缩短企业新产品开发周期；另一方面，并非所有参与价值共创的消费者都能够准确地表达自己的需求，或者有些消费者需求在行业内并非具有创新性。因此，消费者的选择和高素养的消费者对创意企业新产品开发至关重要。

领先用户是指那些现有的强烈需求将在不远的未来成为市场普遍需求的客户（Hippel，1986）。领先用户有别于普通用户，具有以下两个特征：第一，领先用户具有目标市场上即将普及的超前需求，而大多数用户在若干年或数月之后才可能产生这些需求。第二，领先用户能够从满足这种需求的解决方案中极大地获利，因而可能进行创新。本书沿用这个观点，将创意企业的消费者分为领先用户和普通用户。

由于领先用户经常会试图满足自己的需求，期待提前开发新产品或服务（Urban 和 Hippel，1988；Herstatt 和 Von，1992），因此通过与领先用户形成价值共创的关系，创意企业将能从领先用户那里获得更多有价值的信息。这些信息代表普通用户未来的需求趋势，将有助于创意企业的新概念产品的形成。

（2）创意企业与竞争对手。在创意企业社会网络中，创意企业与竞争对手的关系是一种声誉竞争的关系。创意产品价值和需求的不确定性，加剧了创意企业之间的竞争。为了减少这种不确定带来的风险，创意企业的市场声誉往往成为消费者做出购买决策的重要因素之一。这样，从社会网络角度看，具有良好声誉的创意企业比竞争对手处在更具优势的市场地位，将吸引更多的潜在消费者。对于初次进入创意产品市场的消费者来说更是如此，他们更倾向于选择那些具有市场声誉的创意企业。比如，在我们对绵竹年画产品进行调研时就发现，外地年画购买者往往选择当地知名的年画工作室购买年画产品。因此，创意企业与竞争者之间的声誉竞争关系将促使创意企业与外部社会网络形成更紧密的关系。

（3）创意企业与合作伙伴。在创意企业社会网络中，创意企业与合作伙伴通过多样化合作，可以实现自身更好的发展。合作伙伴包括技术供应商、原材料供应商、产品制造商、中间商等。合作伙伴对创意企业新产品开发至关重要，主要原因在于，创意企业大多数规模偏小，实力普遍不强，因此，为成功地开发新产品，创意企业需要借助其他企业的力量以便捷、成本最小化地创造出创意产品并最终实现创意产品价值。桥联结理论认为，企业应充分利用自身所具有的联系以获取资源。对于创意企业而言，创意企业通过与合作伙伴建立广泛的联系，将为创意企业积累大量的社会资本，这种社会资本反过来又为创意产品开发奠定坚实基础。这种合作关系对创意企业与消费者的社会网络也会产生影响。在合作伙伴的社会网络中，创意企业还通过合作伙伴与消费者合作创造。

（4）创意企业与社区居民。本书的社区居民是指在创意企业所在地居住的居民。在创意企业社会网络中，创意企业与社区居民存在密切联系，创意企业的发展离不开社区居民的支持。创意产业是经济高度开放的产物，它总是出现在有着广泛对外联系的中心城市之中（胡彬，2007）。从组织生态学视角看，城市开放程度是影响创意产业发展的选择性因子，创意产业更倾向于在开放程度高的城市中生存（谭娜和高长春，2009）。实证研究也表明，城市开放程度对我国创意产业发展产生了显著影响（林明华和杨永忠，2014）。在城市开放程度比较高的社区，社区居民的包容性比较高，对新奇的现象充满友善或者至少对各种事物持中立态度，能容忍各种文化的碰撞，进而促进地区多元文化环境的形成。社区这种多元文化环境，正是创意企业生存和发展所需要的外部环境（Hartley，2005）。创意人员在这种环境下能够感受到各种文化魅力，通过与不同文化背景的人员不断交流信息，将极大地丰富自身的文化，为内容创意的生成奠定更好的基础。

社会居民的习惯、习俗、价值观念、内化规则，以及社区所在地的公共设施、建筑、活动场所等，共同形成了特定社区独特的人文环境，不仅影响创意人员，也会强化创意企业的社会网络。

（5）创意企业与政府机构。任何企业的发展都会受政府宏观调控政策的影响，创意企业也不例外。一般地，与制造业等一般性企业相比，创意企业开发新创意产品要承担更大的市场风险，然而创意企业自身规模偏小，将削弱创意企业抵御市场风险的能力。因此，创意企业的发展更需要政府相关机构的支持。

从国内情况来看，政府机构普遍支持创意企业的发展，并制定了很多有利于创意企业发展的政策。例如，北京、上海、深圳、杭州、成都等地区所制定的创意企业税收优惠政策、信贷扶持政策、创意人才引进政策、鼓励创意产品消费政策、创意产品出口支持政策、奖励政策等，有力地促进了当地创意企业的发展。政府的支持也由此获得相应回报，如提高劳动就业率、营造区域文化氛围，促进了当地经济发展。因此，创意企业与政府机构之间是一种互利关系。这种互利关系有助于营造创意企业发展、创意产品消费的氛围，进而强化创意企业的外部社会网络。

### 二、社会网络下的创意生成

为了在激烈的市场竞争中立于不败之地，创意企业一般会通过企业的社会网络积极引入共同创造，与社会网络主体一起主动挖掘消费者需求并从中发现市场机会，进而整合企业内外部资源，开发新的创意产品。

制度环境将制约创意企业主动获取消费者需求信息的积极性。这里，我们把制度环境分成内在制度环境和外在制度环境。就创意企业内部社会网络来说，其内在制度环境是创意企业各个部门、团队、员工间所形成的追求创新、开拓进取、协同发展的企业文化氛围，受这种环境的影响，企业员工积极而主动地为企业新产品开发群策群力，创意团队也更具有主动挖掘顾客需求的积极性。就创意企业外部社会网络来说，其内在制度环境主要是创意企业与合作伙伴特别是中间商之间、创意企业与社区居民之间形成的一种互为信任、对多元文化包容的态度，从而有助于创意团队从中间商那里获取可靠信息，从社会居民那里获得积极的支持。外在制度环境是指国家权力机构正式颁布的、具有强制性的法律法规等，市场主体如果违反了这些外在制度，势必会受到惩罚。创意产业是在知识产权保护范围内的产业（Howkins，2001），因此，创意企业正当的商业行为将得到外在制度的保护，特别是创意企业的知识产权将得到法律的严格保护，有助于提高创意企业开发新的创意产品的积极性。

市场竞争环境也会影响企业的创意生成。市场竞争环境是指创意企业所在行业的竞争程度。创意企业的市场竞争环境，与创意企业的生产成本及市场进入壁垒的高低程度相关。创意企业在激烈的市场竞争环境中，将刺激创意企业不断开发新创意产品，从而维持或提高其现有的市场占有率，避免淘汰出局；也将刺激创意企业不断寻求新的细分市场，培育新的盈利点。

在既定的市场竞争环境以及制度环境约束下，企业创意团队通过创意企业内部社会网络和外部社会网络，特别是从消费者群体、中间商、企业市场推广部门等网络成员中，获取创意产品开发相关的信息特别是消费者需求信息，如图5-5所示。

消费者需求有显性需求和隐性需求之别。顾客有时不能明确其需求是什么（Lemke，2005），这种需求就是隐性需求（Hidden needs）。也就是说，隐性需求是消费者有某种需求，但这种需求他们并没有直接认识到。由于这种需求处于潜意识层次，因此他们难以清晰地表达出来（EI-Ganzoury 和 Tseng，2006；卢政营，2007）。与隐性需求相对的是显性需求，显性需求是消费者能够直接认识到的需求，能够清晰表达出来的需求。根据前述的领先用户的特征，创意企业在开

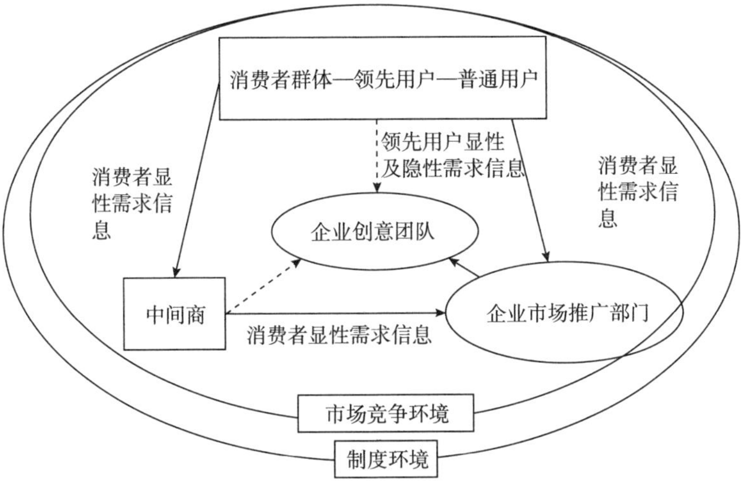

**图 5-5　社会网络效应下的创意生成**

发新的创意时应着重主动挖掘领先用户的需求信息。相对领先用户的显性需求而言，领先用户的隐性需求更具消费前瞻性，更可能代表创意的未来主流。这样，如果创意企业比竞争对手更能够准确挖掘领先用户的隐性需求，那么创意企业将比竞争对手更早进入新的细分市场，从而获得竞争优势。因此，从这方面来讲，领先用户的隐性需求对新创意产品开发意义更大。创意团队为了开辟新的市场，应该与消费者群体特别是领先用户群体合作。

在创意企业社会网络中，中间商特别是零售商与消费者群体之间是一种买卖关系，这种关系使得中间商能够直接与消费者群体接触，从而能够获取消费者需求信息特别是显性需求信息。

中间商与企业市场推广部门的强联结使得它们之间的信任增强，中间商为了维持这种信任关系，将向市场推广部门传递真实的消费者需求信息。而创意团队与市场推广部门之间也是一种强联结，这种强联结使得创意团队能够从市场推广部门那里间接获得从中间商传递过来的消费者显性需求信息。

企业市场推广部门与消费者群体之间的强联结，使得企业市场推广部门能够从各个层面获取消费者的显性需求信息，然后传递给创意团队。由于信息在传播过程中往往会发生扭曲，这一命题已得到英国心理学家巴特利特（Frederic Bartlett）运用连续再造方法的验证（Solomon，2009），因此创意团队需要慎重利用从市场推广部门那里获得的有关顾客需求信息。并且，由于市场推广部门更多的是关注创意产品本身的实际销售，因此并没有强烈的动力特别关注消费者的隐性需求，也没有动力去关注、区分领先用户或普遍用户需求。然而正如上述，对于新的创意产品开发来说，这种区分又是必要的，特别是领先用户的需求信息。这种不足可以通过创意团队与领先消费者之间的弱联结得以弥补。

综上所述，创意团队通过上述社会网络渠道获取消费者需求信息后，依据一定的信息标准，对这些信息进行筛选，最终生成符合企业需求的创意。

# 第四节　案例观察：基于内外部共同创意的非遗品牌传承与创新

## 一、研究设计

### 1. 理论基础

传承与创新之间的关系管理，不但在消费者选择时有重大影响，也是品牌发展面对的必然问题。经验等隐性知识，是品牌传承的主要形式，其作为企业的关键资源，需要被发现、提取和捕获；管理者还必须创造性传播，以便有效地共享知识。本节借助 SECI 模型，分析组织内部传承与创新的管理过程。日本学者野中郁次郎和竹内弘高（1995）提出的 SECI 模型如图 5-6 所示：一是个体之间分享经验，完成从隐性知识到隐性知识的社会化；二是挖掘经验知识整理成概念知识，完成从隐性知识到显性知识的外显化；三是将概念组合成系统知识，完成从显性知识到显性知识的组合化；四是将这些系统知识又嵌入成员经验之中，完成显性知识到隐性知识的内隐化。四个子过程循环往复、螺旋上升，创新便由此诞生。

图 5-6　SECI 模型

2. 研究方法与案例背景

本节研究问题属于"如何"（How）和"为什么"（Why）类型，对品牌传承和创新张力的处理属于探索性问题，采用案例研究方法有助于因果关系的识别，更适合推衍形成理论架构，保证研究效度。

（1）案例选取。本节选取国家级非物质文化遗产品牌"青神竹编"，以代表性品牌企业云华竹旅为例开展案例研究。四川省青神县云华竹旅有限公司成立于1994年，主要采用"公司+科研+培训+农户+旅游+市场"的经营模式，既从事竹编工艺产品的研究、生产、销售、展览，又从事旅游、餐饮、娱乐等业务。公司自成立以来，在竹编大师陈云华先生的领导下，利用青神特有的竹资源——慈竹，生产竹编工艺品。公司拥有平面竹编、立体竹编、竹家具、瓷胎竹编四大类竹编产品，共计4000余个品种，产品销售网点遍布国内各大城市，并远销欧洲、美国、澳大利亚以及东南亚等50多个国家和地区。"云华牌竹编"连续多年被四川省人民政府认定为四川省名牌产品，先后荣获国内外金银奖100多项。

但即便是这样历史悠久的非遗企业，也面临着不可避免的传承与创新张力管理问题。竹编产品需要创新以适应现代消费者的需求，如此才能将这份技艺绵延相传。因此，企业根据自身情况，制定内部管理制度，积极推动云华竹旅在传承中创新，在创新中传承。

（2）数据采集。本研究通过多种来源进行数据收集，并将不同来源的数据进行相互印证，确保数据的真实性和准确性。主要数据来源包括现场观察、半结构化访谈类一手数据和该品牌公司内部文件，以及在互联网上通过多渠道收集到的二手数据。

一手数据方面，四川大学创意管理研究团队首先对云华竹旅进行了实地调研，参观了竹编博物馆、竹编生产基地、竹编展览馆、大师工作室等；于2021年2月至2021年12月根据研究进程对云华竹旅国家级传承人以及3名省级传承人进行了共计5次半结构化访谈，每次访谈和交流30~60分钟，并与云华竹旅企业负责人和中层干部共计10人集中进行了约180分钟的焦点小组座谈会，最后通过回访外部消费者和合作企业人员，从企业外部视角验证数据资料，共计90分钟。以上一手资料收集都确保了至少3位研究团队成员的参与，每次结束后的24小时内，团队成员进行材料整理，互相补充印证，并对模糊或缺失的数据及时电话回访相关人员。

二手数据方面，主要包括企业文档、企业内部教材、宣传手册以及内部刊物等资料。此外，研究团队使用"青神竹编"关键词，通过CNKI全文数据库、维普中文期刊全文库等数据库的检索，获取相关研究论文12篇，通过百度等搜索引擎获取报刊文章 11 篇。

依据科学性和规范性研究原则，研究采用多级编码数据分析，将上述一手资料和二手资料分类汇总并编号，共计约 10 万字，确定本节研究的数据资料支撑，如表 5-2 所示。

**表 5-2 数据收集信息汇总及资料编号**

| | | 参与对象 | 工龄 | 主题 | 时长 | 编号 |
|---|---|---|---|---|---|---|
| 一手资料 | 访谈 | 国家级传承人及云华竹旅公司负责人 | 44 年 | 青神竹编的创新项大致概况及传承与创新之间的平衡 | 60 分钟 | Q1 |
| | | 云华竹旅公司总经理 | 30 年 | 创新项目在传承与创新中的主要难点和解决过程 | 60 分钟 | Q2 |
| | | 竹编博物馆工作人员 | 1 年 | 青神竹编创新发展历程 | 40 分钟 | Q3 |
| | | 企业办公室主任 | 35 年 | 企业日常创新项目的管理 | 20 分钟 | Q4 |
| | | 竹编太极球购买者 | 30 年 | 对竹编太极球的购买意愿及使用感受 | 40 分钟 | C1 |
| | | 竹编分菜夹采购经理 | 6 年 | 对竹编分菜夹的购买意愿及使用感受 | 20 分钟 | C2 |
| | 焦点小组 | 国家非遗传承人 | 44 年 | 青神竹编对传承与创新关系的思考与管理 | 180 分钟 | Q5 |
| | | 中国竹编博物馆馆长 | 37 年 | | | |
| | | 国际竹编培训部主任 | 35 年 | | | |
| | | 企业办公室主任 | 37 年 | | | |
| | | 研学办公室主任 | 35 年 | | | |
| | | 销售部经理 | 20 年 | | | |
| | 实地调研 | 1. 竹编博物馆；2. 竹编文化展览馆；3. 竹编生产基地；4. 大师工作室；5. 兰沟竹编村 | | | | Dq |
| 二手资料 | 1. 公司内部资料；2. 相关网络资源；3. 相关论文研究 | | | | 30 份 | Wq |

## 二、案例发现一：组织内部管理促进传承和创新

在云华竹旅历经传承与创新的过程中，组织内部采取了多种管理路径，利用显性知识和隐性知识相互转化与生成，实现创新知识的产生和转移，促进资源共享，形成组织内部管理品牌传承创新的机制。

第一，传承匠人精神。通过传承人和领导者的匠人精神，组织成员相互观察、模仿，个人不自觉、习惯性的隐性知识经过思想精神潜移默化地扩散到整个组织。这份匠人精神，是当今时代难能可贵的一份坚守精神，往往存在于民间传

统技艺人之中，云华竹旅就是典型例子。无论是组织领导还是普通成员，用一生的时间深耕竹编行业，滋养出他们身上独特的精神品质，推动着他们不畏惧社会变革，迎难而上。该过程是个人隐性知识转化为组织成员隐性知识的社会化过程。

第二，调整管理方式。云华竹旅根据自身企业情况调整为更适用于非遗行业组织管理的方式，将成员脑海之中的思维想法、理念、直觉等隐性知识转换为更方便交流、更容易理解的概念化形式，如语言表达、评奖结果、制度规程、图像符号等显性知识形式，在日常管理中实现更顺畅的组织成员交流，消解传承和创新过程中的沟通矛盾。该过程是成员隐性知识逐步转化为组织显性知识的外化过程。

第三，重塑设计理念。首先，企业更新了在传承中创新的观念：如今的消费者更注重精神体验，对艺术品质的要求不断攀升，竹编不能再局限于制作简单的生产生活用品，而应该注入艺术灵魂，升级为工艺品和艺术品。其次，鼓励"出门造车"，到自然当中寻求设计灵感。最后，对于内部创新结果持开放包容态度，并非急于求成，而是采取稳步传承、逐渐创新的方式，实现传承与创新的交融。该过程是显性知识的组合化并外在分享，显性知识到显性知识的综合化过程。

第四，营造共生环境。通过明确的企业愿景规划、全员参与、制度完善，显性知识被程序化并嵌入组织惯例，成员在共生环境中亲身实践云华竹旅大大小小项目的运行；通过人人参与、人人运营，让一致的目标、共同的环境、相似的经历促进组织内部沟通高效流畅、技艺同步提升，组织成员对传承与创新的认知理念更加靠近，从而在组织内部构建起个体间一脉相承的传承和创新理念，最终实现了组织从显性知识到隐性知识的内化升级过程。

### 三、案例发现二：组织外部因素影响传承和创新

非遗行业的发展一直以来与外部力量息息相关。从案例来看，政府单位、外部企业、社会力量这三大利益相关者与云华竹旅紧密联结，三者构成了品牌传承与创新的主要外部推动因素。

一是地方助力。首先，案例中，政府利用公信力给云华竹旅带来各种招商引资机会，保障云华竹旅企业的经济投入。其次，产业化政策的支持。政府以云华竹旅为代表，推动其从产业崛起到成为行业标杆，鼓励青神竹编走出国门，更好地传承与发展中华传统手艺。

二是企业合作。云华竹旅创新产品设计完成后，与行业内竹编企业合作，通

过派发订单、扩大生产、降低成本，使得合作企业也能获取可观利润，双方互利共赢。

三是社会力量影响。各种社会组织举办的创意设计大赛提供了平台支持，让云华竹旅借助此类赛事声名远播，吸引更多年轻人才走进竹编行业，为手艺传承积累人才基础；民众购买产品后，通过口碑传播和 UGC 网络传播，使得非遗产品在社会上更加广泛地流传，获取更多市场青睐，让竹编创新产品走向更宽广的市场。

### 四、案例发现三：组织内部和外部因素共同推动传承和创新

基于 SECI 的知识管理维度，可以清晰地揭示非遗企业面对传承与创新组织张力下的管理机制形成过程（见图 5-7）。

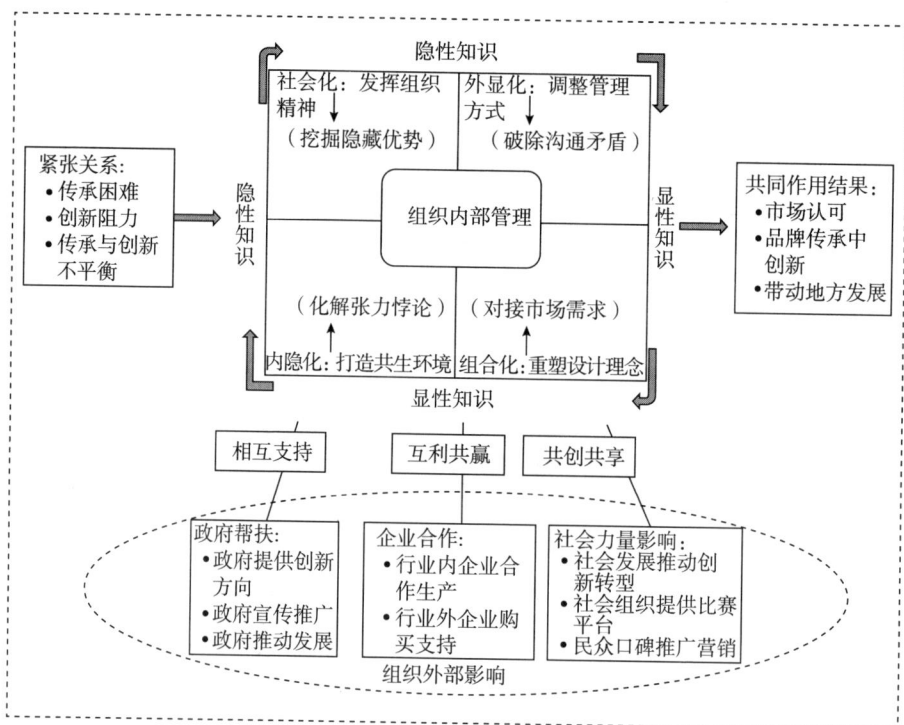

**图 5-7 内外部共同管理的传承与创新模型**

在组织内部，传承匠人精神，将人的精神理念、直觉感悟类隐性知识潜移默化为组织群体间的隐性知识，实现从隐性知识到隐性知识的社会化，挖掘未觉察

的品牌隐藏优势；调整管理方式，通过内部指正与评奖等制度，解决内部成员之间的知识感知差异问题，实现从隐性知识到显性知识的外显化，破除组织间的沟通矛盾；重塑设计理念，将零碎的显性知识系统整合成团队设计理念，实现从显性知识到显性知识的组合化，精准对接市场需求；营造共生环境，在企业的实践里，让成员系统知识嵌入成员经验中，实现显性知识到隐性知识的内隐化。至此，品牌传承与创新的内部紧张关系得到良好化解，推动了市场认可。

在组织外部，通过地方助力、外部企业合作和社会力量，借助政府的影响力、企业间互利共赢、社会的共创共享效应，促进了云华竹旅品牌的传承，推动了竹编产品创新，实现了竹编产业升级，更好地满足社会需求。

组织内外部构成的共同管理体系，回应了品牌企业面临的传承困难、创新阻力、传承与创新不平衡的问题。组织内部创新管理、组织外部积极影响，不仅使得企业面临的问题在内外部的共同作用下得到良好解决，还有利于组织内外部之间的相互作用——与政府互相支持、和企业互利共赢、与社会共创共享，最终产品得到更大市场认可，品牌得以在传承中创新，地方发展被充分带动。

### 五、案例总结与管理启示

1. 案例结论

本节基于对国家级非遗品牌——青神竹编的创新项目探索研究，建立了非遗企业内外部共同管理的传承与创新模型。该模型在组织内部对显性知识和隐性知识的区别处理，缓和了传承困难、化解了创新阻力、平衡了传承与创新张力；在组织外部，通过政府单位、企业组织、社会力量的多方协作、互利发展，推动了产品的市场认可，促进了品牌在传承中创新发展，带动了整个地方经济。两者共同作用，决定了品牌的传承与创新。相比其他行业，如奢侈品行业主要关注组织内部管理，非遗行业的传承与创新更加强化组织内部与外部的联结，更加强调知识创新转化的全过程管理。

2. 管理启示

第一，品牌传承与创新并非简单取舍。管理者面对品牌传承和创新困境时，可以从企业核心竞争力——知识管理出发，重视隐性知识的挖掘与显性知识的利用，通过组织内部精神的发挥、管理方式的调整、设计理念的重构、共生环境的营造，推动显性知识和隐性知识的相互转化，从而在组织内部实现品牌传承与创新的动态平衡，让企业高效、持续发展。

第二，品牌管理者在重视内部发展的同时，也要关注外部合作创造。内外部共同管理的传承与创新模型证实了组织内部与外部加强合作、共渡困难、利益共享，是企业品牌行稳致远的必经之路。重视政府、其他企业、社会组织等外部力量，不仅能助力企业获取更多发展资源，更好地顺应市场发展，也能为社会带来更多的民生福祉。

第三，非遗企业应从个体保护传承放眼到组织内外部的共同管理。随着文化创意产业的快速发展，非遗品牌传承与创新的共创特征越来越明显，但非遗企业的管理意识和管理水平普遍不足，严重制约了非遗品牌的创造性发展。这就要求非遗企业应将个体保护与组织推动有机结合，协同内外部力量，更好助力非遗的创造性转化与创新性发展。[①]

## 小　结

服务主导逻辑是价值共创理论的核心基础，它颠覆了传统价值单向传递的观念，强调企业与消费者的协作。UGC 作为价值共创的重要形式，利用普通用户的创意和参与，成为创意管理中推动创意生成的重要力量。

文化创意产品中的价值共创作用机理涵盖功能共创与美学共创两个方面。功能共创通过用户参与产品开发，提升产品的实用性与市场匹配度；美学共创则借助用户对产品外观和设计的参与，增强其情感联结与文化认同。两者共同作用，激发消费者更高的溢价支付意愿，推动文创产品的发展。

创意企业内部和外部社会网络的构建，联结消费者、企业和社会。其中，领先用户的参与在需求挖掘和市场开拓中起到了决定性作用。通过社会网络，企业可以强化自身与外部环境的互动，提升资源整合与创意生成能力。

本章最后以"青神竹编"为例，探讨品牌传承与创新的组织内外部共同管理机制。通过内外部共同管理模型，企业内部实现了隐性知识到显性知识的相互转化，解决了传承与创新的问题；同时，企业外部社会力量，包括政府支持、企业合作和公众互动，共同推动了品牌的传承与创新。

本章揭示了 UGC 对创意生成的多重影响。作为低成本、高效益的创意方式，UGC 将持续推动企业共创模式转型。未来，伴随着高水平的技术赋能与多方协作，UGC 有望成为创意产业全球化发展的重要引擎。

## 思考与练习

1. 讨论服务主导逻辑如何为 UGC 提供理论支持。
2. 如何通过 UGC 实现文创产品的功能共创与美学共创？

---

① 刘畅、杨菊雯、杨镒民、林明华对本章研究做出了贡献。

3. 分析社会网络对 UGC 在创意生成中的支持作用。

4. 阐述领先用户在创意的需求挖掘与市场开拓中的作用是如何实现的。

5. 探讨 UGC 在非遗品牌传承与创新中的实践价值。

6. 如何通过技术赋能提高 UGC 的内容质量和传播效果？

7. 结合青神竹编案例，分析内外部共同管理如何增强创意的价值认知和价值认同。

# 第六章　看见：AIGC

## 第一节　AI 时代的创意内涵

随着人工智能（AI）技术的飞速发展，其生成的内容在原创性和有效性方面已逐渐接近甚至在某些领域超越了人类作品，这引发了对创意本质的深刻探讨。传统的创意标准主要关注产出的新颖性与实用性（Runco 和 Jaeger，2012），但 AI 的生成过程高度依赖于庞大的数据集和算法计算，缺乏人类创造活动中固有的主观体验、情感表达与深层动机。这种根本性的差异导致了在科学、艺术及教育等多个领域对如何区分 AIGC 与真正创意成果的困惑。因此，随着 AI 技术的广泛应用，迫切需要重新审视并拓展创意的定义，以更科学、更全面地反映创造行为的本质。

### 一、AI 创意的底层逻辑

现阶段，AI 创意的底层逻辑揭示出其创意生成依赖于数据驱动的模式识别与重组过程，强调其本质是人机协作，而非 AI 独立实现真正的创造性表达。AI 目前仍然缺乏自主创造力，其生成的内容主要是对已有信息的再加工与变形，尚未替代人类在创意生成过程中的主导地位。

（一）数据驱动的创意生成

AI 创意的生成高度依赖于大数据学习与模式识别。在 AI 创意生成中，Transformer 和循环神经网络（RNNs）通过分析庞大的数据集（如图像、文本、音乐等），提取其中的统计特征与风格元素，并在创作过程中将这些元素重新组合以生成新的内容。这种新颖性更多地体现为数据重组的复杂性与多样性，但并非源自真正的灵感迸发或独特洞察。AI 生成的作品往往缺乏创作动机，仅是对既有素材的模仿与再现。其新奇性更多源于大规模数据样本之间的组合创新，而非原发性的创造力。例如，在图像生成中，AI 能够通过风格迁移（Style

Transfer）技术融合不同艺术风格，生成具有视觉冲击力的作品，但这种生成本质上仍是对既有风格的再利用与拼接。

（二）算法生成与控制

AI 创意的另一底层逻辑是高度依赖算法控制的生成机制。常用的生成技术包括生成对抗网络（GANs）、变分自编码器（VAEs）和扩散模型（Diffusion Models）等。这些算法通过学习训练数据中的统计模式，在生成新内容时以概率分布的方式输出。尽管这些算法能够产生高度多样化且形式丰富的创意作品，但其创作过程是被动且受限的。AI 的生成本质上是基于数学模型计算最优解的结果，缺乏主动的审美判断与情感投入。

（三）人机协作框架

鉴于目前 AI 缺乏自主创造力与个性化表达，以及 AI 应用伦理及知识产权相关问题，其最适合的应用方式是作为创意辅助工具，与人类创作者形成协作关系。在这种人机协作框架下，AI 能够高效生成初步创意素材，如视觉元素、文案草稿或音乐片段，而人类则负责进一步的情感深化与艺术加工。人类创作者可以利用 AI 的强大数据处理能力探索多种风格组合，但最终仍需由人类进行审美判断与主题深化。例如，AI 生成的广告脚本可以提供多种创意方向，但最终情节的情感共鸣与品牌契合度，仍需由人类创意人员主导。

## 二、人机创意协作的未来场景

随着生成式 AI 技术的不断发展，人类与 AI 的合作方式也在不断演变。未来可能出现四种不同的人机创意合作场景，分别代表了人类和 AI 在创造性活动中的不同关系和影响。这些场景包括"与 AI 共创"（Co-cre-AI-tion）、"纯粹人类创作"（Organic）、"剽窃 3.0"（Plagiarism 3.0）和"创意停滞"（Shut down）（Vinchon 等，2023）。每种场景都反映了生成式 AI 在创意领域的不同潜力与挑战，值得深入探讨和思考（见表 6-1）。

表 6-1　人机协作的未来场景

| 场景 | 定义 | 特点 | 示例 |
|------|------|------|------|
| 与 AI 共创 | 人类与生成式 AI 平等合作，产生混合创意成果 | 混合创作，增强创造力，共识 | 歌手 Grimes 支持将 AI 整合到音乐制作中 |
| 纯粹人类创作 | 纯粹由人类为人类创造的"老派"创造力 | 手工特质，价值标志，保留传统 | 类似传统手工艺的"手工效应" |

续表

| 场景 | 定义 | 特点 | 示例 |
|---|---|---|---|
| 剽窃 3.0 | 人们大量使用 AI 生成的内容而不标明来源，侵犯知识产权 | 剽窃问题，版权纠纷，伦理争议 | AI 生成的漫画《Zarya》因版权问题被撤销 |
| 创意停滞 | AI 的高效创作能力使一些人失去创作动机，导致创造力减少 | 创造力减退，创意停滞，心理影响，工作倦怠 | AI 生成内容减少人类创作空间，导致部分人对创作失去兴趣 |

（一）与 AI 共创

"与 AI 共创"指的是人类与生成式 AI 之间的真正合作，强调平等的贡献。人类与 AI 共同参与创作过程，各自发挥独特优势，产生无法单独依靠人类或 AI 实现的创意成果。这种合作模式被视为最理想的未来，因为它结合了人类的创造性思维和 AI 的高效生产力，从而提升整体创造力。越来越多的研究者和艺术家支持这种合作模式，认为这将带来更多创新机会。例如，歌手 Grimes 公开支持将 AI 整合到音乐制作中，并愿意分享成功曲目中的版税收入。

（二）纯粹人类创作

"纯粹人类创作"场景代表了纯粹由人类主导的创作，这种创造力不依赖 AI，完全由人类独立完成。纯粹的人类创作类似手工创作，非 AI 辅助的作品因其独特性和手工特质而受到珍视。这种模式下的创作被视为更具价值，因为它完全依赖人类的创造力和技艺。尽管 AI 技术发展迅速，一些组织依然禁止使用 AI 工具，例如 JPMorganChase 禁止员工使用 ChatGPT 来处理工作。纯粹人类创作的"手工效应"使得非 AI 辅助的创作更具吸引力，成为一种独特的价值标志。

（三）剽窃 3.0

"剽窃 3.0"是一个突出伦理和法律问题的场景，人们大量使用 AI 生成的内容而不标明来源，从而侵犯了创意的知识产权。这种模式涉及 AI 生成内容的版权问题，存在对 AI 生成艺术作品的版权纠纷。例如，美国版权局撤销了对 AI 生成的漫画作品的版权保护。伦理争议也围绕着 AI 生成艺术形式的知识产权问题展开，这些内容可能会使用网络上的数据和艺术作品，但没有考虑现有版权。AI 生成的漫画《Zarya》因其图片部分由 MidJourney 生成而被撤销版权保护，尽管文字和排版仍受保护。

（四）创意停滞

"创意停滞"场景描述的是由 AI 高效创作能力带来的创造力减退。由于 AI 能够以更快的速度生成内容，一些人可能感到无法与 AI 竞争，进而失去进行创意活动的动机。这种情况下，创意活动的停滞和创作动机的减少可能会发生。部分人可能将创意内容的创作外包给生成式 AI，不再参与创作过程，导致创意的萎缩。此外，创意萎缩现象（Creative Mortification）可能出现，人们认为自己的创意作品在 AI 生成内容面前缺乏价值，从而失去创作动力。这种场景与工作倦怠（Bornout）相关，即在工作中感到无聊、失去意义和缺乏成长机会。

### 三、多视角下的 AI 创意

#### （一）创作者视角下的 AI 创意

创作者视角（Creator-Centric Perspective）强调创意的本质属性与心理过程，而不仅是创作结果本身。在这一视角下，创意不仅仅是一种产生新颖且有用产物的能力，更是创作者在动机驱动下主动参与问题发现、情感表达与自我探索的过程。AI 能够基于庞大的数据集生成看似具有原创性且符合任务需求的产物，但缺乏真正的个性化表达与自主意图。因此，2023 年 Runco 提出，应将真实性（Authenticity）与意图性（Intentionality）纳入创意的判断标准，以更准确地区分人类创意与 AI 创意（见表 6-2）。

表 6-2　创作者视角下的人类创意与 AI 创意比较

| 维度 | 人类创意 | AI 创意 |
|------|---------|--------|
| 原创性 | 能够产生真正独特且新颖的想法 | 通过数据重组实现表面上的新颖性 |
| 有效性 | 产出有用且符合目标需求 | 产出符合特定标准或功能需求 |
| 真实性 | 表达创作者的真实个性、情感与自我体验 | 基于已有数据组合，缺乏个性与情感表达 |
| 意图性 | 由创作者主动驱动，包括问题发现与自我探索 | 依赖于外部指令和数据驱动，缺乏自主驱动性 |

原创性指的是创意是否具有新颖性和独特性。它强调创作的内容是否能够打破常规，产生前所未有的想法。真正的原创性需要超越现有知识与惯例，展现出新的思维方式或创新表达。然而，AI 虽然能够基于庞大的数据集生成看似具有原创性的产物，但这些生成的内容往往是对已有数据的重组，缺乏真正的创造性突破，更多表现为数据混合与重构的结果。

有效性强调创意的实用性和功能性，即作品或想法是否能够满足实际需求或解决具体问题。一个具有高有效性的创意，能够直接对现实情境产生积极影响，并且具有明确的功能价值。在 AIGC 的背景下，其有效性通常表现为满足指令性任务的完成度，如生成符合语法规则的文本或视觉上吸引人的图像。然而，这种有效性往往依赖于既有数据匹配与训练模型的精确性，而非深层次的创造性洞察与真正的问题解决能力。

真实性涉及创意产出是否能够反映创作者的真实自我表达与情感体验。人类的创造行为通常伴随着强烈的自我投入与个性化风格，这种真实性体现在创作者对其经历、文化背景和情感体验的表达之中。真正的创意常常源于创作者独特的内心体验与思想探索。而 AI 生成的创意则完全依赖于数据驱动与算法推演，缺乏真正的自我表达和情感共鸣，无法在产出中体现独特的个性与主观体验。

意图性指的是创作是否源于创作者自身的主动性和内在动机，包括主动发现问题、设定目标及自我驱动的探索过程。在人类创意中，意图性反映了创作者是否能够自主识别创作契机，推动创造性探索，并自主设定创作目标。意图性涉及创作者的主观能动性与内在动机，如艺术家自主探索新的表现形式，或科学家主动发掘新的研究问题。相比之下，AI 的创作过程完全依赖于外部指令与预设算法，缺乏自主驱动的探索能力与主观意图，其创作目标与执行路径完全由开发者设定，无法实现真正的自主创新。

（二）受众视角下的 AI 创意

受众视角（Audience-Centric Perspective）强调创意作品对受众产生的感知与影响，而不仅仅关注创作者的动机与心理过程。在这一视角下，创意被定义为受众对作品在新奇性、深刻性、真实性和吸引性等方面的感知结果（Yang 和 Xu，2025）。创意不仅表现为产物的新颖程度，还包括作品能否激发受众的情感共鸣、思想深度以及真实感与吸引力（见表 6-3）。

表 6-3　受众视角下的人类创意与 AI 创意比较

| 维度 | 人类创意 | AI 创意 |
| --- | --- | --- |
| 新奇性 | 源于创作者的个人灵感与独特经验，强调原创性与突破性，但可能受个体经验限制 | 基于大数据重组与模式生成，能快速生成新颖内容，但缺乏自主创造性与个性化 |
| 深刻性 | 受创作者的情感投入、个人经历与文化背景驱动，能够传递复杂思想与情感共鸣 | 主要依赖数据重组，缺乏情感深度与自我反思，思想内涵较为表面化 |
| 真实性 | 体现创作者的真实表达，具有清晰的创作动机与情感驱动，避免机械化与模板化 | 由于依赖算法生成，创作过程缺乏自主意图，因此可能显得机械化且缺乏个性化表达 |
| 吸引性 | 通过独特的情感表达、视觉呈现与叙事深度激发受众持续关注与共鸣 | 在形式与视觉呈现上可产生强烈的初步吸引力，但难以维持长期情感共鸣 |

新奇性（Novelty）是受众视角下创意感知的基础维度，指作品在形式、内容或表现手法上的创新程度。新奇性强调创意是否打破常规，展现出前所未有或出人意料的特点，从而引发受众的强烈注意力和兴趣。受众往往会将新奇性与创意直接关联，因为高度新奇的作品通常能够挑战既有的思维模式，提供全新的视角与体验。在 AI 生成的创意中，新奇性主要体现在通过大数据训练与复杂算法生成的内容组合，能够迅速产出意想不到的视觉效果或概念表达。然而，这种新奇性更多源于数据重组与概率计算，缺乏人类创作者自发的灵感与独特的情感投入。因此，尽管 AI 创作在形式上能够实现显著的新奇性突破，但在深层次的情感共鸣与思想性表达方面，仍存在局限。

深刻性是受众视角下衡量创意感知的关键维度，指作品在思想层面和情感表达上的丰富性与层次感。深刻的作品通常能够引发观众的深度思考，展现复杂的内涵和多重意义，而不仅停留在表面层次。它涉及作品是否能够通过深刻的主题探讨、复杂的情感表达或多维度的观点激发受众的共鸣与反思。在人类创作中，深刻性往往源于创作者的个人经验、文化背景与情感投入，这些主观元素能够为作品注入独特的个性和思想深度。然而，AI 生成的创意由于依赖于既有数据的重组，更多聚焦于形式上的创新，因此难以真正触及深层次的情感与思想表达。因此，尽管 AI 能够生成结构复杂、形式完整的作品，其在深刻性方面的表现仍然受到先天限制。

真实性是受众视角下衡量创意感知的独特维度，指作品在表达上是否自然且真实，能够展现出独特的个性与真挚的创作意图。真实性不仅关乎作品形式上的连贯性与合理性，更强调内容是否具备发自内心的表达与独特的创作痕迹，避免机械化、模板化的表现。在人类创作中，真实性往往源于创作者的个人经验、情感投入和自我表达，能够呈现出丰富的情感细节与文化背景。然而，AI 生成的作品由于依赖于对既有数据的分析与重组，缺乏独立的创作动机和自我表达能力，因此常表现为过度程式化或缺乏深层次情感共鸣。此外，AI 生成内容有时还可能出现细节缺陷或不符合现实逻辑的表现，如不协调的肢体结构或不自然的语言使用，这进一步削弱了受众对其真实性的感知。

吸引性是受众视角下衡量创意感知的延伸维度，指作品在视觉、情感和体验层面对受众的吸引程度，以及是否能够持续激发兴趣和关注。高吸引性的作品不仅能在第一时间抓住受众的注意力，还能通过独特的表现形式、情感共鸣和丰富的细节保持受众的参与感与探索欲。吸引性往往涉及作品是否能与受众产生情感共振，并在视觉美感或故事呈现上带来愉悦的体验。在 AI 生成的创意中，吸引性通常体现在其通过复杂的算法生成的视觉冲击力和新颖的内容组合。然而，由于 AI 创作过程缺乏真实的情感投入和深刻的思想性，因此尽管作品在形式上可能具有较强的吸引力，但其持久性与共鸣性往往不及人类创作。此外，受众对 AI 创作存在偏见，也可能在知晓创作来源后降低对作品吸引力的评价。

# 第二节　AI 技术与创意应用

## 一、AI 技术

AI 是一组代码、技术、算法和数据的集合，使计算机能够模拟人类行为并做出类似或优于人类的决策。当机器展现完全的人类智能时，被称为"通用 AI"（General AI）或"强 AI"（Strong AI）。目前的技术通常仅限于特定领域执行特定任务，被称为"狭义 AI"（Narrow AI）或"弱 AI"（Weak AI）。常用的与创意生成有关的 AI 技术见表 6-4。

表 6-4　创意生成中的 AI 技术

| 技术名称 | 描述 |
| --- | --- |
| 机器学习 | 机器学习是一种数据驱动的算法方法，通过计算方法使计算机能够直接从大量数据中学习规律和模式，而无须依赖明确的规则或预设的数学方程。ML 算法根据数据特性和学习方式可分为监督学习、无监督学习、自监督学习、半监督学习和强化学习，广泛应用于图像识别、自然语言处理、推荐系统等多个领域 |
| 卷积神经网络 | 卷积神经网络是一种专门处理网格结构数据（如图像）的深度学习模型，以其在图像识别与计算机视觉任务中的卓越表现而著称。CNNs 通过局部感知与权重共享的机制，大幅减少了神经网络的参数量，使其更适用于高维数据，广泛用于目标检测、图像分割和医学影像分析等 |
| 生成对抗网络 | 生成对抗网络由生成器与判别器组成，用于生成新的数据样本，特别适用于图像、音频和文本的生成任务。其核心目标是使生成器能够生成与真实数据分布相近的样本。然而，GANs 的训练过程较为不稳定，常面临模式崩溃等挑战 |
| 循环神经网络 | 循环神经网络是一种专门用于处理序列数据的深度学习模型，特别适用于时间序列预测、语音识别和自然语言处理等任务。RNNs 通过时间步之间的信息传递实现对序列依赖关系的建模，但传统 RNNs 存在梯度消失与梯度爆炸问题 |
| 深度强化学习 | 深度强化学习将深度学习与强化学习相结合，用于解决复杂的决策与控制任务。DRL 通过智能体与环境的交互学习策略，常用于自动驾驶、机器人控制和围棋对弈等领域，但训练不稳定和样本效率低仍是主要挑战 |

（一）机器学习

机器学习（Machine Learning，ML）是一种数据驱动的算法方法，通过计算方法使计算机能够直接从大量数据中学习规律和模式，而无须依赖明确的规则或预设的数学方程。ML算法根据数据特性和学习方式可分为监督学习（Supervised Learning）、无监督学习（Unsupervised Learning）、自监督学习（Self-Supervised Learning）、半监督学习（Semi-Supervised Learning）和强化学习（Reinforcement Learning）。监督学习通过已标注的训练数据学习输入与输出之间的映射关系；无监督学习处理未标注数据，主要用于聚类和降维任务；自监督学习从数据本身生成标签，用于改进特征表示；半监督学习结合少量有标签数据与大量无标签数据训练模型；强化学习通过试错法学习策略以最大化长期回报。机器学习广泛应用于图像识别、自然语言处理、推荐系统等多个领域。

（二）卷积神经网络

卷积神经网络（Convolutional Neural Networks，CNNs）是一种专门处理网格结构数据（如图像）的深度学习模型，以其在图像识别与计算机视觉任务中的卓越表现而著称。CNNs通过局部感知与权重共享的机制，大幅减少了神经网络的参数量，使其更适用于高维数据。其主要结构包括：卷积层（Convolutional Layer），通过可学习的滤波器提取局部特征；池化层（Pooling Layer），用于降维与减少计算复杂度；全连接层（Fully Connected Layer），用于最终的分类或回归输出。CNNs可自动学习图像的层级特征，从低级边缘检测到高级语义特征，在目标检测、图像分割和医学影像分析等领域表现突出。

（三）生成对抗网络

生成对抗网络（Generative Adversarial Networks，GANs）是一种由生成器（Generator）与判别器（Discriminator）组成的深度学习模型，用于生成新的数据样本，特别适用于图像、音频和文本的生成任务。生成器负责从随机噪声中生成看似真实的样本，而判别器则用于区分真实数据与生成数据。两者在训练过程中相互博弈：生成器试图欺骗判别器，而判别器则不断改进以提高判别能力。GANs的核心目标是使生成器能够生成与真实数据分布相近的样本。其成功应用包括图像超分辨率、图像修复、风格迁移以及深度伪造等任务。然而，GANs的训练过程不稳定，常面临模式崩溃（Mode Collapse）的挑战。

（四）循环神经网络

循环神经网络（Recurrent Neural Networks，RNNs）是一种专门用于处理序列数据的深度学习模型，特别适用于时间序列预测、语音识别和自然语言处理等任务。RNNs具有时间步之间的信息传递能力，通过其内部的循环连接使得前一时刻的输出能够作为当前时刻的输入，从而实现对序列依赖关系的建模。然而，传统 RNNs 存在梯度消失与梯度爆炸问题，限制了其在处理长序列方面的效果。为此，长短时记忆网络（Long Short-Term Memory，LSTM）和门控循环单元（Gated Recurrent Unit，GRU）等变体被提出，以更有效地捕捉长期依赖关系。

（五）深度强化学习

深度强化学习（Deep Reinforcement Learning，DRL）是将深度学习与强化学习相结合的一类前沿方法，用于解决复杂的决策与控制任务。其核心思想是通过智能体（Agent）在环境中进行交互，通过尝试不同的动作获得反馈奖励，从而学习到最优策略。DRL 通过深度神经网络自动提取复杂状态特征，使其能够在高维状态空间下进行决策。典型算法包括深度 Q 网络（Deep Q-Network，DQN）、深度确定性策略梯度（Deep Deterministic Policy Gradient，DDPG）和近端策略优化（Proximal Policy Optimization，PPO）。DRL 在自动驾驶、机器人控制、围棋对弈（如 AlphaGo）等领域取得了突破性进展，但训练不稳定、样本效率低等问题仍是研究挑战。

**二、AI 技术的创意应用**

AI 技术因展现出"看""听""说""移动""写作"等能力，已被广泛应用于图像和音视频分析、游戏、新闻写作、剧本创作、电影制作、社交媒体分析和市场营销等领域。本节将 AI 技术的创造性应用分为五类：内容创作、信息分析、内容增强与后期制作、信息提取与增强以及数据压缩（Anantrasirichai 等，2022）。AI 技术在创意生成中的现实应用见表 6-5。

**表 6-5　AI 在创意生成中的现实应用**

| 应用领域 | 应用方式 | 典型案例 |
| --- | --- | --- |
| 剧本和电影生成 | 使用 AI 创建故事、优化数据使用、生成电影剧本和预告片，例如 RNNs 用于剧本生成，GANs 和语音生成技术用于面部交换和电影制作 | 《Sunspring》由 RNNs 生成剧本，IBM Watson 为电影《Morgan》生成预告片，《Zone Out》结合 GANs 和语音生成技术 |
| 新闻和文本生成 | 使用 NLP 分析和生成文本，包括语音识别、自然语言处理和生成，自动化新闻通过扫描数据并生成文章，机器翻译用于不同语言之间的转换 | BBC 使用自动化工具报道英国大选，Forbes 使用 Bertie 系统帮助撰写初稿，《华盛顿邮报》的 Heliograf 程序，微软 MSN 使用自动化系统选择新闻故事 |

续表

| 应用领域 | 应用方式 | 典型案例 |
|---|---|---|
| 音乐生成 | 使用 ML 算法分析音乐模式，生成新旋律，填充缺失音乐片段，系统通过和弦、节奏和各种乐器的模式分析，建议新的作曲旋律 | Sony 的 Flow Machines 发布类似披头士的歌曲，OpenAI 的 Jukebox 生成音乐，Google AI 的 NSynth 生成音乐片段，SKYGGE 发布《Hello World》专辑 |
| 图像生成 | 自动创建数字图像或艺术形式，基于输入图像进行条件生成或风格转换，例如灰度图像转换为自然颜色，深度学习模型用于风格迁移 | DeepArt 将输入图像转换为艺术风格，基于 RNNs 的笔画绘图方法生成抽象概念图像，灰度图像通过卷积层转换为自然颜色 |
| 动画 | 自动化动画过程，使用深度学习方法从真实运动序列中学习运动模型，例如自动编码器、LSTM 和运动预测网络，用于姿势动画和面部捕捉 | Google 的 PoseNet 和 FaceMesh 用于姿势动画，Adobe 的 Character Animator 实时提供唇同步、眼球跟踪和手势控制，好莱坞工作室用于在线内容创作 |
| 深度伪造 | 使用 GANs 生成逼真的假视频或音频，应用于娱乐、营销和政治宣传，同时在艺术和娱乐领域用于制作特殊效果和复原历史影像 | 深度伪造技术用于制作娱乐和宣传视频，例如制作特殊效果和复原历史影像，通过 GANs 生成高度逼真的图像和视频 |
| 内容和字幕生成 | 解释图像或视频内容，并自动生成字幕，利用对象识别技术生成视频点播和直播视频的自动字幕 | YouTube 提供视频点播和直播视频的自动字幕生成功能，使用对象识别技术解释图像和视频内容 |

（一）内容创作

内容创作指 AI 在生成全新作品或创意材料方面的应用，涵盖了艺术、文本、音频和视频等多种形式。AI 通过深度学习与生成模型，能够基于输入的数据或指令生成原创的视觉艺术、音乐作品、文学内容以及电影片段。

在视觉艺术方面，GANs 被用于创作全新的图像和绘画作品，如 2016 年推出的《下一个伦勃朗》（见图 6-1）。这幅作品完全基于伦勃朗的 346 件作品的训练数据，通过深度学习算法和人脸识别技术生成了高度仿真的 3D 打印油画。该项目由荷兰金融公司 ING 与 J. Walter Thompson Amsterdam 广告公司联合发起，团队与微软、德尔夫特科技大学、海牙莫瑞泰斯皇家美术馆和伦勃朗故居博物馆的专家合作，开发了一个 AI 软件，通过对伦勃朗的构图、风格和材料的分析，推测出下一件作品的可能面貌，并利用 3D 扫描技术重现了伦勃朗的笔触，使得该作品不仅在视觉效果上高度还原，还具备真实油画的触感。

**图 6-1 《下一个伦勃朗》**

资料来源：https：//www.zhichanli.com/p/749200061。

在文本创作方面，AI 可用于自动生成新闻稿、剧本与文学内容。例如，Botnik 平台使用预测文本算法自动重混已有书籍文本，以创造出新的叙事片段。在一次实验中，该平台输入了《哈利·波特》系列的完整文本，生成了既古怪又有趣的文本片段，如"罗恩疯狂地跳起踢踏舞，并开始吃赫敏的家人"。尽管有时结果显得荒诞，但展示了 AI 在语言生成上的创造潜力。

在音乐创作方面，AI 已用于生成旋律、混音与音乐风格模仿。例如，AI 可根据特定的风格或作曲家的历史作品，生成符合该风格的新乐曲。此外，像 Autotune 这样的 AI 技术，虽然更偏向于生产任务，但也能通过自动调整音准，间接影响音乐创作过程。

在影视创作方面，AI 已被用于剧本生成、视频剪辑和视觉效果的制作。例如，BBC 开发了一个基于 AI 的直播报道系统，可自动完成镜头构图、镜头切换与镜头选择，但初步结果显示其仍需进一步改进才能完全替代人工导演的操作。

（二）信息分析

信息分析指 AI 通过数据处理与模式识别技术，从大量音频、图像、视频和文本数据中提取有价值的信息，以支持更高效的理解与决策。这一过程广泛应用于新闻媒体、社交平台、市场营销和内容审核等领域，依赖于深度学习、自然语言处理（Natural Language Processing，NLP）和计算机视觉（Computer Vision，CV）等技术。

在图像与视频分析方面，AI 能够自动识别与提取图像和视频中的关键要素。例如，Twitter 的自动裁剪算法可根据图像内容自动生成展示最显著部分的缩略图，以提升用户体验。类似地，BBC 开发的 AI 系统可自动分析直播视频内容，并进行镜头构图与镜头切换。尽管目前该系统仍需要进一步优化，但其已展示了 AI 在自动化视频分析中的潜力。

在文本分析方面，AI 可用于情感分析、主题识别与自动摘要生成。例如，社交媒体平台使用 AI 工具对海量用户生成内容进行实时分析，以识别热点话题、用户情绪及潜在的违规内容。此外，日本广播协会（NHK）开发的智能制作（Smart Production）技术，通过整合社交媒体（如 Twitter）、地方政府数据与新闻采访等多源数据，自动提取事件与关键信息，并生成易于理解的报道内容。

在音频分析方面，AI 能够识别和分析语音信号中的特征信息，用于语音转录、音色识别和自动语音摘要等任务。例如，AI 可用于分析播客与访谈节目中的语音内容，并自动提取摘要或生成字幕文件。

AI 的信息分析能力还被用于市场营销与用户行为研究。例如，AI 可通过分析消费者的社交媒体互动、评论与购买行为，帮助品牌识别潜在市场趋势，进行个性化推荐，甚至预测未来消费偏好。

（三）内容增强与后期制作

内容增强与后期制作指 AI 在现有音频、图像和视频数据的基础上，通过自动化技术改进素材质量、增加视觉效果或进行自动化编辑的过程。这一领域涉及图像超分辨率（Super-Resolution）、色彩增强、自动剪辑、帧率插值（Frame Rate Interpolation）以及 3D 重建等技术，广泛应用于电影制作、广告设计、游戏开发和历史档案修复等场景。

在图像和视频增强方面，AI 能够自动提升素材的视觉质量。例如，AI 驱动的超分辨率技术可将低分辨率图像放大并增强细节，同时减少像素化现象。色彩增强和图像上色技术同样常用于历史黑白照片和旧电影的修复，通过学习大量彩色图像数据，为单色素材生成自然逼真的色彩。此外，帧率插值技术可用于提升视频的流畅度，使低帧率素材转换为更高帧率，从而改善观感体验。

在自动化视频剪辑方面，BBC 开发了一种 AI 驱动的自动化直播报道系统，该系统能够自动进行镜头构图（如远景、中景和近景）、镜头切换与画面选择，尝试实现无需人工干预的实时新闻报道。然而，初步测试显示该系统仍存在不足，难以完全替代人类摄像师的艺术判断与灵活性。

在 3D 重建与特效制作方面，AI 可通过 3D 重建技术将 2D 图像或视频转化为三维模型，以增强视觉真实感。例如，项目《透过 VR 镜头看威尼斯，1898》采用了 AI 驱动的 3D 重建与色彩增强技术，将历史影像转换为沉浸式 VR 体验。

此外，在音频后期制作方面，AI 也已被用于自动降噪与音频修复。例如，Autotune 技术可自动修正演唱过程中的音准偏差，广泛应用于音乐制作中以提升成品质量。

（四）信息提取与增强

信息提取与增强指 AI 通过自动化算法从多源数据中识别、提取和强化有价值的信息，以提高数据可用性和可理解性，常用于新闻报道、数据可视化、社交媒体监控、图像和音频分析等领域，旨在通过深度学习和自然语言处理等技术自动筛选和丰富数据内容。

在新闻与媒体领域，AI 能够自动从多种数据源中提取关键信息并生成摘要报道。例如，NHK 开发的智能制作技术，能够从社交媒体（如 Twitter）、地方政府数据库和新闻采访记录中提取事件与关键数据，并自动整合成可供发布的新闻内容。这种 AI 技术极大地提高了新闻报道的时效性与内容丰富度。

在图像与视频的关键内容提取方面，AI 可用于自动识别与突出图像中的主要元素。例如，Twitter 的自动图像裁剪工具可分析图像内容，并自动生成以最显著部分为中心的缩略图，以便更好地吸引用户注意力。此外，视频分析工具可自动识别视频中的关键帧与高光时刻，从而用于自动生成预告片或精彩片段回顾。

在文本数据方面，AI 可用于自动进行情感分析、关键词提取与主题识别。例如，AI 能够分析大量社交媒体评论，自动识别公众对某一事件或品牌的情绪倾向，从而帮助企业进行市场反馈分析与舆情管理。

在音频数据中，AI 可通过语音识别与音频分离技术进行信息提取。例如，语音转文本技术可将播客或访谈中的语音自动转录为可搜索的文本，便于信息检索与存档。

AI 的增强功能还体现在对原始数据的智能补充与丰富方面。例如，在历史档案修复中，AI 可基于现有数据自动填补缺失的细节，如通过学习类似图像数据实现图像修复或通过自动字幕生成增强无声视频的可理解性。

（五）数据压缩

数据压缩指 AI 通过自动化算法减少数据量，同时尽可能保留原始信息的核心内容，以提高存储与传输效率。这一技术主要应用于图像、音频、视频以及文本数据的压缩，广泛用于流媒体平台、数字存储、远程传输与移动设备资源优化等领域。

在图像与视频压缩方面，AI 通过深度学习模型能够识别图像和视频中的关键信息，从而以更高效的方式进行压缩。例如，AI 驱动的超分辨率压缩技术

（如基于深度生成模型的图像压缩）能够在低比特率下保留更高的图像质量。此外，AI 可用于自适应帧率压缩，即根据内容复杂度动态调整压缩比率，以在最大限度减少数据量的同时保持较佳视觉体验。

在音频压缩方面，AI 通过频谱分析与特征提取技术，可在减少音频文件大小的同时保留人耳可感知的关键信息。例如，现代音乐流媒体平台使用 AI 驱动的音频编码技术，如 MP3 和 AAC，通过去除人耳无法察觉的频率，实现高效的音频压缩。同时，AI 还能用于语音压缩，通过保留关键语音频率，实现更小的语音文件体积，同时保持清晰度。

在文本数据压缩方面，AI 可通过自监督学习模型实现自动化文本摘要与信息提取，从而减少文本冗余。例如，自动文本摘要工具可基于深度学习算法，从长篇文档中提取关键句子，以压缩文本长度，同时保留主要信息。此外，AI 用于自然语言处理的句向量表示（如 Word2Vec 和 BERT）也是一种数据压缩形式，将文本语义表示为紧凑的向量形式，以减少存储空间并提高处理效率。

AI 驱动的数据压缩还应用于多媒体传输与实时流媒体服务，如 YouTube 和 Netflix 等平台。这些平台通过 AI 算法实时调整视频分辨率与压缩比，以适应用户的网络带宽，确保流畅播放的同时最小化数据消耗。

# 第三节　AIGC 与创意管理

创意产业，包括广告、出版、设计（产品与图形设计）以及 IT（软件与计算机服务），正随着 AIGC 的兴起迎来重大变革（Amankwah-Amoah 等，2024）。这一变革主要归因于生成式 AI 能够自动化重复性任务、根据个性化需求定制内容、激发创新、提升运营效率，并快速适应不断变化的行业趋势。生成式 AI 作为变革的催化剂，能够简化复杂流程、丰富创意能力，并带来显著的成本节约。其影响力源于该技术在这些领域所提供的转型潜力，使专业人士能够提升生产力，并在充满活力与竞争激烈的环境中保持领先地位。本节进一步探讨了生成式 AI 在这四个创意领域中的颠覆性影响，分析了其行业影响及潜在风险，见表 6-6。

表 6-6　AIGC 与创意管理的演进

| 方面 | 广告行业 | 出版行业 | 设计行业 | IT 服务行业 |
|------|---------|---------|---------|------------|
| 活动范围 | 广泛的在线和离线广告活动 | 书籍封面设计、杂志制作、数字内容创作 | 涵盖产品设计、图形设计和品牌推广 | IT 服务包括硬件、软件、网络管理等 |

续表

| 方面 | 广告行业 | 出版行业 | 设计行业 | IT 服务行业 |
|---|---|---|---|---|
| 当前技术使用 | 数字广告是关键；传统策略仍在使用 | 越来越多地使用技术进行策展和内容创作 | CAD、3D 打印、图像编辑、视频制作、网页应用 | 在软件开发和 IT 管理中广泛使用 |
| 生成式 AI 的潜在应用 | 内容生成、自动化、预测建模 | 内容策展、自动化和客户洞察 | 3D 模拟、设计自动化、客户服务、虚拟化身 | 自动化、虚拟助手、增强的自然语言处理 |
| 对行业的影响（业务） | 提高效率和数据驱动的策略 | 简化运营和降低成本 | 加速设计和改进客户服务 | 简化运营、降低成本和创新 |
| 对行业的影响（就业） | 任务自动化，对某些工作产生影响 | 任务自动化，对某些工作产生影响 | 设计任务的自动化和潜在的招聘变化 | 任务自动化、潜在的招聘变化 |
| 对行业的影响（客户） | 增强的客户洞察力和自动化支持 | 改进的客户服务和数据驱动的内容 | 增强的客户体验和自动化 | 增强的客户服务和自动化 |
| 对行业的影响（投资） | 投资转向数字媒体和创新 | 增加对数字出版和创新的投资 | 对设计创新和用户体验的投资 | 对 IT 服务和云采用的投资不断增加 |

## 一、AIGC 与广告创意管理

生成式 AI 在广告领域的潜在应用非常广泛，包括自动化广告文案创作、视频制作和预测分析。这项技术承诺通过创建预测模型帮助企业做出广告决策，使企业能够识别新的市场机会。目前，生成式 AI 在广告创作方面已有显著进展。它能够基于用户输入自动生成引人注目的广告内容，减少了人工研究和编辑的需求。这一能力可以扩展到生成高质量的广告文本、图像、视频和模仿内容。此外，生成式 AI 还可以提供用户参与度和潜在的用户群体信息。例如，电子商务平台可以利用生成式 AI 根据用户偏好和浏览历史自动生成个性化的产品描述。

从技术角度来看，生成式 AI 将推动行业进入一个新纪元。它能够自动化任务、使用自然语言处理并提供预测分析，这些都在革新广告活动，使其更高效、更以数据驱动为特征。从商业角度来看，传统的广告技术逐渐失去效果，需要采用生成式 AI 来保持竞争力。关于就业，生成式 AI 的引入可能会减少对特定手工广告任务的需求，带来内容创作和客户支持职位的自动化替代，导致对这些岗位的招聘减少。

虽然生成式 AI 有潜力通过提供自动化的回答和见解来提升客户体验，但如果它未能按预期运行，也可能导致客户的挫败感，出现准确性或响应问题。品牌经理、广告策划人员、战略家、创意团队成员、制作人、模特、分销商和监管者必须仔细评估在各自领域内使用 AI 生成的广告可能带来的影响。生成式 AI 正在重塑广告领域，在提供显著优势的同时，也带来挑战。这个行业正在经历由生成式 AI 推动的技术、商业和就业变化，最终影响着广告策略和客户体验。在行业适应这一技术的过程中，需要精心管理，以确保质量、减少偏见，并满足客户期望。

### 二、AIGC 与出版创意管理

出版业涵盖了从图书和杂志生产到内容分发和推广的广泛活动，随着生成式 AI 的出现，其正在经历重大变革。这一变革正在重塑出版行业的各个方面，促使我们审视其当前应用、潜在好处、相关风险和更广泛的影响。目前，出版行业融合了传统印刷和数字渠道，包括内容创作、编辑、印刷、分发以及在线内容生成，如文章、博客、视频、网站和应用程序等。

生成式 AI 已成为出版商的宝贵工具。它有助于内容策划、文本探索、图像编辑、抄袭检测以及内容定制，以更有效地吸引读者。它还促进了对目标受众的更深刻理解，提升了内容的质量和相关性，并创造了个性化的读者体验。它能够通过快速响应读者查询来提升客户服务。例如，出版公司可以利用生成式 AI 自动化编辑，减少成本并加速图书生产。此外，生成式 AI 还可以检测欺诈并防止可疑活动，保护企业免受重大损失。

随着越来越多的出版业客户开始接受 ChatGPT 进行各种任务，如自动化客户服务和支持、数据输入和信息提供，生成式 AI 正在重塑出版行业，通过提高效率、节约成本和增强客户体验，为出版商带来竞争优势。虽然它也面临挑战和风险，但在快速发展的数字环境中，出版商必须采纳这一技术才能保持竞争力和相关性。

### 三、AIGC 与设计创意管理

设计（产品与图形）行业涵盖广泛的服务，包括产品设计、图形设计和品牌建设。这些服务涉及标志、包装、宣传册、网站、数字材料、横幅和标牌的创作，以及营销活动的开发。该行业利用多种技术，包括用于 3D 建模的计算机辅助设计（CAD）软件、用于物理原型的 3D 打印、图像编辑工具、视频制作软件和用于互动数字体验的 Web 应用工具。

生成式 AI 在设计领域提供了许多潜在应用。它可以创建 3D 模拟、提供自动化设计建议、优化制造过程、通过互动元素增强客户体验、自动化客户服务、预测趋势、生成虚拟化身。例如，生成式 AI 有潜力自动化许多手动设计过程，如 CAD 设计、原型制作和客户服务。这一技术可以加速设计创作，能够更快地响应客户服务需求，从而提升竞争力。

虽然设计行业受益于生成式 AI，尤其是在数据输入、图像处理和设计创作等任务中，但是将生成式 AI 与现有系统集成并准确解读客户反馈仍然具有挑战性。这些挑战包括对用户体验研究的投资、用于定制视觉效果的 AI 驱动设计工具，以及提升客户满意度和忠诚度。

### 四、AIGC 与 IT 服务创意管理

IT（软件与计算机服务）行业正受到生成式 AI 的重大变革推动。这一变革影响了行业的各个方面，包括活动范围、当前应用、潜在好处、相关风险和更广泛的影响。IT 服务涵盖计算机硬件和软件的安装、维护、故障排除、网络管理、网站设计、开发、编码和系统安全等工作。

生成式 AI 在 IT 行业中具有广泛的应用潜力。它可以促进自动化软件和应用程序的开发，显著减少开发时间和成本。例如，AI 生成的代码可以加速软件更新的过程。IT 行业的客户已利用 ChatGPT 来自动化客户支持任务，但在处理复杂技术问题或准确解读客户反馈方面仍面临挑战。其与现有系统和数据库的集成也可能面临困难。此外，随着对网络安全解决方案需求的增加，进一步的投资也在推动该领域的发展。

生成式 AI 正在通过自动化流程、增强客户体验和提高效率来重塑 IT（软件与计算机服务）行业。对于寻求在快速变化的技术环境中保持竞争力的企业来说，采纳这一技术是必不可少的。

### 五、AIGC 带来的新商业形态

AI 技术为文化创意产业带来新的商业模式与机会，如 AI 艺术品交易平台、智能文化创意服务、虚拟展览等，推动了一系列创新商业形态形成。

（一）交易模式的变革

AI 艺术品交易平台正变革传统市场，传统的鉴定、估价和推荐依赖专家经验且耗时费力，AI 则可以通过数据自动化处理这些环节。AI 可用图像识别和大数据技术高效判断作品真伪，且误差率更低。AI 可结合交易数据与市场趋势提供更精准的估价。推荐方面，AI 基于用户行为进行个性化推荐，提高用户满意度和购买率。此类平台具备数字化驱动、中心化治理、生态化发展的特征，通过提升交易效率与透明度、优化资源配置和推动市场专业化，重塑了艺术交易模式。

（二）商业与文化体验的重塑

虚拟空间与元宇宙重塑了商业与文化体验。AI、VR、AR 技术推动形成虚拟偶像、艺术展览和元宇宙体验等新消费形式，突破了物理空间限制。AI 可生成

逼真的虚拟偶像与艺术作品，驱动数字人的社交互动，使体验更具沉浸感。元宇宙则通过连接多个虚拟空间，让用户在不同场景间自由切换。政策与技术进步推动虚拟文化消费空间的建设，不仅为文化传播提供了新平台，也成为推动经济增长的新动力。

（三）社交化的商业网络

AI为艺术创作和消费注入了更多社交互动维度。用户可用智能App生成个性化艺术内容，通过AI社交平台分享观展体验、在线评论艺术作品。如在网易云音乐中，用户评论和歌单已成为音乐社交的重要组成部分。AI虚拟数字人进一步拓展了社交网络空间，通过AI驱动实现自然互动，这种互动突破了传统的社交网络，使用户可以更加深度参与形成个性化艺术体验。AI与数字技术正在重塑创意市场的商业格局，为文化传播与商业发展提供更多可能性。

专栏

# 元宇宙经济：一种新型数字经济的内在逻辑

### 袁　园　杨永忠

元宇宙作为一个新兴概念，其多样化的发展形式将随技术创新和商业实践而不断演化。但是将其区隔为一种与之前的数字经济不同的新型数字经济，主要逻辑来自数字货币的诞生与数字法币的发展，以及围绕着数字资产而形成的一系列新的经济生产和商业模式。在这样的两大前提下，传统经济的价值理论体系也受到挑战，需得到相应的修正，以促进产业发展。

**一、基础层：数字货币的曲折发展与基础设施作用**

1. 数字货币从"黑科技"到合法化的发展

新型数字经济的底层是新的货币体系的确认，但这个过程却不是一蹴而就的。自2008年首次出现到2018年，比特币涨了100万倍，成为人类历史上增长最快的资产。虽然比特币的合法性问题在不同国家存在分歧，但并不能阻止这个没有人服务、没有政府和银行担保的系统的不断发展，每天有百万甚至千万美元的支付和交易在该系统上发生。2013年以太坊推出了基于智能合约技术的区块链加密货币开发机制，更是使得自由发币的

ICO（Initial Coin Offering 或 Initial Crypto-Token Offering）泛滥，泡沫严重，投机风盛行。

尽管以比特币为代表的一系列加密数字货币的诞生与发展毁誉参半，但由此开启的基于区块链的货币转型却成为一股不可逆的趋势。2014年底，英国央行发表的一篇报告首次以官方的身份扭转了人们对数字货币初始的负面认知。这篇报告指出，比特币没有信用风险，也没有流动性风险，并表明该科技是300多年来最大的金融科技创新。为了顺应这个潮流，英国甚至由此开启了数字英镑的计划。2015~2016年，英国央行率先提出要开发基于区块链的数字法币系统，2015年因此被视为国外"区块链元年"。2016年12月，贵阳市发布《贵阳区块链发展和应用》白皮书，首次提出了"主权区块链"的概念，认为区块链可用来维护国家主权，通过区块链上的智能合约结合中国的法律法规，使得每一笔交易可以符合中国法律，这是一个基于技术的非常有创新性的提法。2017年9月，IMF总裁克里斯蒂娜·拉加德提出要考虑把数字代币加入IMF货币篮子里，震惊金融界和学术界。到了2019年8月23日，前英国央行行长马克·卡尼在美国发表演讲，认为合成霸权数字法币可以取代美元成为世界储备货币，更是引起了轩然大波，这被认为是对美元霸权的公然挑战，被称为"823事件"。而美国哈佛大学智库针对"823事件"的回复认为，当下一场基于数字货币的新型货币战争正在逐步显现，并呼吁美国尽早积极布局。事实上，2020年10月，美国财政部就迅速开始着手一系列的银行大改革，对现有银行进行拆分，并允许美国银行发行稳定币并参与区块链网络，批准数字货币发行公司成为美国的特殊"银行"，这意味着区块链金融正式进入合法合规的世界金融舞台。

中国目前虽然禁止了比特币等私人数字货币的发行和交易，但是央行数字法币的研发进程却一直没有懈怠。早在2014年，在时任央行行长周小川的支持下，中国人民银行便成立了法定数字货币专门研究小组，并明确了"发行数字货币"这一战略目标。2020年4月，央行数字货币在深圳、苏州、雄安新区和成都4个地区先行试用。

2. 数字货币为新型数字经济提供基础设施

由于数字货币具有多种重要的功能，关于数字货币的本质也一直存在争议，因此这里并不准备详细论述数字货币对于整个经济体系的意义和作用，以及数字货币的发行准则等细节性问题。在这里，我们主要想指出，对于在元宇宙虚拟世界中产生的经济关系而言，数字支付依然是数字经济的基础，是重要的基础设施，而原有的以微信和支付宝为代表的网络数字支付，由于不能自发地生成数字通货，不符合元宇宙中以区块链技术为支撑的底层逻辑，因而需要新的数字支付衍生途径。有学者提出数字法币将成为新型数字经济的引擎。

基于区块链技术的货币体系以及全球新金融体系虽然还有待在研究和实践中进一步建构，但数字货币——无论是数字代币还是国家央行发行的数字法币，尽管有不同的诞生逻辑，但都是基于区块链技术的带有权证性质的新型货币。在底层技术上，区块链的分布式记账方案能够更好地保证每个人的价值存放和价值证明，并且在完成价值储存功能的同时，还能够清晰标注所有权，因此能够为元宇宙中个人财产确权、知识产权保护提供更为准确、便利的凭证。与此同时，个人依据创意才能、天赋和劳动而创造的数字产品，一旦生成就能在区块链技术下获得独一无二的数字权证，天然带有资产属性，这就更鼓励了个人创造，使得每个人在元宇宙中创造自己的数字产品成为可能。而这些资产经由认同而产生交换、流通，就能将其所携带的多元价值兑现为经济价值。这就构成了元宇宙经济中底层的经济增生动能、多样的劳动意涵和新的经济生产方式。

## 二、商业层：数字资产的创造与消费重塑元宇宙经济的商业逻辑

关于数字资产的定义可以有很宽泛的分类，但是在元宇宙经济中的数字资产主要是基于区块链技术的一类具有经济价值的数字凭证。这类凭证既可对应现实世界资产逻辑在数字世界的映射，如数字房产、数字股票、数字期货等，也包括由数字代币表达的数字权益或数字艺术品。

元宇宙经济目前最主要的雏形还是展现并架构在新型游戏平台上。这些拥有开源特征的游戏平台不再是由平台创建者一手主导的中心化设计，而是在一定工具和规则下由玩家自主开发的"共创"数字空间。而游戏平台上的"玩家"主体既可以是个人，也可以是机构主体或商户，他们可以同时拥有由"数字身份"统合起来的多样化的数字化分身，在游戏平台上或其他数字平台上购买或创建属于自己的"数字资产"，并在新的经济闭环体系中完成与现实世界中经济资产的双向兑换，这就意味着不仅所有在现实世界中存在的"生意"都可以在元宇宙的数字世界里重做一遍，而且

还可以在数字世界中创造现实世界中原本没有的服务或体验，生产更多的价值。

1. 数字身份为数字资产的创造和消费提供新商业模式

数字身份并不是一个新概念，不过随着时代和技术的发展，数字身份拥有了不同的概念内涵，经历了中心化数字身份、联邦化数字身份和分布式数字身份（DID）的演化。其中，分布式数字身份以区块链、分布式账本等底层技术作为支撑，已将标识属性逐步从人、物扩展到数据，在实现数字对象全面互联互通、隐私身份管理等方面具有重要意义，进而也成为元宇宙中数字身份的存在方式。分布式数字身份的一个重要功能是可以在元宇宙的不同平台之间凭借私钥形成身份的迁移，从而统合不同平台上同一主体的不同数字化身（Avatar）。这对于在元宇宙中形成新的商业模式有着重要的影响。

第一，以NFT作为锚点，元宇宙中创作者的知识产权将因为清晰的身份溯源而得到更好的保护。NFT是"Non-Fungible Token"的缩写，中文译为"非同质化通证"，其最大特点是不可分割、独一无二。正是因为这种天然的稀缺属性，NFT有时也直接被视为数字资产，具有资产属性。事实上，NFT通过搭建一套契约模式，给数字作品的所有权识别带来了极大便利和精准性，远超现实世界的签名、盖章、印戳，且难以被篡改。每一个NFT ID只能被一个所有者拥有，而一个所有者即同一个数字身份所有人则可以拥有多个NFT ID。因此，分布式数字身份为元宇宙中不同平台的化身所创造、拥有的数字资产统合提供了基础。在中国，狭义的以加密货币为代表的NFT虽然受到限制，但是有研究者提出了NFR（Non-Fungible Right），即非同质化权益，为数字资产在虚拟世界的生产和确权提供了一种中国式的解决方案。

第二，数字身份的日渐普及为现实世界的商业品牌提供了在元宇宙数字世界营销的全新方式。自元宇宙概念爆火之后，不少品牌在元宇宙游戏平台上进行产品的营销宣传。例如，Vans在Roblox里搭建了一个滑板公园，用户在玩游戏时可以购买Vans的虚拟商品。产品品牌营销围绕着数字虚拟世界中人类的化身（Avatar）展开，被称为D2A（Direct-to-Avatar）。玩家在元宇宙游戏中购买的既可以是实体产品，也可以是虚拟产品。如果是实体产品，那么D2A仅仅涉及一种实物产品的营销方式；但如果玩家购买的是 Vans 滑板鞋的虚拟产品，则又可衍生出针对虚拟产品在游戏中的佩戴、清洁和维护等业务，例如应用程序 Aglet 就可提供针对虚实两界资产维护的相关服务。同时，产品也可拥有独一无二的数字身份 NFT，存在着现实世界产品的购买和虚拟世界产品作为数字资产的购买两种商业模式。例如，法国奢侈品牌 Balmain 在推出与美国高端健身房 Dogpound 合作的最新系列运动鞋"BBold Dogpound"的同时，在全球区块链交易平台Open-Sea 上发布了这两款鞋的 NFTs 版本，并为其购买者提供线下独一无二的 VIP 体验服务，包括获得进入 Balmain 秀场的入场券以及获得进入Balmain 秀场后台的名额等。品牌的实物产品与虚拟数字资产在另一种意义上实现了联动。而这些商业新模式的发明创造都基于作为消费者的人的数字身份以及作为独一无二的产品的数字身份的确认。

2. 数字资产与现实资产的双向流通创造新经济体系

数字资产与现实资产的双向流通所构建的新经济体系，主要体现在两个方面的变化。一方面，以数字货币进行支付和交易的流动速度大大超过旧有金融系统的货币流通速度，从而提高了经济效率，可以创造更高的经济价值。2021 年 5 月，全球知名加密数据分析平台 CoinGecko 数据显示，全球加密货币总市值约为 2.55 万亿美元，而美联储经济数据库（FRED）同期公布的数据显示，美元流通量为 2.15 万亿美元，加密货币的总市值已超越美元货币流通量。而在 2020 年，全球加密数字货币市值更是一度达到3 万亿美元，超过了英国 2020 年 2.71 万亿美元的 GDP，跃居为世界第五大经济体量。加密货币的迅速发展刺激了各国央行持续推进数字法币的发行。国际清算银行（BIS）2020 年第 3 次全球央行数字货币（CBDC）调查表明，在全球 66 家央行中，有 86% 的央行在研究数字货币问题，其中10% 即将发行本国的 CBDC。数字货币的流通不但可以促进现实世界经济效率的提升，同时也将为数字资产与现实资产的互通互换提供符合新型货币政策的可行性依据。

另一方面，在元宇宙数字世界创造的数字产品，经由他人的消费、购买而生成为数字资产，一旦元宇宙中的数字资产与现实世界的资产的双向兑换达到一定的规模，则意味着经济生产的总体量将大大提高。Roblox 作为互联网游戏平台，首先实现了平台数字代币 Robux 与美元的双向兑换，完成经济闭环，成为游戏平台进行数字经济生产的一种模式。另一种模式则是区块链游戏平台上各种数字资产和实物资产的直接交易。例如，OpenSea 是一个数字收藏品的交易平台，藏家用真金白银交易一些在现实世界中原本不存在的"数字藏品"；SuperRare 则是基于区块链的专门的数字艺术品的交易平台。这些新的存在于链上虚拟社区的"元宇宙"经济，已经在持续地产生不小的交易。数字资产的创造、购买和拥有已经成为经济体系中新的产业形态。这些新的经济交易的产生并不受限于物理世界的生产法则，进而在一个目前尚无法充分预估的意义上扩大了人类经济体的总体量。

### 三、理论层：元宇宙经济中的价值理论

作为新型数字经济的划时代变革，元宇宙经济的生产、流通和消费史无前例地完全在数字世界里完成。对于人类历史来说，无论是货币体系、经济体系、监管体系还是法律体系都将因此而重写。在目前初步可见的元宇宙经济体系中，我们可以发现其不同于传统经济学假设的规律，同时元宇宙经济价值理论的发展也将释放更多的创造动能，催生更丰富多元的数字经济业态。

#### 1. 元宇宙经济与传统经济学假设的背离

传统经济学理论体系是建基于物理世界的资源有限，以及亚当·斯密理性经济人的主体假设之上。早在 2014 年黄江南、朱嘉明就在网易经济学家年会夏季论坛上提出了"观念经济学"的系统性论述，明确提出基于观念进行生产的经济学挑战了传统经济学的一些基本定律。在他们看来，经济学是一门历史科学，需要根据经济结构、经济制度和经济形态的演变而不断创新。当人类社会的经济发展到以观念为资源而不是以物质为资源的阶段，就相应地会出现不同的经济规律。如果说目前人类社会同时包括了物质产品生产、纯观念产品生产，以及两者兼有的复合产品生产，那么纯粹在数字世界进行产品生产、交换和消费的元宇宙经济可以说是观念经济的最佳代表。

不过，要说观念经济就是元宇宙经济规律的全部内涵，还有失偏颇，很多文化产业的内容生产门类如音乐、美术、出版、游戏其实已经是观念经济的表达。赵国栋等在《元宇宙》一书中虽然提出了元宇宙经济学，并认为其特征突破了传统经济学的基本假设，具有边际效益递增、边际成本递减、认同决定价值、交易成本趋零等与传统经济相背离的独特规律，但

尚未能从理论的层面思考元宇宙经济的价值生产究竟有怎样的突破意义。由于元宇宙作为一个概念尚在发展当中，具体的经济规律有待不断总结，但是回到"价值"这个最基本的概念去重新思考，或许能够给元宇宙经济学的发展带来启示。

2. 元宇宙经济为复数的价值兑现提供可能

经济学的价值理论通常被追溯到1776年亚当·斯密的《国富论》对使用价值和交换价值的区分。在此基础上，19世纪的政治经济学家们提出了基于生产成本的价值理论，后来经过李嘉图、马克思慢慢发展出了劳动价值论，其主要认为物品的价值是由包含在物品中的劳动量来决定的。到了19世纪末，基于个人效用的经济行为模型取代了基于成本的价值理论，被视为"边际革命"的兴起。英国经济学家杰文斯在杰瑞米·边沁（Jeremy Benthem）的基础上做了进一步阐述，从而使得"效用"成为边际理论的基础。

然而，边际效用理论虽然有其特定的历史阶段的意义，但一直以来也存在各种批评，尤其是对于文化经济学家来说，这样有稳定偏好序列的需求假定是对价值认同所具有的社会建构属性的绝对盲视。为了弥补单纯"效用"视角的价值理论的不足，文化经济学家和创意经济学研究者们都不忘将文化价值纳入对案例的研究和考核中。虽然文化经济学家们认同后现代理论家对现代社会过于单一的经济价值观的批判，认同重塑"一种扩展的、变动的、混合的价值解释"极为必要，但并不能找到一种可以对这些扩展价值（审美价值、精神价值、社会价值、象征价值、真实价值等）进行标准化感知和数据化评估的通用方式，因而对扩展价值的强调或实现往往依赖于一定的意识觉悟，从而在现实实践中产生种种不确定性。而一旦经济形势不好的时候，经济价值对文化价值的凌驾便成为常态，尤其是在新自由主义政治经济语境下，文化理论的"价值危机"更是一种老生常谈。

如果说在文化经济时代，价值理论的发展确实超越了标准化假定的"效用"而具有了复数价值的正义性共识，那么如何确保这些复数价值都能有依据的兑现仍然是一个没有解决的问题。观念经济的规律在文化经济或创意经济中或多或少具有适用性，但仍然缺乏将这些复数价值兑现或证明有用（即实用主义视角的经济价值）的技术保障。而在目前已经出现雏形的元宇宙经济系统中，经由体验表达的价值诉求更为多元，此时"认同"成为决定数字产品价值兑现的直观依据。但是，如同在现实世界中一样，元宇宙数字世界中的"认同"是否也会被广告或营销等刻意建构或操纵呢？在未来元宇宙中，人类真的以线上线下多重分身共存为常态时，分身的价值认同是更趋于与现实一致还是一种补偿式的"反向认同"呢？抑或是一种可以同时兼得多种价值的认同集合呢？这些有关元宇宙中人类价值的认同模式、认同特征都将直接影响到元宇宙中数字产品、数字创造的价值兑现以及相关产业的发展逻辑。而在这个新的复数价值逻辑之下，必将催生更为丰富多元的数字产业业态和更庞大的经济增长前景。

（选编：袁园，杨永忠. 走向元宇宙：一种新型数字经济的机理与逻辑［J］. 深圳大学学报（人文社会科学版），2022（1）.）

# 第四节　AI 时代的创意管理挑战

在 AI 时代，创意管理面临多个挑战，包括：真实性与原创性问题，AI 创作是否能被视为真正的原创艺术；知识产权与法律问题，涉及 AI 生成作品的所有权和版权保护的复杂性；算法偏见与多样性，AI 可能会复制和放大文化偏见，忽视不同文化的艺术表现；艺术家的经济影响，AI 可能取代传统艺术创作方式，导致艺术市场的变化；伦理与哲学影响，AI 创作挑战传统创造力观念，引发艺术创作的伦理问题；公众认知与文化接受度，AI 生成艺术是否能被大众广泛接受及其在艺术界的地位；技术局限性与可靠性，AI 在创作复杂艺术作品时可能面临技术和质量上的不稳定；等等。这些挑战反映了 AI 在创意领域产生的深远影响。[①]

## 一、真实性与原创性

在 AI 艺术的出现过程中，保持真实性和原创性的挑战成了一个重要的争议和分析点。随着生成式 AI 越来越能够创作复杂的艺术作品，艺术界面临着关于这些 AI 创作的真实性和原创性的深刻问题。例如，考虑一个基于多个文艺复兴

---

① 相关讨论可以进一步参考：Garcia, M. B. The Paradox of Artificial Creativity: Challenges and Opportunities of Generative AI Artistry［J］. Creativity Research Journal, 2024：1-14.

时期画家风格训练的生成 AI 程序，当该生成 AI 程序创作出一幅完美模仿达·芬奇风格的新作品时，艺术界必须思考：这件作品是否可以被视为原创，还是仅仅是对原作的模仿。尽管从技术上来说，这件 AI 生成的艺术作品令人印象深刻，但它缺乏通常赋予人类创作艺术真实性的个人触感、意图和背景。这些元素对于传统艺术创作至关重要，包括艺术家的独特经历、情感和视角，以及作品背后的有意识的决策和目的——这些都是当前 AI 无法复制的。缺乏这些人类元素往往导致对 AI 生成艺术的感知偏见，通常认为真正的艺术创作是专属于人类的行为。

这个视角提出了一个根本性的问题：由没有意识的实体创作的艺术能否拥有与人类创作的艺术相同的真实性？这个问题探讨了"真实"艺术的本质，并挑战了将艺术作品的价值与人类创作者的触感和意图联系起来的传统观点——这些特质在 AI 生成的艺术中固有地缺失。此外，原创性的问题在生成式 AI 时代面临着复杂的重新定义。这些系统的算法通常从包括人类创作的作品在内的大型数据集中汲取灵感，导致输出可能会回响其原材料的风格和细微差别。通过识别 AI 生成艺术的独特特征而非仅仅其与人类创作艺术的相似性，以促进公正无偏的艺术评估，这需要对其进行细致的审查，并可能需要为评估制定新的标准。

## 二、知识产权与法律问题

关于 AI 生成作品的所有权，生成式 AI 带来了一个充满挑战的知识产权和法律问题。这一困境源于当艺术创作的"作者"是一个算法时，难以归属作者身份。例如，假设一个 AI 应用程序创作出一件新的原创视觉艺术作品，这个情况就会引发复杂的问题：谁是这件作品的合法所有者？传统的版权法基于人类创作，这在处理生成式 AI 作品时变得模糊，因为现行的法律框架并未设计出适应非人类创作者的概念。这种不确定性在美国版权局（2023）的最新决定中得到了体现，该局拒绝为 AI 生成的作品提供版权保护。这一立场凸显了围绕 AI 生成艺术的法律复杂性。

此外，由于 AI 艺术通常融入了从现有作品中学习的元素，因此当考虑到 AI 艺术中的衍生作品时，复杂性进一步加剧。这些 AI 生成的作品可能借鉴了版权材料的风格元素或实际内容，从而引发关于这些作品是否构成新的原创作品，或仅仅是人类艺术家版权创作的未经授权的衍生作品的争论。挑战在于如何制定新的法律法规，或调整现有法规，以公正地界定 AI 生成艺术中的灵感与侵权之间的界限。这些困境要求重新思考版权法，以考虑生成式 AI 在创作过程中的影响。法律学者、政策制定者和艺术界必须进行对话，建立一个透明、公正和可执行的系统，既保护人类艺术家的权利，也考虑到 AI 生成艺术的独特性质。法律框架的这一演变必须与技术进步同步，以确保 AI 艺术领域的扩展能够负责任和可持续地发展，以尊重所有相关方的知识产权。

### 三、算法偏见与多样性

算法偏见是生成式 AI 中的一个重要挑战，对其所创作艺术的多样性和表现力产生深远影响。这些由生成式 AI 驱动的图像生成器可能会扭曲群体身份并在编码上形成偏见，由此导致刻板印象的继承和强化。例如，一个主要基于西方艺术训练的 AI 应用程序，当被要求创作新作品时，可能会复制深受西方艺术传统影响的风格、主题和视角。这种偏见无意中边缘化了其他艺术传统和观点，特别是来自非西方文化的传统，从而导致输出结果趋于同质化并以西方为中心。

这一情形凸显了生成式 AI 所依赖的机器学习（ML）模型本质上反映了其所接受的数据。当数据集缺乏多样性或包含历史偏见时，生成式 AI 会在其输出中延续这些问题，无法完全涵盖人类经验和表达的丰富面貌。因此，使用生成式 AI 创作多样化和包容性艺术的过程中，面临确保底层算法接触到广泛的文化和艺术输入的障碍。如果缺乏这种广度，生成式 AI 的创作输出可能会呈现同质化的视角，可能会排除未被充分代表的群体和观点。确保生成式 AI 艺术中的多样性不仅是一个技术挑战，还是一个策展挑战，需要在选择训练数据时进行有意识的监督。解决这些挑战需要技术人员、艺术家、社会学家和文化批评家的合作，指导生成式 AI 系统的开发，不仅要具备技术能力，还要具备文化意识和包容性。

### 四、艺术家的经济影响

随着生成式 AI 在各个领域的普及，人们开始关注自动化可能取代特定工作岗位的潜在风险。这一趋势引发了一个有趣的问题：艺术家是否也有可能被这些先进的技术系统取代？生成式 AI 的兴起引发了激烈的市场竞争，因为它快速且高效地创作艺术作品，这与传统的创作方法形成了鲜明对比。这一技术进步有可能使艺术市场饱和，从而可能削弱人类创作艺术的价值和需求。此外，生成式 AI 正在开辟新的收入来源，促使艺术家涉足数字艺术市场和 AI 辅助设计服务。尽管最初有所顾虑，但研究报告显示，艺术家们正在越来越多地采纳生成式 AI 以保持就业安全。这一趋势反映了艺术家们面临的复杂抉择：是适应新技术，还是面临被淘汰的风险？

除了直接的市场影响，AI 还带来了与知识产权相关的经济挑战，以及艺术家风格可能被滥用的问题。那些未经授权就能复制艺术家独特风格的工具不仅引发了伦理问题，还带来了重大的经济后果。AI 工具未经允许使用艺术家的风格，可能导致经济损失，尤其是当这种复制稀释了艺术作品的独特性或导致委托创作机会的丧失时。此外，AI 可能产生未经艺术家认可的作品，这种误用可能对艺术家的市场声誉产生不利影响，进而影响其经济地位。这些因素凸显了在数字艺术市场中建立法律和伦理框架的重要性，以保护艺术家在日益主导的 AI 技术环境中的经济利益。

### 五、伦理与哲学影响

伦理问题一直是 AI 领域的一个重要关注点，生成式 AI 也面临类似的挑战。一个典型例子是 AI 的潜在滥用，这在多个场景中都有所体现。在生成式 AI 的背景下，一个类似的伦理问题是创作故意具有误导性或操控性的艺术作品和其他媒体形式，目的是扭曲现实或传播虚假信息。AI 生成的图像被用来创建虚假的叙事，可能引发恐慌或在虚假前提下改变公众的看法。这一挑战提出了关于艺术表达的完整性和真实性的问题，尤其是在与先进技术相结合时。此外，生成式 AI 应用程序生成内容的责任归属问题也是一个伦理问题。比如，AI 无意间生成了冒犯性的艺术作品时，艺术家和程序员应承担相应的伦理责任。另一个伦理问题是生成式 AI 艺术呈现中的透明度和诚实性，需要明确告知观众和消费者生成式 AI 在创作过程中的参与程度。如果将 AI 生成的艺术作品误呈现为完全由人类创作，或反之，则会引发有关艺术表达的真实性和诚实性的伦理问题。

使用生成式 AI 创作艺术作品不仅涉及伦理考量，还涉及深刻的哲学问题。中心议题之一是人工创造力的概念，这一概念从根本上挑战了传统上将创造力视为独特人类属性的看法。这种重新评估还涉及存在主义的思考，促使我们反思，在人类艺术家依赖机器进行艺术创作的时代，艺术家的角色和价值。随着生成式 AI 在创作中的应用日益增多，可能引发关于人类艺术技能需求减少的担忧，并可能导致艺术中独特人类视角的丧失。生成式 AI 的辅助作用与可能对人类创造力的掩盖形成了数字时代艺术存在主义话语中的复杂叙事。

### 六、公众认知与文化接受度

生成式 AI 带来了另一个复杂且多层次的挑战，涉及公众认知和文化接受度。这一问题深深根植于社会如何看待技术与艺术创作之间不断发展的互动。公众认知的一个关键领域集中在 AI 生成艺术是否被认可和接受为合法艺术。尽管生成式 AI 能够自主创作艺术作品，但现行的版权法并未为这些作品提供保护。这种情况反映了在现有的艺术和法律框架内，尚未完全接纳 AI 生成的艺术作品。这种法律认可的缺乏，可能会影响公众舆论，往往引发关于 AI 创作的艺术作品与人类艺术家创作作品的价值和真实性的辩论。

公众认知的另一个重要方面是情感因素。公众的怀疑通常源于这样的信念：没有人类经验和情感的 AI，无法赋予艺术作品与人类创作的艺术作品相关联的深度和真实性。这种怀疑不仅仅是关于技术能力的，也涉及生成式 AI 艺术中缺乏情感深度和个人表达的问题。研究表明，人们在审美判断中的偏见，以及更倾向于偏爱人类创作的艺术作品而非 AI 创作的作品，往往源于艺术的"人性"方面，比如它激发的情感，而非视觉艺术本身的元素。这种公众认知可能也会影响生成式 AI 艺术如何被接受并融入更广泛的文化叙事中。

AI 艺术重新塑造既定艺术传统和实践的可能性代表了一个重大关注点。随着生成式 AI 在艺术创作中的应用越来越普遍，它有可能改变长期以来的艺术形式。这一威胁可能会导致艺术世界文化动态的变化。例如，在拥有丰富传统艺术遗产的地区，如拥有文艺复兴遗产的欧洲，AI 创作的艺术作品可能会遭遇相当大的抵制。这种抵制往往源于这样一种观念：AI 无法完全捕捉人类艺术家赋予其作品的文化、历史和个人细节。因此，AI 是否能够理解并真实再现这些复杂的文化细节，仍然是学术界和公众话语中备受争议的话题。此外，AI 艺术的文化接受度还受到其对艺术社区的潜在影响的影响。在许多文化中，艺术家的身份和个人故事在其作品的价值中起着至关重要的作用。AI 缺乏个人叙事或身份，这种缺陷可能引发对 AI 生成作品在社会文化遗产中的位置的质疑。

## 七、人机合作与共创

在创意产业中，AI 通常作为艺术家的辅助工具，通过合作或在人的指导下生成内容来创作原创作品。人机共创的概念侧重于将人类的创作能力与 AI 的能力结合，在一个互动过程中过渡到一个标准化任务。这种方法强调 AI 能够与人类用户互动，获取新信息，并动态适应其功能——这一概念通常被称为"人类在环"。许多艺术家愿意将 AI 作为其创作过程中的助手，并且 AI 和人类艺术家应被视为合作伙伴，双方平等地参与创作。生成式 AI 工具的融入改变了艺术创作的工作流，艺术家只需输入粗略的想法或参数，AI 便能生成详细的输出。此整合要求艺术家熟练使用这些工具，这可能显著改变传统的创作方法，并影响既定的艺术实践。

实现人类创作控制与 AI 辅助生成之间的平衡是这一合作模式中的关键挑战。生成式 AI 在创作过程中提升创造力，提供新的探索途径，但也提出了"确定其影响力程度的微妙平衡"这一问题。AI 能够模仿创作过程的某些方面，尤其是在问题解决和发散性思维领域。然而，这种模仿并不能完全涵盖人类创造力的整个范围。许多创意专业人士对采纳 AI 持保留态度，因为 AI 缺乏固有的人类特质，如情感智力、情境意识和直觉理解。参与共创过程的艺术家必须谨慎管理他们的输入，以确保最终的艺术作品符合他们的愿景，同时也能够充分利用生成式 AI 的创新能力。人机共创的动态要求对生成式 AI 方法论和输出结果有全面理解，并将其视为创作过程中的平等伙伴。

随着艺术家与 AI 之间关系的持续发展，确立支持这种共创形式的最佳实践和框架显得尤为重要。这样的指导方针对于促进有效、公正的合作至关重要，以确保人类和机器的贡献都能得到认可和重视，同时在这个新的共创艺术时代中保持艺术愿景的完整性。

**八、技术局限性与可靠性**

尽管生成式 AI 艺术是一个突破性的领域，但它也面临许多技术局限性和可靠性问题，一个显著的局限性是创作复杂叙事艺术形式（如图画小说或带有叙事元素的详细画作）。生成式 AI 应用程序可能能够有效地生成单个场景或人物，但可能难以将这些元素整合成一个连贯且完整的叙事。最终的作品可能在视觉上令人印象深刻，但缺乏人类创作的故事统一性和情感深度，这是许多艺术形式的核心所在。这种叙事上的不连贯性是一个重要挑战，因为许多艺术形式的本质依赖于它们传达故事和唤起情感反应的能力。

生成式 AI 面临的另一个局限性是其对底层算法和训练数据质量的依赖。这种局限性可能导致艺术质量的可变性，有时可能是不可预测的，或者无法与艺术家的原始愿景相一致。当艺术家心中有抽象、微妙或高度具体的概念时，将这些想法传达给生成式 AI 工具并让它理解且准确再现可能是一个挑战。情感、深层象征主义或特定风格细节等抽象概念，可能难以转化为生成式 AI 系统可以理解的参数。这种不可预测性引发了人们对其在持续生成高质量艺术作品方面可靠性的担忧。鉴于生成式 AI 应用程序使用的算法具有随机性，每次生成尝试可能会产生不同的结果，这种可变性意味着艺术家可能永远无法得到他们所设想的艺术作品的准确呈现。

# 第五节　动态环境中 AI 影响内容创作者的自我实现机理

数字平台和新媒体的迅猛发展催生了如知识博主、短视频网红和各类关键意见领袖等新一代内容创作者。他们作为文化创意领域最具活力的群体，不仅承载着知识生产与情感表达的双重使命，也身处由技术驱动的动态环境中。在此情境下，如何在应对技术变革的同时追寻自我价值的实现，成为一个重要议题（Wang，Yang 和 Zhong，2025）。

## 一、动态环境

### （一）数智赋能与创意民主的新变局

21 世纪以来，随着以 AI 为代表的数字技术飞速发展，文化创意产业进入了前所未有的民主化阶段。抖音、快手、小红书等平台孕育出庞大的内容创作生态，形成以个体驱动、去中心化为特征的新型创意劳动模式。AI 作为技术基础设施与生产工具的结合体，在图像处理、文案生成、声音合成、数据分析等方面显著降低了创作准入门槛，推动了创意民主化（杨永忠，2024）。

然而，这一进程使创作者不得不持续地适应频繁的技术迭代与激烈竞争。并且，在创意疲劳、自主性缺失与替代焦虑等深层压力的交织作用下，创作者如何在高度动态的环境中维系稳定的价值感与成长动力，已变得不可回避。

### （二）创意背景下自我实现的再认识

自我实现是一个充满人本主义色彩的概念，它强调了个体在实现自身潜力与内在价值中的满足与成长。正如心理学家 Kaufman（2020）所呼吁的那样，生活在鸿沟扩大、个人至上的时代，人们迫切需要加强对自我实现的再认识，以促进技术进步与人文价值的平衡。在创意劳动中，内容创作者不仅追求经济收益与流量，更在意创作过程中的情感满足、社会认同与意义建构。

目前，艺术治疗、心流理论与创造力心理学均指出，创作者的幸福感与持续创造力往往来源于深度的情感投入与个体认同。尤其是在"内容即身份"的语境下，创作者对"作品是否体现了自我"有更高的敏感性。这也使如何通过 AI 技术实现自我成长成为数字时代自我实现研究的关键。

### （三）AI 驱动下知识管理的智能化

知识管理是指系统性地探索、传播与利用知识资源（包括隐性、显性和嵌入式知识）的过程。传统的知识管理主要依赖符号逻辑推理建立专家系统，通过预设规则构建知识结构模型。然而，这种方法随时间的推移逐渐暴露出局限：一是现实世界中很难获得完全清晰的规则与完备信息；二是符号逻辑依赖对人类经验的编码，缺乏自我进化与动态适应的能力。

AI 的兴起为知识管理带来了新的可能。作为一种模拟人脑的技术，AI 系统能够通过奖惩反馈机制进行持续学习与策略调整，具备自我完善的潜力。特别是在联结主义学习模型（如神经网络）不断进化的基础上，AI 有望弥补传统专家系统的缺陷。通过促进符号主义与联结主义的融合，AI 驱动下的知识管理流程日益智能化。这不仅有助于提升其对知识的获取和重构能力，也增强了其面对外部动荡时的适应性，从而促进创意的快速落地与价值转化。

## 二、理论机制与实证发现

在数字创意劳动的背景下，AI 与知识管理流程的交互为理解内容创作者自我实现的形成路径提供了新的理论视角。本节整合环境动荡性与动态能力理论、知识管理流程以及自我实现理论，构建了创意背景下的自我实现框架和 AI-知识管理交互共生模型，并将它们联系起来，通过实证检验，明确了 AI 如何在动态环境中通过知识管理流程影响内容创作者的自我实现。这为后续策略制定提供了科学依据。

（一）创意背景下的自我实现

杨永忠（2024）把 2024 年定义为"中国自我实现元年"，强调了个人潜能和理想的释放。这不仅是对个体发展的一种倡导，也是对中国经济社会发展模式的一种新理解。鉴于此，本节提出了创意背景下的"内在价值导向—社会关系导向—行动目标导向"自我实现框架（见图 6-2）。该框架下的自我实现代表着创作者充分发挥潜能和实现高层次目标的动力，关注创造力、自我表达、自我接纳、社会贡献、生命的意义、个人成长、目标和行动导向等高阶需求。

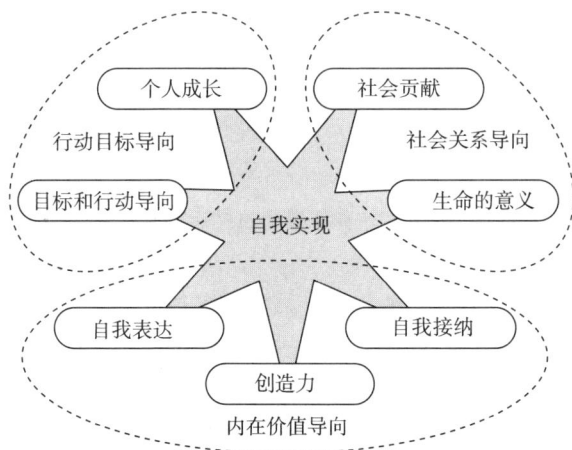

图 6-2　创意背景下的自我实现框架

（二）AI与知识管理交互共生

AI与知识管理的交互在创造力、创新、人机协作和情感意识等领域显示出了巨大的潜力。知识的探索、共享和利用，为分析AI如何影响人机交互提供了有益的土壤，AI则成为知识智能化的催化剂。这种互动在动态环境中被进一步放大。组织与个体在面对环境不确定性时，往往需依靠开放式创新策略，即整合AI技术与知识资源，以实现高度响应与适应。同时，也应关注技术冲击所引发的"知识隐藏"现象，这对AI驱动的知识协同提出了更高要求。因此，本节提出了整合知识探索、知识共享、知识利用的AI—知识管理交互共生模型，强调AI技术与人类知识系统的互补关系，反映出一种可持续、人本与智能融合的创意生态（见图6-3）。

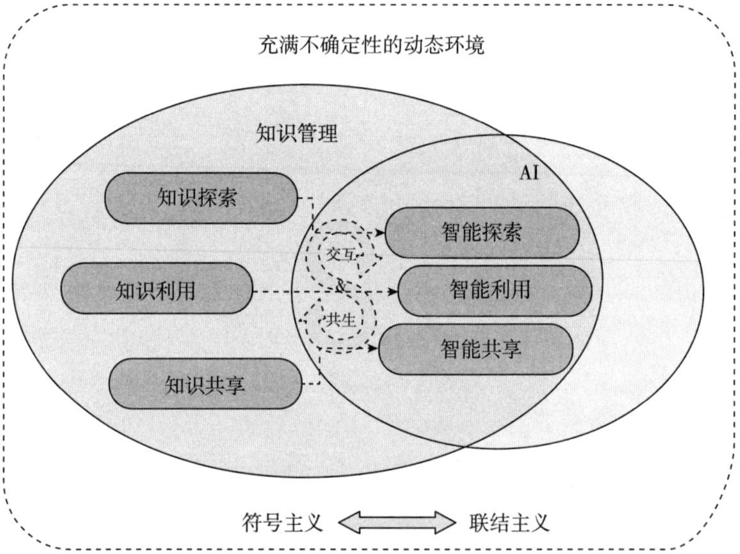

**图6-3 AI—知识管理的交互共生模型**

（三）"AI—知识管理—自我实现"机制的实证分析与发现

在此基础上，本节采用定量调查法，通过在线问卷收集中国684名新媒体内容创作者的数据，然后使用偏最小二乘法结构方程模型（PLS-SEM）进行了实证分析。研究发现，在高度动态的环境中，AI通过提高探索、共享和利用知识的能力，极大地促进了内容创作者的自我实现（见图6-4）。

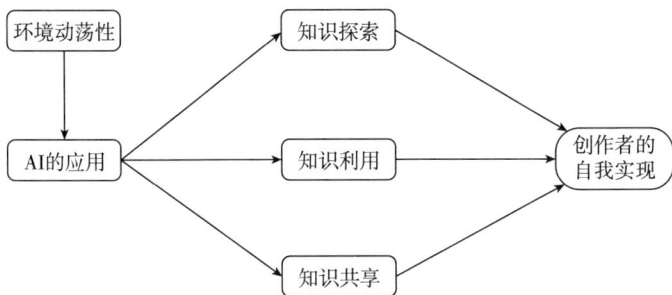

**图 6-4　动态环境中 AI 影响内容创作者的自我实现模型**

首先，环境动荡性与 AI 采用之间存在显著正相关，说明创作者在应对不确定性和压力时倾向于主动采用 AI。这不仅是维持动态能力的战略性选择，也反映了 AI 作为工具性资源在动态环境中的适应性优势。其次，AI 对创作者自我实现具有显著正向作用，且这一影响通过对知识探索、共享与利用的促进路径发生。AI 通过创意生成、数据洞察、网络协作等机制，为创作者带来认知启发、情感满足与身份认同，强化了其创造力、自我表达与成长动能。可见，AI 可作为激励个体成长的认知与情感工具，而不仅仅是功能性平台。

更为重要的是，本节验证了"AI—知识管理—自我实现"的作用机制，明确了知识探索、共享与利用在这一进程中的重要性。

1. 知识探索：认知起点的扩展

AI 赋能的知识探索是当前创作者的优势。AI 技术通过实时交互、趋势预测、语义推荐等方式帮助创作者高效识别新知识、洞察行业动态，提升灵感生成与认知范围。探索机制激活创作者的好奇心、学习欲与发现潜能，是实现自我成长的起点。

2. 知识共享：协同网络的构建

适当且有效的知识共享有助于弥合地理和职能孤岛。AI 优化了创作者之间的沟通桥梁，通过推荐算法、人机界面与协作工具，提升知识流动效率。共享机制强化社会归属感与合作认同，为自我价值实现提供社会支持基础。

3. 知识利用：成果转化的关键

AI 驱动的知识利用是创作者需要重点弥补和改进的领域。知识利用过程反映了个体将认知资源转化为社会认可成果的能力，它是 AI 协助创作者完成从创意构思到成品产出的关键，也是实现个体成就与意义的重要通道。但现有知识利用能力仍待提升，未来应聚焦 AI 辅助下的成果转化策略与知识应用机制。

### 三、研究启示

本节探讨了在动态环境中采用 AI 如何通过不同的知识管理过程影响内容创作者的自我实现，突出了 AI 与知识管理的互动的重要作用，并回应了技术—人文平衡的核心命题。

（一）理论意义

本节首次将自我实现理论引入创意劳动语境，并构建了 AI—知识管理交互共生模型，将技术视为驱动个体成长的动态资源。本节拓展了自我实现理论的情境适应性，突破了以往静态理解个体潜能的框架，赋予其动态化与技术融合的特性，这与进化经济学和动态能力相关文献的表述是一致的。并且，本节验证了"AI—知识管理—自我实现"的作用机制，强调了 AI 与创作者之间的协同互动，而非技术主导或人类替代。此外，本节的研究丰富了知识管理理论中的技术路径，展示了 AI 如何嵌入知识探索、共享、利用三大流程，催化知识流动、提升组织创造力。该路径不仅深化了对知识管理智能化的理解，也回馈了数字转型背景下知识流动"瓶颈"的理论诊断。

（二）实践意义

本节为内容创作者与平台管理者提供了如下启示：首先，适时且适度的 AI 采用有助于缓解创作者面对数字环境不确定性时的压力。创作者可通过合理使用 AI 减轻负担，保持心理健康和平衡生活节奏。平台则应提供易用 AI 工具，并通过激励机制推动内容多样化和创新氛围建设。其次，AI—知识管理的交互共生关系揭示了 AI 在创意经济中的价值。本节强调了 AI 并非替代人类，而是拓展认知与表达的工具，有助于激发创作者的创造潜能。最后，本节指出"知识利用"是当前创意实践中的短板。未来应优先推动 AI 素养培训与工作流程整合，帮助创作者将 AI 洞察转化为实际成果，提升持续创新与成长能力。

（三）更广泛的社会启示

本节强调了平衡技术进步与人文价值的重要性，有助于缓解人们对 AI 采用过程中的版权、道德和伦理问题的担忧，尤其是在艺术、音乐和写作等传统上依赖人类智能的创意领域。我们反对对 AI 技术采取单纯工具主义或敌意替代的极端态度，而主张以增强真实感的人机协作模式，激发人类创造力、促进表达自由并拓展审美。在 AI 赋能下，创意不应趋于机械与同质，而应走向更具包容性、民主性与个体化的表达可能。为此建议：①建立强调原创性与人类价值的 AI 使用伦理；②创作者适应"负责任导师"角色，以促进 AIGC 的透明度与可控性；③创作者拒绝技术依赖，发展个人风格与技术修辞能力，将 AI 作为延展表达的手段。

当技术加速个人追求有意义的成长时，人文价值反过来也在塑造技术的应用边界——这正是本书所强调的技术—人文共生的核心。AI 把个体创造力解放出来，让每个人都有机会以创意叩响命运；多样化的自我实现则要求技术设计转向以人为本。当两股力量被良好平衡并形成正反馈循环时，创意民主不再只是理念，而是可以被度量、被复制、被放大的现实。在技术—人文共生愿景中，人机共创将成为社会经济增长的新主角，而本节的研究也希望能够为这一变革提供理论参考与实践坐标。[1]

## 📚 小　结

AI 时代，AI 生成的创意依赖于庞大的数据集与算法运算，通过统计特征的重组产生"看似原创"的内容。然而，与人类创作不同，AI 缺乏主观动机与深层情感表达，更多呈现为已有元素的再加工与组合。这种依赖数据驱动的生成方式，促使人们重新审视创意的定义及其评估标准，强调人类情感与主观创造力在创意活动中的不可替代性。

AI 在内容创作、信息分析、内容增强与后期制作等方面已经展现出巨大的技术潜力。AIGC 正在改变广告、出版、设计和 IT 服务等创意产业，也带来了新的商业形态。

AI 时代的创意管理也面临挑战，包括真实性与原创性、知识产权归属、算法偏见与多样性、艺术家经济影响以及技术局限性等方面。AI 生成作品难以满足深层的情感表达与文化多样性标准，同时，AI 在数据训练中可能因样本偏差导致文化表达的单一化。这些挑战表明，在推动 AI 技术创新的同时，更需强调人类创作在文化表达、深刻性与情感共鸣方面的不可替代性，以确保创意产业的多样性与伦理可持续性。在挑战分析基础上，进一步分析了动态环境中 AI 影响内容创作者的自我实现机理。

本章揭示了 AIGC 在创意管理领域的深层逻辑、实际应用与管理挑战。随着 AI 生成技术的持续发展，平衡技术优势与人类创造力之间的关系已成为创意管理的重要议题。

## 📚 思考与练习

1. AI 生成的创意与人类的创意有何不同？

2. AI 生成的内容能否被视为原创？为什么？

---

① 许浩然、陈利、王明升对本章研究做出了贡献。

3. 请举例说明 AIGC 在广告、出版或设计领域带来的创新。

4. 如何在创意产业中平衡 AIGC 的便利性与版权问题？

5. 在人机合作创作模式下，创作者的角色会发生哪些变化？

6. 试用一款生成式 AI 工具（如文本生成或图像生成工具），创建一件创意作品，并分析它与传统的人类创作的区别。

7. 设计一个 AI 创作工具的使用场景，描述其如何协助创作者提升创意质量或创作效率，并思考可能面临的伦理挑战。

8. 分析 DeepSeek 这一 AI 软件的核心创意，结合铜钱模型分析该创意的价值转化机理。

9. 人工智能横空出世，如何理解"人类最后的骄傲和标签是创意"？

10. 讨论创意科学与创意民主的关系。

# 第七章　看见的力量：创意对
# 消费者行为的影响

随着创意经济的蓬勃发展，创意已不再局限于艺术与设计，而是深刻影响着消费者行为。创意管理通过发现创意价值与实现创意价值，可以改变消费者的购物体验，更好帮助企业满足消费者对个性化、创新性和审美价值的需求，提升消费者的参与感和品牌忠诚度。尽管如此，创意管理也面临着挑战：如何针对不同场景，准确把握消费者需求，进行有效创意而不是过度创意或创意不足？因此，研究创意对消费者行为的影响，对于企业优化创意管理策略、提升企业竞争力和实现可持续发展具有重要意义。

## 第一节　美学氛围对消费者社交媒体行为意愿的影响

在后现代主义消费文化浪潮的推动下，消费者的品位日益成为其消费选择与社交媒体行为的核心驱动力。消费者不再仅仅关注产品的基本功能，而是更加注重通过消费来彰显自我身份、社会地位、审美品位、个性特征和生活方式。品位的表达已不再局限于艺术品领域，大众消费产品和服务也逐渐成为品位展示的重要载体。消费空间的美学氛围，更是为消费者塑造和彰显品位提供了全新途径。与此同时，社交媒体平台的兴起，为消费者表达和提升品位开辟了广阔空间。消费者通过发布内容、点赞、评论等互动行为，在社交媒体上积极传播个人品位，参与以用户生成内容为基础的新型电子口碑传播。然而，当前关于消费空间美学氛围如何影响消费者在社交媒体上的行为意愿，以及消费者如何在社交媒体平台上有效表达和提升品位的研究尚显不足，亟待深入探讨。

本节紧扣品位这一关键视角，依托实践理论与环境心理学的 SOR 模型，构建了理论框架，全面涵盖消费者在美学、社会和生活方式三个维度的反应，旨在深入剖析美学氛围对消费者社交媒体行为意愿的影响机制。通过这一框架，不仅为品位研究注入了新的理论活力，也为商业实践中美学氛围的优化设计提供了极具价值的理论指导，助力企业精准把握消费者需求，打造更具吸引力的消费体验。

## 一、理论基础

### （一）消费空间美学氛围的内涵

消费空间的美学氛围是消费者与消费空间中引发其多重感官美学体验的所有刺激物互动的整体。其概念内涵包括两层含义：①基于通感理论，指代消费空间中引发消费者多重感官美学体验的所有刺激物构成的整体；②基于气氛美学，强调审美主体与审美客体之间的互动，即美学氛围既非存在于美学客体，也非存在于美学主体，而是具有居间性，在主客体的交互过程中产生。首先，依据通感理论，消费者将调动其视觉、嗅觉、触觉、听觉和味觉这五种感官中的多种，通过身体性在场的方式，感知到消费空间中引发其美学体验的刺激物。例如，消费者可能因为空间中播放的悦耳动听的音乐而觉得窗外的风景更加美丽。因此，消费空间中凡是能够引发主体美学感受的刺激物都被纳入美学氛围的概念内涵中。其次，依据气氛美学，气氛产生于主体与客体的交互过程中。因此，本研究沿袭这一理论观点，认为消费空间中美学氛围的产生也必须要有主体与客体的共同在场。主体只有以身体性在场的方式进入消费空间，并且美学客体也存在于空间中，才会生发出美学氛围。

### （二）美学氛围的概念拓展

美学氛围概念的提出是对现有专注于服务氛围中的美学研究的进一步拓展。美学氛围虽然与 Kumar 等（2017）所提出的视觉服务氛围美学的概念都关注服务氛围中的美学刺激物，但是美学氛围关注能够激发消费者多重感官美学感知的所有刺激物，是对 Kumar 等（2017）视觉服务氛围美学概念中仅仅针对视觉这一种感官的延伸和突破，这也契合 Bohme（2001）气氛美学理论中对多重感官之间通感的强调。同时，虽然 Kumar 等（2017）的视觉服务氛围美学概念突破了以往对视觉服务氛围美学评价都采用客观评价维度的局限，认为服务氛围中的美同时取决于环境中的客体以及主体的主观感受和体验，进而引入主观维度，从消费者角度评价视觉服务氛围美学，但在其概念界定中却主要考虑主体影响。本研究提出的美学氛围基于气氛美学中主客体的交互性，同时将主体与客体纳入，并强调了美学氛围是在主体与客体的交互中产生。

Horng 和 Hsu（2020）在餐饮行业背景下，基于人类五感的联觉效应，将在就餐体验中的所有美学刺激物纳入考虑，并将审美主体和客体结合考虑，构建了一个整体的美学体验模型。然而，Horng 和 Hsu（2021）的研究并未就任何变量进行概念界定，仅仅依据环境心理学的 SOR 模型中的 S 作为环境刺激物，引入美学刺激物，用以指代就餐环境中引发消费者美学体验的所有刺激物。而美学刺激物的称呼也无法将消费环境中的主体与客体一并考虑在内。因此，本研究基于气氛美学理论所提出的美学氛围是对 Horng 和 Hsu（2020）研究的进一步拓展和延伸，为后续专注于打造整体美学感受的服务氛围研究奠定基础。

（三）美学氛围的维度划分

虽然在气氛美学中，气氛是一种原初性的整体概念，即气氛是主体进入空间中首先感受到的一个整体，但是主体整体感受到气氛之后，会对构成气氛的个体元素进行感知。同时，为了本研究后续采用实证分析方法，定量地检验消费空间的美学氛围对消费者后续感知及行为意愿的影响，需要对美学氛围的维度进行界定。本研究认为，Horng 和 Hsu（2020）关于美学刺激物的维度划分，对于提供整体美学体验的刺激物进行了较为全面的考虑。Horng 和 Hsu（2020）的研究借鉴戏剧理论中将戏剧当作由舞台、表演、演员和观众这四个互动要素所组成的整体，基于文献论证、深度访谈、内容分析，将美学刺激物划分为四个维度。因此，本研究借鉴其维度划分，将美学氛围划分成由物理环境、产品和服务、员工的美学特征和顾客的美学特征四个维度组成的整体。

**二、理论模型**

（一）美学氛围与社交媒体行为意愿

个体对美的本能追求和渴望驱使其对具有美学吸引力的物体产生反应（Alfakhri 等，2018）。在消费者行为研究中，已有大量文献探讨了美学氛围对消费者行为意愿的影响。例如，Apaolaza 等（2020）在餐厅设计的研究中发现，餐厅的美学设计能够促使消费者在 Instagram 上发布图片，从而增强平台的互动性。Horng 和 Hsu（2021）在美学就餐体验的研究中指出，餐厅中的美学刺激物会对消费者的行为意愿产生积极的影响，尤其是在消费者的消费决策和互动行为上。

进一步的研究表明，酒店环境中的美学设计不仅满足享乐主义消费群体的需求，还能显著影响客户的整体体验，包括口碑传播、再光顾意愿及忠诚度（Alfakhri 等，2018）。Tran 和 Strutton（2020）也指出，电子服务氛围中的视觉吸引力能够激发消费者在社交商务网站上传播电子口碑的意愿，从而增强品牌的影响力和消费者的参与度。

基于以上文献的理论支持，可以推断，消费空间中的美学氛围不仅能够提升消费者的发布意愿，还能增加其点赞和评论的意愿，从而推动社交媒体互动的深入发展。因此，消费空间美学氛围会对消费者的发布意愿、点赞意愿和评论意愿产生显著的正向影响。

（二）美学氛围与美学判断及美学情感

美学体验通常被认为是一个涉及认知与情感的复杂过程，其中美学判断和美学情感是其典型结果（Leder 和 Nadal，2014）。他们在研究中指出，美学体验是一个主观的过程，个体在接触到审美对象时，通过感官刺激产生认知判断和情感反应。这一过程中，消费者通过多种感官系统，如视觉、听觉、嗅觉、味觉和触觉，接收外部美学刺激，从而形成美学判断和情感反应。值得注意的是，美学判断和美学情感并不是在接收感官刺激后立刻产生的，而是受到消费者主观处理过程的影响。

Zhang 和 Xu（2020）在研究自然旅游中的美学体验时发现，感官刺激能在瞬间触发个体的反应，并在身体、认知和情绪层面产生影响。在观赏自然风景的过程中，美学判断和情感的产生无须经过复杂的认知处理过程。Deng 等（2021）则在旅游网站设计的研究中发现，视觉吸引力（如图片的质量）对用户的美学感知产生直接影响，进而影响用户对网站及其产品的美学判断。Lam 等（2016）指出，消费者在日常生活中通过身体语言和身份建构形成个人的审美观念，从而做出美学判断。Kirillova 等（2014）通过定量研究验证了旅游目的地的美学质量对游客美学判断的正向影响。此外，Seifert 和 Chattaraman（2020）也在研究中指出，产品的新颖设计和视觉故事叙述会对消费者的美学判断产生显著影响。

基于以上文献回顾，服务氛围所提供的美学刺激将激发消费者的美学判断和美学情感。具体而言，消费环境中的美学氛围不仅能直接影响消费者的美学判断，也能显著影响其情感反应，从而进一步影响其行为意愿。

（三）美学判断、美学情感与社交媒体行为意愿

相关研究表明，消费者在感知到美学吸引力后，其消费决策、行为意愿及行为结果都会受到直接影响（Pengnate 等，2019）。Zhang 和 Xu（2020）在研究自然旅游中的美学体验时指出，游客在旅游过程中接触到自然环境中的美学刺激物，常常会对其美学属性（如颜色、形状、图案等）进行认知评估，这一美学判断会对游客的行为结果产生积极的影响。Tang 等（2021）在研究游客对标志性公共艺术品的体验时也提到，个体对特定物理对象的认知评价对行为具有重要塑造作用，当游客对艺术作品产生正面美学判断时，往往会表现出积极的行为结果。

此外，Deng 等（2021）在研究图片对目的地选择意愿的影响时发现，游客对目的地的情感反应能够促使其产生旅游行为意愿。在旅游研究中，旅游途中产生的美学情感被认为能激发游客的行为动机，并影响他们对目的地的选择、重游

意愿及推荐行为（Schindler 等，2017）。Zhang 和 Xu（2020）的研究进一步表明，当游客关注自然环境的美学特征时，产生的情绪反应会影响其行为上的忠诚度。

基于上述研究，可以预见在社交媒体环境下，消费者所产生的美学判断和美学情感同样会影响其行为结果。考虑到行为意愿通常被认为是预测实际行为的有效指标（Liu 等，2016），我们采用发布意愿、点赞意愿和评论意愿作为衡量消费者在社交媒体平台上表达品位和生成内容的行为意愿。因此，美学判断和美学情感将正向影响消费者在社交媒体上的行为意愿。

进一步地，基于美学氛围对消费者认知美学判断和美学情感的影响，我们认为美学判断和美学情感可能在美学氛围与社交媒体行为意愿之间发挥中介作用。具体来说，美学判断和美学情感将分别在美学氛围对消费者发布意愿、点赞意愿和评论意愿的影响过程中起到中介作用。因此，消费空间的美学氛围通过美学判断和美学情感对消费者在社交媒体上的行为意愿产生影响。

（四）服务氛围美学中心性的调节作用

消费者决策过程模型探讨了环境因素和个体差异（如知识、态度、价值观等）如何相互作用，进而影响消费者的决策行为，包括购买前的评估、购买与否以及购买方式（Cho 和 Workman，2015）。在设计和消费者研究中，发现消费者对产品设计特征的判断与其个人审美特征密切相关（Lam 等，2016）。Zhang 和 Xu（2020）提到，个体对审美对象的理解越深，越容易认为该对象是美的，并产生相应的美学情感，这种情感最终会影响其行为决策和推荐行为。同时，个体能否理解审美对象并做出后续行为，也受到其价值观、审美观念和偏好等因素的深刻影响（Kirillova 等，2014）。

在美学研究中，视觉产品美学中心性（CVPA）常被用作衡量消费者个体美学特征的调节变量。研究表明，CVPA 较高的消费者在评估产品质量时，更依赖于视觉吸引力，更容易产生视觉美学感知，从而影响其行为意愿（Bloch 等，2003；Kumar 等，2018；Huang 等，2020）。Zhang 等（2022）在研究中检验了服务氛围的视觉美学中心性对积极情绪唤醒和自我表达的调节作用，发现其在餐厅美学设计与消费者在社交媒体上发布图片行为意愿的关系中起到了正向调节作用。

基于这一理论框架，消费者在服务氛围中的美学中心性差异会调节其美学判断和美学情感对社交媒体行为意愿的影响。具体而言，服务氛围美学中心性较高的消费者，在对美学氛围进行体验并形成美学判断和情感后，可能会表现出更强烈的在社交媒体上生成内容的意愿，从而表达个人品位并传播积极的电子口碑。

因此，消费者在服务氛围美学中心性上的差异将正向调节美学判断和美学情感对其社交媒体行为意愿（包括发布意愿、点赞意愿和评论意愿）的影响。

综上所述，消费空间美学氛围对消费者社交媒体行为意愿影响的总体理论模型如图7-1所示。

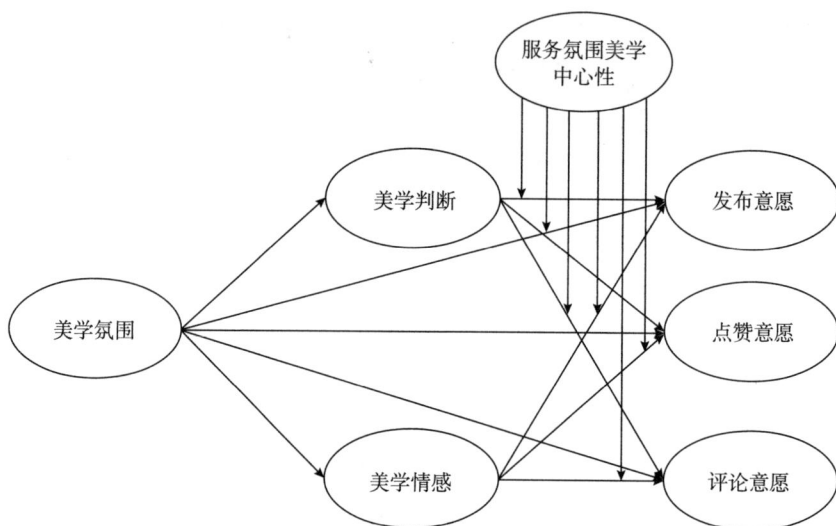

**图7-1  基于美学氛围的消费者社交媒体行为意愿模型**

### 三、对创意管理的启示

（一）关注空间氛围营造

本研究对消费空间美学氛围的探讨，为服务行业经营者提供了启示，即应重视消费空间的氛围营造。随着后现代主义消费文化的兴起，消费者愈加关注消费选择在彰显和提升个人品位上的作用，消费空间的功能随之转型。经营者在提升产品与服务质量的同时，还需注重将消费空间打造为"空间商品"，通过多感官融合的整体美学设计，增强消费者的美学体验。这不仅有助于吸引更多重视品位的消费者，还能提升空间形象与品牌价值。

（二）利用社交媒体营销工具

随着社交媒体营销的流行，服务行业经营者应充分发挥其传播广、成本低、效率高的优势，以提升市场营销绩效。经营者需紧贴后现代消费者的特征，关注社交媒体平台的美学风格与调性，传递多元化生活方式，鼓励消费者分享交流。

通过吸引消费者在社交媒体平台上生成内容，经营者不仅能促进品位表达，还能推动积极电子口碑的传播。

（三）激发消费者美学判断与美学情感

品位既是消费者的美学认知，也是其情感的体现。服务行业经营者应关注如何通过消费体验激发消费者的美学判断与美学情感，在提供高审美价值的产品与服务的同时，可通过组织品位引领活动、传播美学知识、促进审美交流等方式，帮助消费者提升美学判断力与情感体验，从而增强对品牌的认同感与忠诚度。

（四）强化消费体验的社会价值

消费者的品位象征着社会地位与身份形象，因此，经营者需关注消费体验的社会价值与象征意义，通过引入文化符号与象征元素，帮助消费者彰显身份与品位，同时激发其自我表达欲望。此外，经营者可加强对消费者兴趣、爱好和理念的传播，增强其归属感，促进消费者间的交流，从而构建良好的客户关系。

（五）融入生活方式理念

随着消费者对生活品位的重视与对新颖生活方式的关注，服务行业经营者应将生活方式融入品牌定位、经营理念和营销活动中，通过传递有趣、新颖的生活方式，唤起消费者对自身生活方式的思考与共鸣，进而增强消费者认同感与忠诚度，建立更加紧密的客户联系。

（六）精准识别目标顾客群体

本研究对消费者在服务氛围美学中心性、美学判断、美学情感方面的差异进行了考察，为经营者精准定位目标群体提供了参考。结果表明，提供品位相关消费体验的经营者应聚焦于重视美学价值、追求个性独特性以及与品牌生活方式一致的消费者群体，针对性地开展营销活动，从而提升经营效率与商业表现，并维护企业形象。

# 第二节　艺术注入效应对消费者创意产品评价的影响

知名奢侈品牌常通过在产品外形、广告和包装中融入艺术元素来提升品牌吸引力，如安迪·沃霍尔为 Chanel 设计瓶身与广告、Louis Vuitton 与 Jeff Koons 合作将名画印染于包袋上。Hagtvedt 和 Patrick（2008）提出的艺术注入效应理论认为，艺术与品牌融合可增强品牌奢华感，从而提升消费者的品牌评价，这一效应不依赖具体的艺术内容，而是基于消费者对艺术的感知。Baumgarth 和 Veloutsou（2018）进一步指出，创意管理中需要探索不同文化背景与艺术风格下的艺术注入效应，以全面理解其对消费者评价的影响。然而，现有研究多集中于西方古典与城市艺术，忽视了东方艺术特别是非遗艺术背景下的创意管理潜力。近年来，中国创意产品中已出现多种非遗与品牌融合的案例，如朵云轩与功德林的非遗月饼礼盒、民生信用卡的非遗主题卡片、爱马仕与羌绣合作等。这些实践表明，非遗艺术同样能够通过艺术注入效应影响消费者对创意产品的评价。

本节在中国情境下构建了基于艺术注入效应的消费者创意产品评价模型，将研究范围拓展至非遗艺术，并进一步探讨了其作用路径，不仅丰富了艺术注入效应的理论基础，还为品牌在创意管理中更有效地运用艺术元素以提升产品吸引力提供了实践启示。

### 一、理论基础

"艺术注入效应"的概念由 Hagtvedt 和 Patrick（2008）提出，指的是通过将视觉艺术融入广告和产品设计，可以提高品牌奢华感从而改善消费者的评价，此实验中关注的艺术类型为西方古典艺术。艺术注入效应的产生是因为艺术通常与高雅文化、精致和奢华有着紧密的联系（Hoffman，2003），因此艺术品的存在可以使艺术的气质"溢出"，为商品增加文化的内涵，使相关物品看起来更加奢华（Hagtvedt 和 Patrick，2008）。随后的相关研究也在广告场景、博物馆场景等多种消费环境中证实了艺术注入效应的存在（Huettl 和 Gierl，2012；Lee 等，2015；Logkizidou 等，2019）。

Hagtvedt 和 Patrick（2008）的经典论文激发了许多研究人员在他们自己的研究中开始考虑艺术注入效应，并将艺术类型进行了拓展。Van 和 Conradie（2016）以区别于西方文化的非洲艺术作为实验的研究对象，从品牌的艺术广告趋势研究推进品牌艺术化的商业价值。Baumgarth 和 Wieker（2020）首次将艺术注入效应从古典艺术拓展到城市艺术（街头艺术和涂鸦），并将消费者对古典艺术与城市艺术的艺术感知进行了对比，验证了城市艺术注入效应的存在。通过对现有艺术注入研究的梳理发现，相关研究的艺术类型多集中在西方文化背景下的艺术，缺乏对东方艺术、非遗艺术的探讨。本节以中国文化为背景，探讨东方艺术和非遗艺术的艺术注入效应及其作用机理。

### 二、理论模型

*（一）艺术感知与产品感知*

在艺术注入效应的研究中，许多学者关注了艺术感知对产品感知的影响。艺术感知通常表现为消费者识别某一物品是否具备艺术价值，即是否被认为是一件艺术品（Hagtvedt 和 Patrick，2008）。产品感知是消费者对产品的属性感知，产品感知本质是对产品各项属性的评估（Wood 和 Moreau，2006）。过去关于产品感知的研究通常集中在奢华感、生活方式感知和契合度这三个变量上（Jeon 等，2020）。奢华感与排他性和稀有性密切相关，常被用来衡量消费者对某一产品的奢华和迷人程度的感知（Wiedmann 等，2007）。生活方式感知是消费者在选择和购买商品时的一个重要影响因素，它受到个人兴趣、活动及价值观的影响（Simanjuntak，2019；Akkaya，2021）。而契合度则是指消费者对图像与品牌之间相关性或适配性的主观感知（An 等，2020）。

研究普遍认为，艺术感知能够增加消费者对产品的奢华感知（Hagtvedt 和 Patrick，2008）。许多后续研究对这一理论进行了验证，发现高端零售业中的消费者在接触艺术元素时，常常会产生奢华和迷人的感受（Joy 等，2014）。此外，研究表明，当产品以博物馆的展示形式呈现时，消费者的奢华感知会显著提高，因为博物馆展示能够增强产品的艺术吸引力（Logkizidou 等，2019）。

除了奢华感外，艺术感知还与生活方式感知密切相关。在后现代消费文化的主导下，大众化消费正朝着审美化的方向发展，通过艺术形式推销品牌已成为适应这一趋势的营销方式，消费者不再局限于简单需求的产品购买，而更多地借助艺术表达等多种方式体现个人特性，将此类消费行为视为新的生活方式。一些研究谈论了具体艺术与生活方式之间的关系。有研究认为时尚就是艺术，年轻人对时尚的态度就是对生活方式的一种认知（Rashid，2020）。作为艺术的典型代表之一的音乐，也被作为生活方式（Purhonen 和 Heikkilä，2017）。更有研究提出，把各国的艺术形式如音乐、舞蹈和戏剧工作，甚至绘画、雕塑和建筑作品等同于他们多样化的生活方式（Pasagada 等，2016）。可见，艺术感知能够增加消费者对产品的生活方式感知。

此外，对产品的艺术感知可以改善视觉效果与产品之间的契合度。艺术风格与其呈现背景的匹配性尤为重要（Gartus 等，2015）。研究发现，消费者在接触视觉艺术与产品高度契合的广告时，往往表现出更强的购买意愿（Lee 等，2015）。而艺术家需要根据品牌的价值和形象量身定制作品，品牌则需明确自己的艺术定位，确保艺术作品能被目标受众欣赏（Jelinek，2018）。可见，艺术感知不仅能增强消费者对产品的奢华感知和生活方式感知，还能提升消费者对视觉效果与产品之间契合度的感知。

（二）产品感知与身份认同、信任

根据认知—情感个性系统理论（CAPS），外部情境因素不仅能够触发个体内部的认知反应，还会激发情感反应（Mischel 和 Shoda，1995）。对于消费者来说，产品的艺术包装作为一种外部情境刺激，不仅会激发他们对产品的直观感知，还能进一步影响其心理层面的感知，包括身份认同和信任。

身份认同是指个体对自己归属群体的认知（Deaux，1993），在许多领域，学者探讨了产品感知与身份认同之间的关系。Amatulli 等（2018）通过手段—目的链（MEC）方法和阶梯式访谈技术，研究发现，消费者对复古奢侈品的时尚设计、另类和独特性的产品感知，有助于实现个人身份认同的最终价值。此外，艺术元素的高度抽象和象征性特征，使其在传播中能够将消费者对产品的奢华感知、生活方式感知和契合度转化为象征性价值的认知（Hagtvedt 和 Patrick，2008）。这种象征性价值的解读正是抽象身份的一种表现。

信任被视为一种认知过程，是交易关系中的重要催化剂（McKnight 等，1998；Ranaweera 和 Prabhu，2003）。很多研究探讨了产品感知与信任之间的关系。Osburg 等（2020）指出，当消费者感知到产品信息的有效性时，信任感增强，从而影响其购买意愿。产品感知中的契合度同样被认为与信任密切相关。Becker-Olsen 和 Hill（2006）提出，具有高契合度的品牌合作能够增强消费者对品牌的可信度，降低感知风险，进而提高品牌的真诚感。以这些研究为基础，产品的奢华感、生活方式感知和契合度不仅能增强消费者对产品的身份认同，还能提高他们对产品的信任。

（三）身份认同、信任与产品评价

过去的研究探讨了身份认同、信任与产品评价之间的关系。根据消费者分类的手段—目的的模型（Peter 等，1999），在艺术影响产品评价的过程中，消费者对品牌的抽象联想程度的提高意味着品牌与自我认同的联系将得到加强。当品牌能够契合消费者的身份认同时，这种联系便得到进一步强化。消费者往往会倾向于选择那些与自己具有共同特征或价值观的品牌，这些品牌为消费者提供了自我认同的机会（Fournier，1998）。因此，消费者更容易被那些与自身身份相似、具有独特特征的品牌和商家所吸引，进而提升对产品的评价。此外，研究也表明，消费者对"信号状态"的强烈渴望会促使他们表现出更强的购买意愿，尤其是在他们渴望传递身份或与众不同的情况下（Peluso 等，2017）。

信任转移理论指出，消费者对商家及其商品的信任可以通过产品的展示方式进行转移。已有研究表明，艺术元素能够激发消费者的情感，并影响他们对产品和价格的评估（Cirrincione 等，2014）。当品牌与消费者之间的情感联系逐渐增强时，消费者往往会发展出对品牌的信任，进而改善他们对品牌的整体态度。Vukadin 等（2018）发现，商场中的艺术元素会影响消费者对商场形象的认知，从而提高商场提供的商品品质感知，进而促进消费者对产品或品牌的信任，最终影响他们对产品的评价。

因此，可以预见，消费者的身份认同和信任感将通过情感联系和自我表达，显著提升他们对产品的评价。综上所述，艺术注入效应下消费者对创意产品评价的总体理论模型如图7-2所示。

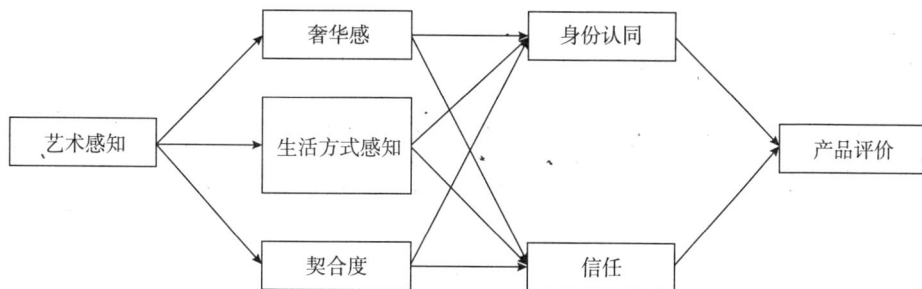

图7-2　基于艺术注入效应的消费者创意产品评价模型

### 三、实验及对创意管理的启示

（一）重视艺术注入效应，推动商业的艺术化

艺术注入效应理论起源于西方，起源于奢侈品行业与西方艺术的合作，研究的对象通常是西方古典艺术和城市艺术。我们以艺术注入效应下消费者对创意产品评价的总体理论模型为基础，采用实验方法，选择两幅古典艺术作品（《富春山居图》和《千里江山图》）、两幅城市艺术作品（街头艺术作品《Plasma8》和四川美术学院涂鸦）、两幅非遗艺术作品（蜀绣《芙蓉锦鲤》和绵竹年画）以及一幅非艺术照作为控制刺激，选择白酒和洗涤剂分别作为享乐型产品和功能型产品代表，进行了分阶段实验，验证了艺术注入效应除了在常见的古典艺术和城市艺术中存在，在非遗艺术领域也存在。研究结果表明，企业应重视艺术注入效应的实践应用，促进商业的艺术转化。

（二）推动跨界艺术合作，提升品牌价值

将艺术元素融入产品设计、包装与品牌传播有助于提升消费者的产品评价。因此，企业与品牌应积极推动与不同艺术形式（如古典艺术、城市艺术、非遗艺术）的跨界合作，充分利用艺术的文化感染力，以强化品牌差异化与市场吸引力。特别是非遗艺术的合作，可通过联名设计、联合推广以及设立专项基金等形式，既提升品牌的文化深度，又助力传统文化的传承与推广。

（三）强化感知引导，塑造高端消费体验

奢华感、生活方式感知与契合度是影响艺术注入效应的关键路径。因此，品牌应注重通过艺术元素塑造高端消费体验。例如，可通过艺术化的包装设计、沉浸式零售空间营造奢华氛围，并根据目标消费者的生活方式偏好，在产品设计与传播中融入相应元素，以引发更强烈的情感共鸣。同时，选择契合品牌文化与价值观的艺术形式，有助于强化品牌一致性与市场认同感。

（四）构建身份认同与信任联结

艺术合作不仅能增强产品美感，还能通过身份认同与信任机制进一步提升消费者的产品评价。品牌应通过市场调研识别目标消费者的身份特质，并将其与产品特性相结合。例如，可突出产品的独特性以吸引 Z 世代消费者。此外，品牌可借助权威背书，如邀请非遗艺术大师或专业文化机构为艺术合作产品提供认证，从而增强消费者信任，强化品牌的文化权威性与市场认可度。

（五）注重艺术与产品、市场的契合度

在艺术合作实践中，需关注艺术形式与产品、品牌及目标市场的适配性。尽管研究发现产品类别对艺术注入效应的直接影响不显著，但不同艺术形式在文化背景、视觉风格上的差异，可能导致对产品的感知效果不同。特别是非遗艺术合作，由于其具有强烈的区域性与地方文化属性，品牌应慎重评估目标市场的文化背景与艺术形式的契合度，以确保文化共鸣与市场接受度，从而实现更高的品牌增值与消费者认可。

# 第三节　共创声明对创意产品购买意愿的影响

随着互联网的快速发展，消费者逐渐从被动接收者转变为主动共创者，积极参与市场互动。然而，直接参与企业价值共创的消费者仍是少数，大部分消费者更多作为观察者存在。为吸引这些未直接参与的消费者，企业开始通过释放价值共创信号，即展示共创过程与成果，以提升品牌关注度与认同度。典型案例如小米、Nike 等品牌，它们通过传递共创行为成功获取市场竞争优势。企业也会根据产品类型差异选择共创主体，如喜茶邀请普通消费者共创饮品，完美日记与社交媒体影响者合作开发美妆产品，FENDI 则邀请明星设计联名款。

尽管已有研究表明，价值共创信号可正向影响消费者的创新感知、品牌认同与购买意愿，但针对不同主体共创信号的影响差异及产品类型的调节作用仍需进一步探究，以揭示不同主体共创信号如何通过信息性与规范性影响影响消费者的购买决策。

## 一、理论基础

### （一）价值共创信号定义

价值共创信号是指企业将自己将开展价值共创活动的信息以各种方式传递给市场，这样做的目的是让参与共创活动的消费者提高参与积极性，同时，通过对外释放信号这种方式，让大多数没有参加价值共创的消费者能感受到企业的价值共创活动，借此提高消费者对企业的关注与认同程度。

在已有的文献中，有些学者会结合具体情境，将"价值共创信号"称为"价值共创声明"。孙媛媛（2022）提出，没有参与价值共创活动的消费者在消费市场上处于被动地位，企业和消费者出现的信息不对称现象，会让他们在购买前尽可能地获取关于产品或企业的相关信息，而企业产品的内部信息很难获取，因此部分企业对外宣传的关于企业产品价值共创的价值、形象、设计灵感等都属于企业或品牌的价值共创声明（孙媛媛，2022）。在具体的实践中，如 Nike 曾推出 90/10 系列的球鞋，向外界传递了该系列球鞋由消费者一起进行价值共创的相关信号，提出球鞋在生产环节 90% 的工作是由企业完成的，剩下的 10% 可以由消费者自己完成，他们可以在选择鞋子的具体款式后，根据自己的喜好进行 DIY 设计，打造属于自己的独一无二的鞋子。随着价值共创的营销模式得到成功实践，越来越多的企业也开始制定价值共创活动，以向外界传递价值共创信号的方式获得更多消费者的关注。

### （二）价值共创信号的应用

关于价值共创信号的应用，多聚焦于品牌共创。如 Thompson 和 Malaviya（2013）运用价值共创信号深入探讨了价值共创广告说服性对品牌评价产生影响的机理。薛哲和宁昌会（2017）将关注重点集中在非参与的消费者身上，以此探讨了该视角下价值共创信号对消费者品牌认同的影响。沈蕾和何佳婧（2018）基于社会认同理论，认为相比没有价值共创信号的产品，如果产品传递了相关的价值共创信号，会让消费者了解到关于产品的更多信息，也能增加对产品的好感度和亲切感，因此会更容易获得消费者的积极评价。Huertas 和 Pergentino（2020）应用"共创信号"这一概念，研究了不同产品类型中价值共创信号对顾客购买意向的影响，探索了产品口碑在其中的调节作用。孙媛媛（2022）基于品牌共创视角，通过向外界释放品牌共创的信号，了解其他消费者的购买意愿是否受到相关影响，充分探讨了价值共创信号对非参与型消费者购买意愿的影响效应，认为释放了价值共创信号，会对非参与型消费者的购买意愿产生积极影响。

### 二、理论模型

#### （一）价值共创信号与产品类型的交互影响

消费者作为价值共创的重要主体，不同类型的消费者对共创价值的作用有所区别（Wiley，2014）。总结之前学者们的研究可以发现，普通消费者是产品的最终使用者，拥有最直接和真实的产品体验感受，因此参与企业的价值共创活动，不仅可以增加企业的创新程度，也可以更好地契合消费者需求，增加消费者的信任度和认可度（Tajfel，1978；薛哲和宁昌会，2017）。已有相关学者的研究证实了企业释放普通消费者参与共创的信号会带来积极影响。如薛哲等（2018）利用问卷调查和结构方程模型进行了验证，结果发现，企业释放价值共创信号会促进消费者对品牌的认同，进而影响购买意愿；Fuchs 和 Schreier（2011）发现，释放普通消费者的价值共创信号后，可以带来更高的感知客户导向和更有利的消费态度；Schreier 等（2012）认为，与普通消费者共创，并释放出信号，会让消费者更信任企业的创新能力，进而影响他们对企业的消费态度及行为；Dijk 等（2014）注意到，主动释放普通消费者价值共创的信号不仅可以展示企业的真诚，同时也会增加消费者的购买意向。

作为社交媒体快速发展背景下的网络红人，社交媒体影响者们拥有大量的追随者和强大的影响力（Kim 和 Kim，2021）。伴随着社交媒体影响者营销市场规模的不断扩大，越来越多的社交媒体影响者也参与到企业的价值共创活动中。根据社会认同理论，凡具有能使个体和其身份来源保持长期稳定联系的特征，均能引起消费者认可（Tajfel 和 Turner，2004），现有研究证实，个体均偏向于跟随与其特征相似的个体（Kiesle 和 Corbin，1965）。社交媒体影响者通过社交平台与追随者进行交流、建立联系，会增加其他消费者对其真实性和可行性的感知（Ferchaud 等，2018），因此，社交媒体影响者参与企业价值共创，并向消费者进行推荐时，出于对其身份的认同感，消费者会觉得比传统广告更可信，更有可能产生购买行为（Ye 等，2021）。Kennedy（2017）利用归因理论，认为消费者可能会出于对社交媒体影响者的信任和认同，认为社交媒体影响者参与共创的产品也是值得信赖的，从而增加购买意愿。

根据产品本身的特点，本节关注的创意产品可以分为实用型和享乐型（Okada，2005）。实用型产品是指能够满足某项工作或者生活需要的产品（Botti 和 McGill，2011），更注重工具性和功能性（Vos 等，2003）；享乐型产品是指能够给人带来快乐和享受的产品，更注重满足内在情感需求（Salerno 等，2014）。消费者在进行产品选择时，通常会对产品各方面的信息进行评估，产品类型信息不同，也会产生不同的信息处理系统。对于实用型产品，消费者会尽可能多地收集与产品相关的信息，会更加注重产品的客观属性、功能、价值等维度（Kivetz和Zheng，2017），面对这些信息的时候也需要更多的认知资源，所以认知处理系统会占据主导地位，也会经常面临多种选择，决策时间较长。比如，对于两件相似度较高的实用型产品，大家可能会选择销量更高的，利用客观对比的形式提高决策的效率。对于享乐型产品而言，消费者也会关注其信息性，但信息性对购物决策的影响有限。对比实用型产品，消费者在享乐型产品的购买决策中，更重要的是消费者的心理状态，要满足其对于产品消费的情感需求，同时，消费者在决策过程中也更在乎产品的外观是否符合自身偏好、产品是否具有身份象征性、产品是否能带来内心的愉悦和满足等（Yim等，2014）。面临这种情感信息丰富的情况，情感信息处理系统会占据主导地位。例如，消费者在观看情感类广告时，往往会很容易产生共情，从而激活他们的情感处理系统。

消费者对于实用型产品和享乐型产品的购买动机不同，在做决策时所做出的选择评估过程也有差异。消费者对于实用型产品的消费，主要受其信息性属性和认知驱动；消费者对于享乐型产品的消费，主要受其体验属性和自身的情感需要驱动（Crowley等，1992）。对于实用型产品，消费者往往需要收集很多相关的信息，唯有确保资讯来源的准确、可靠，消费者才会做出实用型产品的购买决策（Kahn和Wansink，2004）。个体往往会有目的地借由社会线索来将自己和他人归属于某个特定的社会群组中，消费者往往会借由与身边其他消费者的身份相似性将其他消费者视为自己身边可依赖的群体，并将自身的消费决策与其他消费者的消费经历相关联（Tajfel，1978）。因此，企业释放普通消费者参与实用型产品价值共创活动的信号时，普通消费者自身作为产品的直接使用者和真实体验者，可以成为其他消费者身边可依赖的对象，能够为产品设计提供更准确和更实用的信息（杨建辉和宁昌会，2019），使其更加契合消费者的使用需求，也能为其他消费者提供更准确的资讯，因此能够提高消费者对于实用型产品的购买意愿。而社交媒体影响者对于实用型产品的相关信息和认知较为有限，相较于普通消费者，对于产品的体验感不够直接，难以提供全面和准确的、消费者关心的产品信息，可能较难满足其他消费者对于购买实用型产品的信息诉求（黄敏学等，2021）。而企业释放社交媒体影响者参与享乐型产品价值共创活动的信号时，消费者会比较容易受影响，出于对社交媒体影响者的喜爱和身份认同而希望与其保持一致，与此同时，为了获得心理上的愉悦和满足，进而做出购买决策（Bulte和Stremersc，2004）。相反，普通消费者参与享乐型产品共创，虽然可以让其他消费者了解更多产品相关的信息，但其吸引力有限，难以满足消费者内心对于享乐型产品的情感诉求，无法获得购买的愉悦感和满足感，因此，企业释放社交媒体影响者价值共创信号可以提高消费者对享乐型产品的购买意愿。

综上所述，价值共创信号和产品类型会共同影响消费者的购买意愿。具体而言，在实用型产品中，企业展示普通消费者参与共创的行为，比展示社交媒体影响者的共创更能激发消费者的购买兴趣。而在享乐型产品中，展示社交媒体影响者的共创行为，比展示普通消费者的共创更能吸引消费者的购买意愿。

（二）信息性影响和规范性影响的中介作用

社会影响理论将消费者所受到的社会影响分为信息性影响和规范性影响（Bulte 和 Wuyts，2017）。所谓信息性影响，是指消费者把别人的意见或评论作为信息性来源，通过和其他人沟通，使消费者能够充分了解产品，从而根据这些信息做出购买决策（Kassarjian，1971）。信息性影响有两种方式：第一，让消费者更了解产品，提高对产品的认知；第二，尽管消费者并没有得到最新的或者已经确认的资讯，但是在这一过程中，信息的作用可以让消费者对他们得到的消息进行验证，以此帮助他们进行消费决策（Du 和 Kamakura，2011）。所谓规范性影响，是指消费者往往会选择服从群体或其他人，以满足他们的期望，群体规范的作用会影响消费者的行为（Katona 等，2011）。受此影响，消费者为了与群体保持一致，可能会放弃个人偏好，表现出一种更亲近的社会关系，认同或顺从他们（Burnkrant 和 Cousineau，1975）。

消费者在购买不同类型产品的过程中存在不同的社会影响机制（Iyengar 等，2015）。消费者在进行实用型产品购买决策时，注意力会更多地集中在产品上，会更加关注产品的功能属性（Park 等，2018），决策也是非常理性的，因此往往需要对产品信息进行全方面、多层次的了解（Chattopadhyay 和 Basu，1990；Hoption，2013）。同时，当没有得到足够多的用以辅助完成消费决策的信息时，消费者会倾向于向身边的相关群体或有过类似体验经历的人寻求产品或服务的相关信息和体验，直到足够了解产品后，才会做出消费决策（Du 和 Kamakura，2011）。按照社会影响理论中提及的信息性影响的有关研究，当消费者受到信息性影响后，往往会启动理性思考的方式，希望通过获取更多与产品或者服务相关的信息，参考更多人的建议，来帮助自己做出正确的决策（Pike 和 Lubell，2018；Risselada 等，2018）。因此，当普通消费者参与企业价值共创活动时，出于普通消费者身份的特殊性，他们具有丰富的产品或服务的使用经验，能够给其他消费者带来强烈的亲切感，所以他们自然而然地被视作其他消费者身边的关联对象（Tajfel，1978）。普通共创消费者通过提供全面、准确的信息来加深其他消费者对产品的信息性认知（黄敏学等，2021），让他们更了解产品，增加他们对产品的质量感知，从而减少购买决策的不确定性，产生积极的决策态度和行为（See 和 Ho，2014）。

　　在进行享乐型产品购买决策时，消费者会更注重内心的情感诉求，渴望获得更多的愉悦和享受（Schulze 等，2014），同时因为享乐型产品难以用统一的信息和标准去衡量，所以消费者往往更依赖于他人的感受进行选择。根据社会认同理论，个体会将群组规范作为自我的行为约束，消费者会对社交媒体影响者产生专业认同，社交媒体影响者也会对消费者群体产生规范性影响（Ellemers，1993）。社会影响理论也指出，社交媒体影响者对消费者的影响，根据权威属性等差异，会呈现出规范性影响（Iyengar 等，2015），同时也能够激发消费者一致性的影响模式，驱动消费者的情感判别思维。规范性影响会让被影响的消费者感受到个人或群体的规范性压力，从而启动感性的思维范式，做出认同或顺从行为（Katona 等，2011；Yang 和 Treadway，2018）。因此，当社交媒体影响者参与企业价值共创活动并对外释放信号时，通过展现自己的影响力和专业特质，在一定程度上会弱化消费者对产品的判断，也会更容易激发消费者内心的情感判别思维，高度顺从社交媒体影响者，获得同样的产品使用体验以及精神满足（Bower 和 Landreth，2001）。同时，当消费者在进行享乐型产品消费决策时，也会期望构建和重新定义想要的自我身份，与社交媒体影响者保持一致，满足其对享乐型产品购买的享受体验和一致性需求（黄敏学等，2021）。

　　综上所述，价值共创信号和产品类型对消费者购买意愿的影响可能受到信息性影响和规范性影响的中介作用。具体而言，在实用型产品中，展示普通消费者的共创行为能够提供更多有用的信息，帮助消费者更全面地了解产品，从而提升购买意愿。而在享乐型产品中，展示社交媒体影响者的共创行为更容易引发消费者对群体规范的认同，使其更倾向于跟随他人的选择，从而增强购买意愿。价值共创信号和产品类型对消费购买意愿影响的总体理论模型如图 7-3 所示。

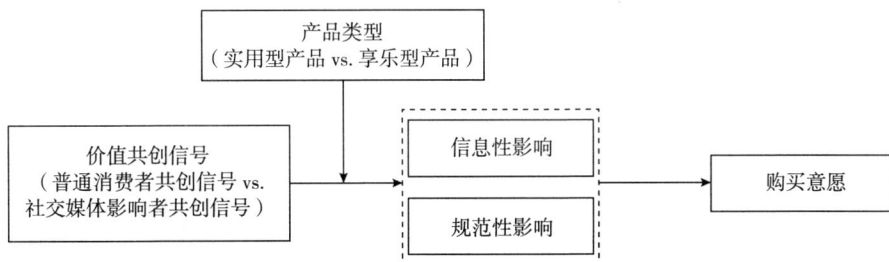

**图 7-3　价值共创信号和产品类型对消费购买意愿影响模型**

### 三、实验及对创意管理的启示

（一）价值共创信号对不同产品类型消费具有不同影响

研究将创意产品区分为实用型产品和享乐型产品，并分别选取 T 恤和智能手表进行两次实验。实用型产品组别的描述文案为"Elan 是一个广受欢迎的智能手表品牌。该品牌近期推出了一款手表。这款手表功能齐全，支持接打电话、回复信息，双芯构架，芯片性能强劲，低功耗芯片节能高效，双芯片协同工作，续航与性能兼得。表内采用专业传感器，可以随时监测身体各项指标，呵护你的健康"。享乐型产品组别的描述文案为"Elan 是一个广受欢迎的智能手表品牌。该品牌近期推出了一款手表。这款手表娱乐功能丰富，使用全新扬声器，随时随地享受音乐，具备高清变焦摄像头，原色影像，所拍即为眼见。表盘可通过人工智能图像算法生成和衣服风格相匹配的动态表盘，新潮动感，让你时时出众"。我们发现，对于实用型产品，相较于释放社交媒体影响者的共创信号，企业释放普通消费者的共创信号更能提高消费者的购买意愿；对于享乐型产品，相较于释放普通消费者的共创信号，企业释放社交媒体影响者的共创信号更能提高消费者的购买意愿。

（二）根据产品类型匹配合适的共创主体

企业在传递品牌价值共创信号时，应根据产品类型精准选择共创主体，以最大化营销效果。对于实用型产品（如家电、健康食品），展示普通消费者的共创信号更有效，因为真实用户的使用体验更能传达产品的功能性和可靠性，帮助消费者理性判断产品价值。而对于享乐型产品（如奢侈品、美妆），展示社交媒体影响者的共创信号则更具吸引力，他们的风格化展示和影响力能够激发消费者的情感共鸣与品牌认同，从而提升购买欲望。

（三）充分利用品牌价值共创信号的双重作用

品牌价值共创信号对消费者的影响有两种路径：信息性影响和规范性影响。实用型产品更需要通过普通消费者的共创信号，提供具体的使用信息和产品性能反馈，以满足消费者对产品实用性的理性判断。而享乐型产品则更适合通过社交媒体影响者的共创信号，塑造潮流和身份象征，触发消费者的跟随心理和情感驱动。这种双重作用提醒企业，在推广不同产品时应根据消费者的心理需求，灵活运用品牌共创信号。

（四）将品牌价值共创信号作为差异化竞争工具

品牌价值共创信号不仅是展示产品的手段，更是企业区分自身与竞争对手的重要工具。通过普通消费者的共创信号，品牌可以强调亲民性、实用性和真实反馈，适合强调性价比和日常需求的市场。而通过社交媒体影响者的共创信号，品牌则能塑造高端感、个性化与文化引领的品牌形象，更适用于追求情感体验与身份象征的市场。这种差异化信号有助于品牌在竞争激烈的市场中形成清晰且独特的品牌印象。

## 第四节　基于技术接受理论的游戏化元素对用户分享行为的影响

在教育变革的发展中，虚拟与现实的界限在教育领域逐渐被打破，VR、5G、人工智能、云计算以及大数据等技术的深度融合促使教育也进入创新发展阶段。沉浸式线上课堂和体验化在线学习催生了各种新的教育形式，虚拟学习社区，如云课堂、有道、网易云课堂、欧陆学习、扇贝学习等诸多重要的虚拟学习空间，作为在线教育的新型代表在这其中诞生、发展、更新及转化，不断成为在线教育学习的主要模式。虚拟学习社区的构建除了需要社区管理者运用相应的技术支撑社区的各项功能外，还有赖于用户之间的沟通、交流、互动。其中，用户的分享行为是用户交互的基础，因此如何促进用户之间的分享就成了虚拟学习社区管理者必须思考的重要问题。

随着"视觉文化时代"的来临，游戏化的特征越来越明显，游戏化在网络上多以元素的形式直观地呈现给使用者，这些元素中包含着丰富的信息，人们可以通过个人经验以元素形式获得其中的隐含含义。随着游戏化元素在各领域的作用不断凸显，越来越多的研究开始关注游戏化元素在现实生活中的运用，特别是游戏化元素对用户行为的促进作用。考虑游戏化元素在活跃网络用户中的优势，已有学者通过实证研究验证了游戏化元素对网络环境中的用户分享的促进作用。本节尝试将游戏化元素放在虚拟学习社区的新环境下进行研究，以此为虚拟学习社区的发展提供新的思路。

以往的研究主要是讨论游戏化对用户行为的直接影响，对其内部机制的探讨较少。此外，由于分享的信息不可避免地包含了用户的个人信息，涉及隐私泄露的风险，因此在接下来的研究中，我们也将考虑隐私风险对用户感知的负面影响，为用户分享行为提供新的解释。

### 一、理论基础

（一）技术接受理论

技术接受理论（TAM）主要是从情感和认知两方面分析用户使用科学技术行

为的影响，包括了个体从刺激、感知、意愿到行为的完整链条。在模型的具体应用中，有两大核心因素：一个是"感知有用"，即个体认为使用该技术的有用程度；另一个是"感知易用"，即使用一项技术的难易程度。TAM 主要倾向于解释用户对于新技术的接受和使用行为，在提出后即被广泛应用。除此之外，TAM 还支持引入外部刺激因素，以便于研究中灵活考察信息系统中用户的实际采纳情况。

本节采用 TAM 作为虚拟学习社区中游戏化元素对用户分享行为影响的理论框架，探讨外部刺激因素与用户的感知、态度乃至用户使用行为之间的关系。针对虚拟学习社区的特征，本节对 Davis 简化后的 TAM 进行扩展，结合隐私悖论在感知收益（感知有用、感知易用）的基础上增加了感知成本（感知隐私风险），更加系统地探究了虚拟学习社区中游戏化元素对用户分享行为的具体影响。

（二）展览理论

1985 年，Goffman 提出拟剧理论[1]，主要借用戏剧的形式，将人们之间的互动比作一场场"表演"，发生场所等同于舞台，参与其中的人员相互充当着"演员"和"观众"的角色[2]。该理论重点研究人们如何在面对面互动时用场景中的各种元素展示自己希望的形象，并取得良好的表演效果。Goffman 在拟剧理论的相关研究中，认为个体主要是为了表达自我在他人心中的印象，所以个体的表演结果不一定是真实的个体表现。拟剧理论更侧重于将生活看作一部戏剧，个体是戏剧中的演员，为了实现自身目标，个体会依据自我的角色设定和戏剧中的场景开展个人表演。

区别于拟剧理论关注同步场景，在 Goffman 研究的基础上，Hogan（2010）进一步架构了更符合虚拟空间的框架，他认为社交网络中的互动更像是博物馆展览，可以在别人想看的时候被发现，而不是仅能在特定时空下表演。这两者最大的区别就在于拟剧理论中的表演是瞬时性的，局限于当下的时间或地点，而 Hogan 提出的展览视角则是持续性的，是可以被记录的。由于游戏化元素产生后将持续伴随用户，并供社区其他用户随时浏览，且虚拟学习社区也不仅只有"表演"的功能，更是供用户存档某些具有纪念价值信息的平台，因此本节将 Hogan 在拟剧理论基础上发展出来的展览理论应用于虚拟学习社区，认为游戏化元素具有展览特征，探究了游戏化元素在虚拟学习社区中的具体使用[3]。

---

① Goffman E. The Presentation of Self in Everyday Life [M]. London：Harmondsworth，1978.

② Goffman E. Bahavior in Public Places：Notes on the Social Organization of Gathering [M]. New York：The Free Press，1963.

③ Hogan B. The Presentation of Self in the Age of Social Media：Distinguishing Performances and Exhibitions Online [J]. Bulletin of Science Technology & Society，2010，30（6）：377-386.

## 二、理论模型

（一）虚拟学习社区游戏化元素对用户感知的影响

虚拟学习社区中的游戏化元素包含大量的用户特定信息，这些信息在一定程度上影响了用户的感知和行为。Frenzel（2011）的研究表明，精心设计的网络信息可以增强用户的愉快感知，减少不愉快的情绪反应，从而改善用户的网络环境体验，促进其使用行为。为了给用户提供更愉悦的情绪体验，虚拟学习社区需要有效运用不同类型的游戏化元素，并合理搭配这些元素，以创造更优质的网络学习空间。在此过程中，不同类型的游戏化元素对用户的感知会产生差异化的影响。研究表明，成就类、社交类和沉浸类游戏化元素在虚拟学习社区中分别影响用户的感知效用和易用性，并进而影响其行为。

具体而言，成就类游戏化元素能够作为成就的象征和掌握的证据，提供积极反馈，增强用户的成就感，从而促进其进一步的参与行为（Dickey，2005）。社交类游戏化元素在虚拟学习社区中发挥着重要作用，它可以帮助用户更好地融入群体，参与更多的互动和学习活动，提升学习体验，并使得用户在社区内更容易展示和表达自我（Eppler等，2004）。基于多通道深度感知交互的技术突破，沉浸类游戏化元素有助于用户在虚拟学习社区中自由构建自我形象，进而增强其情感联结和沉浸体验（Schau，2003）。这些游戏化元素不仅有助于用户的个性化展示和学习体验，也能够传递用户的知识、技能和能力，促进正向感知，进而激励用户的行为。

然而，虚拟学习社区在提供丰富互动体验的同时，也存在隐私风险。随着游戏化元素的应用，用户在参与虚拟学习社区活动时，不可避免地会披露个人信息，从而增加隐私风险，进而影响用户的情绪和行为。隐私风险对用户隐私感知有显著的正向影响，使得游戏化元素在提高用户参与度的同时，导致用户消极情绪的产生。

综上所述，虚拟学习社区中的成就类、社交类和沉浸类游戏化元素对用户的感知效用和易用性有正向影响，并且这些游戏化元素也可能通过增加隐私风险的感知而影响用户的情感和行为。

（二）虚拟学习社区用户感知对分享行为的影响

在虚拟学习社区中，用户的感知对其分享行为起着至关重要的中介作用，特别是感知有用性和感知易用性这两个关键属性。感知有用性在用户的行为决策中扮演着重要角色。当用户认为某项技术对个人有显著的帮助时，通常会增加其对该技术的认同感，并提高其使用频率。在虚拟学习社区中，游戏化元素的核心目的是促进用户参与并提升使用效果，当这些元素为用户提供更好的帮助时，将积极影响用户的分享意愿。

感知易用性可以被看作用户对技术使用过程中所需努力程度的预期。在虚拟学习社区中，用户在使用平台进行信息分享时，感知易用性直接影响着其参与的意愿。心理学中的"齐普夫最小努力原则"表明，用户倾向于接受那些既能满足个人需求又操作简便的系统。在游戏化元素的帮助下，当用户发现虚拟学习社区的交流更加便捷、学习更加轻松时，其参与的积极性将显著提高，进而促进其分享意愿。此外，研究表明，感知易用性不仅影响用户的使用体验，也对感知有用性产生影响。在虚拟学习社区中，便捷的游戏化元素增强了用户的使用效能，从而提升了其对平台的认同感，进一步影响其行为。

然而，虚拟学习社区中的游戏化元素也带来了隐私风险，尤其是在游戏化元素的设计和使用过程中，用户的个人信息被广泛披露。成就类游戏化元素通常基于用户的使用信息进行构建，在展示用户成就时，不可避免地暴露了个人数据；社交类游戏化元素则通过展示用户的社交状态，使得个人信息进一步暴露；而沉浸类游戏化元素则可能通过虚拟身份的设计和偏好的表现，泄露用户的个性特征。这些情况可能引发用户的隐私担忧。研究表明，隐私风险的感知会影响用户的情绪和态度，进而对其行为产生负向影响。具体而言，当用户感受到隐私风险时，其分享意愿可能受到抑制，影响其在虚拟学习社区中的活跃程度。

在虚拟学习社区中，分享意愿被视为用户对社区中信息分享行为的态度，这种意愿对实际的分享行为具有显著的预测作用。游戏化元素能够激发用户的分享意愿，从而促进用户参与具体的社区活动，推动虚拟学习社区的生态发展。相关研究已证明，用户的分享意愿对其行为具有正向影响，虚拟学习社区中的游戏化元素通过提升感知有用性和感知易用性，增强了用户的分享意愿，进而引导其更积极地参与社区活动。

综上所述，本节基于 TAM 探讨了虚拟学习社区中的游戏化元素（成就类、社交类和沉浸类）如何通过用户的感知影响其分享行为，在此基础上，引入感知隐私风险变量，结合隐私悖论的视角，分析了感知收益与感知成本对用户行为的影响。总体理论模型如图 7-4 所示。

### 三、对创意管理的启示

#### （一）在网络学习中合理使用游戏化元素

游戏化元素不断在各领域得到广泛的研究运用，在商业、教育、医疗等各领域逐渐发展，并为这些领域提供了良好的帮助。游戏化学习有助于优化主体性体

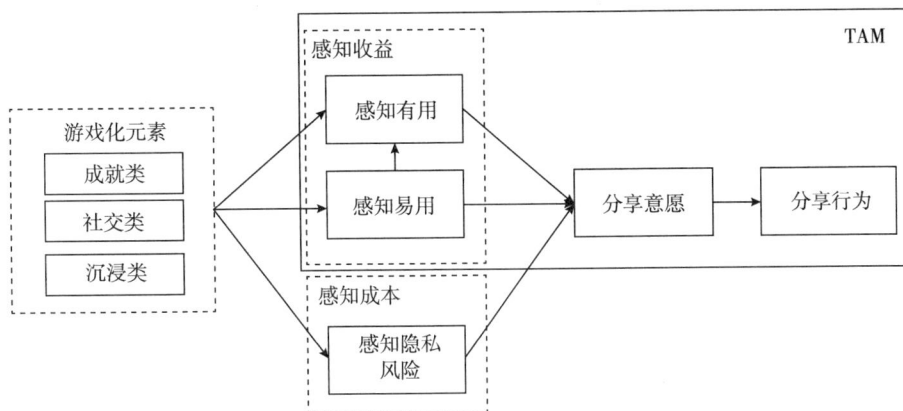

**图7-4 虚拟学习社区游戏化元素对用户分享行为影响关系模型**

验，激发学习动机，增加用户在学习过程中的情感投入，促进学习过程的认知性和情感性的学习参与。对于社区用户而言，游戏化元素可以促进用户的参与行为，为用户提供一个舒适的学习环境，用户可以在系统的服务中获得精神激励与物质激励，以及在虚拟学习社区中的参与乐趣。对于企业而言，游戏化元素为低成本提升用户参与积极性提供了一条切实可行的路径，可以有效地促进用户参与行为，降低企业的管理成本。因此，网络学习平台可以在学习过程中加入合理的游戏化元素，通过不同的游戏化元素让用户产生不同的体验，进而促进用户的参与行为，增强用户的参与体验，帮助网络学习平台提高管理效率，增强平台的管理质量。

此外，还需要特别注意的是，游戏化元素分为多个类别，本节提出了虚拟学习社区中三类不同的游戏化元素，这三类不同的游戏化元素代表不同的影响。平台在使用游戏化元素促进用户的参与行为时应充分考虑不同类型的游戏化元素对用户的影响。成就类游戏化元素主要包括用户个人积分、排行榜等，社交类游戏化元素主要包括问答、用户之间的互相点赞等，而沉浸类游戏化元素主要包括用户的虚拟头像、虚拟形象等，网络学习平台应根据自身的管理目标和商业定位，恰当地对游戏化元素进行组合搭配，以更好助力平台发展。

（二）关注用户个体感知的变化

从本节的研究中可以看出，游戏化元素并不能直接作用于用户的分享行为，需要通过用户感知促进用户分享行为，所以平台除了需要合理地选择游戏化元素之外，还应考虑如何将游戏化元素的积极作用转移到用户的感知上。本节主要讨论了三类用户感知对用户分享行为的影响，可以看出，当用户产生积极的感知，如感知有用、感知易用时，用户就会把这种积极情感进一步进行转化，进而促进分享意愿和分享行为的产生。然而当用户在平台中产生消极的感知时，也会相应地把这种消极感知转化到具体的行为中，进一步削弱用户自身的分享行为。所以平台在考虑促进用户行为发展的要素时，应充分考虑该要素对用户感知的作用。从本节的研究中可以看出，游戏化元素对用户感知有积极的促进作用，平台管理者可以在后续的管理中多加以运用，但要注意规避隐私风险对用户带来的消极作用，把握平台中用户行为背后的心理特征。

（三）创新学习场景

本节引入展览理论构建游戏化元素在虚拟学习社区中的应用场景，将虚拟学习社区当作一个舞台，而用户在舞台中通过游戏化元素不断进行自我展示，以此促进用户的信息分享。并且，本节在对模型的构建中还考虑到了用户可能面临的一些风险，引入隐私悖论理论，从隐私计算视角关注收益和成本两方面，共同构建了虚拟学习社区中游戏化元素应用的新场景，丰富了虚拟学习社区中游戏化元素、用户感知及用户分享行为的应用场景，为企业创新管理提供了借鉴意义。

（四）重视用户的个人特质

结合文献研究可知，游戏化元素在平台中的使用效果受到用户个人特质的影响，包括用户的性别、年龄、职业、受教育程度等，也包括人性特质。因此，平台在考虑进行游戏化实践时，应当充分关注与用户相关的个体特征，有针对性地对游戏化元素进行选择或组合，这样既可以更好地满足用户在平台中的参与体验，也能使游戏化元素的使用效果更加有效。

**专栏**

## 让顾客用钱包为你喝彩

张庭庭[1]

中国台湾苏活创意管理顾问公司以敏锐的洞察力，扮演企业的知音、教练与经纪人角色，将人文、美学、创意融合商业经营与媒体沟通传播，深化并拔高企业品牌价值，近年品牌辅导的业务更是跨足两岸与国际，擅长以中国人特有的文化质地，去捏塑一个个牵动人心又能赚钱获利的商业脸谱。

---

[1] 张庭庭为中国台湾著名的创意品牌策划人。

## 一、"人"才是品牌的主轴

十几年来从事品牌辅导的经验一再告诉我们，建构品牌的关键，不在能否超越竞争对手，而在能否洞悉人心，创造独特的分享价值。现在的消费者除了货比三家，购买前也爱搜寻信息，参考别人的意见，购买后还会上网分享自己的观察或使用经验。而消费者分享的内容除了商品本身，更有依附于商品的情境与故事，因此"人"才是品牌的主轴。无论是新创品牌、既有品牌想脱胎换骨，还是 OEM（代工）要转型成 OBM（创品牌），将人文情感融合消费洞察，是这个年代的品牌新思路。

中国人自幼所接受的文化熏陶，蕴含天、地、人的观照与生命自省，其实正是品牌的宝贵资产。人文品牌就是回归创立事业时的诚挚初心，穿透事物表象、照见本质，将经营者的生命体悟、价值好恶或行事风格，忠实反映于产品或服务的内涵，并设法将其提炼后形之于外。品牌形象就是经营者的外显样貌或是心灵映照，而这个事业正是其自我的延伸，一种舍我其谁的情怀。

企业主不一定需要有艺术底子或深厚文化背景才能打造人文品牌。文化不只是历史文物、殿堂艺术、特色民俗或经史子集、诗词歌赋，有很大一部分来自于民间智慧，来自于代代相传的谆谆教诲，来自于见多识广后的自我省觉，它其实就在你我周围。文化与创意本身是抽象的，通过企业经营者的生活触觉或哲思体悟，便有各种呈现：也许是对自己梦想的热情，也许是研发商品的灵感，也许是儿时记忆的投射，也许是对山川土地的虔敬，也许是对乡亲族人的牵挂，也许是对艺术文化的感动，也许是一段人生经历的启发，也许是对某种价值观的执着。种种人文情怀通过商品设计、包装、网页、文宣与故事等媒介传达出来，穿透人心，让人或惺惺相惜，或同病相怜，或所见略同，或对号入座。而凡此种种，其实正是企业打造品牌的必要元素。

## 二、人文品牌三部曲

如果文化是品牌的灵魂，创意是品牌的养分，那么文化创意便是所有产业点亮品牌的那个光环、那顶桂冠。文化是生活经验的积累、沉淀与淬炼；创意是生命视野的跨界、突破与想象。

常有人问，你们如何协助企业建构人文品牌？首先，企业本身必须拥有超越商业获利考虑的价值主张或社会关怀，即使幽微未显，或无以名状。

品牌是一家企业的价值与灵魂，形诸于外是一组系统的视觉符号，但更重要的，其实是彰显企业与众不同之处的无形价值观与经营主张，也就是企业的核心精神。核心精神确立后，才能赋予企业贴切传神的品牌命名，再把核心精神化约成精简有力的品牌论述，而后浓缩成一句响亮的企业标语。当然，还要有一篇打动人心的品牌故事，以及相呼应的 Logo、包装、文案等一连串文字与视觉表现。而后才是宣传策略、通路布局、媒体曝光与社群营销。

除了把主轴从"产品"转移到"人"（包含经营者与消费者），还强调右脑思维、心灵消费与写实品牌，并简化品牌建构的流程与工具窗体，让未受过管理学训练的企业经营者或团队成员，也能很快上手，进入状况。这个过程从时间序与步骤来看，我们把它简化概分为三部曲，即品牌定位—品牌塑造—品牌推广，以下简称"人文品牌三部曲"（见图 7-5），以下分别说明之。

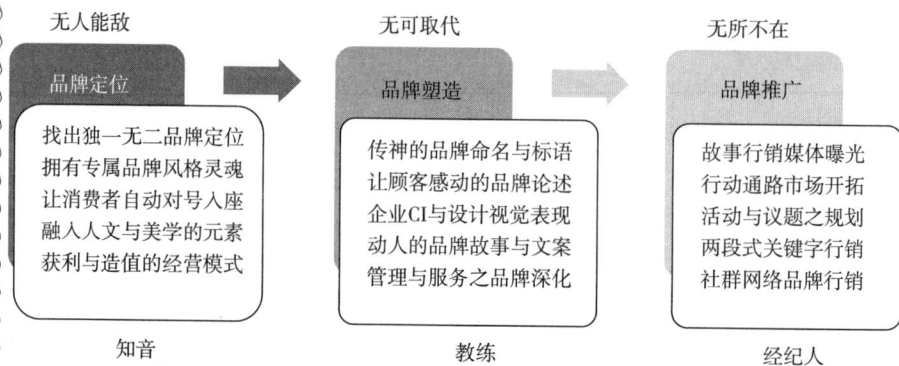

图 7-5　人文品牌三部曲

首先，将策略规划、SWOT 分析、STP 分析、品牌力分析、营销 4P 等专业术语及技法转化成平易近人的轻松语汇，融入人文品牌三部曲的流程中。其次，在每个阶段分别扮演企业的知音、教练与经纪人三重角色，让品牌文化力求贴近企业并具体落实成为企业文化的一部分。

（一）品牌定位——无人能敌

在品牌定位阶段，先是扮演知音角色，深入了解企业背景、专业与经营者人格特质，再整合企业商品优势与经营管理资源，进而打造出只此一家、别无分号的品牌图腾。品牌定位是致胜关键，也是最困难的阶段，而且需要企业经营者全神投入。品牌定位可从两个方面着手：一方面从企业本身的特色切入，我们称之为"品牌内视镜"，彻底检视企业自身的创业初心、经营条件、人文因缘、资源与策略等；另一方面则是从洞察消费者人性出发，调整、精炼出具备认同感的专属企业品牌定位，以及商品与服务呈现的样貌，进而创造出吸引特定市场并具有获利前景的经营策略与模式。

（二）品牌塑造——无可取代

若说品牌定位是"做对的事"，品牌塑造便是"把事情做对"。写实路线的品牌建构讲究忠于自我，而且诚于中，也要形于外，包括商品造型、整体企业形象识别、故事文案、商品包装、卖场风格、文宣设计、活动场布、服务流程、特殊仪式、音乐搭配、员工态度，甚至经营者的穿着打扮。一项个人风格、一些感官设计、一种空间氛围或一个动人故事，要由内到外，在每项细节呈现中扣紧品牌特质，形神一致，难以被模仿或取代，让消费者通过视听接收，产生绝妙感官冲击，进而感动认同，这就是所谓品牌塑造，而且不仅要能精准地向消费者传递品牌信息与理念，并且要力求品牌风格的一致性。为使品牌精神贯穿整个企业，在此阶段，经营者要以身作则全心投入，从上到下，对内进行品牌精神教育，将品牌内化到整个企业内部，还要对经销商、销售员进行教育，确保客户无论从哪个点、哪个渠道所得到的信息、服务都是一以贯之的。

（三）品牌推广——无所不在

品牌塑造完成后，我们还要扮演经纪人的角色，把注媒体曝光、展售机会、网络营销、政府项目等各式资源，加速提高厂商品牌能见度与知名度。品牌营销不一定要花大钱打广告，除善用网络工具外，关键在于想办法让自己被更多人看见，然后让资源找上门。所以，以对的姿态现身于各个对的场合，包含社团活动、网络社群或展售会等，就会有意想不到的化学效应产生，媒体就会循线而来，无须购买广告，就可能获得大篇幅推荐报道。

从品牌定位、品牌塑造到品牌推广，依循脉络层层开展，环环相扣，不需要浪掷大笔营销预算，也能打造出具有人文质感的人气品牌。

### 三、人文品牌完整拼图：文、艺、商、E

除了依循人文品牌三部曲流程步骤，环环相扣，还需要不同专业领域的融会贯通。我认为一个人文品牌所需具备的元素，大抵可归纳成文、艺、商、E四大板块。"文"指的是文化意涵、人文素养、故事文字；"艺"指的是美学工艺、产品设计以及企业形象识别、包装、文宣、展列等商业设计；"商"指的是策略定位、获利模式、市场通路等布局擘画；"E"则指的是网络应用、移动数字与影像智能等新兴科技媒体与工具（见图7-6）。

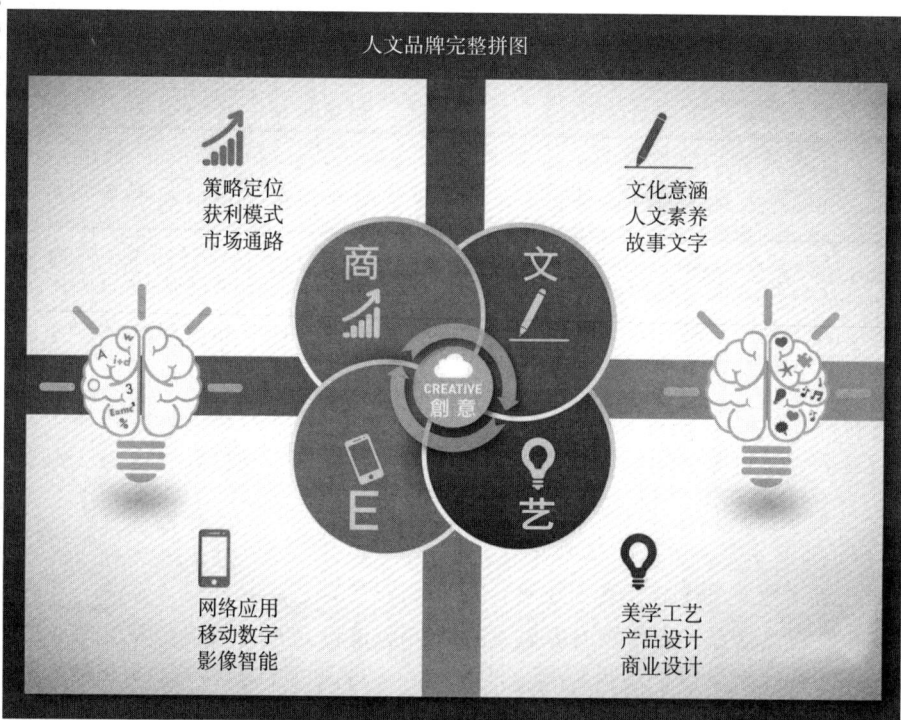

图7-6 人文品牌完整拼图

资料来源：http://www.soho.com.tw。

"文"与"艺"偏向右脑，"商"与"E"偏向左脑，每个领域各自都需要展现创意。但更重要的，也是产业界目前最缺乏的，就是把四个领域用创意连在一起、灵活贯通的能力。如何把各方高手的创意融会贯通，让品牌基因在每个环节一以贯之、表现卓越的整体感，是品牌能否胜出的关键。

有个主要在互联网上营销的糖果品牌，两位合伙人一位是硕士工程师出身的糖业第二代，另一位本身就是策划与文字高手。产品命名颇有文创氛围，加上料好实在，该品牌已经建立了一定口碑与知名度。但他们求好心切，觉得网页与包装设计还有待改进，后来看中了我们团队旗下设计总监的风格，便前来切磋。

乍看之下，似乎这个团队只缺少设计这个环节，其他万事俱备。但以两人资历与人脉，要找到设计高手并非难事，为何耽搁至今？一问才知，之前试过几位设计师都挺厉害的，但不知为何，出来的味道就是不对。我们发现，这个品牌一方面要求开运祈福，另一方面又强调家乡的自然生态，还有两代传承的质量坚持，品牌的主轴似乎尚未真正厘清，也就是品牌定位尚未完成，就跳到品牌塑造阶段。如此，再高明的设计师也可能走进迷宫，难用锐利笔触精准描绘品牌脸谱。而且两位创办人并非设计专业出身，与设计师经常鸡同鸭讲，不在同一个频道。

他们的问题不算大，且毕竟有策划底子，经营团队有足够能力来解决问题。而很多中小品牌，包含小型文创品牌，板块缺憾问题往往更加严重，策划、文字、设计、数字营销、管道拓展等经营品牌不可或缺的要件总是漏了几项。有自知之明且相信专业者，会寻求外部协助，找写手、找设计、找互联网营销专家等，哪里不足，就补哪里，各路文武高手聚集，这样品牌拼图也就完整了。

**四、凑齐高手就可以？**

可惜事情并非如此简单。我遇到过无数企业主，营销挫折之余抱怨写手、抱怨设计、抱怨社群营销专家，或者抱怨自己资源不够或识人未明。其实问题就出在术业有专攻，隔行如隔山。彼此脑袋构造、专业思维不一样，加上做事风格、喜怒偏好、生活历练与观照事情的视角各不相同，要整编成步伐一致的作战军旅，谈何容易？

做品牌其实像拍电影。2012 年公司为台北市政府"品牌台北"项目筹拍了一支微电影"目光之城"，内容融合了该年度 9 家辅导品牌。过程中我深刻体会到，一个镜头、一抹表情、一行旁白、一段配乐的生成已各自有诸多讲究，遑论彼此要紧密合拍？幸而得与一群优秀而热血的影片工作者合作共事，灵犀相通之余，成品让大家都开心。

影片成败多半操于导演之手。导演要负责创造、掌控电影的主题与节奏，并确保团队每一个专业环节都要与之呼应紧扣，所以优秀的导演无论是摄影师、编剧还是演员出身，往往是一个很好的领导者与沟通者，并且左右脑兼具，得以和各种不同思维、不同专业，甚至不同国籍的奇才怪咖对话无碍。

品牌核心精神与策略犹如电影的主题与节奏，在这个最高指导原则之下，文字、设计、包装、通路等便有了方向感与画面感。一方面各自发挥创意，另一方面又彼此紧密衔接，最终散发出由内到外、一以贯之的独特况味。但就如电影不能只靠3D科技惊艳世人，举凡剧情张力、故事意涵、角色塑造、美术绘图、场景设计、摄影、配乐等每个环节都到位，加上精密商业布局，才能发挥震慑效果。也就是说，人文、艺术、商业加上最新科技，是电影叫好叫座的必备组合元素。

企业品牌建构与经营不也如此？①

## 📚 小 结

美学氛围能够显著提升消费者的社交媒体互动意愿，具体通过美学判断和美学情感，促进消费者的发布意愿、点赞意愿和评论意愿。

艺术注入效应对消费者的创意产品评价将产生积极影响，具体通过奢华感、生活方式感知和契合度，影响身份认同和信任。

基于价值共创的共创声明，将通过信息性影响和规范性影响对创意产品购买意愿产生作用，这种作用将因为实用型产品和享乐型产品的不同而不同。

成就类、社交类和沉浸类游戏化元素对用户分享行为的影响，将通过感知有用、感知易用和感知隐私风险而发生作用。

本章为创意对消费者行为影响提供了场景应用，为企业重视消费空间的氛围营造、推动跨界艺术合作、根据产品类型匹配合适的共创主体、合理使用游戏化元素，提供了实施策略，将有利于企业更好地满足消费者的需求，增强品牌吸引力，提升市场竞争力。

---

① 张羽、吉翘楚、汤韵、李金荆、才让尕吉对本章研究做出了贡献。

## 思考与练习

1. 简述消费空间美学氛围的内涵及其在消费者行为中的作用。

2. 比较不同艺术类型的品牌注入效应及不同文化背景下的差异。

3. 详细解释价值共创信号的定义及其在不同创意产品类型中的应用差异。

4. 评估游戏化元素在虚拟学习社区中的应用效果，指出可能存在的隐私风险及其对用户行为的负面影响。

5. 举例描述 TAM 在创意管理中的应用，以及感知有用性和感知易用性对用户分享创意的影响。

6. 结合当下背景，提出一种新的艺术注入方式，提升创意产品的市场吸引力。

7. 构建一个基于价值共创信号的营销活动，针对不同的创意产品类型（如实用型和享乐型）设计不同的共创主体和信号传递方式。

8. 讨论如何提高管理学的中国原创性。

# 第八章 创意管理的商业实践：
## 价值转化与管理创新

更新是一个城市永恒的主题，是城市保持活力的来源，城市更新是大城市发展到一定阶段后必然要经历的过程。在城市更新的实施过程中，企业需深入挖掘和研究项目的价值，并不断地改进和赋予项目持续的创意，以确保升级改造后的城市更新项目能最大限度地体现更新过程中价值的转化。这不仅是国家对于实现城市高质量发展的明确要求，也是实施城市更新项目的企业必须面对并解决的重要难题。企业实施城市更新项目的最终目标是使现有区域焕发新生，进而开拓更多的商业机会并带来经济效益，以最终提升土地的长期价值。在评判一个城市更新项目好坏的过程中，评判标准除了项目本身因为更新带来土地价值的提升之外，各项商业活动在项目实施过程中进行的价值转化同样至关重要，因为它不仅影响项目的整体经济效益，还关乎社会、环境和文化等多方面的因素以及实施企业未来的发展。基于此背景，本章以 Q 公司城市更新项目为例，进行项目的创意价值转化问题研究，探讨如何对原有项目价值转化问题进行"破局"，以求对现阶段的困境提出有价值的解决方案。

## 第一节　Q 公司城市更新项目价值转化现状、
## 问题与原因

### 一、案例项目背景介绍

（一）项目概况

Q 公司于 2021 年正式启动了位于成都核心地段——太古里商圈的城市更新项目。该项目地理位置绝佳，与毗邻成都最核心地标——千年古刹大慈寺的太古里项目无缝衔接，是成都实施"中优"战略的核心腹地之一。项目所在的住宅楼龄在 30~50 年不等，多以砖混结构为主，部分为框架结构，每个空间的状况各异，成了一个典型的老旧建筑群，在高楼林立的办公楼和高级商业区里面显得格格不入。该街道是现区域最后一片未被商业开发的保留地，具有极高的商业价值。该项目由位于太古里商圈附近街道的一部分可作商业用途的居民楼一楼、棚户区和一栋保留着川西特色的古建筑构成。项目总可租赁面积约为4500平方米，按照回收的时间节点共分为两期进行开发。项目整体计划采取旧改+新建结合的城市更新方式，一期开发的可租赁部分约2000平方米，12个左右的商铺，更新模式是保留原有楼上居民，对该住宅进行外立面改造和公共区域的修缮，通过回租和购买部分底商从而获取使用权。二期由Q公司拆除现有棚户区并原址新建项目，修好的项目产权归政府所有，Q公司向政府支付租金，以此获取新建项目的使用权。独栋的川西古建作为二期的开发范畴，保留原貌，因现川西古建作为政府部门的社区中心办公室和川剧表演剧场使用，古建的使用权需待二期新建部分修好后以空间置换的形式获取。作为公司目前最重要的项目，该城市更新项目的成功与否对于公司未来持续深耕城市更新的商业化战略路线具有重要意义。

（二）项目定位与进度

Q公司希望通过项目前期突出的设计方案，结合后期的推广、招商、运营和物业管理，达到优化现有街区风貌和提升社区质量的目的，同时为成都市中心打造出一个具备商业和旅游属性的繁荣新地标，在引领城市更新潮流的同时为居民提供更优质的生活环境和推动区域的整体经济发展。项目旨在解决现有城市景观不协调的问题，激发老旧区域的经济活力，同时确保更新后的商业活动的注入能够带来区域价值的提升。在实施城市更新的过程中，Q公司也帮助政府完成了公共区域、街道甚至公共卫生间的修缮。和传统的商业地产有统一的品牌招商节点和开业时间不同，城市更新项目一般和街区商业的属性类似，是按照品牌入驻装修进度逐步开业。其中，项目一期在2023年5月开始有第一家品牌入驻，其余品牌根据入驻时间和装修进度陆续逐步开业；项目二期新建部分已完成原有棚户区的拆除，2024年底完成修建后招商品牌入驻并陆续开业。

## 二、基于铜钱模型的项目价值转化现状分析

（一）价值认定

价值认定是整个创意价值实现过程的起点，决定了后续转化的基调，也决定了项目未来的经济效益和社会效益。接下来，本节从价值主张、功能设计和标准确立三个步骤具体分析Q公司城市更新项目价值转化的现状。

1. 价值主张

价值认定的第一步是确立价值主张，最重要的一点是根据项目主要的目标客户群来确定项目的价值定位。Q公司在前期定位时缺乏相关的市场调查和相关细分工作，而是直接将周边商场的客群定位为自己的目标客户群体，以游客为主、周边办公人群为辅。Q公司最初提出项目的价值主张是通过引进首店品牌，打造质量街区，形成全国性的文化消费旅游新坐标。鉴于其优越的地理位置，Q公司同时希望能够通过城市更新项目的实施优化老旧片区，为城市核心地段带来新的街区风貌，并整体提升社区质量，吸引国内外优质品牌开设西南首店、城市首店或高级别旗舰店，实现品牌的集合效应。从长远来看，Q公司希望城市更新项目引进的品牌能够对促进商圈经济发展及活力提升产生积极影响，从而进一步实现产业和文化融合发展。

项目地处成都最核心的地段，从地理位置来看具有一定的地标、游客属性，但是从我们对项目负责人和商家的访谈结果得知，项目本身对于游客的吸引力较为有限，特别是在节假日时期没有明显的客流提升。项目招商负责人在访谈过程中表示，节假日反而没有平时周末的客流大，并且项目整体仍然以社区和周边的吸附能力为主，不具有很强的游客属性。通过对项目的观察发现，已开业的一期现入驻品牌75%以上是主理人属性品牌。主理人品牌相比连锁品牌与顾客的情感联结更强，顾客消费的黏性也更大。项目现阶段大多数品牌都是主理人品牌，吸引的更多是周边居住客群或办公人群，对于游客来说不具有很强的吸引力。目前看来，项目入驻的品牌与一开始的以游客为主要目标客群的定位不够匹配。

2. 功能设计

价值定位后，接下来的第二步是进行项目的功能设计。功能设计包含项目本身的功能以及后期通过招商引进的品牌所具备的功能。从多次的项目街区实地观察来看，Q公司城市更新项目目前入驻的12家品牌兼具餐饮、酒吧娱乐、生活方式和零售的功能属性，在业态组合方面基本满足顾客购物和餐饮的需求，但缺乏一定的文化属性和公共空间的需求，没有办法使顾客更长时间地停留。通过对现有12家已开业品牌的持续走访观察，发现现阶段入驻品牌的整体顾客女性占比在60%以上，特别是零售和生活方式类品牌的女性顾客占到了70%，大多数客群以在周边高档写字楼工作、对生活质量特别是精神生活有一定追求的中等收入女性为主。这些客群所需要的项目不是一个旅游地标，而是一个能够更多满足日常休闲、社交以及精神需求的场所，目前看来项目一期在功能设计上有一定的欠缺。

3. 标准确立

价值认定的最后一个步骤是进行项目标准的确立。标准确立主要包含项目设计建造标准的确立、经济效益标准的确立以及合作品牌标准的确立等主要方面。设计建造标准主要取决于项目负责人对项目主题的确立，接下来设计部门根据确立后的主题请到设计公司根据项目所出具的具体方案，逐步完善效果图，最后确定最终的施工方案。经济效益标准主要是指项目能够带来的租金收益。Q公司在设计建造方面确立了较为完善的标准，通过该标准完成了前期针对项目外立面、一层回租空间、公共区域的修缮以及公共区域的改造等。

一个项目的租金议价水平主要取决于项目的基础成本、项目的地理位置、建筑的质量以及配套设施、物业管理水平、当地整体物价消费水平等多方因素。Q公司在项目启动招商工作前针对项目附近1千米内的购物中心和2千米范围内社区底商的签约租金情况做了市场调查，并结合市场调查的资料进行了项目初步谈判租金的设定。但相比一般购物中心类型的商业项目会受到基金预算、资产管理方的约束，对租金和投资回报率有较为严苛的要求不同，城市更新项目一般来说租金能够进行灵活调整。后期招商阶段，由于不可抗力因素的影响，整体的市场相对低迷，导致Q公司最终整体的实际租金比预期的租金有较大程度的下调，但整体来说，项目租金具有明确的标准。

合作品牌入驻标准的确立是整个标准确立过程中对于项目价值认定版块最为重要的，合作品牌决定了项目的调性和未来呈现的效果，也直接决定了城市更新项目后期的议价能力。作为成都市中心的城市更新项目，一开始Q公司对于项目是基于游客属性的定位进行合作品牌的标准制定，主要的目标是洽谈知名外地品牌成都首店或成都本土品牌全新旗舰店。前期招商部门的主要工作内容是进行品牌的目的性筛选。团队通过近一年的时间进行全国范围的出差、探店，深度了解品牌文化，并实际感受店铺所带来的体验。Q公司通过进行品牌清单的收集和整理，最后与不低于200家的意向品牌建立了深度联系。通过对项目负责人的访谈和对项目品牌的观察了解到，项目一期最终确定合作的品牌基本满足了前期确定的首店和旗舰店的标准。

（二）价值认知

价值认知是价值转化的第二步，这部分涉及公司具体有哪些业务活动，通过什么方式进行多角度、多层次的消费者体验，以传达和强化项目的创意价值。这一阶段主要包含内生体验、类比体验和关联体验。

1. 内生体验

价值认知的第一部分是内生体验，它强调产品本身使用过程中的直接感受。

对于项目来说，这部分主要是指顾客通过直接体验，感受项目本身的优势和特点，在此过程中使人们能够从内心感知和认识项目的实际价值。在项目的一期正式开街之前，项目负责人没有采用传统的商业项目的宣传手段，即大量投放项目的效果图和宣传主题呈现效果，而是通过一对一的针对目标客群的方式进行"叙述式"传播，目的是提升顾客对项目更直接的体验。通过对项目负责人的访谈了解到，项目负责人认为大量的宣传和广泛地散播项目信息可能会对项目的招商和整体的调性带来负面的影响，特别是项目的介绍手册应该定向发放给真正认可项目理念的目标客群，以期能够形成更加良好的对于项目的体验感。但从后期对入驻品牌的访谈中了解到，品牌选择入驻项目的原因几乎与前期的"叙述式"传播无关，前期"叙述式"传播未达到预期效果。品牌更多的是因为项目的地理位置契合品牌的选址需求，并且项目的整体租金相对周边的商业综合体有一定的优势而选择与 Q 公司合作。同时，城市更新项目作为街区属性相对开放，部分入驻品牌业态作为主理人属性更加契合街道的氛围。

在项目一期品牌陆续开业后，顾客主要通过入驻的品牌和项目自身的持续输出活动获得主要的体验感。目前来看，项目品牌和体量均有限，项目虽然陆续举办各类活动，但声量和效果欠佳，难以形成可以吸引顾客前来体验的聚合效应。除此之外，品牌和项目基本上是相对独立地各自举办活动，没有形成具有共创属性、持续性、周期性的社群参与效应，这与项目前期的游客定位和项目不进行大量宣传推广的策略均有一定的关系。除此之外，Q 公司的市场部虽然自行运营微信公众号、小红书以及项目自有期刊等社交媒体，会定期发布项目品牌以及活动内容，但项目自有账号的粉丝量和活跃度均较低，宣传效果较差。项目一期在2023 年陆续开街后也尝试利用具有较大影响力的商业地产机构与相关媒体资源对项目进行宣传，其中部分为付费宣传，虽然提升了一定的点击量和传播力度，但是否能够起到后期宣传作用，以及项目是否真正有提升客流的作用则有待商榷。目前来看，项目在价值认知板块的内生体验是欠缺的。

2. 类比体验

价值认知的第二部分是类比体验，对于城市更新项目来说，更多的是指项目通过举办与时尚、艺术或文化相关的活动，为顾客带来一定的价值类比感知，从而提升整体空间的体验价值。项目在一期的实施更新过程中同步进行了公共区域的修缮改造和公共厕所的翻新，在项目一期开街后充分进行了有限区域的挖掘，将原公共厕所翻新后的墙面作为了一个小型的可以举行展览的空间，并取名为"厕展"，与"策展"谐音。在这样的场地进行展览，虽然展览的表现形式和主题相对受限，与一般的公共空间相比，艺术性和文化氛围稍显欠缺，但具备一定的创意性和公共性。截至目前，通过对项目该区域的观察和研究，发现 Q 公司利用该公共厕所作为载体已经先后举办了不下五场展览，其中不乏一些社会性主题的公益展览。其作为城市更新项目的一部分，具有一定程度的社会关注性和话题性，初步呈现了相关艺术类比体验的效果。

3. 关联体验

价值认知的第三部分是关联体验，在城市更新项目中，主要是指可以利用项目本身的公司背景、地理位置优势或项目特色与全国乃至全球知名的其他项目、品牌或机构合作、关联，以提升项目本身所在空间的知名度和吸引力，提高顾客对于久负盛名的品牌和项目之间的关联体验，从而进一步形成能够为项目持续赋能的价值。Q 公司目前项目的运营以入驻的 12 家品牌和项目本身的品牌运营为主，项目受到空间、体量的制约，暂时没有与其他知名的品牌或机构形成合作，缺乏能提升项目价值的关联体验。

（三）价值认同

价值转化的第三步是价值认同，这部分涉及顾客通过对产品进一步的了解并产生内心的价值共鸣从而实现认同，即从简单的价值认知走向更深层的价值认同。本节接下来主要从产品使命、社会责任和国家发展三个方面对 Q 公司的城市更新项目进行价值转化现状的分析。

1. 产品使命

价值认同的第一个方面是产品所包含的使命。对于城市更新而言，其作为一个商业性质的项目，不仅需要改善城市的面貌，还有义务向顾客传达特定的文化或历史信息，使项目在更新的同时保留过去的痕迹和故事，使顾客心中留下深刻的记忆点。Q 公司城市更新项目包含历史古建，具有传达历史使命的义务。从对项目的观察了解得知，在现阶段的实施过程中，项目的规划和战略方面更加注重新品牌的引入以改善和提升现有街区的风貌，强调城市更新后所呈现出的成果。Q 公司并未传达给顾客项目包含的川西风格的历史古建的历史文化信息、用途和意义。项目所处街道和古建背后的故事没有得到相应的讲述，这样的规划使得项目现阶段缺乏明确的历史使命，项目的文化价值和独特性也不足。

2. 社会责任

价值认同的第二个方面是社会责任，在城市更新项目中更多体现为企业承担所在地方的社会责任。Q 公司在实施城市更新项目过程中，通过更新过程提升项目及周边街道片区的基础设施，着力修缮公共区域和公共厕所，最终提高了社区居民的生活水平和幸福感，充分体现了 Q 公司对企业社会责任的重视。此外，在项目运营过程中，Q 公司还定期为周边社区居民提供入驻品牌的专属福利，如发放代金券和小礼品等。这些举措不仅在一定程度上提高了社区居民对项目的认同感，还通过适当的福利发放使社区居民参与其中，展现了项目在运营过程中注重维系与社区居民的良好关系，同样体现了 Q 公司的社会责任。通过这些实际行动，Q 公司不断改善居民的生活环境，提高了生活质量。对于入驻品牌而言，Q 公司展现出的社会责任，在一定程度上缓解了前期部分入驻餐饮品牌的油烟问题和酒吧等夜间营业扰民问题对商家经营的影响。前述措施不仅展示了 Q 公司对提升社区生活质量的承诺，也在一定程度上反映了其在城市更新项目中承担的社会责任。

### 3. 国家发展

价值认同的第三个方面是企业在发展过程中与国家发展的联系。顾客对于城市更新项目更加深层次的价值认同除了项目本身肩负的历史使命、企业的社会责任，也来源于项目和国家发展的紧密关系。Q 公司在城市更新项目的实施过程中，充分回应了国家有关政策。城市更新这一举措本身就顺应了社会与时代的发展，体现了 Q 公司与国家发展之间的同步性。这一与国家同步发展的形象，不仅提升 Q 公司项目的价值，而且提升了顾客的价值认同。

### （四）价值认购

价值转化的第四步是价值认购，这是顾客在他们的自有身份和人格追求基础上，对项目所带来创意的最终认可和接受，意味着他们对于项目的消费投入和行动支援，也是创意的价值转化的最直观体现。该价值转化部分包含体现原创、彰显人格以及成为榜样。

### 1. 体现原创

价值认购的第一个部分是体现原创，Q 公司在前期项目的建筑设计方面展现了较高的原创性。通过对项目负责人的访谈和对项目的观察了解得知，从项目立项至今，Q 公司对建筑设计方案进行了三次大规模的修改和优化，充分体现了 Q 公司在追求原创性上的努力。此外，在项目名称的征集和项目手册的设计过程中，Q 公司内部各部门进行了多次头脑风暴和深度讨论。最终，项目的整体名称、手册风格和文案在各部门的通力合作下得以确定。项目手册的每一页内容都由项目负责人亲自撰写、排版和确认，以确保每个细节都能反映出项目的独特创意和设计理念。Q 公司对原创设计的高标准和严格要求，也充分体现了其在价值认购部分中的独特追求。

### 2. 彰显人格

价值认购的第二个部分是彰显人格。在城市更新项目中，彰显人格主要指项目所具备的区别于其他项目的独特气质。这不仅仅是指项目在外观设计上表现出的独特性，更重要的是它能通过品牌的内涵和文化精髓传达出一种独一无二的精神气质。通过与项目招商负责人和入驻品牌负责人的访谈了解到，作为由一家私人企业主导的城市更新项目，其目前在市场上尚未形成强有力的人格化记忆。无论是顾客还是品牌，对该项目的整体印象都较为模糊，对其打造过程和背后的人格故事知之甚少。尽管 Q 公司在项目实施过程中投入了大量的时间和资源，但由于项目负责人和品牌主理人在个性特征上不够突出，因此项目在彰显独特人格特性方面显得不足，这导致它在市场中难以形成鲜明的品牌印记和具有竞争力的优势。

3. 成为榜样

价值认购的第三个部分是成为榜样。一个成功的城市更新项目不仅仅体现为在其自身领域的卓越表现，还具有能够成为其他类似项目效仿和学习的榜样的特性。这样的项目不仅能够满足当下市场的需求，还能引领未来的城市发展方向，起到塑造城市形象和增强社区认同感的作用。Q 公司地处市中心最核心的板块，随着项目一期的开业、二期的整体修建和招商入驻逐步完成，Q 公司城市更新项目将在市中心的城市更新板块中显现出明显的竞争优势，其所在的区位天然占据了成为城市地标和区域标杆的优势位置。这一地理优势赋予了该项目成为其他城市更新项目参照模范的可能性，不仅能够为周边区域带来经济增长和社会效益，还可以为同类型的项目提供成功经验。从对现有项目的观察来看，Q 公司通过将现代化建筑设计理念与项目本身所富有的资源相结合，未来有望能够吸引更多高端品牌入驻和顾客驻足，从而成为城市更新生态中的重要组成部分。目前看来，该项目具有可以创造出一个兼具创意和历史韵味的空间榜样的潜在基因。特别地，项目通过体现原创性和人格属性的建设，将能够更好地实现潜在基因的榜样转化。

**三、项目价值转化问题与原因分析**

通过多次现场查看和收集的访谈材料，结合铜钱模型进行项目价值转化现状和问题分析的结果，并运用鱼骨图作为问题原因的分析工具，项目组从价值认定、价值认知、价值认同、价值认购四个方面综合分析，得出 Q 公司城市更新项目现阶段在价值转化中主要存在价值主张不准确、功能设计不足、价值的内生体验不足、久负盛名的关联体验不足、历史使命不足、彰显人格特性不足六个主要问题（见图 8-1）。

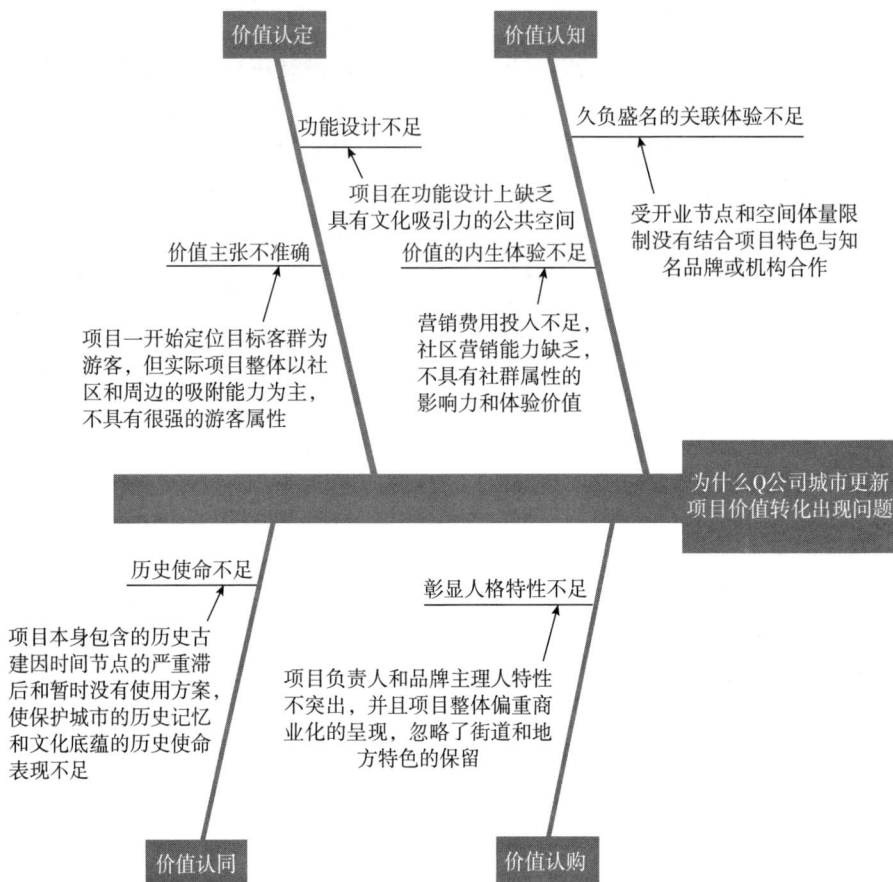

图 8-1　城市更新项目价值转化问题鱼骨图分析

（一）价值主张不准确

运用铜钱模型对 Q 公司价值转化现状的价值认定部分进行分析得出，Q 公司最初提出的城市更新项目的定位是以游客为主要的目标客群，其价值主张是希望通过引进首店品牌，打造质量街区，形成全国性的文化消费旅游新坐标。通过现场多次分时段查看和对项目负责人、入驻品牌负责人的访谈了解到，项目一期从第一家店开业后，在节假日时段没有形成明显的客流提升，甚至部分节假日时段低于平时客流，该情况说明项目街区基本无法吸引自然客流到达。从对入驻品牌负责人的访谈了解到，他们几乎都认为该项目虽然处于核心地段，但是由于体量和影响力受限，自身没有办法吸引自然客流到达，特别是基本上无法吸引外地游客到达。外地顾客来到项目更多是由于品牌自身的影响力宣传或者是由于他们是品牌的长期顾客。基于以上分析，Q公司一开始将项目定位成全国性的文化消费旅游新坐标，以游客为主要的目标客群存在一定问题。项目实际运营主要以社区和周边的吸附能力为主，所以一开始Q公司提出的价值主张必然是不准确的。

（二）功能设计不足

Q公司在项目的实施过程中，一期和二期开业时间相去甚远，一期现有业态不具有公共属性的空间，使项目现阶段仅仅能够满足顾客一般消费的场所需求，缺乏能够满足顾客进一步的精神需求的具有文化属性的业态和公共空间。目前主要客群需要的不仅仅是一个满足基本餐饮和购物需求的地方，而更多是能够满足日常休闲、社交以及精神需求的体验场所。

无法实现该功能的原因一方面是项目目前仅有一期开街，体量较为有限，现有空间无法承载具有文化属性空间的需求；另一方面，受到前期不可抗力因素的冲击，项目前期的经济效益受到了一定的影响，在一期洽谈品牌入驻的过程中，Q公司会尽量考虑承租能力较强的业态，比如零售、餐饮等业态。而文化业态一般需求的面积较大，且承租能力较低。虽然Q公司在前期将街区翻新后的公共厕所作为一定的策展空间，但由于场地属性和策展规模的限制，展览的市场声量和影响力较小，仅能作为一个具有创意的小型市场宣传活动，而未能真正给顾客带来具有文化属性的空间体验。从对市场部负责人的访谈中了解到，现有顾客大多数是在街区用餐和消费时偶然发现这些展览，并非专程为展览而来。这表明，项目目前自身空间所能够承载的文化吸引力和公共空间功能设计明显是不足的，需要在后期挖掘和设计更多具有相应属性的空间来满足顾客的需求。

（三）价值的内生体验不足

根据铜钱模型对Q公司价值转化现状的价值认知部分进行分析，从对公司市场部负责人的访谈中了解到，Q公司的营销费用投入不足，导致项目开业后未能持续在相关媒体投放和进行宣传，项目整体的市场声量有限，除周边顾客以外难以对更多的潜在客群进行覆盖。没有进行较大规模宣传的另外一个原因在于Q公司的项目负责人认为项目本身的地理位置优越，不需要过多的宣传，并且基于项目本身的定位及入驻品牌的自身影响力和宣传能力，足以达到发声的效果。然而，对项目在市场方面的情况观察发现，除了通过招商团队在招商过程中对接潜在品牌进行项目信息的输出外，Q公司的市场部自行运营的社交账号和相关媒体机构的宣传效果都不理想，账号的粉丝数量和传播的声量都较为有限。

项目内生体验存在明显不足的另外一个重要原因是，项目本身未能提供有效的运营体验，使得顾客难以通过具体的传达感受到项目本身的优势和特点，缺乏使人们从内心感知和认可项目实际价值途径。现阶段项目一期过于注重商业属性而忽略了公共空间和项目多样化功能的整合，导致了空间整体体验的单一和无趣。目前项目主要客群需要的不仅仅是一个满足基本餐饮和购物需求的地方，而更多是满足日常休闲、社交以及精神需求的体验场所，现有项目无法满足现今顾客对于城市更新项目越发多样化的体验需求。

（四）久负盛名的关联体验不足

运用铜钱模型对 Q 公司价值转化现状的价值认知部分进行分析，项目从一期开街至今主要依靠 Q 公司自身市场部的宣传及入驻品牌的自行推广和举办活动，没有结合项目特色与知名项目、品牌或机构进行大规模和具有声量的关联合作，没有通过和知名品牌合作来提升整体吸引力。除了营销费用有限的原因以外，项目目前仅有一期开放，和一般的商业项目统一时间节点开业不同，项目一期品牌在开业时是根据洽谈入驻时间和装修进度逐步开业，各自独立举办开业活动和节点性促销活动，规模有限且时间不统一，并且空间有限，使得项目目前无法进行大规模的品牌合作和宣传。Q 公司的市场部目前的媒体资源并不能很好地宣传入驻品牌，项目本身不具备强大的客流吸附能力，缺乏具有关联属性或者影响力的合作方加持。目前看来，项目久负盛名的关联体验亟待开发。

（五）历史使命不足

根据铜钱模型对 Q 公司价值转化现状的价值认同部分进行分析，项目的二期本身包含一栋川西风格的历史古建，古建筑作为城市历史记忆的载体，承载着丰富的文化内涵和历史价值，然而在项目一期开街运营、二期正在修建的过程中，这些古建筑保护城市历史记忆和传承文化底蕴的历史使命却表现得相对不足。通过多次的实地项目考察发现，目前古建仍然被用于社区中心办公和定期举办民间戏剧活动。虽然古建与项目一期无缝衔接，但是建筑没有与现有项目和开业品牌形成互动，显得较为割裂。项目在规划初期明确了保护和充分利用这些古建的初衷，但在后续的实施和运营中，这一目标并没有得到充分的体现。

项目目前更多关注商业开发和现代功能的实现，没有利用和宣传古建蕴藏的历史，忽视了古建筑在文化传承和历史教育方面的重要作用。一方面，二期原计划作为社区办公室置换的建筑修建时间严重滞后，社区办公室无法搬迁，导致只能继续使用原有古建作为办公地点；另一方面，Q 公司暂时没有规划有效展示和利用古建历史价值的方案，城市更新过程中如果未能尊重和保留原有的生活方式和社区互动模式，会导致居民失去对社区的归属感和认同感，从而削弱与城市历史的内在关联。古建筑虽然被保留在项目中，但其文化和历史价值未能真正融入项目的整体体验中，几乎没有被作为项目的亮点，也没有发挥历史使命的作用。从以上的观察可以得出，项目的历史使命表现得明显不足。

（六）彰显人格特性不足

根据铜钱模型对 Q 公司价值转化现状的价值认购部分进行分析，从目前项目一期的开业情况和市场情况来看，Q 公司项目不具有突出的人格特征。造成该问题的主要原因是项目负责人和品牌主理人在项目运营过程中没有充分展现出他们独特的个人特质和品牌风格，导致项目本身缺乏鲜明的个性和吸引力。现阶段项目缺乏明确的项目和品牌故事，无法突出其独特价值。Q 公司的项目负责人在项目开街和运营的过程中基本上没有在市场发声和宣传，没有利用其人格特性有效传递项目的文化和价值观，也无法使顾客和社区通过项目负责人和品牌主理人进一步感受到项目带来的文化和价值观。此外，项目整体偏重商业化的呈现，忽略了街道和地方特色的保留，导致商业空间变得千篇一律，失去了原有的在地文化所具有的人格特性，这种不足在一定程度上也影响了项目二期的后续潜力和项目品牌影响力。空间被高度商品化也削弱了文化表达和个性彰显的机会。更新项目未能深入挖掘和尊重当地社区的文化和在地的生活方式，无法体现街道的独特人格，目前来看项目彰显的人格特性明显不足。

# 第二节　基于创意价值模型与铜钱模型的 Q 公司项目价值转化

通过对项目的多次实地考察和收集访谈结果，运用鱼骨图分析法得出了 Q 公司城市更新项目现阶段在价值转化上存在的六个主要问题，现运用创意价值模型对项目进行价值主张的重新挖掘；接下来再基于新的价值主张，并以解决价值转化存在的六个问题为抓手，再次运用铜钱模型进行新的价值转化方案的确立。

## 一、基于创意价值模型的项目价值主张挖掘

在确立 Q 公司城市更新项目新的价值转化方案之前，首先需要进行最重要的价值主张的重新挖掘。结合创意价值模型，围绕功能价值、符号价值和体验价值三个维度进行深入分析，得出项目的价值主张为：功能提升——打造城市客厅，符号传承——保存时空记忆，体验创新——修筑情感场域（见图 8-2）。

（一）功能价值挖掘

创意价值模型中的第一个价值是功能价值。根据创意价值模型理论，在分析功能价值时一般包含三个方面的因素：正确的特征、合理的表现以及预期的产出（见图 8-3）。

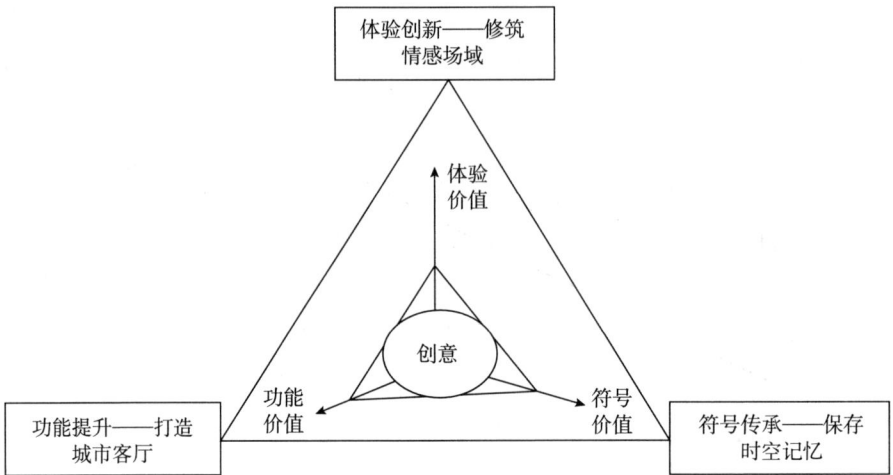

图 8-2　Q 公司城市更新项目价值主张

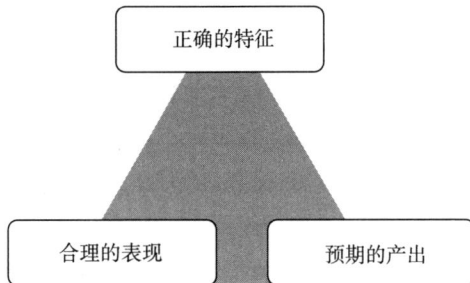

图 8-3　功能价值

1. 正确的特征

正确的特征是指城市更新项目在设计和规划时要符合其目标与预期所应具备的相应基础功能和核心要素，从而确保其所具备功能的价值能够有效实现。项目在实施之前，首先应考虑社区居民和城市本身对于项目的实际需求。在项目还未进行改造前，一层的原有商业仅是满足周边居民基本日常采买便民需求的菜市场、五金店等，并且客群都是居住在周边的中老年人或者项目所在地的原住民，功能价值对于该核心位置来说层次较低。城市更新项目重新规划了原有住商混合区的功能布局。项目在实施过程中除了对项目本身进行改造，还进行了公共区域的修缮改造、公共厕所的翻新等，提升了城市界面的美观度和整洁度，并且改善了周边居民的居住条件。Q 公司通过前期的设计规划对更新项目的现状进行功能的完善和改造，使其具有了城市中心区域的基本功能特征。

2. 合理的表现

合理的表现是指城市更新项目在实际实施过程中的具体表现形式，主要包括前期的规划设计与实施过程中的合理性。项目一层的业态变为了餐饮、酒吧、零售以及生活方式等更满足年轻消费客群和周边核心消费客群的品牌。入驻品牌主要提供餐饮、社交、购物等功能，特别是满足了社交属性。但目前对于项目一期来说，因为整体入驻品牌商家数目较少，相比体量更大的一些城市更新项目来说，其功能价值仍然较为有限。此外，项目因为靠近核心地段，项目的主体是一条街道，整体的绿化覆盖较少，所以缺乏可提供休憩和停留的绿色空间和公共活动区域。项目目前规划开放的区域均作为商业用途，没有做到项目功能设计上的合理规划和资源利用。Q公司城市更新项目应该进一步提升项目的功能性，作为核心繁华商业地段的一片保留地和代表，项目应该进一步以打造城市的客厅为目标，将其作为项目功能价值板块的基本价值主张。客厅天然就有核心、舒适、共同性等属性。而城市的客厅不仅仅是作为城市的公共空间，自身具有广泛的社会功能，同时还吸引顾客以及周边居民驻足、休憩，作为项目合理的表现。这个是项目目前迫切需要进行功能提升的部分。

3. 预期的产出

预期的产出是指公司通过城市更新项目所期望实现的具体成果。从多次对项目的实地考察来看，目前已经开业的项目一期具备了相应的基础功能价值。Q公司在前期的价值主张中希望项目具有旅游地标属性。目前除了入驻的品牌所提供的基本品牌的业态属性以外，由于前期的功能规划不足和现阶段项目本身的面积较小，不具有公共空间的功能属性，从而无法吸引顾客长期停驻。项目现阶段由于对前期的价值主张缺乏正确的认识，因此项目虽然位置处在城市中心，但没有获得预期的产出。而项目除了本身所具备的商业属性以外，应该具有一定的休憩和公共活动区域空间的属性，比如能够提供休憩的街区公园，具有公共文化属性的书店、展厅等。这些在项目目前阶段有限的改造空间里面都暂时无法实现。所以项目应该从新的价值主张出发挖掘功能，并重新确立其预期产出。

综上所述，通过确保正确的特征、合理的表现和实现预期的产出，Q公司项目的功能价值才能够得到全面和有效的发挥。Q公司应结合项目所包含的居民区域、历史建筑、新建区域及考虑整个街区的功能性需求，从项目区块功能和业态规划的思路出发，进一步在功能方面进行提升改造，并将其打造成具有城市客厅属性的项目。由此得出，项目在功能价值板块的核心价值为：功能提升——打造城市客厅。

（二）符号价值挖掘

创意价值模型中的第二个价值是符号价值。城市更新项目的符号价值关注的是创意如何强化其独有的文化特性和项目标志，以提升城市片区和项目的品牌形象。澳大利亚著名文化经济学家 Throsby（2001）认为价值是连接文化与经济的基石，他首次提出文化价值可以分为六个维度，分别是审美价值、历史价值、象征价值、社会价值、精神价值和真实价值。以此演变为创意价值模型中的符号价值体系，在城市更新项目里面同样可以运用以上六个维度进行价值的分析（见图 8-4）。通过观察和分析 Q 公司城市更新项目可知，目前能够作为符号价值的主要是历史价值、社会价值以及真实价值，接下来将就以上三个价值进行分析。

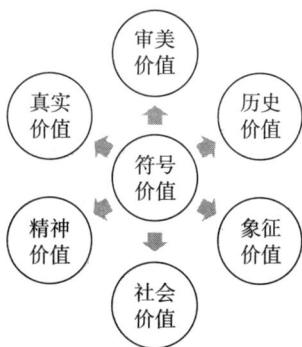

图 8-4　符号价值

1. 历史价值

历史价值是指城市更新项目中对历史遗迹和文化遗产的保护和利用，通过保留和展示历史，使城市更具深度和厚重感。Q 公司城市更新项目的二期里面其中一部分是一栋川西风格的古建，该古建与项目一期已开业的品牌无缝衔接，如果能够合理利用好该古建所具备的历史价值，就能成为 Q 公司城市更新项目的一个"点睛之笔"。截至目前，该建筑被用作川剧团的演出场地，虽然该场地暂时未用作项目公共空间的用途，但是现阶段的用途体现出了项目与社区的和谐共存。演出仍然保留了四川传统的演艺特色，赋予了该建筑本身浓厚的地方色彩和历史气息，而川剧本身作为四川的特色及成都城市文化和历史的代表，也具有一定的历史价值。为了保留建筑本身和项目曾经的文化历史价值，在项目一期更新的过程中没有对古建进行任何的破坏和改造，并且计划在之后二期开始启动的过程中仍然保留古建本身的肌理。目前在二期招商洽谈过程中，对于意向入驻的品牌，会针对古建将城市的历史文化元素融入更新设计中，使其既保留历史韵味，又具有现代功能，从而最大限度地保护和复兴城市的历史遗迹和文化地标。所以 Q 公司在后续的更新过程中可以利用好古建，将其作为项目的历史传承，存留城市记忆，尊重原生肌理，并通过功能重组、立面改造等在不破坏原有古建的基础上，为古建植入新的城市功能，从而以更加持续的方式保留古建，最大限度地发挥其历史价值。

2. 社会价值

社会价值主要体现在城市更新项目对周围居民生活的改善、对城市环境的提升以及对国家政策的回应。Q 公司城市更新项目在实施过程中除了对项目本身的更新，还同步进行了公共区域的修缮改造、公共厕所的翻新等。Q 公司在项目的实施上还尽量避免了过度的"绅士化"（即由于城市更新导致原住民被迫迁出）。公司在进行项目一期的开发时，采用的方式是仅回收和转换底层作为商业空间，使二楼之上的部分依旧保持其居民楼属性，创造了商业和社区居民之间连接的可能性，并体现了对原有社区结构和居民生活方式的尊重，使得更新项目和社区功能的和谐共存成为可能，体现了社区的多样性和包容性。基于以上分析，Q 公司城市更新项目具有较高的社会价值。

3. 真实价值

真实价值是指城市更新项目在实践中所产生的真实成果，项目的完整性、真实性和原创性都是其真实价值的衡量要素。在城市更新过程中，保持完整性和真实性有助于维护历史的文化价值，而引入原创性则可以赋予项目现代性和可持续发展的动力。这三者需要平衡，以确保更新后的城市既能延续历史，又能适应现代生活的需求。完整性指的是项目在规划和实施过程中对原有城市结构、功能、环境和文化的保护和延续。目前 Q 公司在城市更新项目实施过程中没有对现有的城市生态系统和历史建筑进行破坏，尽量做到了在保留重要组成部分的基础上进行商业的合理开发，具有较高的完整性。真实性主要指城市更新项目在保护和修复过程中，确保历史或文化景观保持其原有的历史价值和文化内涵，修复和更新应避免过度现代化或改变历史建筑和文化的本质特征。Q 公司在真实性方面还有待提高，特别是在对项目所包含历史价值和文化的守护方面有所欠缺。原创性指城市更新项目中的设计和创新部分，它能够在保持原有风貌和文化内涵的同时，注入新的活力和现代功能。原创性是 Q 公司城市更新项目的一个独特价值点，Q公司在尊重历史和文化的基础上，融入新的元素，使城市功能更符合现代需求。

综上所述，Q 公司在符号价值方面具有突出的历史价值与社会价值，并且具有显著的真实价值。Q 公司在实施城市更新项目的过程中，对于具有历史和文化价值的建筑应该进行修缮和保护，同时保留城市中心独特的历史风貌和文化底蕴，保持街区的原貌和氛围，使历史记忆得以延续，从而传承城市记忆。通过对创意价值模型中的符号价值体系中的三个维度进行价值分析得出，项目在符号价值板块的核心价值为：符号传承——保存时空记忆。

（三）体验价值挖掘

在城市更新项目里面，体验价值会更侧重于运用创意提升个体在项目中的感受和互动体验，所以项目的体验价值也是评判城市更新项目成功与否的标准之一。根据创意价值模型理念，体验价值主要可分为认知体验价值、情感体验价值和精神体验价值三个维度（见图8-5）。

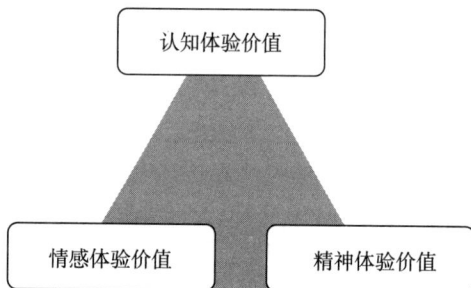

**图 8-5　体验价值**

1. 认知体验价值

认知体验价值主要关注顾客在接触城市更新项目时所获得的关于项目的信息与知识，以及认知上的愉悦感、认同感及归属感。顾客通过对项目进行体验获得自我的认知，这种认知可能会导致其消费行为的变化。Q 公司城市更新项目在2021 年正式启动改造和招商工作，项目在前期没有运用传统的地产营销手法进行大规模的宣传，没有创建社交媒体账号，而是以"城市补完计划书"为主题，做了一个简洁但又不缺乏设计感的手册作为主要渠道对外发布关于项目的信息。从手册发放出去的反馈结果来看，虽然也有部分品牌反馈了概念不清晰、项目情况和入驻品牌情况不明确等对于项目的疑问，但大多数的品牌给到的都是正向的反馈信息。一些品牌认为"城市补完计划书"这个主题非常有意思，体现出了项目是作为城市核心区域的一条待补的街道的特点，强调了其区位性，特别是外地的品牌表示非常想来项目现场实际感受。同时，手册的整体风格简洁且富有设计感，与项目整体的效果图呼应。有品牌甚至将该手册作为自己公司市场部进行文案宣传的一个学习案例进行分析，说明该手册能够使招商品牌比较直观地感受到项目传达的理念并且认同项目的理念，进一步说明项目前期在进行宣传和招商方面认知体验价值做得较好。

2. 情感体验价值

情感体验价值是消费者在对产品或服务的体验中所产生的情感反应。城市更新项目带来的情感体验价值更多指顾客在参与和体验项目过程中所产生的一系列情感反应。项目一期自开业后，整条街道从过去的市井小街到现在逐步形成了一条充满多种业态小店的特色商业街道，目前项目的情感体验价值大多来源于 12 家入驻品牌，而非项目本身。由于项目的整体体量和空间受到限制，因此现有的情感体验更多地依赖于各品牌之间的互动和氛围的营造，而不是整个项目所独立创造的体验。在这种情况下，虽然品牌和业态的丰富性能够带来多样化的体验，但也使得项目本身的独特性和归属感略显不足。后期项目需要通过创建开放的公共空间和社区活动，增强顾客和居民之间的互动，以提升社区凝聚力和归属感，增强其情感体验。多维度的体验营造，将有助于项目不仅仅成为一个商业属性的街道，还能成为一个带来生活气息和人文关怀的社区属地。项目给他们带来的体验和项目本身所包含的特色也逐渐成为城市的一部分记忆，从而进一步提高顾客的情感体验。

3. 精神体验价值

精神体验价值是指消费者获得的精神享受，除了获得功能性的和情感性的价值，更重要的是获得一种内在的力量或认同。在城市更新项目中，精神体验价值更多的是指顾客在体验项目过程中所获得的精神满足和自我实现感，能够满足顾客的高层次需求。Q 公司城市更新项目在后期应该注重通过空间、文化、社区的塑造，进一步激发人们的精神共鸣和内在认同感，不仅是通过更新街道和融入商业带来的物质层面的提升，更是通过项目所带来的文化传承、艺术融入、社区归属以及心理归属等因素，带来更深层次的精神体验和认同。项目应该通过设计具有强烈标志性的公共空间，使顾客产生强烈的场所归属感和认同感；并且通过开放、包容的公共空间，使社区的居民能够感受到项目对其精神生活的重视，提升他们情感和心理上的归属感，从而引发他们的精神共鸣。

综上所述，体验带来的创意在现代城市更新项目里面扮演了举足轻重的角色。在城市更新项目里，创意更多体现在顾客和居民的情感和精神体验价值上。Q 公司应该为顾客提供兼具观赏与文化创意并能参与艺术活动的场域，使人与人之间建立连接和交流，并为城市注入新的文化活力，使项目形成整体且富有变化的情感场域，通过体验感的提升进一步启动项目所带来的价值。项目里面的这些空间不仅是项目自身文化展示的平台，也是艺术与文化交流融入街道、渗透社区的重要载体。通过创意价值模型中的体验价值板块得出项目的体验价值板块的核心价值为：体验创新——修筑情感场域。

## 二、基于铜钱模型的项目价值转化方案

创意的核心在于其所蕴含的价值，但创意价值的主要挑战在于其高度的不确定性。在运用创意价值模型完成对项目具有的创意价值三个方面的深度挖掘后，接下来将运用铜钱模型，提出项目明确的新的价值主张。基于新价值主张进行项目价值转化方案的确立（见图8-6），重点解决项目前面存在的六个价值转化问题。

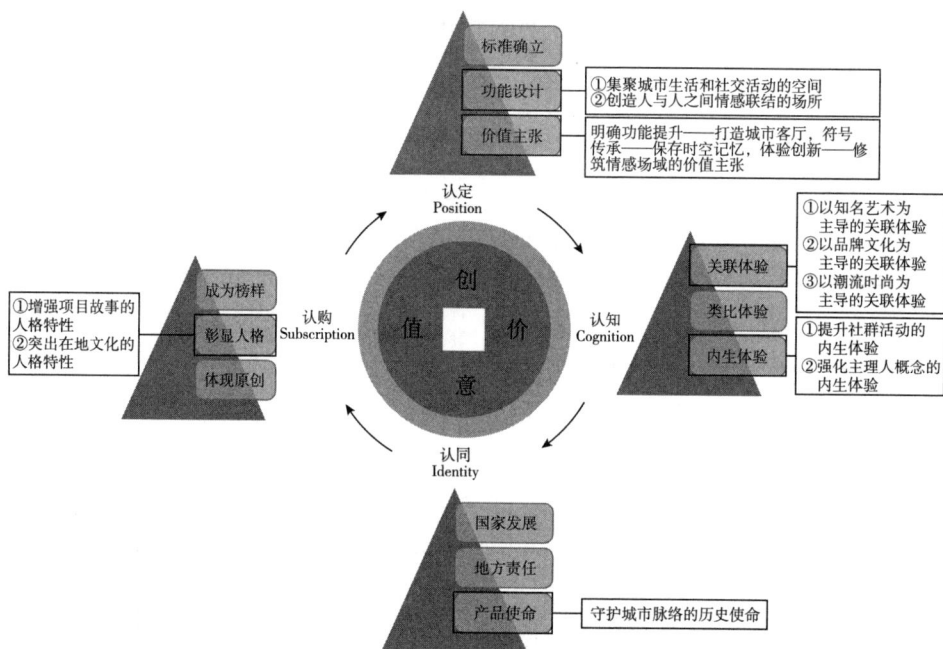

**图8-6 城市更新项目价值转化方案**

（一）价值认定环节转化

1. 价值主张

一个城市更新项目的成功与否在很大程度上取决于对项目所具备的创意价值的识别，进而帮助公司明确项目的独特卖点和吸引力，从而更好地满足顾客的需求。通过对项目多次的实地考察和访谈，本节运用创意价值模型分析框架，基于功能价值、符号价值与体验价值进行了Q公司城市更新项目价值深度挖掘，综合

分析得出项目的价值主张为：功能提升——打造城市客厅，符号传承——保存时空记忆，体验创新——修筑情感场域。通过价值主张的确立，解决了价值转化现状中存在的价值主张不准确的问题。

2. 功能设计

功能设计应该与目标客群的价值观和生活方式相契合，同时契合项目的价值主张。在功能设计板块，Q公司后续应该以集聚城市生活和社交活动的空间及创造人与人之间情感联结的场所为功能设计方面的价值转化目标，并以此解决价值转化现状中功能设计不足的问题。

（1）集聚城市生活和社交活动的空间。根据项目的价值主张，在功能方面需要提升社交属性，以满足打造城市客厅这一功能价值体现。城市更新中的社交空间设计可以促进人们的相互交流，增强社区的凝聚力，并且在公共空间中，人们可以通过共同的活动和互动建立联系，形成信任感。具有社交属性的空间往往会成为商业活动的中心，也与城市的客厅相呼应。人们在这些地方相遇、交流和互动，商业机会也会随之增加，对项目入驻品牌的销售也会有带动作用。

（2）创造人与人之间情感联结的场所。项目需要能够更深层次地创造人与人之间情感联结和良好体验的场所，以契合修筑情感场域的价值主张。人们喜欢聚集在他们感到舒适和有归属感的地方，通过设计得当的情感联结的场所，可以使项目成为人们自发聚集的中心，使得场所使用效率大幅提升。目前看来，具有包含情感场域特征的高质量、高格调、高客单价的精致社区商业在成都市中心仍然缺乏，Q公司在功能设计上应该强化情感联结的空间功能设计。

（二）价值认知环节转化

1. 内生体验

对于城市更新项目来说，内生体验主要是指顾客通过直接体验，感受项目的优势和特点。在项目价值的内生体验方面，Q公司在后续应该通过提升社群活动的内生体验以及强化主理人概念的内生体验的价值转化方案，使人们能够从内心认知和认可项目的实际价值，并以此解决价值转化现状中价值的内生体验不足的问题。

（1）提升社群活动的内生体验。社群活动为不同背景、职业和兴趣的顾客和社区居民提供了一个社交和联结的平台，这种互动不仅能促进参与者之间的情感联系，还能加强整个项目的顾客和社群的黏性。通过在社群活动引入不同的文化元素，丰富项目所在社区文化的多样性，可以使城市更新后的空间不仅是物理建筑的更新，也是文化和生活方式的更新。顾客和社区居民通过积极参与项目举办的社群活动，能够显著提升对项目的认同感和归属感，从而增强对项目的良好感受并支持项目的发展。

（2）强化主理人概念的内生体验。品牌主理人的知名度和影响力能够迅速提升城市更新项目的曝光率和公众关注度，特别是当主理人拥有一定的粉丝群体或特定领域的追随者时，他们的参与能够吸引更多人关注和参与项目。而且品牌主理人通常具有独特的创意思维和设计理念，他们的参与可以为城市更新项目注入新的活力和创意。特别是在设计、规划、空间利用等方面，品牌主理人可以引入前沿的趋势和理念，推动项目在美学和功能上的创意价值提升。此外，品牌主理人往往有清晰的文化理念，这些理念能够与城市更新项目中的在地文化相结合，推动社群的建设与文化的传承。与主理人品牌合作是项目的首选，主理人品牌对于开店的选址天然倾向于社区街道，其特性是相比连锁型品牌，和顾客的情感联结更强，消费的黏性也更强，更讲求高复购的情感营销。成功的主理人能够成为项目的代言人，一定程度上能够提升项目的形象和吸引力，从而吸引更多的优质品牌入驻，同时增强顾客对项目的内生体验。与品牌主理人的深度绑定共创，不仅能够提升城市更新项目的品牌价值和市场吸引力，还能增强社区的文化氛围和居民的归属感，实现项目的长期成功。

2. 关联体验

久负盛名的关联体验在城市更新项目中，主要是指可以利用项目本身的地理位置优势或项目特色与知名品牌或机构合作，以增强空间的知名度和吸引力。Q公司在关联体验方面后续应确立以提升艺术类的关联体验、提升文化类的关联体验和提升时尚类的关联体验为主的价值转化方案，由此解决项目价值转化现状中存在的价值关联体验不足的问题。

（1）以知名艺术为主导的关联体验。艺术是城市更新中不可或缺的元素，它通过视觉、体验和互动丰富了城市空间的审美和文化表达。艺术往往是文化创意的重要载体，通过艺术介入，能够激发居民的创意和参与热情，促进社区的文化多样性。此外，艺术作品和活动可以为项目带来独特的视觉和感官体验，使项目整体更具美感和吸引力。艺术活动和展示能够吸引不同背景的居民和游客，增加社区的多样性和包容性，艺术可以与城市的历史、文化和故事紧密结合，增强居民与空间的情感联结，进一步提升项目带来的关联体验。

（2）以品牌文化为主导的关联体验。文化是城市的灵魂和历史积淀，在城市更新项目中，强调文化的重要性有助于保存城市独特的身份和价值。品牌类的文化活动往往具有很强的人与人之间的互动性，品牌类的体验活动能够促进项目与顾客以及项目和社区之间的交流和互动，以此增强社区凝聚力。Q公司应该通过品牌文化的合作，提升项目的文化底蕴，提高生活空间的价值。

（3）以潮流时尚为主导的关联体验。时尚作为潮流的风向标，能够让城市更新项目呈现出现代、前卫的形象。通过与时尚品牌的联名和共创活动，如举办时装秀、创意市集等，项目可以给顾客塑造出年轻、充满活力的氛围，吸引更多目标客群的关注。时尚元素能够赋予社区现代感和潮流感，使其更具吸引力，特别是对年轻一代和创意性群体，时尚类的关联体验完全契合目前的目标客群。此外，时尚不仅仅具有商业属性，它也影响着居民的生活方式和质量。通过塑造具有时尚元素的城市更新空间、公共区域和购物环境，城市更新项目能够起到提升社区居民的审美标准和生活品位的作用，让他们的日常生活更加充满乐趣与美感。同时，Q 公司城市更新项目天然位于市中心各类时尚品牌的核心腹地，还具有提升关联体验的区位优势。

（三）价值认同环节转化

根据前述分析，价值认同环节存在的主要问题是产品的历史使命未能有效彰显。价值认同中的产品使命对于城市更新项目来说，意味着其承载着推动城市发展的历史使命。在更新过程中，对于项目包含历史建筑的，项目还担负着保留和修复历史建筑、文化遗产，保护城市的历史记忆和文化底蕴的历史使命。保留城市的历史建筑、街道格局和文化遗址，有助于保持城市的记忆和文化连续性，使居民感受到历史的传承。Q 公司在项目历史使命方面应确立担负守护城市脉络的历史使命的价值转化方案，以此解决项目价值转化现状中存在的项目历史使命不足的问题。

（四）价值认购环节转化

根据前述分析，价值认购环节存在的主要问题是人格化不足。在城市更新项目中，彰显人格主要指项目所具备的区别于其他项目的独特特质。具有记忆点的城市更新项目通常在设计或品牌组合方面展现出浓烈的个人色彩。这些特质不仅来自项目自身的物业条件，更重要的是通过彰显人格使项目脱颖而出。项目除了通过创新的设计理念和独特的建筑风格展示出与众不同的视觉效果和空间体验，还需要通过赋予项目人格性来进一步推动价值的最后转化。Q 公司在后续应该通过增强项目的故事性和突出在地文化的人格特性，解决项目价值转化现状中存在的彰显人格特性不足的问题。

1. 增强项目故事的人格特性

项目故事的彰显能够将项目的人格内涵展现给更广泛的受众，从而提升项目的整体文化价值。通过讲述项目的人格故事，可以在居民与社区之间建立情感联结，使他们对项目产生更深的认同感和归属感。这些故事往往与社区的历史和居民的记忆紧密相连，通过传承这些故事，可以强化顾客对于项目的认同感，进一步维护和增强社区的文化认同，使居民感受到与社区的深厚联系，使 Q 公司的城市更新项目在市中心众多竞争项目中脱颖而出，并吸引目标群体。

2. 突出在地文化的人格特性

当城市更新项目中融入在地文化和人格故事时，居民会感受到项目与他们的生活和历史的联系，从而更愿意参与到项目的讨论和实施中。在地文化的人格特征不仅是历史的体现，也是创意的基础。在城市更新中，如果能够挖掘当地文化的人格资源并加以富有创意的应用，可以为社区的文化创意发展提供新的灵感和素材。此外，通过在城市更新中融入故事人格性，公共空间的设计可以变得更具意义，而不仅仅是功能性的场所。

# 第三节　基于北斗模型的 Q 公司项目管理创新策略及保障措施

## 一、基于北斗模型的项目管理创新策略

北斗模型是以创意价值的重构战略、体验运营、共鸣营销和人格消费四个管理环节为核心，结合创意管理中的三个主要主体——企业家创新、公共激励和社会参与，形成的有机结合的管理体系（见图 8-7）。这一模型强调在创意管理过程中的三方参与所形成的价值共创，推动创意价值的有效转化和具体实施。北斗模型主要用来制定项目的具体实施策略和提供组织保障。

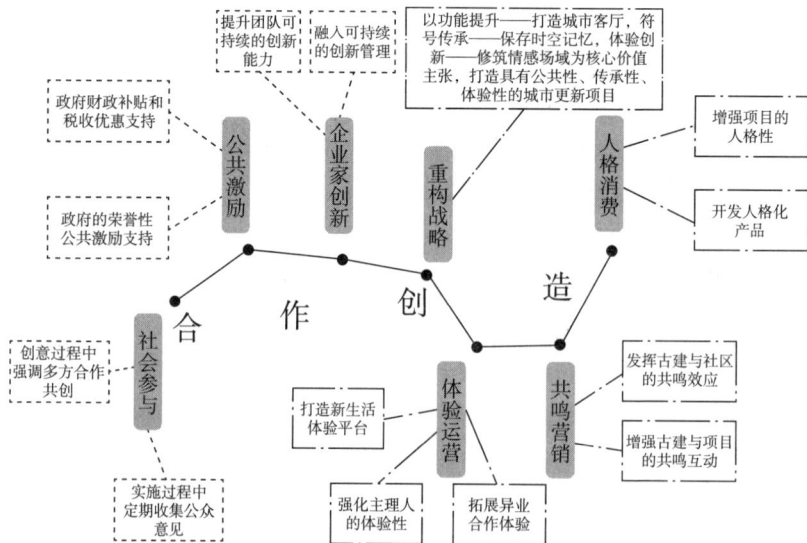

图 8-7　基于北斗模型的城市更新项目管理创新策略及实施保障

（一）重构以价值主张为核心的战略

战略是商业项目的核心，它是公司为实现其长期目标而制定的全域性、长远性和纲领性的规划和措施。通过重构战略，可以确保更新项目与城市长期发展目标一致，创造可持续的增长路径。Q 公司项目的战略重构，基于前述的价值认定，本质上意味着以新的价值主张为出发点，推动项目的战略转型。即结合 Q 公司城市更新项目的价值主张，未来项目发展的核心战略为：以功能提升——打造城市客厅，符号传承——保存时空记忆，体验创新——修筑情感场域为核心价值主张，打造具有公共性、传承性、体验性的城市更新项目。

（二）创新体验式运营

体验式运营强调将顾客和社区居民的体验放在城市更新的中心。项目的商业团队的高质量运营和入驻品牌在整个过程中营造的氛围，能够为顾客和社区居民带来良好的体验和环境，并提高整个项目区域的吸引力和竞争力。

1. 打造新生活体验平台

首先是保证项目本身和入驻品牌的业态的多样性、体验性和创意性，使项目具有能够举办社群活动的属性。这就需要在前期洽谈品牌入驻时就进行严格的筛选。其次，在选定店铺之后，运营部对店铺设计进行整体严格把控，确保设计质量，力求店铺元素避免短暂的网红化，追求持久的美感和时间性，使其能够持续融入日常生活，体现"看似普通却能成为日常一部分"的项目理念。项目体验式营运的核心在于满足现代年轻人的猎奇心理，使项目不仅仅是单一、同质化的消费场所，而是成为记录新生活方式的平台。

2. 强化主理人的体验性

项目前期筛选入驻品牌的过程中，招商团队应倾向性地筛选更具有创意能力和符合项目价值主张的主理人品牌。通过引入品牌主理人独特和创新的理念，与项目进行合作共创，提升项目的体验性，打造项目差异化的竞争优势，吸引更多的顾客和社区居民。通过和主理人在设计和活动上的深度体验绑定，让项目不仅仅是单纯地从外表上进行了更新，而是从内到外地赋予了老建筑新的生命，促进人与人、人与场的互动，从而在互动中使顾客和社区居民与项目产生羁绊与归属感，最终实现项目的共创与自生，并与项目的价值主张呼应，使项目成为城市中心的理想空间和真正的"城市的客厅"。

3. 拓展异业合作体验

拓展艺术、文化与时尚相关的异业资源，进一步提升项目与合作方的体验价值。联系艺术节、艺术家驻地项目和社区工作坊，让顾客和社区居民参与其中，同时增强他们对项目艺术的认同感。邀请艺术家和设计师在城市更新项目中通过壁画、雕塑、装置艺术等创意形式，展示项目和城市独特的历史记忆和文化故事。通过与时尚品牌的联合推广活动，共同联名发布产品或活动，提升项目的市场曝光度和品牌影响力，从而提升项目的时尚氛围，吸引优质客群。此外，通过与国际上知名的标志性项目和城市更新的全球地标形成关联，能够为项目带来久负盛名的关联体验，从而进一步提升顾客和社区居民的认知体验。

（三）推动古建共鸣营销

共鸣营销是一种通过引发目标客群的情感共鸣来提升品牌影响力和项目认知度的方法，强调通过情感联结，创造城市与社区居民、项目与顾客之间的共鸣，建立强烈的认同感和情感联系。对于城市更新项目而言，共鸣营销尤为重要，将推动消费者从价值认知走向价值认同。

1. 发挥古建与社区的共鸣效应

Q公司城市更新项目承担着守护城市脉络的历史使命。因此，古建筑不仅仅是作为历史遗迹存在，更应成为城市更新项目文化与历史的活态表达。古建可以被用来展示具有在地文化属性的历史文物、艺术品和资料，通过展览、讲座和活动等方式增强居民对历史文化的认知和认同。同时，这些场所还可以作为社区教育和文化活动的中心，进一步丰富社区生活，从而引发参与者内心共鸣，进一步提高项目的知名度和美誉度。

2. 增强古建与项目的共鸣互动

以项目为基础，通过挖掘项目入驻品牌本身的展览需求，增加古建和项目的互动，使项目和古建在布展和陈列上契合本身的建筑特色和在地文化属性。定期举办项目与古建相关联动的展览和活动，促进入驻品牌的商业性与古建展厅的多功能空间呈现相契合。通过古建日常项目策展，可以起到文化浸入日常生活的作用，从而进一步起到促进共鸣营销的作用。

（四）增强人格化消费

具有独特人格特质的项目能够与顾客建立更深层次的情感联结，提高用户忠诚度。人格消费对于解决消费者价值认购环节特别是溢价支付意愿的问题意义深远。

1. 增强项目的人格性

深入挖掘老旧街道和城市更新项目实施背后不为人知的故事，通过讲述一个个动人的故事，增强与顾客的情感联结。故事需要涉及项目的历史、开发过程中的挑战与成功，或是品牌主理人的奋斗经历。通过社交媒体和街区自由的策展空间进行这些故事的讲述，使项目能够在顾客心中留下深刻印象。Q公司可以通过制作项目的纪录片、期刊书籍、撰写相关文章或利用短视频，讲述区域历史背景、老建筑的故事和居民的生活变迁，同时讲述城市更新项目的发展历程、背后的艰辛和努力，让消费者感受到项目背后的人格魅力。

2. 开发人格化产品

入驻品牌联合社区、项目共同开发具有在地特色的人格化产品，以创造新的市场机会，例如入驻项目的零售和生活方式品牌可以与餐饮品牌合作推出具有人格特征的品牌联名款菜单。此外，项目或项目品牌与一些非营利的社区组织、文化机构等定期合作，开展社区活动和公益项目，进一步促进人格化产品的传播。

综上所述，在城市更新项目价值转化的具体实施策略中，价值转化的方案通过四个核心管理环节转化成了具体的实施策略。重构战略为整体提供了方向性指导，确保城市更新项目的发展与公司和城市未来发展的趋势相契合；体验运营通过商业团队的高质量运营和入驻品牌在整个过程中营造的体验过程，为顾客和社区居民带来良好的体验和氛围感；共鸣营销通过顾客和项目建立的情感联结及社区居民对项目的文化认同提升项目整体的吸引力；而人格消费则帮助项目吸引和留住与其个性契合的群体，提升溢价支付能力，塑造人格化街区榜样。通过四者的协同作用，使城市更新项目带来的不仅是物理空间的改造，更是经济、文化和社会的全方位升级。

## 二、基于北斗模型的项目保障措施

（一）企业家创新

1. 融入可持续的创新管理

在项目二期建造过程中融入具有可持续属性的创新设计理念。项目优先考虑使用经过可持续认证的木材或者竹材，而且竹子本身也具有成都在地的文化属性。项目二期建造过程中在公区加大绿化覆盖率，并在建筑物墙体和屋顶上实施垂直绿化，不仅美化城市景观，还能改善空气质量，降低城市中心的热岛效应。此外，项目在二期开街后整体引入骑行友好街区和单车存放的概念和服务，降低项目区的私人车辆使用频率，减少街道和项目的整体交通拥堵和污染，从而提升城市出行的效率和项目的环保性，使项目更加彰显创新的可持续属性。

2. 提升团队可持续的创新能力

在现有管理团队的基础上增加 1~2 名具有城市更新项目经验的团队管理者，并根据项目需求设置针对性的内部培训课程，每月利用 2~3 天针对性地进行课程培训，以提高团队的相关专业技能和管理能力。每季度组织团队参加城市更新相关行业前沿研讨会、论坛和展览，与业内的专业人士交流，并获取最新信息，提升相关能力。邀请城市更新领域的标杆项目的设计负责人、项目负责人或知名品牌主理人作为项目的外部顾问。外部理念的融入，能够为项目提供更加专业的、具有创意性和参考性的招商、运营指导和建议。此外，鼓励团队成员在每月的沟通会上提出具体的建设性的项目实施意见，后期一经采纳给予相应的奖励，从而持续为项目注入源源不断的思想和创意。

（二）公共激励

1. 政府财政补贴和税收优惠支持

城市更新项目可以依法享受行政事业性收费减免和税收优惠政策。Q 公司法务部门需要深入研究不同区域针对城市更新项目的专项政策和补贴，定期分析和评估关于城市更新的政策变化，确保项目在实施过程中符合政府的相关规定，并能够第一时间争取到政府的公共激励政策。另外，建立评估机制，定期评估政府政策对项目的影响，以及时调整项目的招商定位策略和实施计划。评估内容包括城市更新相关的财政补贴、品牌入驻首店补贴、税收优惠、土地租金政策等。Q 公司在品牌招商入驻阶段以引进全国和区域性的首店品牌为主，可以通过与政府保持良好的沟通，积极在后期项目实施过程中申请政府提供的相应补贴和低息贷款，减轻项目的资金压力，提高资金利用效率。

2. 政府的荣誉性公共激励支持

除财政性的激励外，公司还可以申报政府荣誉性的激励，如政府针对城市更新项目创意性设立的奖项，通过奖项的申报和评比，提高城市更新项目的创意性、荣誉性和责任感。

（三）社会参与

1. 实施过程中定期收集公众意见

Q 公司的运营部门应增加相应的社会职能，对社区居民和利益相关方进行问卷调查和访谈，持续、分阶段地了解他们的需求和期望，并根据反馈持续地优化项目方案，并同步建立线上和线下的公众参与平台，为居民、企业和社会团体提供便捷的参与渠道和互动空间。公司针对即将修建和启动招商的项目二期采取公众参与的方法收集项目的公共空间的作用、历史古建背后的故事、项目所在街道的故事甚至期待入驻的品牌、LOGO 和案名的收集等信息，并及时回应公众相关的意见和建议，使他们的建议和决策能够定期被听见和采纳，便于公司适时调整项目的运营计划以更好地满足他们的需求和期望。

2. 创意过程中强调多方合作共创

以北斗模型中合作创造的理念为理论核心，Q 公司在项目后期建造过程中应邀请社区居民参与到城市更新项目的规划和实施过程中。一个可供参考的案例是2015～2016 年阿姆斯特丹老工业区 Buiksloterham（BSH）社区深度参与的城市更新项目。这个项目在实施和运营过程中依托数位技术，建立了一个共享平台，通过持续的社区活动和新公共空间的创造，加强了邻里间的紧密联系和互动。该项目的发展特点是社区参与和自给自足，居民和社区成员参与规划和建设，其执行的关键在于将游戏机制与现实世界互动结合，作为其主要操作模式。通过游戏创建与实践相结合，该项目探索了城市更新过程中居民共建的机制，包括基于知识的创作、邻里环境的搭建和基础设施的建设等。Q 公司可以借鉴游戏化参与设计各项目相关的规划和决策的做法，使居民和社区组织感到自己能够直接影响项目的决策，增强对社区的认同感和归属感，有助于提升项目周边居民的生活质量和幸福感，进而构建具有创意和积极向上的社区氛围。

# 第四节　实践启示

本章的研究揭示了解决创意价值转化问题对于 Q 公司城市更新项目后期发展的重要性，明确了"价值转化现状问题分析—价值主张重新挖掘—价值转化方案确立—具体策略和保障措施提出"这一创意管理研究路径（见图 8-8），它旨在关注类似城市更新项目等由创意主导的经济活动如何实现从创意核心价值主张认定到创意价值的全面转化。通过运用该路径，结合 Q 公司城市更新项目的现状和问题，本章为项目切实落地设计了一套有效可行的方案，使项目能够更成功地转化创意价值，实现了实践意义和应用价值；同时，也证明了创意价值相关理论对于城市更新类项目解决价值转化问题的适用性，在理论和实践的基础上为以创意为导向的城市更新项目的实施提供了实践指南。

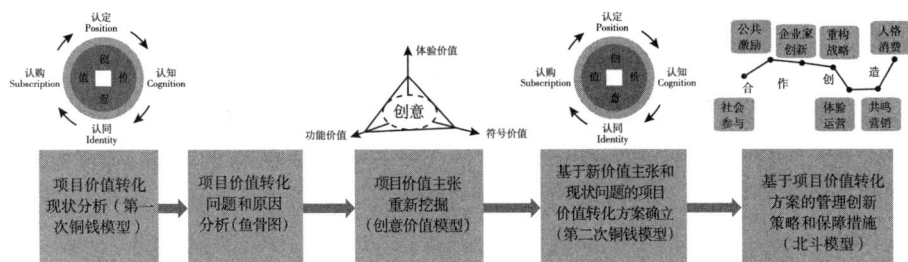

图 8-8　Q 公司城市更新项目创意管理研究路径

结合城市更新项目的实际案例，本章主要有以下两点应用创新：

第一，本章运用创意管理学理论体系作为分析的理论基础，并根据理论模型的适用性结合具体的项目特征，形成了基于创意价值模型与铜钱模型的 Q 公司城市更新项目价值转化的分析路径，为城市更新类型项目的价值转化提供了一个新的分析框架。

第二，本章运用北斗模型作为项目管理创新策略和保障措施的工具，并基于该模型价值共创的属性，为 Q 公司后期的城市更新提出一套可行的管理问题实施方案，探索了项目的管理创新。

**专栏**

## 沉浸式分享创意的商业转化

2024 年 3 月 27 日，四川大学"创意与创新管理"课程来到创意管理国际教育示范基地——熊猫桌游招商大魔方店，开展了一次深入实践的产学一体化教学活动。在这次活动中，同学们不仅亲身体验了桌面游戏的乐趣，更通过现场教学，深入了解了创意的价值转化过程。

熊猫桌游，作为一家发端成都、有着 14 年经历的文化企业，为本次教学提供了一个充满创意和社交氛围的活动空间。课程开始前，同学们一起体验了《大头娃娃》这款充满想象力和灵感的桌面游戏，欢乐的笑声让大家迅速沉浸到课堂的氛围中。随后，课程负责人杨永忠教授与熊猫桌游总经理张鸿展开互动教学。

图 8-9　创意商业转化沉浸式课堂

资料来源：熊猫桌游 FUNCLUB 微信公众号。

　　杨教授首先讲解了创意转化"铜钱模型"，包括价值认定、价值认知、价值认同和价值认购四个环节，为学生提供了将创意转化为商业价值的清晰路径。

　　在价值认定阶段，杨教授分析了三个指标：价值主张、功能设计和标准确立。其中，价值主张是无可替代的，是一家企业的生存之本。结合课堂视频《一个城市的回家路》，分析其背后的价值主张。随后张鸿总经理分享了熊猫桌游独特的以社交体验为核心的价值理念。

　　在价值认知环节，通过实际体验桌游和参与桌游活动，学生们感知并理解了创意背后的价值。杨教授特别指出：让消费者知道创意好在什么地方是价值认知的关键，而体验是感知价值最好的方式。在这个环节，张鸿结合《三国杀》这款国民级游戏，就熊猫桌游在内生体验、关联体验和类比体验的实践进行了分享。

　　在价值认同阶段，杨教授引导学生们思考如何通过产品使命、企业责任和国家发展等联结，实现消费者与创意及其价值的情感共鸣。杨教授认为，只有消费者认同了创意，才有可能实现商业转化。价值认同需要通过共鸣的方式，实现产品价值与社会情感的联结，让消费者从认知走向认同。张鸿特别回忆了熊猫桌游在起步与发展过程中如何将玩家变成玩友、朋友到共同创造的成长故事，引发了同学们内心的广泛共鸣。

　　最终，在价值认购环节，学生们见证了消费者对产品或服务的购买决策，不仅仅是对功能的购买，更是对创始人或团队精神的人格购买。杨教授认为，突出原创、彰显人格、成为榜样是实现产品人格转化的标签，并建议熊猫桌游开展企业人格化传播，进一步扩大熊猫桌游的市场影响力。

　　在对铜钱模型进行讨论后，杨教授进一步分享了价值共创的"北斗模型"，强调企业家创新、政府支持和社会参与的重要性。张鸿回应，对于熊猫桌游这样的年轻企业，坚持正版、守正创新，以及积极寻求社会支持和参与，都是其不断发展的关键因素。

　　熊猫桌游案例为学生们提供了一个实际的应用场景，展示了如何将创意转化为成功的商业实践。通过在熊猫桌游的体验，学生们不仅获得了宝贵的实践经验，也对创意价值转化有了更深刻的理解。这次实践课程，

> 让我们看到，创意价值转化是一个复杂的过程，需要多方面的策略和努力。①
>
> （摘录自熊猫桌游 FUNCLUB 微信公众号。）

## 小　结

随着经济的高速发展和城市人口的井喷式增长，人们对城市的功能性与美观性有了更高的要求，城市更新应运而生。近年来，面对城市更新项目的创意性不足、同质化严重、项目价值不明确以及整体商业氛围低迷、顾客消费日趋理性等一系列现实问题，城市更新项目整体的经济和时间成本均受到了较大的影响，同时项目本身的商业价值也受到了严峻的考验。

本章以 Q 公司城市更新项目为案例，结合研究者多年的商业地产从业经验，运用创意管理学相关的理论模型和方法，试图解决目前项目存在的创意价值确立和价值转化的问题，并给出项目优化改进策略。本章的研究，形成了基于创意价值模型、铜钱模型、北斗模型的城市更新项目价值转化分析路径，并基于"价值转化现状问题分析—价值主张重新挖掘—价值转化方案确立—具体策略和保障措施提出"，为城市更新类型项目的价值转化提供了一个可行的分析框架，同时为创意管理项目的管理创新提供了相应启示和借鉴。

## 思考与练习

1. Q 公司城市更新项目的案例分析对创意管理提供了哪些启示？

2. 你赞同 Q 公司城市更新项目的价值主张吗？为什么？

3. 讨论增强 Q 公司城市更新项目人格化的创新策略。

4. 讨论 Q 公司城市更新项目的价值共创存在哪些不足，提出你的创新主张。

5. 你认为在 Q 公司城市更新项目的案例研究中，还有哪些问题有待进一步展开？

6. 如何借助 AIGC 提升 Q 公司城市更新项目的创意管理？

7. 《哪吒之魔童闹海》实现了既叫好又叫座，请结合创意管理理论进行系统分析，并以小组方式提出《哪吒 3》的创意策划方案。

8. 即将完成课程学习之际，提出你对创意管理的定义。

---

① 肖一对本章研究做出了贡献。

# 参考文献

［1］ Aaker D. A. Measuring Brand Equity Across Products and Markets ［J］. California Management Review, 1996, 38 (3): 102-120.

［2］ Adler M. Stardom and Talent ［J］. American Economic Review, 1985, 75 (1): 208-212.

［3］ Akerlof G. Kranton R. Economics and Identity ［J］. Quarterly Journal of Economics, 2000, 115 (3): 715-752.

［4］ Akkaya M. Understanding the Impacts of Lifestyle Segmentation & Perceived Value on Brand Purchase Intention: An Empirical Study in Different Product Categories ［J］. European Research on Management and Business Economics, 2021, 27 (3): 100155.

［5］ Alberini A. , Riganti P. , Longo A. Can People Value the Aesthetic and Use Services of Urban Sites? Evidence from a Survey of Belfast Residents ［J］. Journal of Cultural Economics, 2003 (27): 193-213.

［6］ Alfakhri D. , Harness D. , Nicholson J. , et al. The Role of Aesthetics and Design in Hotelscape: A Phenomenological Investigation of Cosmopolitan Consumers ［J］. Journal of Business Research, 2018 (85): 523-531.

［7］ Alnawas I. , Hemsley B. J. Examining the Key Dimensions of Customer Experience Quality in the Hotel Industry ［J］. Journal of Hospitality Marketing & Management, 2019, 28 (7): 833-861.

［8］ Amankwah-Amoah J. , Abdalla S. , Mogaji E. , Elbanna A. , Dwivedi Y. K. The Impending Disruption of Creative Industries by Generative AI: Opportunities, Challenges, And Research Agenda ［J］. International Journal of Information Management, 2024: 102759.

［9］ Amatulli C. , Pino G. , De Angelis M. , et al. Understanding Purchase Determinants of Luxury Vintage Products ［J］. Psychology & Marketing, 2018, 35 (8): 616-624.

[10] Amit R. , Zott C. Value Creation in E-business [J]. Strategic Management Journal, 2001 (22): 493-520.

[11] Ana Bedate, Luis César Herrero, Joséángel Sanz. Economic Valuation of The Cultural Heritage: Application to Four Case Studies in Spain [J]. Journal of Cultural Heritage, 2004 (5): 101-111.

[12] Anantrasirichai, Nantheera, David Bull. Artificial Intelligence in the Creative Industries: A Review [J]. Artificial Intelligence Review, 2022, 55 (1): 589-656.

[13] Anderson R. C. Paintings as an Investment [J]. Economic Inquiry, 1974 (12): 13-26.

[14] Andersson Å. E. , Andersson D. E. The Economics of Experiences, the Arts and Entertainment [M]. Cheltenham: Edward Elgar, 2006.

[15] An D. , Lee C. , Kim J. , et al. Grotesque Imagery Enhances the Persuasiveness of Luxury Brand Advertising [J]. International Journal of Advertising, 2020, 39 (6): 783-801.

[16] Apostolakis A. , Jaffry S. A Choice Modeling Application for Greek Heritage Attractions [J]. Journal of Travel Research, 2005 (43): 309-319.

[17] Atakan S. S. , Bagozzi R. P. , Yoon C. Consumer Participation in the Design and Realization Stages of Production: How Self-production Shapes Consumer Evaluations and Relationships to Products [J]. International Journal of Research in Marketing, 2014, 31 (4): 395-408.

[18] Baker W. E. , Lutz R. J. An Empirical Test of an Updated Relevance - Accessibility Model of Advertising Effectiveness [J]. Journal of Advertising, 2000, 29 (1): 1-14.

[19] Baumgarth C. , Veloutsou C. Brand Management and the World of the Arts: Collaboration, Co-operation, Co-creation, and Inspiration [J]. Journal of Product & Brand Management, 2018, 27 (3): 237-248.

[20] Baumgarth C. , Wieker J. B. From the Classical Art to the Urban Art Infusion Effect: The Effect of Street Art and Graffiti on the Consumer Evaluation of Products [J]. Creativity and Innovation Management, 2020 (29): 116-127.

[21] Baumol W. J. , Bowen W. G. Performing Arts: The Economic Dilemma [M]. New York: Twentieth Century Fund, 1966.

[22] Becker G. Accounting for Tastes [M]. Cambridge, MA: Harvard University

Press, 1996.

[23] Becker G. S. , Murphy K. M. A Theory of Rational Addiction [J]. Journal of Political Economy, 1988, 96 (4): 675-700.

[24] Becker-Olsen K. L. , Hill R. P. The Impact of Sponsor Fit on Brand Equity: The Case of Nonprofit Service Providers [J]. Journal of Service Research, 2006, 9 (1): 73-83.

[25] Bedate A. , Herrero L. , Sanz J. Economic Valuation of the Cultural Heritage: Application to Four Case Studies in Spain [J]. Journal of Cultural Heritage, 2004 (5): 101-111.

[26] Berelson B. Content Analysis in Communications Research [M]. Glencoe, IL: Free Press, 1952.

[27] Bille T. , Lundhede T. , Hasler B. Economic Valuation of Protected Archaeological Artifacts in Great Aamose, Denmark [J]. Paper Presented at the 14th Association of Cultural Economics International Conference, Vienna, 2006 (6): 6-9.

[28] Bitner M. J. Servicescapes: The Impact of Physical Surroundings on Customers and Employees [J]. Journal of Marketing, 1992 (54): 69-82.

[29] Bloch P. H. , Brunel F. F. , Arnold T. J. Individual Differences in the Centrality of Visual Product Aesthetics: Concept and Measurement [J]. Journal of Consumer Research, 2003, 29 (4): 551-565.

[30] Bloch P. H. Seeking the Ideal Form: Product Design and Consumer Response [J]. Journal of Marketing, 1995, 59 (3): 16-29.

[31] Boden M. A. The Creative Mind: Myths and Mechanisms [M]. Routledge, 2004.

[32] Boden M. Dimensions of Creativity [M]. MIT Press/Bradford Books, Cambridge, MA/London, 1994.

[33] Botti S. , McGill A. L. The Locus of Choice: Personal Causality and Satisfaction with Hedonic and Utilitarian Decisions [J]. Journal of Consumer Research, 2011, 37 (6): 1065-1078.

[34] Bourdieu P. Distinction: A Social Critique of the Judgement of Taste [M]. London: Routledge & Keegan Paul, 1984.

[35] Bourdieu P. The Field of Cultural Production [M]. Essays on Art and Literature, Crambridge: Polity Press, 1993.

[36] Bourdieu P. The Forms of Capital [A]// J. Richardson (Ed. ), Handbook

of Theory and Research for the Sociology of Education. Westport, CT: Greenwood Press, 1986.

［37］ Bower A. B. , Landreth S. Is Beauty Best? Highly versus Normally Attractive Models in Advertising ［J］. Journal of Advertising, 2001, 30 (1): 1-12.

［38］ Brown T. , Katz B. Change by Design ［J］. Journal of Product Innovation Management, 2011, 28 (3): 381-383.

［39］ Bulte C. , Stremersch S. Social Contagion and Income Heterogeneity in New Product Diffusion: A Meta-Analytic Test ［J］. Marketing Science, 2004, 23 (4): 530-544.

［40］ Bulte C. , Wuyts S. Social Networks in Marketing ［M］. America: Marketing Science Institute, 2017.

［41］ Burnkrant R. , Cousineau A. Informational and Normative Social Influence in Buyer Behavior ［J］. Journal of Consumer Research, 1975, 2 (3): 206-215.

［42］ Cameron S. On the Role of Critics in the Culture Industry ［J］. Journal of Cultural Economics, 1995 (19): 321-331.

［43］ Carbone L. P. , Haechel S. H. Engineering Customer Experience ［J］. Marketing Management, 1994, 3 (3): 8-19.

［44］ Caves R. E. Creative Industries: Contracts Between Art and Commerce ［M］. Cambridge: Harvard University Press, 2000.

［45］ Chattopadhyay A. , Basu K. Humor in Advertising—The Moderating Role of Prior Brand Evaluation ［J］. Journal of Marketing Research, 1990, 27 (4): 466-476.

［46］ Cho S. , Workman J. E. Effects of Need for Touch, Centrality of Visual Product Aesthetics and Gender on Channel Preference for Apparel Shopping ［J］. Journal of Global Fashion Marketing, 2015, 6 (2): 120-135.

［47］ Chris Bilton. Management and Creativity: From Creative Industries to Creative Management ［M］. Oxford: Blackwell Publishing, 2006.

［48］ Cirrincione A. , Estes Z. , CarùA. The Effect of Ambient Scent on the Experience of Art: Not as Good as It Smells ［J］. Psychology & Marketing, 2014, 31 (8): 615-627.

［49］ Colbert Francois. Marketing Culture and the Arts (Second Edition) ［M］. Montreal: HEC, 2001.

［50］ Cooper R. G. , Edgett S. J. Generating Breakthrough New Product Ideas:

Feeding the Innovation Funnel [M]. Product Development Institute, 2007.

[51] Corey Kahle. How to Become a Cultural Entrepreneur [N/OL]. City Arts, 2010. Retrieved from http：//culturalentrepreneurs. com/index2. html.

[52] Crowley A. E. , Spangenberg E. R. , Hughes K. R. Measuring the Hedonic and Utilitarian Dimensions of Attitudes toward Product Categories [J]. Marketing Letters, 1992, 3 (3)：239-249.

[53] Csikszentmihalyi M. Creativity：Flow and the Psychology of Discovery and Invention [M]. Harper Collins, New York, NY, USA, 1997.

[54] Cuny C. , Pinelli M. , Fornerino M. , et al. Experiential Art Infusion Effect on a Service's Brand：The Role of Emotions [J]. Journal of Marketing Management, 2020, 36 (11-12)：1055-1075.

[55] Davis F. D. Perceived Usefulness, Perceived Ease of Use, and User Acceptance of Information Technology [J]. MIS Quarterly, 1989, 13 (3)：319-340.

[56] Deaux K. Reconstructing Social Identity [J]. Personality and Social Psychology Bulletin, 1993, 19 (1)：4-12.

[57] De Dreu C. K. , Baas M. , Nijstad B. A. Hedonic Tone and Activation Level in The Mood-creativity Link：Toward a Dual Pathway to Creativity Model [J]. Journal of Personality and Social Psychology, 2008, 94 (5)：739-756.

[58] Dellaert B. G. C. , Stremersch S. Marketing Mass - Customized Products：Striking a Balance Between Utility and Complexity [J]. Journal of Marketing Research, 2005, 42 (2)：219-227.

[59] Deng W. , Lin Y. , Chen L. Exploring Destination Choice Intention by Using the Tourism Photographic：From the Perspectives of Visual Esthetic Processing [J]. Frontiers in Psychology, 2021 (12)：713739.

[60] Dietrich A. Introduction to Consciousness [M]. Macmillan International Higher Education, 2007.

[61] Douglas Holt, Douglas Cameron. Cultural Strategy：Using Innovative Ideologies to Build Breakthrough Brands [M]. Oxford：Oxford University Press, 2010.

[62] Du R. Y. , Kamakura W. A. Measuring Contagion in the Diffusion of Consumer Packaged Goods [J]. Journal of Marketing Research, 2011, 48 (1)：28-47.

[63] EI-Ganzoury W. , Tseng C. Rational Approach for Creative Products Design [J]. Computer-Aaided Design & Applications, 2006, 3 (1-4)：231-240.

［64］ Ellemers N. The Influence of Socio – structural Variables on Identity Management Strategies ［J］. European Review of Social Psychology, 1993, 4 (1): 27-57.

［65］ Eppler M. J. , Mengis J. The Concept of Information Overload: A Review of Literature from Organization Science, Accounting, Marketing, MIS, and Related Disciplines ［J］. Information Society, 2004, 20 (5): 325-344.

［66］ Ferchaud A. , Grzeslo J. , Orme S. , et al. Parasocial Attributes and YouTube Personalities: Exploring Content Trends across the Most Subscribed YouTube Channels ［J］. Computers in Human Behavior, 2018 (80): 88-96.

［67］ Florida R. The Rise of the Creative Class: How It's Transforming Work, Lesure, Community and Everyday Life ［M］. New York: Basic Books, 2002.

［68］ Foster P. , et al. Gatekeepers Search and Selection Strategies: Relational and Network Governance in a Cultural Market ［J］. Poetics, 2011, 39 (4): 247-265.

［69］ Fournier S. Consumers and Their Brands: Developing Relationship Theory in Consumer Research ［J］. Journal of Consumer Research, 1998, 24 (4): 343-373.

［70］ Franke N. , Hader C. Mass or Only "Niche Customization"? Why We Should Interpret Configuration Toolkits as Learning Instruments ［J］. Journal of Product Innovation Management, 2014, 31 (6): 1214-1234.

［71］ Franke N. , Keinz P. , Steger C. J. Testing the Value of Customization: When Do Customers Really Prefer Products Tailored to Their Preferences? ［J］. Journal of Marketing, 2009, 73 (5): 103-121.

［72］ Franke N. , Schreier M. Why Customers Value Self – Designed Products: The Importance of Process Effort and Enjoyment ［J］. Journal of Product Innovation Management, 2010, 27 (7): 1020-1031.

［73］ Frenzel A. C. Students' Emotions during Homework in Mathematics: Testing a Theoretical Model of Antecedents and Achievement Outcomes ［J］. Contemporary Educational Psychology, 2011, 36 (1): 25-35.

［74］ Frey B. S. Arts & Economics: Analysis & Cultural Policy (Second Edition) ［M］. Berlin: Springer-Verlag Berlin and Heidelberg GmbH, 2003.

［75］ Fuchs C. , Schreier M. Customer Empowerment in New Product Development ［J］. Journal of Product Innovation Management, 2011, 28 (1): 17-32.

［76］ G Van Wulfen. Creating Innovative Products and Services: The FORTH

Innovation Method [M]. Burlington, VT: Gower Pub. , 2011.

[77] Garcia M. B. The Paradox of Artificial Creativity: Challenges and Opportunities of Generative AI Artistry [J]. Creativity Research Journal, 2024: 1-14.

[78] Gartus A. , Klemer N. , Leder H. The Effects of Visual Context and Individual Differences on Perception and Evaluation of Modern Art and Graffiti Art [J]. Acta Psychologica, 2015 (156): 64-76.

[79] Gernot Bohme. Aisthetik: Vorlesung über Asthetik als allgemeine Wahrnehmungslehre [M]. München: Fink, 2001: 42.

[80] Glaser B. G. , Holton J. Remodeling Grounded Theory [J]. Forum Qualitative Sozialforschung, 2004, 5 (2).

[81] Glaser B. G. , Strauss A. L. The Discovery of Grounded Theory: Strategies for Qualitative Research [J]. Social Forces, 1967, 46 (4): 377-380.

[82] Graeme Evans. Creative Cities, Creative Spaces and Urban Policy [J]. Urban Study, 2009, 46 (5-6): 1003-1040.

[83] Grissemann U. S. , Stokburger-Sauer N. E. Customer Co-Creation of Travel Services: The Role of Company Support and Customer Satisfaction with the Co-Creation Performance [J]. Tourism Management, 2012, 33 (6): 1483-1492.

[84] Hagtvedt H. , Patrick V. M. Art Infusion: The Influence of Visual Art on the Perception and Evaluation of Consumer Products [J]. Journal of Marketing Research, 2008, 45 (3): 379-389.

[85] Hagtvedt H. , Patrick V. M. Consumer Response to Overstyling: Balancing Aesthetics and Functionality in Product Design [J]. Psychology & Marketing, 2014, 31 (7): 518-525.

[86] Hartley J. Creative Industries [M]. Oxford: Blackwell Publishing Ltd. , 2005.

[87] Heinonen K. , Strandvik T. , Mickelsson K. J. , et al. A Customer-dominant Logic of Service [J]. Journal of Service Management, 2010, 21 (4): 531-548.

[88] Hennigs N. , Wiedmann K. P. , Behrens S. , et al. Unleashing the Power of Luxury: Antecedents of Luxury Brand Perception and Effects on Luxury Brand Strength [J]. Journal of Brand Management, 2013 (20): 705-715.

[89] Herstatt C. , Von H. E. From Experience: Development New Product Concept Via the Lead User Method: A Case Study in A "Low" Field [J]. The Journal of Product Innovation Management, 1992, 9 (3): 213-221.

［90］Hippel E V. Lead Users: A Source of Novel Product Concepts ［J］. Management Science, 1986, 32 (7): 791-805.

［91］Hoffman B. The Fine Art of Advertising ［M］. New York: Stewart, Tabori and Chang, 2002.

［92］Hogan B. The Presentation of Self in the Age of Social Media: Distinguishing Performances and Exhibitions Online ［J］. Bulletin of Science Technology & Society, 2010, 30 (6): 377-386.

［93］Holbrook M. B. Customer Value—A Framework for Analysis and Research ［J］. Advances in Consumer Research, 1996 (23): 138-142.

［94］Hoption C. , Barling J. , Turner N. "It's Not You, It's Me": Transformational Leadership and Self - deprecating Humor ［J］. Leadership & Organization Development Journal, 2013, 34 (1): 4-19.

［95］Horng J. S. , Hsu H. A Holistic Aesthetic Experience Model: Creating a Harmonious Dining Environment to Increase Customers' Perceived Pleasure ［J］. Journal of Hospitality and Tourism Management, 2020 (45): 520-534.

［96］Horng J. S. , Hsu H. Esthetic Dining Experience: The Relations among Aesthetic Stimulation, Pleasantness, Memorable Experience, and Behavioral Intentions ［J］. Journal of Hospitality Marketing & Management, 2021, 30 (4): 419-437.

［97］Howkins J. The Creative Economy—How People Make Money From Ideas ［M］. London: Penguin Group, 2001.

［98］Hoyer W. D. , Chandy R. , Dorotic M. , Krafft M. , Singh S. S. Consumer Co-Creation in New Product Development ［J］. Journal of Service Research, 2010, 13 (3): 283-296.

［99］Huang J. , Sun Y. , Wan X. Gender Differences in the Associations Between Gray Matter Volume and the Centrality of Visual Product Aesthetics ［J］. Neuroscience, 2020 (431): 64-72.

［100］Huertas M. , Pergentino I. The Effect of "Co-creation with Consumers" Claims on Purchase Intention: The Moderating Role of Product Category Performance Information ［J］. Creativity and Innovation Management, 2020 (29): 75-89.

［101］Huettl V. , Gierl H. Visual Art in Advertising: The Effects of Utilitarian vs. Hedonic Product Positioning and Price Information ［J］. Marketing Letters, 2012, 23 (3): 893-904.

［102］Hutter M. , Shusterman R. Value and the Valuation of Art in Economic and

Aesthetic Theory [A]//Handbook of the Economics of Art and Culture. Amsterdam: Elsevier, 2006: 169-208.

[103] Iyengar R., Van den Bulte C., Lee J. Y. Social Contagion in New Product Trial and Repeat [J]. Marketing Science, 2015, 34 (3): 408-429.

[104] Jeanette D. Snowball. Cultural Value [A]//Ruth Towse (Eds.): A Handbook of Cultural Economics (Second Edition). Cambridge: Edward Elgar Publishing Ltd., 2011: 164-167.

[105] Jeanette D. Snowball. Measuring the Value of Culture: Methods and Examples in Cultural Economics [M]. Berlin: Springer-Verlag Berlin and Heidelberg GmbH, 2008.

[106] Jelinek J. S. Art as Strategic Branding Tool for Luxury Fashion Brands [J]. Journal of Product & Brand Management, 2018, 27 (3): 294-307.

[107] Jeon H. M., Jeon D. H., Kim S. H., et al. Consumers "Perceptions of Food Service Firms" Philanthropy: Roles of Fit and Perceived Authenticity [J]. Social Behavior and Personality: An International Journal, 2020, 48 (3): 1-11.

[108] Jerrold Levinson. Values of Music [M]// V. Ginsburg, D. Throsby (Eds.), Handbook of the Economics of Art and Culture (vol. 2), Amsterdam: Elsevier, 2014: 101-117.

[109] Johanson J., Mattsson L. G. Internationalisation in Industrial Systems: A Network Approach [A]//In Hood, N. and J. E. Vahlne (eds.), Strategies in Global Competition, London: Croom Helm, 1988: 303-321.

[110] John J. Kao. Jamming: The Art and Discipline of Business Creativity [M]. New York: Harper Business, 1996.

[111] Jones M. A. Entertaining Shopping Experiences: An Exploratory Investigation [J]. Journal of Retailing and Consumer Services, 1999, 6 (3): 129-139.

[112] Joy A., Sherry Jr, J. F. Speaking of Art as Embodied Imagination: A Multisensory Approach to Understanding Aesthetic Experience [J]. Journal of Consumer Research, 2003, 30 (2): 259-282.

[113] Joy A., Wang J. J., Chan T. S., et al. M (art) Worlds: Consumer Perceptions of How Luxury Brand Stores Become Art Institutions [J]. Journal of Retailing, 2014, 90 (3): 347-364.

[114] Justin O'Connor. The Definition of Cultural Industries [J]. The European Journal of Arts Education, 2000, 2 (3): 15-27.

［115］J. Brock Smith, Mark Colgate. Customer Value Creation: A Practical Framework ［J］. Journal of Marketing Theory and Practice, 2007, 15 (1): 7-23.

［116］J. P. Murry, P. A. Dacin. Cognitive Moderators of Negative - Emotion Effects: Implications for Understanding Media Context ［J］. Journal of Consumer Research, 1996, 22 (22): 439-447.

［117］Kahn B. E., Wansink B. Influence of Assortment Structure on Perceived Variety and Consumption Quantities ［J］. Journal of Consumer Research, 2004, 30 (4): 519-533.

［118］Kassarjian H. H. Personality and Consumer Behavior: A Review ［J］. Journal of Marketing Research, 1971, 8 (4): 409-418.

［119］Katona Z., Zubcsek P. P., Sarvary M. Network Effects and Personal Influences: The Diffusion of an Online Social Network ［J］. Journal of Marketing Research, 2011, 48 (3): 425-443.

［120］Kaufman S. B. Transcend: The New Science of Self-Actualization ［M］. New York: TarcherPerigree, 2020.

［121］Kennedy E. I Create, You Create, We All Create: For Whom? ［J］. Journal of Product & Brand Management, 2017, 26 (1): 68-79.

［122］Kiesler C. A., Corbin L. H. Commitment, Attraction, and Conformity ［J］. Journal of Personality and Social Psychology, 1965, 2 (6): 890-895.

［123］Kim D. Y., Kim H. Y. Trust Me, Trust Me Not: A Nuanced View of Influencer Marketing on Social Media ［J］. Journal of Business Research, 2021 (134): 223-232.

［124］Kirillova K., Fu X., Lehto X., et al. What Makes a Destination Beautiful? Dimensions of Tourist Aesthetic Judgment ［J］. Tourism Management, 2014 (42): 282-293.

［125］Kivetz R., Zheng Y. The Effects of Promotions on Hedonic versus Utilitarian Purchases ［J］. Journal of Consumer Psychology, 2017, 27 (1): 59-68.

［126］Koen et al. Providing Clarity and a Common Language to the "Fuzzy Front End" ［J］. Research Technology Management, 2001, 44 (2): 47-55.

［127］Koivisto J., Hamari J. The Rise of Motivational Information Systems: A Review of Gamification Research ［J］. International Journal of Information Management, 2019, 45 (8): 191-210.

［128］Kounios J., Beeman M. The Aha! Moment: The Cognitive Neuroscience of

Insight [J]. Current Directions in Psychological Science, 2009, 18 (4): 210-216.

[129] Kumar D. S., Purani K., Sahadev S. Visual Service Scape Aesthetics and Consumer Response: A Holistic Model [J]. Journal of Services Marketing, 2017, 31 (6): 556-573.

[130] Kumar D. S., Purani K., Viswanathan S. A. Influences of "Appscape" on Mobile App Adoption and M-loyalty [J]. Journal of Retailing and Consumer Services, 2018 (45): 132-141.

[131] Kuo M. S., Chuang T. Y. How Gamification Motivates Visits and Engagement for Online Academic Dissemination——An Empirical Study [J]. Computers in Human Behavior, 2016, 55 (2): 16-27.

[132] Lam M., Liu W. S., Lam E. The Aesthetic Experience of Product Design: A Case Study of the Consumption of Earphones in Hong Kong [J]. The Design Journal, 2016, 19 (3): 429-449.

[133] Leder H., Nadal M. Ten Years of a Model of Aesthetic Appreciation and Aesthetic Judgments: The Aesthetic Episode - Developments and Challenges in Empirical Aesthetics [J]. British Journal of Psychology, 2014, 105 (4): 443-464.

[134] Lee Jung-Gyo, Thorson Esther. Cognitive and Emotional Processes in Individuals and Commercial Web Sites [J]. Journal of Business & Psychology, 2009, 24 (1): 105-115.

[135] Lee J., Kim J., Yu J. Effects of Congruence of Product, Visual Image, and Consumer Self-image on Art Infusion Advertising [J]. Social Behavior and Personality: An International Journal, 2015, 43 (10): 1725-1740.

[136] Liedtka J., Ogilvie T. The Designing for Growth Field Book: A Step-by-step Project Guide [M]. Columbia University Press, 2019.

[137] Liu H., Chu H., Huang Q., et al. Enhancing the Flow Experience of Consumers in China through Interpersonal Interaction in Social Commerce [J]. Computers in Human Behavior, 2016 (58): 306-314.

[138] Liu Y., Duan H., Cai W. User-Generated Content and Editors in Games: A Comprehensive Survey [J]. arXiv preprint arXiv: 2024 (2412): 13743.

[139] Logkizidou M., Bottomley P., Angell R., et al. Why Museological Merchandise Displays Enhance Luxury Product Evaluations: An Extended Art Infusion Effect [J]. Journal of Retailing, 2019, 95 (1): 67-82.

［140］Madawala A. , Subharathi A. , Shehara N. , et al. A Systematic Literature Review of Factors Affecting Online Behavioural Advertising ［J］. Sustainable & Digital Business, ICSDB 2024, 445.

［141］Magretta J. Why Business Models Matter ［J］. Harvard Business Review, 2002 （5）: 3-8.

［142］Marina Bianchi. Time and Preferences in Cultural Consumption ［A］// Michael Hutter, David Throsby ed. Beyond Price: Value in Culture, Economics and The Arts. New York: Cambridge University Press, 2008: 236-260.

［143］Mazzanti M. Discrete Choice Models and Valuation Experiments ［J］. Journal of Economic Studies, 2003 （6）: 584-604.

［144］McCarthy Kevin F. Elizabeth H. Ondaatje, Laura Zakaras, Arthur Brooks. Gifts of the Muse: Reframing the Debate About the Benefits of the Arts ［M］. Santa Monica, CA: RAND Corporation, 2004.

［145］McKnight D. H. , Cummings L. L. , Chervany N. L. Initial Trust Formation in New Organizational Relationships ［J］. Academy of Management Review, 1998, 23 （3）: 473-490.

［146］Michaelidou N. , Dibb S. Product Involvement: An Application in Clothing ［J］. Journal of Consumer Behaviour, 2006, 5 （5）: 442-453.

［147］Michele Dickey. Engaging by Design: How Engagement Strategies in Popular Computer and Video Games Can Inform Instructional Design ［J］. Educational Technology Research and Development, 2005, 53 （2）: 67-83.

［148］Miege Bernard. The Capitalization of Cultural Production ［M］. New York: International General, 1989: 9-12.

［149］Mischel W. , Shoda Y. A Cognitive - affective System Theory of Personality: Reconceptualizing Situations, Dispositions, Dynamics, And Invariance in Personality Structure ［J］. Psychological Review, 1995, 102 （2）: 246.

［150］Mu Yang, Chunjia Han. Stimulating Innovation: Managing Peer Interaction for Idea Generation on Digital Innovation Platforms ［J］. Journal of Business Research, 2021, 125 （3）: 456-465.

［151］Nelson P. Information and Consumer Behavior ［J］. Journal of Political Economy, 1970 （78）: 311-329.

［152］Netemeyer R. G. , Krishnan B. , Pullig C. , et al. Developing and Validating Measures of Facets of Customer - Based Brand Equity ［J］. Journal of

Business Research, 2004, 57 (2): 209-224.

[153] Netzer D. Non - profit Organizations [A] Towse, R. A Handbook of Cultural Economics (Second Ed.). Aldershot: Edward Elgar Publishing, 2011: 296-304.

[154] Ng P., Zhu S., Li Y., et al. Intergenerational Cooperation and Co - Creation in Public Space Design Assisted by Virtual Reality (VR) Environments [J]. Architectural Intelligence, 2025, 4 (1): 1-23.

[155] Norton M. I., Mochon D., Ariely D. The IKEA Effect: When Labor Leads to Love [J]. Journal of Consumer Psychology, 2012, 22 (3): 453-460.

[156] Okada E. M. Justification Effects on Consumer Choice of Hedonic and Utifitarian Goods [J]. Journal of Marketing Research, 2005, 42 (1): 43-53.

[157] Okuonghae O., Igbinovia M. O. Information Packaging and Repackaging as Enablers of Health Information Literacy Among Rural Dwellers [J]. Seminars in Medical Writing and Education, 2025, 4 (165): 165.

[158] Osburg V. S., Yoganathan V., Brueckner S., et al. How Detailed Product Information Strengthens Eco-friendly Consumption [J]. Management Decision, 2020 (6): 1084-1099.

[159] Park E., Rishika R., Janakiraman R., et al. Social Dollars in Online Communities: The Effect of Product, User, and Network Characteristics [J]. Journal of Marketing, 2018, 82 (1): 93-114.

[160] Pasagada A., Reddy P., Rohit B., et al. Lifestyle Comparison between India vs Germany and Telangana vs Chennai-a Brief Study [J]. Research Journal of Pharmaceutical Biological and Chemical Sciences, 2016, 7 (3): 1651-1659.

[161] Peluso A. M., Pino G., Amatulli C., et al. Luxury Advertising and Recognizable Artworks: New Insights on the "Art Infusion" Effect [J]. European Journal of Marketing, 2017.

[162] Pengnate S., Sarathy R., Lee J. The Engagement of Website Initial Aesthetic Impressions: An Experimental Investigation [J]. International Journal of Human-Computer Interaction, 2019, 35 (16): 1517-1531.

[163] Persson S. G., Östh J., Gidhagen M., et al. Measuring Rural Tourist Behaviour and Engagement: Inside the Mind of the Visitor [M]. Innovative Cultural Tourism in European Peripheries. Routledge, 2024: 200-215.

[164] Peter J. P., Olson J. C., Grunert K. G. Consumer Behaviour and

Marketing Strategy ［M］. London, UK：McGraw-hill, 1999.

［165］Pierre Bourdieu. Distinction：S Social Critique of the Judgement of Taste ［M］. Massachusetts, Cambridge：Harvard University Press, 1996.

［166］Pieters R. , Wedel M. , Batra R. The Stopping Power of Advertising：Measures and Effects of Visual Complexity ［J］. Journal of Marketing, 2010, 74 （5）：48-60.

［167］Pike S. , Lubell M. The Conditional Effects of Social Influence in Transportation Mode Choice ［J］. Research in Transportation Economics, 2018 （68）：2-10.

［168］Pine B. J. , Gilmore J. H. The Experience Economy ［M］. Harvard University Press, 1999.

［169］Pine II B. J. , Gilmore J. H. Welcome to the Experience Economy ［J］. Harvard Business Review, 1998, 76 （4）：97-105.

［170］Poincaré H. The Foundations of Science ［M］. Washington D C：Universtiy Press of America, 1982.

［171］Poor J. , Smith J. Travel Cost Analysis of A Cultural Heritage Site：The Case of Historic St. Mary's City of Maryland ［J］. Journal of Cultural Economics, 2004 （3）：217-229.

［172］Prahalad C. K. , Ramaswamy V. Co - creation Experiences：The Next Practice in Value Creation ［J］. Journal of Interactive Marketing, 2004, 18 （3）：5-14.

［173］Prahalad C. K. , Ramaswamy V. The New Frontier of Experience Innovation ［J］. MIT Sloan Management Review, 2003.

［174］Purhonen S. , Heikkilä R. Food, Music and Politics：The Interweaving of Culinary Taste Patterns, "Highbrow" Musical Taste and Conservative Attitudes in Finland ［J］. Social Science Information, 2017, 56 （1）：74-97.

［175］Ranaweera C. , Prabhu J. The Influence of Satisfaction, Trust and Switching Barriers on Customer Retention in a Continuous Purchasing Setting ［J］. International Journal of Service Industry Management, 2003, 14 （4）：374-395.

［176］Ranjan A. , Upadhyay A. K. Value Co-creation by Interactive AI in Fashion E-commerce ［J］. Cogent Business & Management, 2025, 12 （1）：2440127.

［177］Rashid I. D. Psychological Aspects of Fashion's Influence on Lifestyle Formation ［J］. Revista Conrado, 2020, 16 （77）：42-49.

［178］ Richard T. Melstrom. Valuing Historic Battlefields: An Application of The Travel Cost Method to Three American Civil War Battle Fields ［J］. Journal of Cultural Economic, 2013 (6): 1-14.

［179］ Richins M. L. , Bloch P. H. After the New Wears Off: The Temporal Context of Product Involvement ［J］. Journal of Consumer Research, 1986, 13 (2): 280-285.

［180］ Risselada H. , de Vries L. , Verstappen M. The Impact of Social Influence on the Perceived Helpfulness of Online Consumer Reviews ［J］. European Journal of Marketing, 2018, 52 (34): 619-636.

［181］ Robert B. Woodruff. Customer Value: The Next Source for Competitive Advantage ［J］. Journal of the Academy of Marketing Science, 1997: 142.

［182］ Runco M. A. , Jaeger G. J. The Standard Definition of Creativity ［J］. Creativity Research Journal, 2012, 24 (1): 92-96.

［183］ Runco M. A. Updating the Standard Definition of Creativity to Account for the Artificial Creativity of AI ［J］. Creativity Research Journal, 2023. doi: 10. 1080/ 10400419. 2023. 2257977.

［184］ Salerno A. , Laran J. , Janiszewski C. Hedonic Eating Goals and Emotion: When Sadness Decreases the Desire to Indulge ［J］. Journal of Consumer Research, 2014, 41 (1): 135-151.

［185］ Schau H. J. , Gilly M. C. We Are What We Post? Self Presentation in Personal Web space ［J］. Journal of Consumer Research, 2003 (30): 385-404.

［186］ Schindler I. , Hosoya G. , Menninghaus W. , et al. Measuring Aesthetic Emotions: A Review of the Literature and a New Assessment Tool ［J］. PLoS One, 2017, 12 (6).

［187］ Schnurr B. How My Product Works and How It Looks: Effects of Functional and Aesthetic Co-Creation and the Role of Product Expertise ［J］. Creativity & Innovation Management, 2017, 26 (2): 152-159.

［188］ Schnurr B. , Scholl-Grissemann U. Beauty or Function? How Different Mass Customization Toolkits Affect Customers' Process Enjoyment ［J］. Journal of Consumer Behaviour, 2015: 335-343.

［189］ Schreier M. , Fuchs C. , Dahl D. W. The Innovation Effect of User Design: Exploring Consumers' Innovation Perceptions of Firms Selling Products Designed by Users ［J］. Journal of Marketing, 2012, 76 (5): 18-32.

［190］Schulze C. , Schoeler L. , Skiera B. Not All Fun and Games: Viral Marketing for Utilitarian Products ［J］. Journal of Marketing, 2014, 78 （1）: 1–19.

［191］Scott A. J. The Cultural Economy of Cities ［M］. London: SAGE Publcation, 2000.

［192］Seaman B. The Economic Impact of The Arts ［A］//A Handbook of Cultural Economics, Cheltenham: Edward Elgar, 2011.

［193］See E. W. K, Ho K. W. Value Co – creation and Purchase Intention in Social Network Sites: The Role of Electronic Word–of–Mouth and Trust—A Theoretical Analysis ［J］. Computers in Human Behavior, 2014 （31）: 182–189.

［194］Seifert C. , Chattaraman V. A Picture is Worth a Thousand Words! How Visual Storytelling Transforms the Aesthetic Experience of Novel Designs ［J］. Journal of Product & Brand Management, 2020, 29 （7）: 913–926.

［195］Shankaranarayana R. , Narayanamurthy G. , Ramaswamy S. , et al. Integration of Traditional, Transitioning & Transformative Digital Technologies for Value Co – creation in B2B: A Process Model ［J］. Industrial Marketing Management, 2025 （124）: 304–324.

［196］Simanjuntak M. Generation Y's Complaint Behavior toward Online Shopping ［J］. Independent Journal of Management & Production, 2019, 10 （1）: 101–116.

［197］Snihur Y, Zott C. The Genesis and Metamorphosis of Novelty Imprints: How Business Model Innovation Emerges in Young Ventures ［J］. Academy of Management Journal, 2020, 63 （2）: 554–583.

［198］Snowball J. Art for The Masses? Justification for The Public Support of The Arts in Developing Countries—Two Arts Festivals in South Africa ［J］. Journal of Cultural Economics, 2005 （29）: 107–125.

［199］Snowball J. , Willis K. Building Cultural Capital: Transforming The South African National Arts Festival ［J］. South African Journal of Economics, 2006 （1）: 1–14.

［200］Solomon M. R. Consumer Behavior: Buying, Having and Being （8 th edition）［M］. New Jersey: Pearson Education Inc. , 2009.

［201］Spence M. Job Market Signalling ［J］. Quarterly Journal of Economics, 1973, 87 （3）: 355–379.

［202］Swedberg R. The Cultural Entrepreneur and the Creative Industries:

Beginning in Vienna [J]. Journal of Cultural Economics, 2006, 30 (4): 243-261.

[203] Tajfel H. E. Differentiation Between Social Groups: Studies In The Social Psychology of Intergroup Relations [M]. Academic Press, 1978.

[204] Tajfel H. E., Turner J. C. The Social Identity Theory of Intergroup Behavior [M]. Psychology Press, 2004.

[205] Tang J., Yan L., Xu J. Tourists' Experience of Iconic Public Art in Macau [J]. Journal of Tourism and Cultural Change, 2021, 19 (1): 79-96.

[206] Tawafak R. M., Romli A. B. T., Arshah R. A., et al. Framework Design of University Communication Model (UCOM) to Enhance Continuous Intentions in Teaching and E-learning Process [J]. Education and Information Technologies, 2020, 25 (2): 817-843.

[207] Thompson D. V., Malaviya P. Consumer-Generated Ads: Does Awareness of Advertising Co-Creation Help or Hurt Persuasion? [J]. Journal of Marketing, 2013, 77 (3): 33-47.

[208] Thompson E., Berger M., Blomquist G. Valuing the Arts: A Contingent Valuation Approach [J]. Journal of Cultural Economics, 2002 (26): 87-113.

[209] Thorstein Veblen. The Theory of The Leisure Class [M]. The Pennsylvania State University, 2003.

[210] Throsby David, Zednik Anita. The Economic and Cultural Value of Paintings: Some Empirical Evidence [M]. Handbook of the Economics of Art and Culture, 2014 (2): 81-99.

[211] Throsby David. A Work-preference Model of Artist Behavior [A]//In: Peacock, A., Rizzo, I. Cultural Economics And Cultural Policies. Berlin: Springer, 1994: 69-80.

[212] Throsby David. Culture Capital [A]// Ruth Towse (ed.), A Handbook of Cultural Economics (second edition). Cheltenham: Edward Elgar, 2011: 134-144.

[213] Throsby David. Economics and Culture [M]. New York: Cambridge University Press, 2001.

[214] Throsby David. The Economic and Cultural Value of Paintings: Some Empirical Evidence [A]// Handbook of the Economics of Art and Culture, Amsterdam: North-Holland, 2014: 81-99.

[215] Timmers P. Business Models for Electronic Markets [J]. Journal on

Electronic Markets, 1998, 8 (2): 3-81.

[216] Towse R. A Handbook of Cultural Economics (Second Edition) [M]. Cheltenham: Edward Elgar, 2011.

[217] Towse R. A Textbook of Cultural Economics [M]. Cambridge University Press, 2010.

[218] Towse R. Cultural Entrepreneurship [A]// Towse, R. A Handbook of Cultural Economics (Second Ed.). Aldershot: Edward Elgar Publishing, 2011: 145-149.

[219] Tran G. A., Strutton D. Comparing Email and SNS Users: Investigating E-servicescape, Customer Reviews, Trust, Loyalty and E-WOM [J]. Journal of Retailing and Consumer Services, 2020 (53): 101782.

[220] Tsai W., Ghoshal S. Social Capital and Value Creation: The Role of Intrafirm Networks [J]. Academy of Management Journal, 1998, 41 (4): 464-478.

[221] Tuan T., Navrud S. Valuing Cultural Heritage in Developing Countries: Comparing and Pooling Contingent Valuation and Choice Modeling Estimates [J]. Environmental and Resource Economics, 2007, 38 (1): 51-69.

[222] Turkle S. Life on the Screen: Identity in the Age of the Internet [M]. New York: Simon & Schuster, 1997: 304-310.

[223] Urban G. L., Von Hippel E. Lead User Analyses for The Development of New Industrial Products [J]. Management Science, 1988, 34 (5): 569-582.

[224] Van Dijk J., Antonides G., Schillewaert N. Effects of Co-creation Claim on Consumer Brand Perceptions and Behavioural Intentions [J]. International Journal of Consumer Studies, 2014, 38 (1): 110-118.

[225] Van Niekerk A., Conradie M. Branding through Art: The Commercial Value of Visual and Linguistic Signs of Art [J]. Critical Arts, 2016, 30 (2): 233-251.

[226] Vargo S. L., Lusch R. F. Evolving to a New Dominant Logic for Marketing [J]. Journal of Marketing, 2004, 68 (1): 1-17.

[227] Veblen T. The Theory of The Leisure Class: An Economic Study of Institutions [M]. New York: Macmillan, 1912.

[228] Velthuis O. Tallking Prices: Symbolic Meaning of Price on The Market for Contemporary Art [M]. Princeton, NJ: Princeton University Press, 2005.

［229］Vigolo V. , Negri F. Cultural Heritage and Co‐creation in the Web 2. 0. An Exploratory Study on TripAdvisor Photos ［C］. Referred Electronic Conference Proceeding, 2015: 91.

［230］Vinchon F. , Lubart T. , Bartolotta S. , Gironnay V. , Botella M. , Bourgeois‐Bougrine S. , et al. Artificial Intelligence & Creativity: A Manifesto for Collaboration ［J］. The Journal of Creative Behavior, 2023, 57 (4): 472-484.

［231］Voss K. E. , Spangenberg E. R. , Grohmann B. Measuring the Hedonic and Utilitarian Dimensions of Consumer Attitude ［J］. Journal of Marketing Research, 2003, 40 (3): 310-320.

［232］Vukadin A. , Wongkitrungrueng A. , Assarut N. When Art Meets Mall: Impact on Shopper Responses ［J］. Journal of Product & Brand Management, 2018.

［233］Wang M. , Yang Y. , Zhong P. How does AI Affect the Self-actualization of Content Creators in Dynamic Environments? A Knowledge Management Perspective ［J］. Technology in Society, 2025 (81): 102855.

［234］Wiley D. Why Brands should Turn to Bloggers Instead of Celebrity Spokespeople ［J］. Marketing Land, 2014, 3 (1): 121-135.

［235］Wu W. , Xu C. , Zhao M. , et al. Digital Tourism and Smart Development: State-of-the-Art Review ［J］. Sustainability, 2024, 16 (23): 10382.

［236］Yang J. , Treadway D. C. A Social Influence Interpretation of Workplace Ostracism and Counterproductive Work Behavior ［J］. Journal of Business Ethics, 2018, 148 (4): 879-891.

［237］Yang Y. , Xu H. Perception of AI Creativity: Dimensional Exploration and Scale Development ［J］. Journal of Creative Behavior, 2025, 59 (2): e70028.

［238］Ye G. , Hudders L. , De Jans S. , et al. The Value of Influencer Marketing for Business: A Bibliometric Analysis and Managerial Implications ［J］. Journal of Advertising, 2021, 50 (2): 160-178.

［239］Yildirim I. The Effects of Gamification‐based Teaching Practices on Student Achievement and Students' Attitudes toward Lessons ［J］. The Internet and Higher Education, 2017, 33 (2): 86-92.

［240］Yim M. Y. C. , Yoo S. C. , Sauer P. L. , et al. Hedonic Shopping Motivation and Co‐shopper Influence on Utilitarian Grocery Shopping in Superstores ［J］. Journal of the Academy of Marketing Science, 2014, 42 (5): 528-544.

［241］Zhang Q. , Xu H. Understanding Aesthetic Experiences in Nature‐based

Tourism：The Important Role of Tourists' Literary Associations ［J］. Journal of Destination Marketing & Management，2020（16）：100429.

［242］Zhang，Yang Y.，Yang R.，et al. Offline Aesthetic Design of Restaurants and Consumers' Online Intention to Post Photographs：A Moderated Mediation Model ［J］. Social Behavior and Personality：An International Journal，2022，50（3）：65-81.

［243］Zheng G.，Shu J.，Li K. Regulating Deepfakes between Lex Lata and Lex ferenda—A Comparative Analysis of Regulatory Approaches in the US，the EU and China ［J］. Crime，Law and Social Change，2025，83（1）：1-23.

［244］Zhuliang N. Judgment on Fair Use in We-Media Short Videos under Copyright Law ［J］. China Legal Science，2024（12）：116.

［245］Zhu T.，Xie L.，Liu C. Driving Human-robot Value Co-creation in Hospitality：The Role of Artificial Empathy ［J］. International Journal of Hospitality Management，2025（126）：104075.

［246］Lemke K. G. F. 洞察隐藏在消费者背后的需求 ［N］. 中国经营报，2005-01-30.

［247］Miranda Boorsma，马绯. 艺术市场营销的战略逻辑——整合客户价值和艺术目标 ［J］. 文化艺术研究，2009（2）：239-252.

［248］鲍德里亚. 消费社会 ［M］. 南京：南京大学出版，2000.

［249］本雅明. 机械复制时代的艺术品 ［M］. 重庆：重庆出版社，2006.

［250］卞显红. 2008 年北京奥运会旅游经济影响评价 ［J］. 华东经济管理，2005，19（3）：106-111.

［251］陈庆德. 文化产品的价值判定与形式表达 ［J］. 思想战线，2007（5）：21-34.

［252］陈睿，杨永忠. 互联网创意产品运营模式 ［M］. 北京：经济管理出版社，2016.

［253］陈昕. 旅游产业经济中四大效应的动态关联预测 ［J］. 统计与决策，2013（22）：128-130.

［254］陈羽洁. 创意产业价值网络的价值创造机理研究 ［M］. 北京：经济科学出版社，2024.

［255］大卫·赫斯蒙德夫. 文化产业 ［M］. 北京：中国人民大学出版社，2007.

［256］董雪旺，张捷，章锦河. 旅行费用法在旅游资源价值评估中的若干问

题述评［J］．自然资源学报，2011（11）：1983-1997．

［257］冯蛟，董雪艳，罗文豪，陈佳颖，马滢．平台型企业的协同赋能与价值共创案例研究［J］．管理学报，2022，19（7）：965．

［258］高长春．时尚产业经济学导论［M］．北京：经济管理出版社，2011．

［259］哈特利．创意产业读本［M］．北京：清华大学出版社，2007．

［260］何琦．创意产品：价值实现与价值评估［M］．北京：经济管理出版社，2015．

［261］何琦，高长春．论创意产品的价值特征与价值构成——基于市场价值实现视角［J］．商业经济与管理，2013（2）：83-89．

［262］赫斯蒙德夫．文化产业［M］．北京：中国人民大学出版社，2007．

［263］胡保亮，闫帅．商业模式创新：数字经济时代持续竞争优势的源泉［M］．北京：清华大学出版社，2021．

［264］胡彬．创意产业价值创造的内在机理与政策导向［J］．中国工业经济，2007（5）：22-29．

［265］胡飞，杨瑞．设计符号与产品语意［M］．北京：中国建筑出版社，2003．

［266］胡娜．论当代符号经济的兴起与特点［J］．兰州学刊，2008（5）：174-177．

［267］黄敏学，叶钰芊，王薇．不同类型产品下直播主播类型对消费者购买意愿和行为的影响［J］．南开管理评论，2023（2）：188-198．

［268］黄悦．架起文化传统与新兴产业之间的桥梁［J］．符号与传媒，2013（1）：230-232．

［269］霍克海默，阿多诺．启蒙辩证法［M］．重庆：重庆出版社，1993．

［270］江哲丰，彭祝斌．加密数字艺术产业发展过程中的监管逻辑——基于NFT艺术的快速传播与行业影响研究［J］．学术论坛，2021，44（4）：122-132．

［271］金元浦．创意经济是5G背景下粤港澳大湾区综合融会发展的头部经济［J］．深圳大学学报（人文社会科学版），2019，36（3）：46-53．

［272］金元浦．文化创意产业概论［M］．北京：高等教育出版社，2010．

［273］靳乐山．用旅行费用法评价圆明园的环境服务价值［J］．环境保护，1999（4）：31-33．

［274］凯夫斯．创意产业经济学——艺术的商业之道［M］．北京：新华出版社，2004．

［275］克莱·舍基. 认知盈余：自由时间的力量［M］. 北京：中国人民大学出版社，2012.

［276］李海舰，王松. 文化与经济融合发展研究［J］. 中国工业经济，2010（9）：5-14.

［277］李曼. 收益法在电影作品价值评估中的应用［J］. 中国资产评估，2012（12）：43-45.

［278］李庭新，李书. 文化产品价值的经济学分析［J］. 市场周刊，2005（3）：93-95.

［279］李醒民. 价值的定义及其特性［J］. 哲学动态，2006（1）：13-18.

［280］理查德·佛罗里达. 创意阶层的崛起［M］. 北京：中信出版社，2010.

［281］厉无畏. 创意产业导论［M］. 上海：学林出版社，2006.

［282］林明华，杨永忠. 创意产品开发模式［M］. 北京：经济管理出版社，2014.

［283］娄永琪. AIGC 时代，创意何去何从［J］. 艺术设计研究，2023（6）：5-12.

［284］卢政营. 消费者群体隐性需求濡染扩散模式研究［J］. 现代财经，2007（5）：57-60.

［285］陆霄虹，郑奇. 绘画作品的特征价格指数研究［J］. 中国美术研究，2015（1）：119-126.

［286］罗宾斯. 管理学［M］. 北京：中国人民大学出版社，1997.

［287］罗伯特·库珀，斯科特·埃迪特. 创意管理架构：突破性创意的生成［M］. 北京：企业管理出版社，2017.

［288］罗丹. 创意管理学的形成与发展——四川大学商学院教授杨永忠访谈［J］. 高等学校文科学术文摘，2016（5）：5.

［289］罗贵权. 深化对文化企业家的研究［N］. 人民日报，2012-02-29（007）.

［290］吕学武，范周. 文化创意产业前沿：见证使命与方向［M］. 北京：中国传媒大学出版社，2007.

［291］毛基业，李高勇. 案例研究的"术"与"道"的反思——中国企业管理案例与质性研究论坛（2013）综述［J］. 管理世界，2014（2）：111-117.

［292］毛基业，李晓燕. 理论在案例研究中的作用——中国企业管理案例论坛（2009）综述与范文分析［J］. 管理世界，2010（2）：106-113.

［293］毛基业，张霞．案例研究方法的规范性及现状评估——中国企业管理案例论坛 2007 综述［J］．管理世界，2008（4）：115-121.

［294］邵景波，陈珂珂，吴晓静．社会网络效应下顾客资产驱动要素研究［J］．中国软科学，2012（8）：84-97.

［295］沈蕾，何佳婧．平台品牌价值共创：概念框架与研究展望［J］．经济管理，2018，40（7）：193-208.

［296］思罗斯比．经济学与文化［M］．北京：中国人民大学出版社，2011.

［297］孙媛媛．共创声明对非参与型顾客购买意愿的影响研究——基于品牌共创视角［J］．商业经济研究，2022（11）：66-69.

［298］索绪尔．普通语言学教程［M］．高明凯，等译．北京：商务印书馆，1982.

［299］谭娜，高长春．组织生态学视角的城市创意产业竞争力影响因素分析与应用［J］．当代财经，2009（5）：76-80.

［300］谭玥．论知识产权对象的符号性［J］．深圳大学学报（人文社会科学版），2009（3）：95-98.

［301］汤晖，钟洁．文化产品的消费者感知价值研究［J］．西南民族大学学报，2011（11）：136-140.

［302］汪林海．价格理论［M］．北京：世界图书出版社，2008.

［303］王坤．符号世界的发现与知识产权本体建构［J］．江淮论坛，2008（5）：52-57.

［304］魏鹏举．文化创意产业导论［M］．北京：中国人民大学出版社，2010.

［305］吴瑶，肖静华，谢康，廖雪华．从价值提供到价值共创的营销转型——企业与消费者协同演化视角的双案例研究［J］．管理世界，2017（4）：4.

［306］向勇．文化产品的价值转换与一元多用［N］．中国文化报，2014-09-13（001）.

［307］向勇，周城雄．中国创意城市［M］．北京：新世界出版社，2008.

［308］项国鹏，周鹏杰．商业模式创新：国外文献综述及分析框架构建［J］．商业研究，2011（4）：84-89.

［309］谢双玉，訾瑞昭，许英杰．旅行费用区间分析法与分区旅行费用法的比较及应用［J］．旅游学刊，2008（2）：41-45.

［310］熊彼特．经济发展理论［M］．上海：商务印书馆，1990.

［311］许洁，秦璟文．NFT 出版物的价值生产机制研究［J］．数字出版研

究，2022，1（1）：76-83.

[312] 许丽忠，吴春山，王菲凤．条件价值法评估旅游资源非使用价值的可靠性检验 [J]．生态学报，2007（10）：4302-4309.

[313] 薛哲，宁昌会．品牌共创对品牌认同的影响：非参与顾客视角 [J]．华东经济管理，2017，31（9）：152-160.

[314] 薛哲，杨建辉，张中英．共创信号、产品创新感知与品牌认同——基于共创观察者的研究 [J]．财经论丛，2018（3）：77-85.

[315] 亚历山大·奥斯特瓦德，伊夫·皮尼厄．商业模式新生代 [M]．北京：机械工业出版社，2017.

[316] 杨建辉，宁昌会．品牌共创如何影响消费者购买意愿？——基于共创观察者的研究 [D]．中南财经政法大学，2019.

[317] 杨永忠．中国经济发展第四模式：让普通大众成为经济增长的动力 [N]．澳门文化旅游报，2024-03-20（A2A3）.

[318] 杨永忠．创意产业经济学 [M]．福州：福建人民出版社，2009.

[319] 杨永忠．创意成都 [M]．福州：福建人民出版社，2012.

[320] 杨永忠．创意管理评论（第7卷）[M]．北京：经济管理出版社，2022.

[321] 杨永忠．创意管理学导论 [M]．北京：经济管理出版社，2018.

[322] 杨永忠．"创意管理学"的十年探索与新文科实践 [J]．新文科理论与实践，2022（2）：70-78，126.

[323] 杨永忠．民族文化创意的经济分析 [J]．青海社会科学，2013（1）：36-41.

[324] 杨永忠．现代文化经济学 [M]．北京：清华大学出版社，2022.

[325] 杨永忠，蔡大海．文化企业家的文化价值偏好：决策模型与影响因素 [J]．财经问题研究，2013（12）：89-95.

[326] 杨永忠，创意管理评论（第1卷）[M]．北京：经济管理出版社，2016.

[327] 杨永忠，创意管理评论（第2卷）[M]．北京：经济管理出版社，2017.

[328] 杨永忠，黄舒怡，林明华．创意产业集聚区的形成路径与演化机理 [J]．中国工业经济，2011（8）：128-138.

[329] 杨永忠，罗丹．创意管理学的形成与发展 [J]．广西师范学院学报（哲学社会科学版），2016，37（4）：1-6.

［330］杨忠直，魏薇，张世英．版权、商标、商誉的成本与收益价值评估方法研究［J］．数量经济技术经济研究，1997（11）：40-43.

［331］约翰·霍金斯．创意经济：如何点石成金［M］．上海：上海三联书店，2006.

［332］约瑟夫·派恩，詹姆斯·H. 吉尔摩．体验经济［M］．北京：机械工业出版社，2016.

［333］翟国梁，张世秋．选择实验的理论和应用——以中国退耕还林为例［J］．北京大学学报（自然科学版），2007（3）：235-239.

［334］翟宇琦，吕宁．"智慧城市"视角的城市共建研究——阿姆斯特丹工业区更新机制研究［J］．城市建筑，2019，16（4）：16-22.

［335］张京成．中国创意产业发展报告（2006）［M］．北京：中国经济出版社，2006.

［336］张凌云．选择实验法在济南灵岩寺文化遗址景区开发管理中的应用［J］．山东社会科学，2009（9）：145-150.

［337］张一兵．消费意识形态：符码操控中的真实之死——鲍德里亚的消费社会解读［A］//鲍德里亚．消费社会．刘成富，等译．南京：南京大学出版社，2014.

［338］张艺璇，向勇．元宇宙场域 NFT 艺术品的价值协商模式［J］．产业经济评论，2023（1）：124-135.

［339］赵毅衡．符号学原理与推演［M］．南京：南京大学出版社，2011.

［340］中华人民共和国文化部．中国文化文物统计年鉴 2011［M］．北京：国家图书馆出版社，2011.

［341］周春波，林璧属．景区游憩价值的多方案条件价值评估［J］．社会科学家，2013（7）：98-102.

［342］周思达，杨胜刚．基于 Hedonic 定价模型的中国画拍卖价格与尺寸的关系［J］．系统工程，2014（2）：154-158.

［343］周易．我国居民文化消费存在 3.66 万亿元缺口［N］．中国青年报，2014-01-02（7）.

# 后　记

《创意管理学导论（第二版）》在第一版（2018 年）的基础上全面修订，由杨永忠教授统稿。张庭庭、许燎源、樊建川、王亥、陈云华等企业家参与了第二版的案例讨论。

本书将创意作为管理的对象，把创意作为个人或组织可以利用和发掘的重要资源甚至是关键资源，强调这一资源通过管理可以转化为资本，创造出不可估量的国民财富。

把创意作为管理的研究对象，并非今日才有，可以追溯到创新管理，创意作为创新管理的模糊前端被提及。但由于创新管理关注的核心和重点是创新问题，因此，数十年来，这一模糊前端始终处于较为模糊的状态：或者一笔划过，或是寥寥数行；或是以头脑风暴表述，或者以合理化建议呈现；总之，是一种轮廓化的"素描"。

事实上，沿着创新的管理路径溯流而上，当我们重新审视创意，也许会发现创意这一广袤的大地，一如长江之上壮阔的青藏高原。我们会惊讶，创意本身蕴藏的巨大力量。这一力量，并不局限在创新范畴——仅仅作为创新的前端而存在而附属。创意，本身就是资源的富矿，是资本的引爆点，是新经济的推进器，是老产业的催化剂。这一巨大的力量背后，其强有力的支撑，正是文化！

让我们看看乔布斯。他所推动的苹果公司给全世界带来的一波又一波创新性的冲击，深刻地改变了人们的生活方式，其灵魂恰恰是乔布斯的伟大创意。他的创意，来源于东西方文化的融合。所以，与其说苹果公司是创新的产物，不如说，苹果公司是创意的结晶。

回照中国，透视创意背后的文化，也许我们可以解开中国式创新困境——创新，找死；不创新，等死——的迷惑。放大创意的土壤，我们会发现，没有创意的释放和怒放，如何在创新的前端孕育出伟大的思想？缺乏伟大的思想，又如何可能有令全世界尊重的产品和品牌？五千年的中华文化才是我们不竭的创意的源泉。

当回到文化的源头，我们意识到，从创新视角去观察创意，仅仅是创意大幕的开启，并不足以展示创意磅礴的力量。或许，这根本上是一种西方式的研究表达。从文化的视角，才能更宏大地发现创意，才能更根本地把握创意，也才能更加自信地去重拾我们这片古老的大地上那份曾经耀世的荣光，也才能在今天更加开放也更加紧张的世界格局中把我们文化的伟大进行更具有核心竞争力的表达。

对今天处于新时代的中国，我们看到了这种可能。创意，无疑是当下比创新更重要、更具有开启意义的宝藏。伴随着文化自信，中国必将迎来创意的春天，一个更伟大的创新时代也必然可以期待。

近十年来，中国管理学界一直在热烈讨论和深切关注中国管理学者对世界管理学发展的贡献。我们应该意识到，相比西方专注于创新管理——由文艺复兴人文思想解放后引致的创新探索，中国管理学者更需要重视创意管理——由全球"第二次文艺复兴"所带来的人文创造力释放，才可以更好、更持久地支撑创新。这是中国式创新的一种内生表达，也是中国管理学者的内生性创新路径。这种更加厚重的中华文化所激发的管理思想，也才能更加彰显中国的内在力量。

基于此，本书呈现出对中国创意管理理论本土化、系统化的艰辛探索。无论是创意的训练方法、创意的生成机理，抑或是创意的商业转化；无论是中国人性假设 T 理论、泛泛文化阶层崛起，抑或是铜钱模型、北斗模型，无一不倾注了中国学者的使命回答。

创意管理，十年为歌；簧门锦江，匠心勿忘。

杨永忠

初拟于双龙湾

二稿于锦官驿